Beck-Rechtsberater:
Die Scheidung nach neuem Recht

Von
Dr. Eva Marie v. Münch

4. Auflage
Stand: 1. Januar 1985

Deutscher
Taschenbuch
Verlag

dtv

Redaktionelle Verantwortung: Verlag C. H. Beck München
Umschlaggestaltung: Celestino Piatti
Gesamtherstellung: C. H. Beck'sche Buchdruckerei Nördlingen
ISBN 3 423 05209 0

Inhaltsverzeichnis

Abkürzungen

aaO.	am angegebenen Ort
Abs.	Absatz
AFG	Arbeitsförderungsgesetz
AG	Amtsgericht
AK-BGB . . .	Kommentar zum Bürgerlichen Gesetzbuch, Reihe Alternativkommentare
AVG	Angestellten-Versicherungsgesetz
BAFöG	Bundesausbildungsförderungsgesetz
BGB	Bürgerliches Gesetzbuch
BGH	Bundesgerichtshof
BR-Drucks. . .	Bundesrats-Druckache
BT-Drucks. . .	Bundestags-Drucksache
BVerfG.	Bundesverfassungsgericht
EheG	Ehegesetz
EStG	Einkommensteuergesetz
FamRZ.	Zeitschrift für das gesamte Familienrecht
ff.	folgende
FGG	Gesetz über die Angelegenheiten der freiwilligen Gerichtsbarkeit
GKG	Gerichtskostengesetz
GRV	Gesetzliche Rentenversicherung
JZ	Juristenzeitung
LG	Landgericht
Münch. Komm..	Münchener Kommentar zum BGB
NJW	Neue Juristische Wochenschrift
OLG	Oberlandesgericht
RKnG	Reichsknappschaftsgesetz
RGZ	Entscheidungen des Reichsgerichts in Zivilsachen
RVO	Reichsversicherungsordnung
UÄndGE . . .	Entwurf eines Gesetzes zur Änderung unterhaltsrechtlicher, verfahrensrechtlicher und anderer Vorschriften
ZentrBl. f. JugR	Zentralblatt für Jugendrecht

Ziff. . . . . . . Ziffer
ZPO . . . . . . Zivilprozeßordnung

Einleitung: Die Reform des Ehe- und Scheidungsrechts

Seit dem 1. Juli 1977 gilt in der Bundesrepublik Deutschland ein neues Ehe- und Scheidungsrecht. Ursachen und Bedeutung dieser Reform lassen sich nur verstehen, wenn man sie im geschichtlichen Zusammenhang sieht. Dabei ist vor allem wichtig, daß die Familie und die Ehe, auf der die Familie beruht, in den letzten 100 Jahren einen bedeutsamen Funktionswandel erfahren hat. Das läßt sich schon an Statistiken ablesen: Im Jahre 1882 verdienten 40% der Bevölkerung ihren Lebensunterhalt als Bauern, Pächter oder Landarbeiter, heute sind es nur noch 15%. 1871 lebten 63% aller Menschen in Gemeinden mit weniger als 2000 Einwohnern, 1953 waren es nur noch 27% und von diesen war ⅓ in Industrie- und Handwerksberufen tätig. Mehr als ⅓ aller Einwohner der Bundesrepublik lebt heute in Großstädten. Auf breiter Basis hat also in den letzten 100 Jahren eine Verstädterung des Lebensstils stattgefunden. Diese Entwicklung hat zusammen mit verbesserten Methoden der Empfängnisverhütung die moderne Kleinfamilie hervorgebracht. Der Durchschnittsbürger lebt heute in einer kleinen Stadtwohnung, hat zwei, maximal drei Kinder und legt Wert darauf, beweglich zu sein.

Dazu kommt eine starke Verinnerlichung der familiären Beziehungen. Die Gefühle, die ein Ehepaar füreinander empfindet, sind heute mehr als früher Voraussetzung und Grundlage der Ehe und damit auch der Familie. Das bedeutet zugleich, daß eine Änderung der emotionalen Bindungen einen stärkeren Unsicherheitsfaktor für den Bestand der Ehe mit sich bringt. Es ist deshalb wenig erstaunlich, daß keines der fünf Bücher des deutschen Bürgerlichen Gesetzbuches den letzten achtzig Jahren so einschneidend geändert worden ist wie das vierte Buch mit der Überschrift „Familienrecht". Bei seinen wichtigsten Bestimmungen, die die Ehe, die Ehescheidung und das Verhältnis zwischen Eltern und Kindern betreffen, ist fast nichts so geblieben wie es ursprünglich war. Als das BGB am 1. 1. 1900 in Kraft trat, enthielt es in § 1354 den Satz: „Dem Manne steht die Entscheidung in allen das gemeinschaftliche Leben betreffenden Angelegenheiten zu." Auch in Fragen der Haushaltsführung und der Kindererziehung entschied der Ehemann in Streitfragen allein. Arbeitsverträge seiner Frau konnte er auch gegen ihren Willen kündigen. Der gesetzliche Güterstand war die Verwaltung und Nutznießung des Mannes am Frauenvermögen; das heißt: hatte die verheiratete Frau eigenes Vermögen, so konnte allein der Mann darüber verfügen, und ihm allein gehörten die Einkünfte aus dem Vermögen der Frau.

Dieses Ehemodell des BGB, das man heute ohne zu übertreiben streng patriarchalisch nennen kann, ist schon während der Vorarbeiten zum Gesetz im letzten Viertel des 19. Jahrhunderts außerordentlich heftig umstritten gewesen. Die einen – unterstützt von der damals sich entwickelnden ersten Frauenbewegung – hielten es für reaktionär und eines modernen Gesetzes für unwürdig. Eine so starke ehemännliche Übermacht, so hieß es in einer Reichstagsrede, erwecke Übermut auf der einen und Hinterlist auf der anderen Seite. Andere, wie etwa der Jurist Otto v. Gierke, fanden es zu individualistisch und zu stark von römisch-rechtlichen Prinzipien beeinflußt; ihnen schien eine strikte Gehorsamspflicht der Ehefrau gegenüber dem Mann innerhalb der ,,organischen Einheit" Ehe angemessener. ,,Ist es ein unabweisbares Bedürfnis . . ., den Ehemann zum passiven Zuschauen bei allen möglichen Operationen seiner Frau zu verurteilen? Entspricht es unserem deutschen Rechtsbewußtsein, daß der Mann nicht mehr als der geborene Vertreter der Frau gelten soll?" Gierkes Frage wirkt heute eher komisch, damals wurde sie ernst genommen.

Dieses *Eherecht* des BGB, das das Verhältnis der Ehegatten untereinander und das Verhältnis zu den Kindern betrifft, ist im wesentlichen bis zum 31. März 1953 in Kraft geblieben. Am 1. April 1953 trat laut Artikel 117 Grundgesetz das dem Artikel 3 Absatz 2 (,,Männer und Frauen sind gleichberechtigt") entgegenstehende Recht außer Kraft. Da der Gesetzgeber seinem grundgesetzlichen Auftrag nach Anpassung des alten Rechts an die neue Verfassung nicht nachgekommen war, hatten jetzt die Richter das Wort. Schritt für Schritt formten sie ein neues Eherecht, z. B. Einigungspflicht statt Entscheidungsrecht des Mannes, Gütertrennung statt Verwaltung und Nutznießung. Erst 1957 kam das Gleichberechtigungsgesetz mit dem neuen gesetzlichen Güterstand, der Zugewinngemeinschaft, 1961 das Familienrechtsänderungsgesetz mit einer Neugestaltung des Rechts zwischen Eltern und Kindern, Änderungen des Eheschließungsrechts und einer Erschwerung der Scheidung, von der sogleich noch die Rede sein wird.

Das „Erste Gesetz zur Reform des Ehe- und Familienrechts", unter dem Datum vom 14. Juni 1976 im Bundesgesetzblatt verkündet, ist fürs erste der Schlußstein in dieser Entwicklung. In seinem ersten Teil enthält es die Eherechtsreform, im zweiten Teil die Reform des Scheidungsrechts – in der Öffentlichkeit hält man dies zu Unrecht häufig für den einzigen Inhalt des Gesetzes –, ein dritter Teil bringt die Neuordnung des Scheidungsverfahrens, die eine Konzentration aller mit einer Scheidung zusammenhängenden Fragen bei den neu zu schaffenden Familiengerichten ermöglicht.

Der umstrittenste Teil der Eherechtsreform war zunächst das neue *Namensrecht.* Es ist bereits seit dem 1. Juli 1976 geltendes Recht. Seitdem kann ein Brautpaar bei der Eheschließung entweder den Namen des Mannes oder den Namen der Frau zum gemeinsamen Familiennamen und damit auch zum Namen der gemeinsamen Kinder wählen. Der Ehegatte, dessen Name nicht Ehename wird, kann seinen Geburtsnamen dem Ehenamen voranstellen. Bisher liegt der Prozentsatz der Männer, die bei der Heirat den Namen ihrer Frau annehmen, unter 2%. Die praktische Bedeutung des neuen Namensrechts wird also aller Wahrscheinlichkeit nach nicht sehr groß sein.

Das neue Eherecht hat aber auch die *rechtlichen Beziehungen der Eheleute untereinander* verändert. Eine primäre Verpflichtung der Frau zur Haushaltsführung gibt es nicht mehr. Beide Eheleute müssen die Hausarbeit in gegenseitigem Einvernehmen regeln. Beide sind berechtigt, berufstätig zu sein; beide müssen auf die Belange der Familie Rücksicht nehmen. Eine Mitarbeitspflicht im Geschäft des anderen Ehepartners gibt es nicht mehr. Jeder darf „Geschäfte zur angemessenen Deckung des Lebensbedarfs der Familie" schließen, für die auch der andere haftet. Kurz: die Hausfrauenehe, die dem Gesetzgeber noch 1957 selbstverständlich schien, ist jedenfalls im Gesetz nicht mehr zu finden.

Im *Scheidungsrecht* des BGB in seiner ursprünglichen Fassung herrschte – mit der einzigen Ausnahme der Scheidung wegen Geisteskrankheit – das Schuldprinzip. Scheidungsgründe waren Ehebruch, bösliches Verlassen und Lebensnachstellung. Außerdem konnte ein Ehegatte auf Scheidung klagen, „wenn der andere

Ehegatte durch schwere Verletzung der durch die Ehe begründeten Pflichten oder durch ehrloses oder unsittliches Verhalten eine so tiefe Zerrüttung des ehelichen Verhältnisses verschuldet hat, daß dem Ehegatten die Fortsetzung der Ehe nicht zugemutet werden kann". Im Scheidungsurteil wurde die Schuld festgestellt. Der allein für schuldig erklärte Mann mußte seiner geschiedenen Frau den „standesgemäßen" Unterhalt zahlen; die allein für schuldig erklärte Frau brauchte an den Mann nur zu zahlen, wenn er nicht imstande war, sich selbst zu unterhalten. Wer schuldig geschieden war, konnte nicht damit rechnen, das Sorgerecht für gemeinsame Kinder zu behalten und hatte grundsätzlich keinen Unterhaltsanspruch gegen seinen geschiedenen Ehegatten.

In der Zeit der Weimarer Republik hat es mehrere Entwürfe für eine Änderung des Scheidungsrechts gegeben. Schon damals wurde die Möglichkeit der Scheidung wegen Zerrüttung der Ehe vorgeschlagen. Diese Reformversuche sind jedoch nicht Gesetz geworden.

Erst im Jahr 1938 kam mit dem Ehegesetz eine Umgestaltung des Scheidungsrechts. Als neue Scheidungsgründe wurden „Verweigerung der Fortpflanzung" und „Unfruchtbarkeit" normiert; auch wegen eines auf geistiger Störung beruhenden Verhaltens und wegen ansteckender oder ekelerregender Krankheiten war nunmehr eine Scheidung möglich. Daneben wurde ein neuer Zerrüttungstatbestand eingeführt: Wenn die häusliche Gemeinschaft der Ehegatten seit drei Jahren aufgehoben war, konnte die Ehe geschieden werden. Der Ehegatte, der die Zerrüttung nicht oder weniger stark verschuldet hatte, konnte der Scheidung widersprechen. Sein Widerspruch war jedoch unbeachtlich, „wenn die Aufrechterhaltung der Ehe bei richtiger Würdigung des Wesens der Ehe und des gesamten Verhaltens beider Ehegatten nicht gerechtfertigt" war. Das Reichsgericht hielt den Widerspruch des nicht oder weniger schuldigen Ehegatten in aller Regel für unbeachtlich und ließ damit eine Scheidung auch gegen den Widerspruch des nichtschuldigen Teils zu. Es könne nicht der Sinn des Gesetzes sein – so meinte das Gericht damals –, „einen schuldigen Ehegatten durch Festhalten an einer Scheinehe zu bestrafen".

Nach dem Ende des 2. Weltkrieges wurden aus dem Ehegesetz von 1938 einige Vorschriften typisch nationalsozialistischen Inhalts entfernt; die Scheidungsgründe der Verweigerung der Fortpflanzung und Unfruchtbarkeit fielen fort. Das Ehegesetz wurde im Jahre 1948 im übrigen fast unverändert als Kontrollratsgesetz Nr. 16 neu verkündet und ist im wesentlichen bis zum 1. Juli 1977 in Kraft geblieben. Der Zerrüttungstatbestand wurde beibehalten. Freilich hat der Bundesgerichtshof in seiner Rechtsprechung hierzu die sehr liberale Meinung des Reichsgerichts nicht übernommen. Er ging vielmehr davon aus, daß der Widerspruch eines Ehegatten gegen die Scheidung im Regelfall auf anerkennenswerten Beweggründen beruhe und deshalb grundsätzlich zu beachten sei. Diese Rechtsprechung ist im Jahre 1961 durch das Familienrechtsänderungsgesetz in Abs. 2 des § 48 Ehegesetz aufgenommen und gesetzlich fixiert worden.

Damit hat im Scheidungsrecht der Bundesrepublik bis zum 1. Juli 1977 das Schuldprinzip fast uneingeschränkt gegolten. Wer schuldig geschieden war, erhielt keinen Unterhalt und konnte nicht damit rechnen, die elterliche Gewalt über die gemeinsamen Kinder zu behalten. Die Auswirkungen dieser Bestimmung waren für Männer und Frauen unterschiedlich. Schuldig geschieden zu sein war für den Mann schlimmstenfalls teuer, für die durchschnittliche Hausfrau war es gleichbedeutend mit einer totalen Katastrophe: sie verlor die Grundlage ihres Lebens überhaupt.

Wer sich ehegemäß verhielt, konnte in jedem Fall eine Scheidung verhindern. Das hat in der Praxis zu wenig befriedigenden Ergebnissen geführt. Der ,,schuldige" Teil (meist der Mann) lebte manchmal schon viele Jahre mit einem neuen Partner zusammen. Häufig waren auch aus dieser eheähnlichen – aber wegen des Widerspruchsrechts des ,,alten" Ehegatten nicht legalisierbaren – Verbindung Kinder vorhanden, die in dem problematischen Status des nichtehelichen Kindes aufwuchsen. Der ,,unschuldige" Ehegatte blockierte die Scheidung häufig nicht deshalb, weil er an der ehelichen Gemeinschaft festhalten wollte oder hoffte, der ,,ungetreue" Partner werde doch wieder zu ihm zurückfinden, sondern aus Angst vor sozialer Degradierung oder vor den finanziellen Folgen der Scheidung, manchmal sogar aus Rache.

In der Praxis rollte in einer großen Zahl von Fällen vor dem Gericht ein Scheinprozeß ab. Wer sich scheiden lassen wollte und nicht offensichtlich schuldlos war (in der Regel war der Mann nicht offensichtlich schuldlos), erkaufte die Scheidungsbereitschaft seines Ehepartners mit einem mehr oder minder großzügigen Unterhaltsvertrag, die Rollen des nichtschuldigen und des schuldigen Teils wurden verteilt und das Verfahren ging unter der Regie von routinierten Anwälten glatt über die Bühne.

Gegen das alte Recht und die damals herrschende Praxis hatte es seit Jahren Einwände und Kritik gegeben; die Hauptpunkte dieser Bedenken waren:

1. Wer „schuld" am Zerbrechen einer Ehe ist, kann man in den meisten Fällen nicht herausfinden, schon gar nicht durch ein Gericht. Mag ein Ehegatte Ehebruch begangen oder den anderen „böslich" verlassen haben – um seine Schuld feststellen zu können, müßte man prüfen, wie es zu diesen Eheverfehlungen gekommen ist. Richter sind mit dieser Aufgabe oft überfordert.

2. Das „Prozeßtheater" im normalen Scheidungsprozeß, das Richter aus diesem Grund mitspielten, war eine zynische, der Achtung vor dem Recht abträgliche Prozedur. Wenn die Parteien dem Gericht etwas vorschwindelten, der Richter das wußte und dennoch ein Urteil „im Namen des Volkes" darauf gründete, so war das eines Rechtsstaates unwürdig.

Die Reform des Scheidungsrechts – Herzstück und Hauptanliegen des Ersten Eherechtsreformgesetzes – hat deshalb die Schlagworte „*Abschaffung des Schuldprinzips*" und „*mehr Wahrhaftigkeit im Scheidungsprozeß*" auf ihre Fahnen geschrieben. Im neuen Recht kommt es auf das Verschulden nicht mehr an. Wenn eine Ehe wirklich zerrüttet ist und nicht mehr erwartet werden kann, daß die Ehegatten sich wieder versöhnen, so soll sie auch geschieden werden können. Das Bundesverfassungsgericht hat diesen Übergang vom Schuldprinzip zum Zerrüttungsprinzip grundsätzlich für verfassungsgemäß erklärt (NJW 1980 S. 689) und läßt die Berücksichtigung eines „ehelichen Fehlverhaltens" nur in besonders krassen Ausnahmefällen zu.

Wenn das Verschulden bei der Scheidung normalerweise keine Rolle mehr spielen soll, so kann man auch die *Folgen der Scheidung* (vor allem: Unterhalt und Kinderverteilung) nicht mehr nach dem Gesichtspunkt der Scheidungsschuld regeln. Auch hier hat es deshalb grundlegend neue Bestimmungen gegeben.

Schließlich ist auch das gerichtliche *Verfahren einer Scheidung* völlig umgestaltet worden. Bisher waren Scheidung und Scheidungsfolgen in jeweils getrennten Prozessen von immer wieder neuen Richtern zu entscheiden. Für die Scheidung selbst war das Landgericht zuständig, über die elterliche Gewalt hatte das Vormundschaftsgericht (beim Amtsgericht) zu entscheiden, über Unterhalt, Hausrat und Wohnung wurde je nach Höhe des Streitwertes vor dem Amtsgericht oder dem Landgericht gestritten. Bis alles endgültig geregelt war, konnten Jahre vergehen.

Nach dem neuen Recht sollen Scheidung und Scheidungsfolgen möglichst in einem Verfahren von einem Richter geregelt werden. Dafür wurde ein neues Gericht geschaffen: das Familiengericht.

Seit langem war in der rechtswissenschaftlichen Literatur immer wieder die Frage gestellt worden, ob der Zivilprozeß, der zwei streitende Parteien und einen nach objektivem Recht urteilenden Richter voraussetzt, für Ehescheidungen überhaupt angemessen ist. Ob über die Höhe einer Kaufpreisschuld oder die Rückzahlbarkeit eines Darlehens entschieden wird oder aber über die Scheidung einer Ehe, ist so grundlegend verschieden, daß einheitliche prozessuale Regeln dafür kaum passen können. Für das neue Scheidungsrecht hätten die alten Verfahrensregeln noch weniger gepaßt. Der Richter muß nun nicht mehr darüber urteilen, ob ein Ehepartner vom anderen wegen dessen schuldhafter Eheverletzung die Scheidung verlangen kann, er muß vielmehr feststellen, ob die Ehe gescheitert ist und wie unter Berücksichtigung der Ehedauer die Zukunft der geschiedenen Eheleute und ihrer Kinder gestaltet werden soll. Das kann nicht nur an Paragraphen gemessen und nicht nur nach juristischen Kriterien entschieden werden. Psychologische Gründe und Reaktionen (bei Eheleuten und Kindern), soziale Gesichtspunkte (beim wirtschaftlich schwächeren Ehegatten) werden ebenso zu berücksichtigen sein wie die Auslegung des geltenden Rechts. Ein Scheidungsrichter sollte nicht in erster Linie einen Streit entscheiden, sondern menschliche Probleme lösen und die zukünftigen Beziehungen der Familienmitglieder gestalten helfen.

Bei jeder gesetzlichen Neuregelung, die an einem bestimmten *Stichtag* in Kraft tritt, stellt sich die Frage, ob sie nur für die Zukunft gilt oder ob sie auch rückwirkend, also mit Wirkung in die Vergangenheit hinein, gelten soll. Weiter entsteht das Problem, was für diejenigen Rechtsverhältnisse gelten soll, die bereits vor der gesetzlichen Neuregelung eingegangen worden sind.

Das Eherecht des neuen Gesetzes gilt vom 1. Juli 1977 an für alle bestehenden Ehen. Die Rechtsverhältnisse zwischen Ehegatten und die Rechtsverhältnisse zwischen Eltern und Kindern richten sich seitdem allein nach dem neuen Recht.

Das neue Scheidungsrecht gilt für alle Ehepartner, die *nach* dem 1. Juli 1977 geschieden worden sind. Dabei ist es gleichgültig, wann die Ehe geschlossen wurde und ob die Scheidungsklage bereits vor Inkrafttreten des neuen Rechts erhoben worden ist. Wer nach dem 1. Juli 1977 geschieden worden ist, für den gilt das neue Recht. Wer dagegen vor dem Zeitpunkt des Inkrafttretens des neuen Rechts rechtskräftig geschieden worden ist, für den bleibt es bei den Scheidungsfolgen des alten Rechts. Das gilt auch dann, wenn einer der geschiedenen Ehegatten nach neuem Recht sehr viel höhere Ansprüche an seinen geschiedenen Partner stellen könnte. Die neuen Unterhaltsregelungen und der Versorgungsausgleich sind also für die bereits vor dem 1. Juli 1977 Geschiedenen ohne jede Bedeutung. Auch die alten Unterhaltsverträge, die unter den Voraussetzungen des alten Rechts geschlossen worden sind, behalten ihre Wirksamkeit.

Das neue Recht hat sowohl in der Wissenschaft als auch in der Öffentlichkeit immer wieder Anlaß zu Kritik gegeben. Vor allem die Scheidungsfolgen (insbesondere die Unterhaltshöhe und der Versorgungsausgleich) haben gelegentlich zu befremdlichen Ergebnissen in der Judikatur geführt. Bei aller Kritik, die auch in der vorliegenden Darstellung hier und da geäußert wird, sollte freilich nicht vergessen werden, daß eine Rückkehr zum alten Recht mit Schuldprinzip und Ehehaft praktisch von niemandem erwogen wird. Die Tatsache, daß Neues besser (oder zeitgemäßer) ist als Altes kann aber auch nicht heißen, daß dieses Neue fehlerfrei wäre und nicht weiter verbesserungsfähig und verbesserungsbedürftig sein kann.

Das Bundesverfassungsgericht verpflichtet den Gesetzgeber, einzelne verfassungswidrige Bestimmungen der Reform von 1977 zu korrigieren. Die strikte Fünf-Jahres-Frist des § 1968 Abs. II muß weicher gefaßt werden (BVerfGE 55 S. 134). Der absolute Vorrang des Unterhaltsanspruchs eines kinderbetreuenden Ehegatten selbst in Fällen grober Unbilligkeit, der in § 1579 Abs. II vorgesehen ist, muß auf das zur Kindererziehung notwendige Maß begrenzt werden können (BVerfGE 57 S. 361) und besonders harte Auswirkungen des Versorgungsausgleichs müssen ausgeschlossen werden (BVerfGE 53 S. 257 und BVerfGE 63 S. 88). Die Regierungsparteien haben diese vom Bundesverfassungsgericht geforderte Korrektur zum Anlaß genommen, auch andere Bestimmungen des neuen Scheidungsrechts zu korrigieren. Insbesondere sollen alle nachehelichen Unterhaltsansprüche herabsetzbar und zeitlich begrenzbar werden, die Fünf-Jahres-Frist des § 1568 Abs. II soll ganz entfallen und die Rechtskraft des Scheidungsurteils durch schlichten Fristablauf auch dann möglich werden, wenn einzelne Folgesachen noch nicht rechtskräftig geregelt sind (vgl. Entwurf eines Gesetzes zur Änderung unterhaltsrechtlicher, verfahrensrechtlicher und anderer Vorschriften, BR Drucks. 501/84). Die Übergangsvorschriften des Entwurfs sehen vor, daß sogar rechtskräftig gewordene Entscheidungen, Vergleiche und Unterhaltsvereinbarungen aufgrund der vorgesehenen Neuregelung abgeändert werden können sollen, wenn dabei eine wesentliche Abweichung vom bisher geltenden Recht möglich ist.

Die Vorschläge sind von den juristischen Fachverbänden nahezu einhellig abgelehnt worden. Insbesondere die partielle Rückwirkung des Entwurfs und die Befristungsmöglichkeit des Arbeitslosenunterhalts sind auf Kritik gestoßen. Die Übernahme der Leitlinien der BGH-Rechtsprechung zum Ausschluß des Unterhalts wegen grober Unbilligkeit nach § 1579 Abs. II Ziff 4 wird allgemein für überflüssig gehalten.

Wann und in welcher Form die geplante Korrektur des Reformgesetzes von 1977 in Kraft treten wird, läßt sich derzeit nicht absehen. Daß eine Korrektur kommen wird, die jedenfalls die Auflagen des Bundesverfassungsgerichts erfüllt, ist gewiß. Daß darüberhinaus eine gerade eben sich konsolidierende obergerichtliche Rechtsprechung, die manche scharfen Kanten des Reformgesetzes korrigiert hat, in Frage gestellt und verunsichert wird, scheint wenig sinnvoll.

I. Die Voraussetzungen für eine Scheidung

Die Auflösung einer Ehe ist immer ein schmerzlicher und komplizierter Prozeß. Das Zerbrechen einer Verbindung, die einmal auf Lebenszeit angelegt war, die Entscheidung darüber, wer die Kinder erziehen soll, der Streit ums Geld, um Wohnung und Hausrat ist oft von Enttäuschung und Erbitterung begleitet. Dennoch entschließen sich in der Bundesrepublik in jedem Jahr mehr Ehepaare zur Scheidung. Im Jahre 1965 wurden genau 58728 Ehen geschieden, 1976 waren es 108252, 1983 bereits 121317. Zählt man für die zehn Jahre zwischen 1965 und 1975 alle Eheschließungen und alle Scheidungen zusammen, so ergibt sich, daß annähernd 5 Millionen neue Ehen geschlossen wurden und daß im gleichen Zeitraum beinahe 900000 bestehende Ehen geschieden worden sind, daß also fast jede fünfte Ehe in der Bundesrepublik nicht ein Leben lang dauert, sondern nach einigen Jahren – meist zwischen dem zweiten und siebten Ehejahr – wieder auseinandergeht. Im Jahr 1977 ging die Zahl der Scheidungen nach der Einführung des neuen Rechts zunächst drastisch zurück, stieg aber nach der ersten Phase organisatorischer Anfangsschwierigkeiten langsam wieder an. Es spricht alles dafür, daß die Scheidungszahlen auch in den nächsten Jahren weiter klettern werden.

Für zahlreiche Ehepaare entsteht also jährlich die Frage, unter welchen Voraussetzungen nach dem neuen Recht eine Scheidung überhaupt möglich ist. Wenn das Verschulden eines Ehegatten (wie Ehebruch oder die Verletzung anderer ehelicher Pflichten) nicht mehr ohne weiteres zur Scheidungsklage berechtigen soll, so muß der Gesetzgeber andere Kriterien setzen, die Voraussetzung für eine Ehescheidung sind.

1. Der Scheidungsgrund: Scheitern der Ehe

Die zentrale Vorschrift des BGB findet sich in § 1565: „Eine Ehe kann geschieden werden, wenn sie gescheitert ist." Die Überschrift des Abschnitts im Gesetz, der in fünf Bestimmungen die Scheidungsvoraussetzungen regelt, ist irreführend. Es gibt nicht mehrere „Scheidungsgründe", sondern nur noch einen Scheidungsgrund: das Scheitern der Ehe. Kann definitiv festgestellt werden, daß eine Ehe gescheitert ist, so kann sie – abgesehen von einigen wenigen Ausnahmefällen – auch geschieden werden.

Damit entsteht freilich sogleich die nächste Frage: was heißt denn „Scheitern" einer Ehe? Wie unterscheidet man eine gescheiterte Ehe von einer, die vielleicht in einer Krise steckt, aber dennoch nicht gescheitert ist? Das Gesetz selbst definiert, was es unter dem Begriff „Scheitern" verstanden wissen will: „Die Ehe ist gescheitert, wenn die Lebensgemeinschaft der Ehegatten nicht mehr besteht und nicht erwartet werden kann, daß die Ehegatten sie wiederherstellen" (§ 1565 BGB). Wer geschieden werden will, muß also den Richter davon überzeugen, daß erstens eine eheliche Lebensgemeinschaft mit dem Ehepartner nicht mehr besteht und daß zweitens auch nicht erwartet werden kann, sie werde in Zukunft wiederhergestellt werden.

Für den *Nachweis des Scheiterns* finden sich im Gesetz eine ganze Reihe von Bestimmungen, die im einzelnen regeln, wann angenommen werden kann, daß die Ehe gescheitert ist. Das Gesetz hilft dem Richter und dem Scheidungswilligen mit der Vermutung, daß nach einer bestimmten Trennungszeit die Ehe gescheitert ist. Wollen *beide* Ehegatten geschieden werden, so nimmt das Gesetz an, daß nach einem Trennungsjahr die Ehe gescheitert ist. Will nur *einer* die Scheidung, der andere aber nicht, so ist anzunehmen, daß nach dreijähriger Trennung nicht mehr mit einer Versöhnung gerechnet werden kann. Vor Ablauf der Drei-Jahres-Frist ist gegen den Willen eines Ehegatten die Scheidung nur dann möglich, wenn der andere das Scheitern der Ehe im einzelnen beweisen kann; auf eine gesetzliche Vermutung des Scheiterns, die ihm diesen Beweis abnimmt oder erleichtert, kann er sich in diesem Fall nicht berufen.

Vom Grundsatz „Eine gescheiterte Ehe soll geschieden werden" gibt es zwei Ausnahmen: Vor Ablauf des ersten Trennungsjahres kann die Ehe nur unter besonderen Umständen und nur ausnahmsweise geschieden werden. Nach Ablauf einer dreijährigen Trennungsfrist und auch dann, wenn ein Ehegatte das Scheitern der Ehe im einzelnen nachweist, können besondere Umstände trotz Scheiterns der Ehe ein weiteres Hinausschieben der Scheidung rechtfertigen. Um das zu erreichen, muß sich der nicht scheidungswillige Teil auf die Härteklausel berufen. Das Gesetz sieht vor, daß die Berufung auf die Härteklausel nach fünfjähriger Trennung nicht mehr möglich sein solle. Das Bundesverfassungsgericht hat diese „starre Fristenregelung" wegen Verstoßes gegen Art. 6 GG für verfassungswidrig erklärt und den Gesetzgeber verpflichtet eine flexiblere Lösung zu schaffen, die eine „Scheidung zur Unzeit" verhindert (BVerfG NJW 1981 S. 108).

2. Die Trennungsfristen

Damit sind für jeden, der eine Scheidung in Betracht zieht, folgende Trennungsfristen wichtig:

- Trennung von weniger als einem Jahr:
  Eine Scheidung ist nur ausnahmsweise unter besonderen Umständen möglich, die im einzelnen nachgewiesen werden müssen (vgl. dazu unten unter 4.).
- Trennung von mehr als einem Jahr, aber weniger als drei Jahren:
  Eine einverständliche Scheidung ist ohne weiteres möglich (dazu unten unter 5.);
  eine Scheidung gegen den Willen eines Ehegatten ist nur möglich, wenn im einzelnen nachgewiesen werden kann, daß die Ehe gescheitert ist (vgl. dazu unter 6.); wer nicht geschieden werden will, kann sich auf die Härteklausel berufen (dazu unten unter 7.).
- Trennung von mehr als drei Jahren:
  Auf Antrag eines Ehegatten kann die Ehe auch gegen den Willen des anderen Ehegatten geschieden werden; der nicht Scheidungswillige kann sich auf die Härteklausel berufen (vgl. dazu unten unter 7.).
- Trennung von mehr als fünf Jahren:
  Die Ehe kann auf Antrag eines Ehegatten auch gegen den Willen des anderen geschieden werden. Die Berufung auf die Härteklausel ist möglich, um außergewöhnliche Härten zu berücksichtigen und eine Scheidung zur Unzeit zu vermeiden (vgl. dazu unten unter 7.).

Daraus ergibt sich: Der Nachweis des Scheiterns der Ehe ist ohne weiteres erbracht, wenn man bei einer einverständlichen

Scheidung eine Trennung von einem Jahr, bei einer streitigen Scheidung eine Trennung von drei Jahren nachweisen kann. Nach fünfjähriger Trennung ist auch die Berufung auf die Härteklausel nur noch in ganz besonders krassen Fällen möglich.

3. Getrenntleben

a) Begriff

Die Erleichterung der Scheidung nach Ablauf der Trennungsfristen von einem, drei oder fünf Jahren läßt für jeden, der geschieden werden möchte, die Frage entstehen: was heißt denn eigentlich Getrenntleben? Lebt ein Ehepaar getrennt, wenn der Mann eine Freundin hat, aber weiter zu Hause wohnt? Lebt ein Ingenieur getrennt, der von seiner Firma für Jahre ins Ausland versetzt wird, wenn die Ehefrau ihn nicht begleitet, um die Schulausbildung der Kinder nicht zu gefährden? Wie weit ist „Trennung" identisch mit sexuellen Beziehungen zu anderen Partnern?

Gerade weil der Begriff „Getrenntleben" nach dem neuen Recht eine sehr wichtige Bedeutung bekommen hat, definiert das Gesetz in § 1567 BGB selbst, was es darunter verstanden wissen will: „Die Ehegatten leben getrennt, wenn zwischen ihnen keine häusliche Gemeinschaft besteht und ein Ehegatte sie erkennbar nicht herstellen will, weil er die eheliche Lebensgemeinschaft ablehnt." Das bedeutet: Getrenntleben hat eine objektive und eine subjektive Seite. Der eheliche Haushalt muß aufgelöst sein *und* mindestens einer der Ehepartner muß das Zusammenleben erkennbar ablehnen. Beide Elemente, Haushaltstrennung und (zumindest) einseitige Ablehnung der Ehe, müssen zusammenkommen. Eines von beiden genügt nicht, weder die Auflösung eines gemeinsamen Haushaltes noch die Ablehnung des ehelichen Zusammenlebens.

Es ist deshalb kein Getrenntleben im Sinne des Gesetzes, wenn der Mann von seiner Firma für längere Zeit ins Ausland geschickt wird, wenn eine Künstlerin viele Monate im Jahr nicht bei ihrer Familie wohnt, wenn ein junger Ehemann zur Bundeswehr eingezogen wird oder wenn ein Ehegatte, der zu einer Freiheitsstrafe verurteilt wurde, ins Gefängnis muß. Auch das sexuelle Zusammenleben der Ehegatten ist zwar *ein* Anhaltspunkt für das Bestehen oder Nichtbestehen der häuslichen Gemeinschaft, es ist aber allein nicht bezeichnend oder entscheidend dafür. Auch ohne sexuelle Beziehungen ist die Aufrechterhaltung der ehelichen Lebensgemeinschaft möglich.

Einen Grenzfall, der ähnlich auch heute möglich wäre, hatte schon das Reichsgericht zu entscheiden (RGZ 163, 277): Ein Ehemann war zu seiner Freundin gezogen, hatte in der ehelichen Wohnung aber noch ein Zimmer behalten, in dem er gelegentlich übernachtete. Die Wohnungsmiete bezahlte er, auch zu den Mahlzeiten erschien er bei der Ehefrau, die regelmäßig von ihm Wirtschaftsgeld bekam. Das Reichsgericht hat hier zwar eine Einschränkung der ehelichen Lebensgemeinschaft angenommen, nicht aber ihre Aufhebung; auch dann nicht, als der Mann überhaupt nicht mehr in der Ehewohnung übernachtet hatte.

Wohlgemerkt: Das Zusammenleben in einer Wohnung ist zwar ein Indiz für die Aufrechterhaltung der häuslichen Gemeinschaft, entscheidend ist es nicht. Nach § 1567 Abs. I Satz 2 BGB ist ein Getrenntleben auch innerhalb der ehelichen Wohnung möglich. Wenn die vorhandenen Räume (bis auf Küche und Bad) aufgeteilt wurden und eine gemeinsame Haushaltsführung nicht mehr besteht, ist das Bewohnen der ehelichen Wohnung durch beide Ehegatten allein kein Grund, ein Getrenntleben auszuschließen.

Der Bundesgerichtshof verlangt jedoch für ein Getrenntleben innerhalb einer Wohnung die vollkommene tatsächliche Trennung aller Lebensbereiche. Ein Zusammentreffen der Eheleute muß sich als „bloßes räumliches Nebeneinandersein ohne persönliche Beziehung" darstellen. Wenn ein Mann zeitweilig im ehelichen Schlafzimmer übernachtet, um seine psychisch kranke Frau zu pflegen, so lebt dieses Ehepaar nicht getrennt (FamRZ 1979 S. 469). Die Anforderungen der Gerichte an ein Getrenntleben innerhalb der gemeinsamen Wohnung sind also relativ streng: Es muß das Höchstmaß an Trennung in allen Lebensbereichen herbeigeführt werden, das nach den realen Möglichkeiten des Einzelfalles erreichbar ist. Andererseits braucht die Trennung sich nur auf den privaten persönlichen Lebensbereich innerhalb der Ehewohnung zu beziehen. Daß die Eheleute weiter beruflich zusammenarbeiten, schließt ein Getrenntleben nicht aus (vgl. OLG Köln, FamRZ 1982 S. 807). Wenn beispielsweise die Frau in der Praxis oder im Handwerksbetrieb des Mannes mitarbeitet oder beide zusammen ein gemeinsames Unternehmen führen, so braucht diese Zusammenarbeit nicht aufgegeben werden, um ein

Getrenntleben zu dokumentieren. Das gilt selbst dann, wenn in der Wohnung ein Büroraum gemeinsam genutzt wird. Ausreichend für ein Getrenntleben ist in solchen Fällen die konsequente Trennung aller persönlichen ehelichen Lebensbereiche.

Ebenso wie die tatsächliche Trennung allein für ein rechtliches „Getrenntleben" nicht ausreicht, ist auch der Wille zum Getrenntleben allein nicht ausreichend. Ablehnung, Widerwille, ja Haß zwischen Ehegatten begründet kein Getrenntleben, solange eine tatsächliche häusliche Gemeinschaft besteht.

Schwierig sind oft diejenigen Fälle, in denen zunächst eine objektive Trennung ohne Ablehnung der Ehe erfolgt ist, die Eheleute sich aber dann im Laufe der Zeit auseinandergelebt haben. Der Auslandsaufenthalt des Kaufmanns, die jahrelange Abwesenheit eines Strafgefangenen oder eines Seemannes kann zu einer Entfremdung der Eheleute führen, die nach einer gewissen Zeit nicht mehr als „Ehe", sondern nur noch als „Getrenntleben" qualifiziert werden kann. Wenn aber – wie oben dargestellt – die objektive Trennung allein nicht genügt, wie ist dann der Zeitpunkt festzustellen, von dem an auch rechtlich von Getrenntleben gesprochen werden kann mit der Folge, daß die Trennungsfristen, die eine Scheidung so sehr erleichtern, zu laufen beginnen?

Die Tatsache allein, daß ein Ehegatte die Trennung, die zunächst von beiden nicht gewünscht oder gewollt war, später innerlich doch bejaht, weil er (oder sie) sich inzwischen von der Ehe abgewendet hat, genügt – wie wir gesehen haben – nicht. Der auf Ablehnung der Ehe gerichtete Wille muß vielmehr *eindeutig nach außen* erkennbar sein. Die Rechtsprechung läßt beispielsweise die Einstellung des Briefwechsels zwischen Eheleuten nicht genügen, hingegen reicht es sicherlich aus, wenn eine Frau ihrem im Ausland lebenden Mann ausdrücklich mitteilt, sie lebe jetzt mit einem anderen Mann zusammen; doch ist eine förmliche Mitteilung an den anderen nicht in jedem Fall erforderlich; der Wille zum Getrenntleben kann sich auch aus den äußeren Lebensumständen ergeben. Wenn beispielsweise ein Ehegatte ganz aus der ehelichen Wohnung auszieht, um mit einem anderen Partner zusammenzuleben, so beginnt die Trennungsfrist mit dem Auszug. War die Trennung zunächst unfreiwillig – wie im Fall des Auslandsaufenthalts oder der Freiheitsstrafe –, kehrt der ausgezogene Ehegatte aber nach Wegfall der trennungsbegründenden Umstände nicht in die Ehewohnung zurück, so beginnt die Trennungsfrist mit der möglichen, aber nicht erfolgten Rückkehr. Lebt ein verheirateter Mann zunächst nur aus beruflichen Gründen im Ausland und findet er nach einiger Zeit dort eine andere Partnerin, mit der er zusammenzieht, so beginnt die Trennungsfrist mit der endgültigen Abwendung von der Ehe. Im Einzelfall kann die Feststellung des genauen Zeitpunktes, in dem der innere (zunächst wohl auch noch unsichere) Wille zur Abkehr von der Ehe nach außen in Erscheinung tritt, zweifelhaft sein. Die Feststellung obliegt dann dem Familienrichter, der aus objektiver Trennung und nach außen erkennbarem Willen das Datum für den Beginn der Frist des Getrenntlebens herausfinden muß.

Das Gesetz macht diese ohnehin nicht einfache Situation noch komplizierter, indem es in Abs. II des § 1567 BGB bestimmt: „Ein Zusammenleben über kürzere Zeit, das der Versöhnung der Ehegatten dienen soll, unterbricht oder hemmt die in § 1566 bestimmten Fristen nicht." Danach ist sogar die sozusagen probeweise Wiederaufnahme der ehelichen Lebensgemeinschaft „über kürzere Zeit" unschädlich. Der Sinn dieser Vorschrift ist klar: Versöhnungsversuche sollen nicht allein deshalb unterbleiben, weil sonst die bereits laufenden Trennungsfristen „verbraucht" wären oder das Getrenntleben „verziehen" und deshalb unbeachtlich würde. Im Grunde ist diese Vorschrift auf die Erhaltung „angeknackster" Ehen bedacht, weil sie den ungetreuen oder fremd gewordenen Ehegatten den Versöhnungsversuch erleichtern (oder ihn jedenfalls doch nicht bestrafen) will.

Für den Familienrichter entsteht freilich die Schwierigkeit, wie der Gesetzesbegriff „über kürzere Zeit" genau für den Einzelfall anwendbar gemacht werden soll. Ist ein Monat eine „kürzere Zeit"? Oder ein halbes Jahr oder ein Jahr? Verbindliche Richtlinien der Rechtsprechung hierzu gibt es bisher nicht. Für den Richter, der Zweifelsfälle entscheiden muß, liegt es nahe, das Verhältnis der Gesamtdauer der Trennung und der Dauer des Zusammenlebens zur Versöhnung zu berücksichtigen. Ein Wissenschaftler, der fünf Jahre im Ausland gearbeitet hat und dann ein halbes Jahr bei „seiner Familie" verbringt, wird anders zu beurteilen sein, als ein Geschäftsmann, der öfter für kürzere Zeit im Ausland lebt, aber immer wieder in die eheliche Lebensgemeinschaft zurückkehrt. Im Normalfall wird heute ein Zusammenleben, das mehr als drei Monate gedauert hat, nicht mehr als „kurz" angesehen (vgl. OLG Zweibrücken, FamRZ 1981 S. 146).

Den Beweis dafür, daß ein erneutes Zusammenleben zu einer echten Versöhnung geführt hat, muß derjenige Ehegatte führen, der die Scheidung ablehnt (OLG Celle, FamRZ 1979 S. 234). Andernfalls würde der Sinn des § 1567 Abs. II in sein Gegenteil verkehrt; müßte ein getrenntlebender Ehegatte fürchten, später nachweisen zu müssen, daß das kurzfristige Zusammenleben *nicht* zu einer Aussöhnung geführt hat, würden Versöhnungsversuche im Zweifel unterbleiben.

Während des Versöhnungsversuchs werden nicht nur die zurückgelegten Trennungszeiten nicht „verbraucht", die Trennungsfrist läuft sogar weiter. § 1567 spricht ausdrücklich davon, daß die Fristen weder unterbrochen noch gehemmt werden. Ein Zusammenleben über kürzere Zeit zum Zweck der Versöhnung, also der Heilung der Ehezerrüttung, soll eben völlig unschädlich sein. Führt dieses Zusammenleben freilich zu einer echten Versöhnung, also nicht nur zu einem probeweisen vorübergehenden Zusammenleben, so sind alle vorherliegenden Trennungszeiten bedeutungslos. Eine Kumulierung von Trennungszeiten wie: 1 Jahr Trennung, dann ½ Jahr Zusammenleben, dann 2 Jahre Trennung, dann 3 Jahre Zusammenleben, dann 3 Jahre Trennung = 5 Jahre Trennungsfrist gibt es nicht. Entweder läuft die Trennungsfrist, weil eine ernsthafte Störung der Ehe vorliegt oder sie läuft nicht. Ein Zusammenleben über mehrere Jahre wird auch dann als eheliche Lebensgemeinschaft und damit als echte Versöhnung angesehen werden müssen, wenn es dabei Spannungen und Schwierigkeiten gegeben hat.

Insgesamt kann man festhalten: Die scheidungserleichternden Trennungsfristen laufen, wenn objektiv eine Trennung des ehelichen Haushalts vorliegt, die freilich auch in einer Wohnung möglich ist. Zumindest *ein* Ehepartner muß diese Trennung auch erkennbar wollen, weil er an der Ehe nicht festhalten will. Kürzere Versöhnungsversuche schaden nicht.

b) Rechtsfolgen des Getrenntlebens

Während der Dauer des Getrenntlebens besteht das rechtliche Band der Ehe fort. Wer getrennt lebt, ist dennoch verheiratet. Die tatsächliche Aufhebung des ehelichen Zusammenlebens ist aber nicht ohne rechtliche Konsequenzen. Eine dieser Rechtsfolgen ist die Erleichterung der Scheidung nach Ablauf bestimmter Trennungsfristen. Es gibt freilich noch andere Rechtsfolgen: Aufhebung der Schlüsselgewalt, Unterhaltsansprüche, Hausratsverteilung, Zugewinnausgleich und elterliche Sorge für gemeinsame Kinder.

Während des Getrenntlebens besteht keine *Schlüsselgewalt* (§ 1357 Abs. III). Jeder Ehegatte verpflichtet also durch Rechtsgeschäfte nur sich selbst, nicht den anderen. War die Hausfrau vor der Trennung berechtigt, die Lebensmittel für die gesamte Familie einzukaufen oder eine Urlaubsreise zu buchen und durch diese Rechtsgeschäfte auch ihren Mann zu verpflichten, so muß sie vom Beginn des Getrenntlebens an solche Rechnungen allein bezahlen. Sie hat allerdings während der Dauer des Getrenntlebens gegen ihren Mann in aller Regel einen Unterhaltsanspruch (§ 1361 Abs. I BGB).

Die Frage, wann ein Ehegatte dem anderen während der Trennung *Unterhalt* zahlen muß, entscheidet § 1361 BGB nach der Bedürftigkeit des einen und der Leistungsfähigkeit des anderen Ehegatten. Nach § 1361 Abs. II braucht der bisher nicht erwerbstätige Ehegatte (normalerweise ist das die Frau – es könnte aber nach dem Gesetz ebensogut der Mann sein) seinen Unterhalt nur selbst zu verdienen, „wenn dies von ihm nach seinen persönlichen Verhältnissen, insbesondere wegen einer früheren Erwerbstätigkeit unter Berücksichtigung der Dauer der Ehe, und nach den wirtschaftlichen Verhältnissen beider Ehegatten erwartet werden kann".

Entscheidende Kriterien für die Begründung eines Unterhaltsanspruchs während der Trennungszeit sind also die „persönlichen Verhältnisse", eine „frühere Erwerbstätigkeit", die „Dauer der Ehe" und die „wirtschaftlichen Verhältnisse beider Ehegatten". Im großen und ganzen werden die Unterhaltsansprüche während des Getrenntlebens nicht sehr viel anders zu beurteilen sein als nach der Scheidung, doch kann es im Einzelfall auch einmal Unterschiede geben. So sehen die Unterhaltsrichtsätze, die verschiedene Oberlandesgerichte festgelegt haben, gegenüber dem getrenntlebenden Ehegatten einen niedrigeren Selbstbehalt des Unterhaltspflichtigen vor, als gegenüber einem geschiedenen Ehepartner (vgl. z.B. die Düsseldorfer Tabelle, unten Anhang Nr. 1). Anders als nach der Scheidung können während des Getrenntlebens auch Kinder aus einer früheren Verbindung – also voreheliche *nicht* gemeinsame Kinder – einen Unterhaltsanspruch begründen. Der BGH hat in zwei Entscheidungen den Ehemann während des Getrenntlebens zum Unterhalt verurteilt, und die Bedürftigkeit der Frau wegen der Betreuung von nicht gemeinsamen Kindern als gegeben angesehen (BGH FamRZ 1979 S. 569 und 571; FamRZ 1981 S. 17).

Ferner kann ein unterhaltsberechtigter getrenntlebender Ehegatte nur unter eingeschränkten Voraussetzungen darauf verwiesen werden, seinen Unterhalt selbst zu verdienen. Wenn die persönliche Ausgestaltung der Ehe (Hausfrauenehe) und die wirtschaftlichen Verhältnisse (ausreichendes Einkommen des Mannes) dafür sprechen, kann während der Trennungszeit ein Unterhaltsanspruch auch dann bestehen, wenn keiner der unterhaltsbegründenden Tatbestände für die Zeit nach der Scheidung vorliegt. Nach § 1361 Abs. II BGB kann nämlich der nicht berufstätige Ehegatte während der Trennung nur dann darauf verwiesen werden, seinen Lebensunterhalt selbst zu verdienen, ,,wenn dies von ihm nach seinen persönlichen Verhältnissen, insbesondere wegen einer früheren Erwerbstätigkeit unter Berücksichtigung der Dauer der Ehe, und nach den wirtschaftlichen Verhältnissen beider Ehegatten erwartet werden kann.“

Nach den Anhaltspunkten, die das Gesetz gibt, kann man also sicher sagen:

- eine Ehefrau, die während der Ehe berufstätig war und keine (oder erwachsene) Kinder hat, ist verpflichtet, weiter berufstätig zu sein.
- War die Ehe nur von kurzer Dauer und sind keine Kinder da, so ist die bisherige Hausfrau zur Wiederaufnahme ihres vorehelichen Berufs oder jedenfalls zu einer Berufsausbildung verpflichtet.
- Kindererziehung, Alter, Krankheit, Arbeitslosigkeit können einen Unterhaltsanspruch rechtfertigen. Für die Kindererziehung gilt das – anders als nach der Scheidung – selbst dann, wenn es sich nicht um gemeinsame Kinder handelt (BGH NJW 1979 S. 1348). Darüberhinaus besteht ein Unterhaltsanspruch auch dann, wenn dies nach den persönlichen und wirtschaftlichen Verhältnissen der Eheleute erwartet werden kann.

Zweifelhaft können in Zukunft vor allem die Fälle werden, in denen ein Ehepaar die Familienaufgaben und die Erwerbstätigkeit partnerschaftlich (also gemeinsam) übernommen hatte, wo also beide berufstätig waren und beide auch Haushalts- und Erziehungsaufgaben übernommen hatten. Bei einer Trennung werden die Kinder bei einem Elternteil (meist bei der Mutter) bleiben. Kann diese bisher (zumindest teilweise) berufstätige Mutter sagen, jetzt, nach der Trennung, müsse sie sich voll auf ihre Familienaufgaben konzentrieren können, zumal ja die Mithilfe des Mannes in der Familie mit der Trennung weggefallen sei?

Das Gesetz selbst regelt diesen Fall nicht. Da es aber für den Unterhalt *nach* der Scheidung die Kindererziehung als unterhaltsbegründende Tatsache anerkennt, wird auch für das Getrenntleben nicht viel anderes gelten können. Jedenfalls bei mehreren kleinen Kindern, die im Haushalt der Mutter bleiben, dürfte deshalb auch eine bisher teilweise berufstätige Mutter einen Unterhaltsanspruch gegen ihren getrennt lebenden Ehemann haben. Sind die Kinder größer, so ist unter Umständen eine Berufstätigkeit im Rahmen der Teilzeitarbeit möglich und zumutbar.

§ 1361 Abs. II nimmt für den Unterhaltsanspruch während des Getrenntlebens auch Bezug auf die ,,wirtschaftlichen Verhältnisse beider Ehegatten". Diese Vorschrift erlaubt eine Anpassung des Unterhaltsanspruchs an die wirtschaftliche Leistungsfähigkeit des einen und die soziale Bedürftigkeit des anderen Ehegatten. Hier können Unterhaltsverpflichtungen aus früheren Ehen ebenso berücksichtigt werden wie Vermögenseinkünfte und besondere soziale Bedürftigkeit.

Fraglich kann vor allem bei längeren Trennungsfristen sein, ob ein getrennt lebender unterhaltsberechtigter Ehegatte an der weiteren beruflichen Karriere und der damit verbundenen Einkommenssteigerung teilnimmt. Die Rechtsprechung geht hier davon aus, daß mit Sicherheit zu erwartende Einkommenssteigerungen auch nach der Trennung zu einer Erhöhung des Unterhaltsanspruchs des getrennt lebenden Ehegatten führen. Beispiel: Ein verheirateter Student, der seit Abschluß seines Studiums von seiner Frau getrennt lebt und später beamteter Studienrat wird, muß seiner Frau, die die gemeinsamen Kinder erzieht, den nach seinem späteren – erst nach der Trennung erzielten – Einkommen angemessenen Unterhalt zahlen. Nach einer Entscheidung des Landgerichts Frankfurt aus dem Jahre 1976 (FamRZ 1976, 342) nimmt die getrennt lebende Ehefrau an einer nicht vorhersehbaren Steigerung der Einkünfte ihres Mannes aber nicht teil. Dabei wird man allerdings berücksichtigen müssen, daß der Sachverhalt, der dieser Entscheidung zugrunde lag, besonders kraß war: Eine

Ehefrau, die fast zwanzig Jahre lang von ihrem Mann getrennt gelebt und während der ganzen Zeit von ihm regelmäßig Unterhalt bezogen hatte, verlangte, nachdem der Mann nach der Trennung vom Studenten zunächst zum Studienrat und später zum Professor einer Pädagogischen Akademie avanciert war, eine Erhöhung ihres Unterhalts von 730 auf 1160 DM mit der Begründung, als Ehefrau eines gutsituierten Professors brauche sie nicht zu arbeiten. Die gemeinsame Tochter lebte zunächst auf Kosten des Vaters im Internat, später ganz beim Vater. Das Landgericht Frankfurt hat in seiner Entscheidung eine Erhöhung des Unterhaltsanspruchs dieser Ehefrau für nicht gerechtfertigt erklärt. Die Kernsätze seiner Begründung: Eine getrennt lebende Ehefrau „kann nicht einfach die Hände in den Schoß legen und ein ‚Rentnerdasein' auf Kosten des Mannes führen". Und: „Zwar nimmt die Frau nach Trennung oder Scheidung an dem vorhersehbaren Aufstieg ihres ... Ehemannes teil, nicht aber an einer nicht mit voller Sicherheit voraussehbaren Erhöhung der Einkünfte oder eines außergewöhnlichen, nicht vorausberechenbaren Aufstiegs."

Die Entscheidung ist in der juristischen Literatur nicht ohne Kritik aufgenommen worden, und sie ist noch unter der Geltung des alten Rechts ergangen, nach dem der nichtschuldige Teil eine Scheidung verhindern konnte (der beklagte Professor war mit drei Scheidungsklagen abgewiesen worden). Für die Vorschriften des neuen Rechts muß sie deshalb mit Vorsicht interpretiert werden. In Zukunft ist eine zwangsweise Aufrechterhaltung der Ehe über zwanzig Jahre nicht mehr möglich. Spätestens nach einer Trennung von fünf Jahren wäre – beim Sachverhalt dieser Entscheidung – unter dem neuen Recht eine Scheidung möglich gewesen. Dennoch: Die Begründung des Eherechtsreformgesetzes lehnt es wiederholt ausdrücklich ab, in irgendeiner Weise Druck in Richtung auf eine Ehescheidung auszuüben. Für den Unterhalt nach der Scheidung läßt ferner auch der BGH unerwartete und außergewöhnliche Einkommensteigerungen des Unterhaltspflichtigen außer Betracht (BGH FamRZ 1982 S. 576).

Sicher kann man deshalb auch seit Inkrafttreten des neuen Rechts festhalten: Eine Ehefrau, die von ihrem Mann getrennt lebt und arbeitsfähig ist, die keine kleinen Kinder versorgen muß, die nicht zu alt und zu krank für eine Berufstätigkeit ist, kann ihre Ehe nicht als lebenslängliche Versorgung betrachten. Ihr ist eine Berufstätigkeit – möglicherweise nach einer vom Mann finanzierten Ausbildung – zuzumuten. Außergewöhnliche Einkommenssteigerungen ihres Mannes sind für sie nicht relevant.

Sobald der Scheidungsantrag gestellt ist (gleichgültig, von welchem Ehegatten), gehören zum Unterhalt auch die Kosten für eine angemessene „Versicherung für den Fall des Alters sowie der Berufs- oder Erwerbsunfähigkeit". Für die gesamte Ehezeit – auch für die Trennungszeit – ist (sofern darauf nicht verzichtet wurde) der Versorgungsausgleich vorzunehmen. Der Gesetzgeber wollte die nicht berufstätige Hausfrau, die in aller Regel vom Versorgungsausgleich profitiert, für die Zeit des Getrenntlebens nicht schutzlos lassen und diese Lücke in ihrer „sozialen Biographie" schließen. Deshalb soll der unterhaltspflichtige Ehegatte für die Zeit des Getrenntlebens auch in diesem Bereich gesichert werden.

Die Frage, wer die Trennung herbeigeführt oder die Auflösung der ehelichen Gemeinschaft „verschuldet" hat, ist für den Unterhaltsanspruch während des Getrenntlebens gleichgültig. Nur im Rahmen der nach § 1361 Abs. III auch für den Fall des Getrenntlebens anwendbaren sogenannten „negativen Härteklausel" kann der Unterhaltsanspruch in besonderen Fällen wegen grober Unbilligkeit entfallen. Anders als nach der Scheidung rechtfertigt aber die kurze Ehedauer allein einen Ausschluß des Unterhalts nicht. Das ergibt sich eindeutig aus dem Wortlaut des Gesetzes; § 1361 Abs. III verweist ausdrücklich nicht auf § 1579 Abs. I Nr. 1. Der Heilung der jungen Ehe soll vielmehr durch die Aufrechterhaltung des während des Zusammenlebens bestehenden Zustandes jede Chance gegeben werden. Die Ehedauer ist aber für die Zumutbarkeit einer Erwerbstätigkeit von Belang (BGH FamRZ 1979 S. 571).

Auch während des Getrenntlebens kann aber der Unterhaltsanspruch wegen grober Unbilligkeit ausgeschlossen sein, wenn ein besonderer Grund vorliegt, der die Inanspruchnahme des Verpflichteten grob unbillig erscheinen läßt. Hier gelten die gleichen Grundsätze wie für den Ausschluß des Unterhalts nach der Scheidung (unten II, 7). Nach der Rechtsprechung kann vor allem das Zusammenleben des Unterhaltsberechtigten mit einem neuen Partner, den Anspruch gegen den getrenntlebenden Ehegatten mindern oder auch ganz ausschließen (dazu im einzelnen unten II, 7, d).

Jedenfalls besteht Anspruch auf Trennungsunterhalt *nur* für die Zeit des Getrenntlebens. Sobald die Eheleute geschieden sind, gelten nur noch die Bestimmungen für Unterhaltsansprüche nach einer Scheidung. Nach der Rechtsprechung des BGH entsteht dann ein eigener, vom Trennungsunterhalt völlig unabhängiger Anspruch. Trennungsunterhalt und nachehelicher Unterhalt sind *nicht* identisch (BGH FamRZ 1981 S. 242). Ein Unterhaltsurteil für die Trennungszeit verliert daher mit der Scheidung seine Wirksamkeit. Das bedeutet: Wer auch für die Zeit nach der Scheidung Unterhalt verlangen will, sollte dies rechtzeitig im Scheidungsverfahren beantragen.

Lebt ein Ehepaar nicht nur vorübergehend, sondern dauernd getrennt, so muß auch der bisher gemeinsame *Hausrat* geteilt werden. Nach § 1361a gilt als Grundsatz: Jeder kann diejenigen Gegenstände behalten oder vom anderen herausverlangen, die ihm gehören. Was der andere zur Führung eines eigenen Haushalts benötigt, muß er ihm überlassen, sofern dies der Billigkeit entspricht. Danach kann der Mann einer Frau, die kleine Kinder versorgen muß, nicht die Kücheneinrichtung oder die Waschmaschine wegnehmen, nur weil sie ihm gehört. Besonders wertvolle Einrichtungsgegenstände oder auch solche, die einen besonderen Familienwert besitzen (z.B. ein Sofa, das von der Großmutter stammt, Familienbilder oder andere Erbstücke), können herausverlangt werden, müssen aber, wenn sie für den Haushalt des anderen unentbehrlich sind, ersetzt werden. Können die Ehegatten sich nicht einigen, so kann nach § 18a der Hausratsverordnung die Teilung durch das Gericht geregelt werden. Die Bestimmungen für die Teilung des Hausrates nach einer Scheidung gelten sinngemäß. Doch trifft das Gericht bei der Regelung während des Getrenntlebens keine endgültige Eigentumsteilung, sondern regelt nur die vorläufige Benutzung für die Zeit der Trennung.

Haben die Ehegatten während der Ehe im Güterstand der Zugewinngemeinschaft gelebt (was normalerweise immer dann der Fall ist, wenn nicht durch Ehevertrag ein anderer Güterstand vereinbart worden ist), so kann nach einer Trennungszeit von drei Jahren jeder auf *vorzeitigen Ausgleich des Zugewinns* klagen (§ 1385 BGB). Für den Ausgleich des Zugewinns gelten in diesem Fall die gleichen Bestimmungen wie für den Zugewinnausgleich nach einer Scheidung (dazu unten IV). Mit dem Urteil tritt Gütertrennung ein; der getrennt lebende nicht erwerbstätige Ehegatte hat von diesem Zeitpunkt an an den Ersparnissen des berufstätigen Ehegatten keinen Anteil mehr.

Bei einem längere Zeit andauernden Getrenntleben eines Ehepaars ist schließlich die Frage zu regeln, welcher Elternteil die gemeinsamen Kinder betreuen und erziehen soll. Wenn die Eltern sich über diese Frage nicht einigen können, so kann nach § 1672 BGB jeder von ihnen das Familiengericht anrufen; bei einer Gefährdung des Kindeswohls kann das Gericht auch von Amts wegen tätig werden. Das Gericht bestimmt dann, welcher Elternteil für die Dauer des Getrenntlebens die elterliche Sorge für gemeinsame Kinder ausüben soll. Das Familiengericht wird sich wie im Fall der Entscheidung über die elterliche Sorge nach einer Scheidung vor allem an der Frage orientieren, bei welchem Elternteil das Kind am besten aufgehoben ist. Das Alter des Kindes, die Vermögens- und Einkommensverhältnisse der Ehegatten und die Frage, bei wem das Kind bisher aufgewachsen ist, können dabei eine Rolle spielen. Zu den Einzelheiten vgl. unten VII 1 und 2.

4. Scheidung bei Trennung unter einem Jahr

Lebt ein Ehepaar noch nicht ein Jahr getrennt, so ist eine Scheidung nur in besonderen Ausnahmefällen möglich. Nach § 1565 Abs. II BGB kann der Richter bei noch nicht einjähriger Trennung eine Ehe nur scheiden, „wenn die Fortsetzung der Ehe für den Antragsteller aus Gründen, die in der Person des anderen Ehegatten liegen, eine unzumutbare Härte darstellen würde".

Daraus geht hervor: die Dauer der Ehe ist unerheblich. Ein Ehepaar, das bereits 30 Jahre verheiratet ist, wird ebenso behandelt wie ein frisch verheiratetes junges Paar. Maßgebend ist allein die Zeit der Trennung: wer noch nicht ein Jahr getrennt lebt, soll nur in besonders gravierenden Ausnahmefällen geschieden werden. Das Gesetz will mit dieser Vorschrift vor übereilten „Kurzschluß-Scheidungen" schützen. Auch ein Mißbrauch der vom neuen Recht geschaffenen Scheidungserleichterung sollte verhindert werden. Die Gründe für die Unzumutbarkeit der Fortführung der Ehe müssen beim anderen Ehegatten liegen. Während des ersten Trennungsjahres kann sich also niemand darauf berufen, er selbst habe nun einen neuen Ehepartner gefunden und aus dieser neuen Verbindung sei auch bereits ein Kind unterwegs.

Solche Gründe, die in der Person des Scheidungswilligen selbst oder eines Dritten liegen, können eine Scheidung während des ersten Trennungsjahres nicht rechtfertigen.

Welche Tatsachen vorliegen müssen, um für einen Ehegatten die Fortsetzung der Ehe als unzumutbare Härte erscheinen zu lassen, kann im Einzelfall zweifelhaft sein. In der Rechtsprechung hat sich hierzu alsbald nach Inkrafttreten des neuen Rechts eine reichhaltige Judikatur entwickelt, in der die Definition des Begriffs „unzumutbare Härte" sich abzuzeichnen beginnt. Danach rechtfertigen leichtere Eheverfehlungen eine Scheidung vor Ablauf des ersten Trennungsjahrs nicht. Bei schweren Eheverfehlungen kann das anders sein. Wenn der Ehemann seine Frau verprügelt, wenn er versucht, sie umzubringen oder zu strafbaren Handlungen zu verleiten, so wird die Fortsetzung der Ehe für die Frau eine unzumutbare Härte sein. Das gleiche gilt, wenn ein Ehegatte feststellt, daß der andere schwer rauschgiftsüchtig ist oder unheilbar an einer ansteckenden Krankheit leidet. Im Einzelfall kann hier fraglich sein, ob die zwischen den Ehegatten bestehende Hilfeleistungs- und Beistandspflicht stärker ist, so daß die nach § 1565 Abs. II vorausgesetzte unzumutbare Härte nicht angenommen werden kann. Es wird hier viel auf die Umstände des Einzelfalles ankommen. Für eine Scheidung vor Ablauf einer einjährigen Trennung (§ 1565 Abs. II) dürfte es nicht reichen, daß die Ehefrau an depressiven Verstimmungen leidet; hingegen wird eine echte Geisteskrankheit, die eine Unterbringung in einer Heilanstalt erfordert, eine Scheidung ebenso rechtfertigen wie die dauernde Impotenz des Mannes.

Die Rolle des Ehebruchs in diesem Zusammenhang ist nicht ganz geklärt. Teilweise wird angenommen, daß jeder Ehebruch eines Ehegatten die Scheidung auf Wunsch des anderen ermögliche, da es sich dabei immer um einen gravierenden Umstand handele und die Fortsetzung der Ehe dem anderen nicht mehr zumutbar sei (vgl. Scheld, FamRZ 1978 S. 651 sowie OLG Karlsruhe, FamRZ 1978 S. 592). Die Mehrzahl der Gerichte nimmt eine unzumutbare Härte aber nur an, wenn es sich um ein länger dauerndes „Verhältnis" handelt und läßt vorübergehende „Abenteuer" nicht ausreichen (vgl. z.B. OLG Franfurt, FamRZ 1978 S. 115 und OLG Düsseldorf FamRZ 1978 S. 27).

Ein *Verschulden* des Ehegatten, der die eine Scheidung rechtfertigende Tatsache gesetzt hat, ist nicht erforderlich. Auch

Krankheiten und andere nicht verschuldete Umstände können deshalb ausreichen.

In der Rechtsprechung hat ferner die Frage Schwierigkeiten gemacht, was mit der im Gesetz verwendeten Formulierung „Fortsetzung der Ehe" gemeint ist. Einige Gerichte verstanden darunter die Fortsetzung des *formellen Ehebandes,* also die abstrakte Tatsache des Miteinander-Verheiratetseins. Andere sahen in der „Fortsetzung der Ehe" das *konkrete weitere Zusammenleben* der Eheleute in einer ehelichen Lebensgemeinschaft. Eine strikte Anwendung der ersten Meinung könnte zu einem fast totalen Scheidungsverbot während des ersten Trennungsjahres führen, wenn man das rein formale weitere Verheiratetsein für kürzere Zeit so gut wie immer für zumutbar hält. Inzwischen hat der BGH zu der Frage Stellung genommen (FamRZ 1981 S. 127). Nach seiner Meinung ist unter „Fortsetzung der Ehe" grundsätzlich das formale Eheband, die rechtliche Tatsache des „Weitermiteinander-verheiratetseins" zu verstehen. Auch wenn eine Ehe bereits mit Sicherheit gescheitert sei, mute das Gesetz denjenigen Eheleuten, die nicht oder noch kein Jahr getrennt lebten, grundsätzlich zu, die einjährige Trennungsfrist abzuwarten. Doch soll nach Meinung des Gerichts die Aufrechterhaltung des formalen Ehebandes nicht zumutbar sein, wenn ein besonderer Härtefall festgestellt ist. Auch wenn ein Ehegatte aus der gemeinsamen Wohnung auszieht oder ausziehen könnte, könne das „Fehlverhalten" des anderen „auch nach räumlicher Trennung fortwirken und die Bindung des verletzten Gatten an die Ehe unzumutbar machen." Im Ergebnis löst der BGH den Streit um den Begriff „Fortsetzung der Ehe" mit einem Trick in nichts auf. Immerhin vermeidet er mit dieser Rechtsprechung ein nahezu vollständiges Scheidungsverbot während des ersten Trennungsjahres.

5. Die einverständliche Scheidung

In einer großen Zahl von Fällen sind die Eheleute sich darüber einig, daß sie sich scheiden lassen wollen. Beide sind sich darüber im klaren, daß die Ehe nicht mehr zu retten ist, und beide suchen nach einer Möglichkeit, die rechtliche Bindung ohne viel Aufhebens zu lösen. Das alte Recht kannte eine von beiden Ehegatten betriebene Konventionalscheidung nicht. In der Praxis kam sie dennoch häufig vor. Entweder übernahm ein Ehegatte (meist der Mann) pro forma die Schuld, und die Ehe wurde wegen einer in Wirklichkeit gar nicht bestehenden schweren Eheverfehlung geschieden oder die Ehe wurde nach dreijähriger Trennung wegen unheilbarer Zerrüttung geschieden und der nichtschuldige Teil verzichtete (oft gegen eine finanzielle Abfindung) auf sein Widerspruchsrecht.

Das neue Recht legalisiert die Konventionalscheidung nach einem Trennungsjahr. Nach § 1565 Abs. I wird unwiderlegbar vermutet, daß eine Ehe gescheitert ist, wenn die Ehegatten ein Jahr getrennt gelebt haben und *beide* die Scheidung wollen. Da nach § 1565 Abs. I jede gescheiterte Ehe geschieden werden kann, bedeutet das: Nach einer Trennungszeit von einem Jahr ist die einverständliche Konventionalscheidung ohne weiteres möglich. Das Gesetz bezeichnet in diesem Fall die Scheiternsvermutung als unwiderlegbar. Das bedeutet: der Familienrichter kann nach einjährigem Getrenntleben eine von beiden Eheleuten gewünschte Scheidung nicht mit der Begründung ablehnen, er halte die Ehe nicht für gescheitert.

Der Richter kann und wird aber nachprüfen, ob wirklich beide Ehegatten die Scheidung wollen; das läßt sich in aller Regel leicht feststellen. § 1566 Abs. I BGB bestimmt ausdrücklich, daß entweder beide Ehegatten die Scheidung beantragen müssen oder daß einer dem Scheidungsantrag des anderen ausdrücklich zustimmt. Schweigen oder völliges Nichtstun genügen also für eine Konventionalscheidung nicht. Die Zustimmung kann schriftlich oder zu Protokoll der Geschäftsstelle oder in der mündlichen Verhandlung erklärt werden. Nach § 630 Abs. II ZPO kann sie noch in der letzten mündlichen Verhandlung vor dem Urteil (also noch in der Berufungsinstanz) widerrufen werden.

Eine erzwungene oder aufgrund einer Täuschung erklärte Zustimmung ist nichtig. Die Tatsache, daß der scheidungswillige Ehegatte die Zustimmung des anderen mit einem großzügigen Unterhaltsvertrag „erkauft", berührt jedoch die Wirksamkeit der Zustimmungserklärung nicht. Das Gesetz setzt sogar ausdrücklich voraus, daß bei einer einverständlichen Scheidung zwischen den Ehegatten Einigkeit über die Scheidungsfolgen besteht (Abschnitt II Ziff. 12).

Ist die Zustimmung nichtig oder widerrufen, so handelt es sich nicht oder nicht mehr um eine einverständliche Scheidung. Die

Ehe kann dann nur geschieden werden, wenn ihr Scheitern im einzelnen nachgewiesen wird (dazu unten Ziff. 6) oder wenn die Trennung bereits drei Jahre dauert und der andere Ehegatte sich nicht auf die Härteklausel beruft (dazu unten Ziff. 7).

Der Richter wird bei der einverständlichen Scheidung ferner nachprüfen, ob die einjährige Trennungsfrist, die für die Konventionalscheidung nach § 1566 Abs. I vorausgesetzt ist, wirklich vorliegt. Wenn beide Ehegatten übereinstimmend vortragen, sie lebten seit mindestens einem Jahr getrennt, so kann er nach § 616 ZPO von sich aus darüber Beweis erheben, ob diese übereinstimmende Behauptung stimmt. Er kann beispielsweise den Vermieter der ehelichen Wohnung oder andere Zeugen befragen, sofern er an der Behauptung der Eheleute zweifelt. Normalerweise wird freilich ein Familienrichter die von beiden Eheleuten übereinstimmend vorgetragene Behauptung, sie lebten seit einem Jahr getrennt, selten anzweifeln. Für Eheleute, die sich über Scheidung und Scheidungsfolgen einig sind, ist es deshalb nicht sehr schwierig, die gesetzliche Barriere des einjährigen Getrenntlebens, die § 1565 Abs. II fordert, zu umgehen und schon vor Ablauf der einjährigen Trennungsfrist geschieden zu werden.

Eine einverständliche Scheidung ist nach § 630 ZPO nur möglich, wenn die Ehegatten sich außer über die Frage, daß sie geschieden werden wollen, auch über den Unterhalt nach der Scheidung, über die Ehewohnung und den Hausrat sowie über die elterliche Sorge und den persönlichen Verkehr hinsichtlich der gemeinsamen Kinder geeinigt haben. Die übrigen Scheidungsfolgen – vor allem der Zugewinnausgleich und der Versorgungsausgleich – sind von dieser Einigungspflicht nicht erfaßt und können unabhängig von der Scheidung gerichtlich (also auch streitig) geregelt werden. Die Einigung der Ehegatten über Unterhalt, Wohnung und Hausrat und über die Kinder muß bereits in der Antragsschrift enthalten sein, die das Scheidungsverfahren in Gang setzt. Vor der Einigung über diese Scheidungsfolgen ist also eine einverständliche Konventionalscheidung nicht möglich. Die generelle grundsätzliche Übereinstimmung darüber, daß man nicht mehr zusammenleben wolle, reicht in diesem Fall nicht.

6. Die streitige Scheidung

Sehr häufig will nur ein Ehegatte sich scheiden lassen, der andere aber nicht. Der Grund für das Festhalten an der Ehe kann darin liegen, daß immer noch die Hoffnung besteht, der andere „ungetreue" Ehegatte werde zurückkommen; oft genug ist aber der eigentliche Grund nicht so sehr die Hoffnung auf die Wiederherstellung einer intakten Ehe, sondern die Angst vor den Folgen der Scheidung: Angst vor sozialer Degradierung, Angst, allein ohne Geld dazustehen, Angst, aus der Wohnung hinausgeworfen zu werden; manchmal kommen Enttäuschung und Wut dazu, der verlassene Ehegatte will den abtrünnigen Partner für seine Untreue bestrafen.

Das neue Recht ermöglicht eine Scheidung auch dann, wenn ein Ehegatte an der Ehe festhalten will. Das war auch unter der Geltung des alten Rechts möglich. Früher konnte sich der nichtschuldige Ehegatte vom anderen ohne weiteres scheiden lassen, wenn dieser eine Eheverfehlung begangen hatte. Ähnlich ist es auch nach dem neuen Recht, wenn die Trennungszeit noch nicht ein Jahr betragen hat. Der scheidungswillige muß dann dem nicht scheidungsbereiten Ehegatten nachweisen, daß die Fortsetzung der Ehe für ihn eine unzumutbare Härte darstellen würde, und zwar aus Gründen, die in der Person des anderen – also des nicht scheidungswilligen – Ehepartners liegen (vgl. dazu oben Ziff. 4). Ist aber das erste Trennungsjahr vorbei, so ist eine streitige Scheidung immer dann möglich, wenn die Ehe gescheitert ist (§ 1565 Abs. I). Auf die Gründe des Scheiterns kommt es nicht an; ebensowenig auf die Frage, wer das Scheitern der Ehe verursacht oder verschuldet hat. Es kann also auch derjenige Ehegatte die Scheidung beantragen, der selbst den anderen verlassen oder „betrogen" hat. Hier liegt der Kern des Zerrüttungsprinzips und der ganz wesentliche Unterschied gegenüber dem alten Recht. Eine Bestrafung für ehewidriges Verhalten durch möglicherweise lebenslanges Festbinden in einer nur noch auf dem Papier bestehenden Ehe gibt es nicht mehr. Auch der Ehegatte, der den anderen verlassen hat, kann jetzt eine Scheidung herbeiführen.

Voraussetzung für eine solche streitige Scheidung, bei der nur einer geschieden werden will, der andere aber nicht, ist der Nachweis, daß die Ehe gescheitert ist. Dieser Nachweis kann auf zweierlei Art erfolgen: Entweder einfach dadurch, daß die Ehegatten bereits drei Jahre oder länger getrennt leben, oder – wenn die Trennung erst kürzere Zeit dauert – durch den Nachweis, daß die Ehe dennoch aufgrund bestimmter vorgetragener und bewiesener Tatsachen als gescheitert angesehen werden muß.

Da der Ablauf formal festgelegter Fristen sehr viel leichter festgestellt werden kann als der Zustand einer Ehe (mit Zukunftsprognose nach § 1565 Abs. I, denn für den Begriff des Scheiterns ist auch erforderlich, daß die Wiederherstellung der ehelichen Gemeinschaft nicht erwartet werden kann), wird es im Zweifelsfall naheliegen, den Ablauf der dreijährigen Trennungsfrist abzuwarten. Für diese Trennung ist objektiv die Aufhebung der häuslichen Gemeinschaft und subjektiv die Ablehnung der ehelichen Gemeinschaft erforderlich (§ 1566 Abs. I; vgl. dazu oben S. 3). Die Trennung muß vom scheidungswilligen Ehegatten bewiesen werden. Sowohl die räumliche Trennung der Ehegatten (wenn auch unter Umständen in einer gemeinsamen Wohnung) als auch der nach außen in Erscheinung getretene Wille eines Ehegatten, die Ehe nicht fortsetzen zu wollen, müssen dem Familienrichter nachgewiesen werden. Gelingt dieser Nachweis, so ist der Richter nach § 1566 Abs. I an die Vermutung des Scheiterns gebunden; diese Bindung des Richters, die teilweise mit dem Argument der „Fristenautomatik" bekämpft worden ist, ist verfassungsgemäß (BVerfG NJW 1980 S. 689). Er kann also nicht die Scheidung ablehnen mit der Begründung, er halte die Ehe trotz des dreijährigen Getrenntlebens nicht für gescheitert. Ebensowenig kann der nicht scheidungswillige Ehegatte die Abweisung des Scheidungsantrages erreichen, indem er nachzuweisen versucht, trotz Ablaufes der dreijährigen Trennungsfrist sei die Ehe nicht gescheitert.

Leben die Ehegatten weniger als drei Jahre getrennt oder läßt sich der Ablauf der Dreijahresfrist nicht zweifelsfrei feststellen, so gilt bei einer streitigen Scheidung die gesetzliche Vermutung des § 1566 Abs. I nicht. Eine Ehe kann dann gegen den Willen eines Ehegatten nur geschieden werden, wenn ihr Scheitern auf andere Weise als durch den Ablauf der Trennungsfrist bewiesen wird. Vor Ablauf des ersten Trennungsjahrs ist eine Scheidung nur unter ganz außergewöhnlichen Umständen möglich, die zudem in der Person oder im Verhalten des nicht scheidungswilligen Ehegatten (also des Antragsgegners) ihre Ursache haben (§ 1565 Abs. II; vgl. oben Ziff. 4).

Ist das erste Trennungsjahr nachweislich abgelaufen, so braucht der scheidungswillige Ehegatte nicht mehr außergewöhnliche Umstände nachzuweisen, die eine Fortsetzung der Ehe für ihn unzumutbar machen, er muß aber das Scheitern der Ehe nachweisen. Das kann er auch dadurch tun, daß er vorträgt, *er selbst* habe zur Zerrüttung der Ehe beigetragen. Auf ein Verschulden bei den Tatsachen und Vorgängen, die zum Scheitern der Ehe geführt haben, kommt es auch hier nicht an. Der scheidungswillige Ehegatte kann also beispielsweise auch den eigenen Ehebruch, seine eigenen charakterlichen oder körperlichen Mängel, seine eigene unüberwindliche Abneigung gegen den anderen Ehegatten als Begründung für das Scheitern der Ehe vortragen.

Damit ergibt sich in der Zeit zwischen einjähriger und dreijähriger Trennung (also *nach* der Erschwerung einer Scheidung durch § 1565 Abs. I und *vor* ihrer Erleichterung nach § 1566 Abs. II) für einen scheidungswilligen Ehegatten und für den Familienrichter, der über den Scheidungsantrag entscheiden muß, die Frage: was heißt eigentlich „Scheitern" einer Ehe und woran erkennt man (oder: wie kann man beweisen), daß eine Ehe gescheitert ist?

Das Gesetz definiert in § 1565 Abs. I: „Die Ehe ist gescheitert, wenn die Lebensgemeinschaft der Ehegatten nicht mehr besteht und nicht erwartet werden kann, daß die Ehegatten sie wieder herstellen." Diese Definition enthält zwei Bestandteile: einmal die aufgrund der Vergangenheit jetzt feststellbare Aufhebung der ehelichen Lebensgemeinschaft und zum zweiten die darauf aufbauende Erwartung, daß eine Versöhnung ausgeschlossen erscheint. Beides – die Feststellung der Aufhebung der ehelichen Lebensgemeinschaft und die Beurteilung ihrer Zukunftschancen – setzt eine genaue Prüfung der ehelichen Lebensverhältnisse voraus. Der Familienrichter muß also in diesem Fall den Privatbereich des Ehepaares kennen, im einzelnen untersuchen und bewerten.

Welches Verhalten nun als ein Indiz für das Scheitern einer Ehe angesehen werden kann, sagt das Gesetz im einzelnen nicht. Nach der Begründung zum Eherechtsreformgesetz soll das Wort „Scheitern" klarstellen, daß nur ein „endgültiger Zerstörungszustand" eine Scheidung rechtfertigen kann. Schwierigkeiten reichen nicht, auch ernsthafte Ehekrisen sollen erst dann zu einer Scheidung führen, wenn die eheliche Lebensgemeinschaft endgültig zerstört ist.

Wie die Gerichte diese eher allgemeinen Formulierungen im einzelnen interpretieren, läßt sich nicht immer mit Sicherheit voraussagen. Viele Richter greifen auf die alte Rechtsprechung zurück, die zum Begriff der „schweren Eheverfehlung" entwickelt worden war. Danach sind z. B. schwere *körperliche Mißhandlungen* und erst recht der Versuch, den anderen zu töten, geeignet, das Scheitern der Ehe zu begründen. Ein einmaliger Ehebruch wird hingegen in Zukunft jedenfalls nicht (wie früher) in allen Fällen eine Scheidung ermöglichen; erst wenn sich ein Ehegatte endgültig einem anderen Partner zugewendet hat, wird dies ein Scheitern der Ehe und damit die Möglichkeit für eine Scheidung begründen.

Es kommt nach dem neuen Recht aber nicht mehr darauf an, daß die Gründe für das Scheitern der Ehe von einem Partner verschuldet sind. Eine langwierige Krankheit, körperliche Mängel, regelmäßig auftretende oder dauernde geistige Störungen, ein großer Altersunterschied, ja sogar politische Radikalisierung und der Wechsel des religiösen Bekenntnisses können ebenso zum Scheitern einer Ehe führen wie die fortwährende Verletzung der Unterhaltspflicht und die dauernde Verletzung der Haushaltsführungspflicht. Dabei ist zu beachten, daß nach dem neuen Recht die Haushaltsführung nicht mehr kraft Gesetzes allein Sache der Frau ist, sondern grundsätzlich von beiden Ehegatten im gegenseitigen Einvernehmen geregelt wird (§ 1356 BGB). In Zukunft kann also auch eine Frau sich darauf berufen, ihr Mann habe fortwährend seine (im gegenseitigen Einvernehmen festgelegten) häuslichen Pflichten verletzt.

Maßgebend für die Antwort auf die Frage, ob eine bestimmte Ehe endgültig gescheitert ist oder nicht, sind aber nicht bestimmte einzelne Vorfälle oder Verhaltensweisen, sondern der gesamte Zustand der ehelichen Lebensgemeinschaft (BGH FamRZ 1979 S. 1003). Auch durch eine auf Außenstehende eher harmlos wirkende Eheverfehlung kann die eheliche Lebensgemeinschaft so nachhaltig zerrüttet worden sein, daß auch für die Zukunft mit einer Versöhnung nicht gerechnet werden kann. Umgekehrt kann es sein, daß in einer Ehe ein Verhalten, das nach dem alten Recht absoluter Scheidungsgrund war, wie etwa ein Ehebruch, nicht zum Scheitern der Ehe führt. Es kommt nicht einmal darauf an, ob die Gründe für das Scheitern der Ehe objektiv zutreffend sind. Entscheidend ist, ob die Abneigung eines Ehegatten gegen den anderen einen solchen Grad erreicht hat, daß eine Versöhnung nicht zu erwarten ist (BGH FamRZ 1978 S. 671; BGH FamRZ 1979 S. 422).

Da nach dem neuen Recht eine Scheidung auch gegen den Willen eines Ehegatten erreicht werden kann, mußte der Gesetzgeber darauf bedacht sein, den gegen seinen Willen geschiedenen Ehegatten nicht völlig schutzlos zu lassen. Dies ist auf zweierlei Art angestrebt worden: unter besonderen Voraussetzungen kann sich ein Ehegatte auf die Härteklausel berufen und dadurch eine Scheidung weiter hinauszögern, auch wenn dem scheidungswilligen Ehegatten der Nachweis gelungen ist, daß die Ehe endgültig gescheitert ist, und auch dann, wenn die dreijährige Trennungsfrist abgelaufen ist (vgl. dazu unten Ziff. 7). Eine zweite Form des Schutzes für den gegen seinen Willen Geschiedenen besteht in der verfahrensrechtlichen Vorschrift, daß wichtige Folgen der Scheidung gleichzeitig mit dem Scheidungsurteil geregelt werden müssen. Bei der streitigen Scheidung kann eine Einigung der Ehegatten über alle Scheidungsfolgen nur selten erreicht werden. Anders als bei der einverständlichen Scheidung setzt das Gesetz eine solche Einigung auch nicht voraus. Zwei wichtige Scheidungsfolgen *muß* das Familiengericht bei einer streitigen Scheidung gleich mitregeln: die elterliche Sorge für gemeinsame Kinder und den Versorgungsausgleich. Die Regelung der anderen Scheidungsfolgen wie Unterhalt, Verteilung von Wohnung und Hausrat und Zugewinnausgleich *kann* jeder Ehegatte bis zum Schluß der mündlichen Verhandlung vor dem Familiengericht beantragen. Der gegen seinen Willen Geschiedene kann also jedenfalls erreichen, daß zugleich mit der Scheidung alle finanziellen Folgen geregelt werden (§ 623 ZPO; zu den Einzelheiten vgl. unten Abschnitt IX).

7. Die Härteklausel

Im Laufe der fast zehn Jahre dauernden Diskussion um die Reform des Scheidungsrechts ist die Härteklausel von Anfang an außerordentlich heftig umstritten gewesen und selbst nach dem Inkrafttreten des Gesetzes umstritten geblieben. Auch nach den beiden Urteilen des Bundesverfassungsgerichts (NJW 1980 S. 689; NJW 1981 S. 108) bleiben noch Fragen offen. Der Streit um ihren Inhalt und ihre Grenzen ist buchstäblich bis zum letzten Tag des Gesetzgebungsverfahrens geführt worden: die später Gesetz gewordene Fassung des § 1568 BGB ist erst im Vermittlungsausschuß zwischen den in dieser Frage gegensätzlichen politischen Lagern ausgehandelt worden. So ist eine Kompromißformel entstanden, die viele Zweifelsfragen offen läßt. Teils hat der Gesetzgeber bewußt vage formuliert und damit die endgültige Konkretisierung den Gerichten überlassen, in manchen Punkten ist jedoch auch beim Tauziehen um die endgültige Fassung der Zusammenhang mit anderen gesetzlichen Bestimmungen vergessen worden.

§ 1568 bestimmt, daß eine gescheiterte Ehe im Gegensatz zum Grundsatz des § 1565 („Eine Ehe kann geschieden werden, wenn sie gescheitert ist") nicht geschieden werden soll, wenn ausnahmsweise aus besonderen Gründen eine Aufrechterhaltung der gescheiterten Ehe notwendig scheint. § 1568 nennt zwei mögliche Begründungen für eine solche Durchbrechung des Zerrüttungsprinzips:

– einmal „das Interesse der aus der Ehe hervorgegangenen minderjährigen Kinder",
– zum anderen „außergewöhnliche Unstände", die für den nicht scheidungswilligen Ehegatten eine „so schwere Härte darstellen", daß die Aufrechterhaltung der Ehe „ausnahmsweise geboten erscheint".

Die beiden Alternativen sind sachlich völlig voneinander unabhängig. Gemeinsam ist beiden aber der deutlich betonte *Ausnahmecharakter* des § 1568. Normale Scheidungsfolgen, wie sie nach jeder Scheidung auftreten können, reichen für eine Anwendung der Härteklausel auch dann nicht, wenn sie sich auf die Kinder oder den nicht scheidungswilligen Ehegatten nachteilig auswirken. Es muß sich vielmehr in beiden Fallgruppen des § 1568 um ungewöhnliche und besonders gravierende Ausnahmefälle handeln.

Auch wenn ein solcher Ausnahmefall gegeben ist, gilt die Härteklausel nach dem Gesetzestext nicht unbegrenzt; nach § 1568 Abs. II ist sie nicht mehr anwendbar, wenn die Ehegatten länger als fünf Jahre getrennt gelebt haben. Das Bundesverfassungsgericht hat in seinem zweiten grundlegenden Urteil zum Zerrüttungsprinzip diese „starre Fristenregelung" für verfassungswidrig erklärt, weil dadurch eine Scheidung „zur Unzeit" nicht verhindert werden könne. Die Verfassungsrichter verpflichten den Gesetzgeber, ganz besondere, außergewöhnliche Härten auch nach Ablauf der fünfjährigen Trennungsfrist zu berücksichtigen. Ob dies dadurch geschieht, daß § 1568 Abs. II BGB ganz gestrichen oder durch eine mildere Formulierung abgeändert wird, oder ob sich der Gesetzgeber damit begnügt, eine Aussetzung des Verfahrens auf unbestimmte Zeit vorzusehen, lassen die Richter ausdrücklich offen. Verfassungsrechtlich sind beide Wege zulässig. Der jetzt vorliegende Gesetzentwurf (BR Drucks. 501/84) streicht § 1568 Abs. II ganz und streicht damit die Fünf-Jahres-Frist. Ob er in dieser Form Gesetz werden wird, ist derzeit ungewiß. Jedenfalls aber wird es in Zukunft wieder möglich sein, daß Richter in einzelnen besonderen Härtefällen eine Ehe auch gegen den Willen eines Ehegatten länger als fünf Jahre aufrechterhalten, möglicherweise sogar lebenslang.

Bisher hat diese Entscheidung des BVerfG, die die Fünf-Jahres-Frist des § 1568 aufhebt, keine praktische Bedeutung gehabt. Die Richter weisen in der Begründung ihrer Entscheidung ja auch selbst darauf hin, daß „regelmäßig" die fünfjährige Scheidungssperre ausreichen wird, um „Härten auszugleichen". Damit wird klargestellt, daß in aller Regel – von ganz wenigen besonderen Ausnahmen abgesehen – spätestens nach fünfjähriger Trennung eine Scheidung auch gegen den Willen eines Ehegatten ohne große Schwierigkeiten durchgesetzt werden kann. Weder Interessen der Kinder noch besonders schwere Härten für einen Ehegatten können dann ein Hinausschieben oder gar das Blockieren der Scheidung noch rechtfertigen. Die Frage, wann das Getrenntleben beginnt und unter welchen Umständen überhaupt rechtlich eine Trennung vorliegt, ist bereits dargestellt worden (vgl. dazu oben S. 3). Maßgebend für die Frage, wie lange ein Ehepaar getrennt lebt, ist im Scheidungsprozeß der Schluß der letzten mündlichen Verhandlung. Da auch auf die Berufung eines Ehegatten in der zweiten Instanz nochmals mündlich verhandelt wird, kann die letzte mündliche Verhandlung auch vor dem Familiensenat des Oberlandesgerichts stattfinden, immer dann nämlich, wenn das erstinstanzliche Urteil des Familienrichters von einem Ehegatten nicht hingenommen, sondern angefochten worden ist. Für die Härteklausel des § 1568 bedeutet das: auch während des Scheidungsverfahrens läuft die Frist des § 1568 Abs. II weiter. Es ist also möglich, daß zu Beginn eines Scheidungsprozesses Tatsachen aus dem Bereich der Härteklausel eine Scheidung verhindern können, daß am Ende des Scheidungsprozesses, der sich – sofern es sich um eine streitige Scheidung handelt, bei der jeder Punkt umkämpft ist – sehr lange hinziehen kann, eine Anwendung der Härteklausel aber wegen Ablaufs der Fünfjahresfrist nicht mehr möglich ist.

Es könnte deshalb naheliegen, daß ein Richter, der einen Anwendungsfall der Härteklausel für möglicherweise gegeben hält, das Verfahren bis zum Ablauf der fünfjährigen Trennungsfrist, nach deren Ablauf eine Scheidung nach seiner Meinung möglich werden würde, aussetzt, um den Parteien und auch sich selbst mühevolle und langwierige Beweiserhebungen und Verhandlungstermine zu ersparen. Ein solches Verfahren ist freilich unzulässig. Ist ein Anwendungsfall der Härteklausel gegeben und leben die Ehegatten noch nicht fünf Jahre getrennt, so muß der Richter den Scheidungsantrag abweisen. Nach Ablauf der Fünfjahresfrist kann der scheidungswillige Ehegatte dann erneut klagen.

Eine gescheiterte Ehe soll nach § 1568 dann nicht geschieden werden, wenn die Aufrechterhaltung der Ehe ,,im Interesse der aus der Ehe hervorgegangenen minderjährigen Kinder aus besonderen Gründen ausnahmsweise notwendig ist“. Die Formulierung dieser ersten in § 1568 geregelten Fallgruppe, der sogenannten *Kinderschutzklausel,* läßt eine ganze Reihe von Fragen offen, weil sie sehr allgemein gehalten ist; ihre Anwendung auf den Einzelfall bereitet deshalb Schwierigkeiten. Welche ,,Interessen minderjähriger Kinder“ rechtfertigen die Aufrechterhaltung einer Ehe, die endgültig gescheitert ist? Was sind ,,besondere Gründe“? Welche ,,Ausnahmen“ müssen vorliegen? Wann ist die Aufrechterhaltung der Ehe ,,notwendig“? Das Gesetz gibt keine Anhaltspunkte für die Ausfüllung dieser unbestimmten Begriffe; ihre Anwendung wird durch die Rechtsprechung eingeschränkt und konkretisiert werden müssen. Bis hierzu eine gefestigte und verläßliche Rechtsprechung vorliegt, werden Jahre vergehen.

Ganz deutlich ist lediglich der Ausnahmecharakter des § 1568. Fast immer werden Kinder durch eine Scheidung ihrer Eltern in irgendeiner Form nachteilig betroffen. Solche normalen (wenn auch nachteiligen und für die kindliche Entwicklung schädlichen) Folgen einer Scheidung können aber nicht zu einer Anwendung der Härteklausel führen. In sehr vielen Fällen würde auch eine zwangsweise Aufrechterhaltung der Ehe den Kindern ohnehin nichts nützen, weil sie unter der gespannten Atmosphäre und dem elterlichen Streit mehr leiden würden als unter einer Scheidung der Eltern. In besonderen Ausnahmefällen kann es aber möglich sein, daß ein Kind gerade durch die Scheidung schwere seelische Schäden erleiden würde, etwa weil es noch sehr klein ist und an beiden Eltern sehr hängt oder weil es in einer besonders heiklen Phase der Pubertät besonders labil ist und daher empfindlich reagiert. Auch finanzielle Nachteile für ein gemeinsames Kind können zur Anwendung der Härteklausel führen. Freilich müssen auch dies Nachteile sein, die nicht schon durch die Unterhaltsregelung nach der Scheidung ausgeglichen werden. Dies könnte beispielsweise dann der Fall sein, wenn der unterhaltsverpflichtete Vater nach der Scheidung sofort wieder heiraten will und sein Einkommen für den Unterhalt zweier Familien nicht ausreicht, so daß die berechtigte Befürchtung besteht, er werde dann seine Unterhaltspflicht nicht voll erfüllen können. Die rein theoretische Möglichkeit der Wiederheirat, die ja nach jeder Scheidung besteht, reicht aber keinesfalls aus.

§ 1568 beschränkt die Anwendung der Härteklausel auf minderjährige Kinder. Vom 18. Lebensjahr an kann also kein noch so starkes psychisches oder finanzielles Interesse eines Kindes zur Abweisung eines Scheidungsantrags aufgrund der Härteklausel führen.

Die zweite in § 1568 genannte Fallgruppe bezieht sich allein auf streitige Scheidungen. Wenn die Scheidung „für den Antragsgegner, der sie ablehnt, auf Grund außergewöhnlicher Umstände eine so schwere Härte darstellen würde, daß die Aufrechterhaltung der Ehe auch unter Berücksichtigung der Belange des Antragstellers ausnahmsweise geboten erscheint", soll die Ehe nicht geschieden werden, obwohl sie gescheitert ist. Auch hier sind die Formulierungen „außergewöhnliche Umstände", „schwere Härte" und „ausnahmsweise geboten" kaum faßbar und auf den konkreten Einzelfall nur schwer anwendbar. Auch hier muß deshalb die Rechtsprechung Grenzen setzen und Maßstäbe aufstellen.

Auch bei der zweiten Alternative ist ausdrücklich und mehrfach betont, daß es sich um ungewöhnliche Ausnahmefälle handeln muß, die eine nicht alltägliche schwere Härte begründen. Allgemeine Scheidungsfolgen, das Alleinsein etwa, das Ausziehen aus der Wohnung, die Veränderung des sozialen Status, können normalerweise eine schwere Härte nicht begründen. Dagegen könnte etwa eine schwere Krankheit, auch die schwere Krankheit eines gemeinsamen Kindes oder die Häufung von Schicksalsschlägen in der unmittelbaren Vergangenheit (Tod naher Angehöriger, Geburt eines behinderten Kindes) zusammen mit einer besonders labilen psychischen Konstitution des Scheidungsgegners eine „schwere Härte“ darstellen, die eine Ablehnung der Scheidung rechtfertigt. In der amtlichen Begründung (BT-Drucks. 7/650, S. 116) ist davon die Rede, daß auch „die planmäßige, einseitige und bewußte Zerstörung der Ehe durch einen Ehegatten außergewöhnliche Umstände“ herbeiführen kann, „deren Härte durch die Scheidung vermehrt würde“ und deshalb eine Ablehnung des Scheidungsantrages rechtfertigen könnte. Außerdem kann – laut amtlicher Begründung auch der „schicksalhafte Verlauf“ der Ehe „außergewöhnlich“ sein und die Scheidung zu einer außergewöhnlichen Härte werden lassen. Formulierungen wie planmäßige Zerstörung und schicksalhafter Verlauf wecken Assoziationen zum Verschuldensprinzip des alten Rechts. Der BGH verurteilte denn auch einen Mann, der nach 36jähriger Ehe zu einer anderen erheblich jüngeren Frau gezogen war, zum „Absitzen“ der vollen fünfjährigen Trennungsfrist. Nachdem die Ehefrau ihr Vermögen von rund 100 000 DM in seine Likörfabrik gesteckt und dann verloren hatte, nachdem sie ferner „ihre besten Jahre in Lebens- und Schicksalsgemeinschaft mit ihm verbracht“ und in ihrem „mütterlichen Empfinden“ durch den plötzlichen Tod eines Sohnes getroffen worden war, schien es dem Gericht unzumutbar, daß sie nun „im vorgerückten Alter“ von einer Jüngeren „aus der Ehe gedrängt werden“ sollte. Die Scheidung würde ihr nämlich die „Gewißheit des endgultigen Scheiterns der Ehe vermitteln“ und eben dies sei eine schwere Härte (NJW 1979 S. 1042). Ob der Frau wirklich damit geholfen ist, daß sie noch zwei Jahre länger formal verheiratet bleibt? Die Anklänge an die Ehe als „moralische Strafanstalt“ sind hier unverkennbar.

Der BGH läßt es daher heute nicht ausreichen, wenn ein Ehegatte die Scheidung ablehnt, weil sie von ihm „aufgrund seiner inneren Verfassung und Einstellung als besondere Härte empfunden würde“. Erforderlich ist vielmehr außerdem, daß diese subjektiv empfundene Härte auf Umständen beruht, „die nach objektiver Beurteilung außergewöhnlich sind“. Fehlen solche objektiven Umstände, müssen auch seelische Belastungen hingenommen werden (BGH FamRZ 1981 S. 1161, 1163). Die Tatsache allein, daß ein Ehegatte einseitig aus der Ehe ausgebrochen ist und dann geschieden werden will, rechtfertigt die Berufung auf die Härteklausel daher nicht. Doch kann eine psychische Ausnahmesituation des die Scheidung ablehnenden Ehegatten die Anwendung der Härteklausel rechtfertigen, wenn der betroffene Ehegatte sein Verhalten „insoweit nicht in ausreichendem Maße verantwortlich steuern kann“ (Selbstmordgefahr).

Im Bereich der Härteklausel können aber nicht nur menschlich-moralische sondern auch *wirtschaftliche Härten* berücksichtigt werden. Die dem Gesetz vorangehenden Entwürfe hatten finanzielle Gesichtspunkte ausdrücklich ausgenommen, die Härteklausel aber zeitlich unbegrenzt gelten lassen wollen. Der im Vermittlungsausschuß schließlich zustande gekommene Kompromiß läßt nun auch die Berücksichtigung wirtschaftlicher Härten zu, begrenzt aber die Anwendbarkeit der Härteklausel auf die ersten fünf Jahre des Getrenntlebens. Die Entscheidung des BVerfG zur Härteklausel hat diesen Kompromiß nun wiederum korrigiert (NJW 1981 S. 108). Heute kann auch die Fünf-Jahres-Frist durchbrochen werden und außerdem sind auch wirtschaftliche Härten im Rahmen der Härteklausel zu berücksichtigen.

Welche wirtschaftlichen Härten eine Anwendung des § 1568 BGB rechtfertigen, ist schwer zu sagen. Die finanzielle Sicherung eines geschiedenen Ehegatten ist durch Unterhaltsansprüche, Zugewinnausgleich und Versorgungsausgleich stark verbessert worden. Der BGH läßt deshalb die Berücksichtigung wirtschaftlicher Härten dann nicht zu, „wenn dem Betroffenen andere rechtliche Möglichkeite zur Verfügung stehen, um seine Interessen zur Geltung zu bringen“. Die Sorge einer geschiedenen Frau, aus der Ehewohnung vertrieben zu werden, ist kein Härtefall, weil die Hausratsverordnung die Berücksichtigung ihrer Interessen bereits zuläßt (BGH FanRZ 1984 S. 559).

Denkbar sind aber Fälle, in denen beispielsweise die Frau zusammen mit ihrem Mann einen Betrieb aufgebaut hat, im Ehevertrag Gütertrennung vereinbart wurde und alle wesentlichen Vermögensgegenstände im Eigentum des Mannes stehen. Bei einer Scheidung entfiele der Zugewinnausgleich, weil Gütertrennung besteht, ein Unterhaltsanspruch entfiele ebenfalls, weil die Frau während der Ehedauer gearbeitet hat, und ein Versorgungsausgleich kann ebenfalls entfallen, weil bei freiberuflicher Tätigkeit keine Versorgungsansprüche erworben worden sind. Ähnlich wäre es, wenn eine Sekretärin jahrelang das Studium ihres Mannes finanziert hat und der Mann sich scheiden lassen will, nachdem er aufgrund dieser Ausbildung eine gutbezahlte Position erhalten hat.

Ob der Scheidungsgegner wirtschaftliche Gründe als *einziges* Motiv für sein Festhalten an der Ehe geltend machen kann, ist in der Literatur umstritten (dafür: Schwab, FamRZ 76, 506; dagegen Ambrock, § 1568 Anm. I, 3; Palandt-Diederichsen, Anm. 3 zu § 1568). Da der Gesetzgeber auf den Ausschluß wirtschaftlicher Gesichtspunkte ausdrücklich verzichtet hat (im ursprünglichen Gesetzentwurf war er wie gesagt vorhanden) und § 1568 keine Einschränkung enthält, wird man annehmen können, daß auch wirtschaftliche Gründe *allein* zur Anwendung der Härteklausel führen können. Der BGH unterscheidet nicht zwischen wirtschaftlichen und immateriellen Umständen. Er will „grundsätzlich alle Gesichtspunkte, die nach objektiver Beurteilung außergewöhnlich sind und eine schwere Härte zu begründen vermögen, in die Betrachtung einzubeziehen" (BGH FamRZ 1984 S. 559ff.). Im Ergebnis ist damit die Berufung allein auf wirtschaftliche Gründe möglich, wenn diese nicht durch die besonderen Regelungen des Scheidungsfolgenrechts aufgefangen werden können.

Nach § 1568 muß schließlich die Aufrechterhaltung der Ehe wegen der besonderen Härte für den Scheidungsgegner „ausnahmsweise geboten erscheinen". Bei allen psychischen Härten wie Selbstmordgefahr, seelischen Schäden, Depressionen und bei Krankheiten und besonderen Schicksalsschlägen kann man jedenfalls hoffen, daß nach einer gewissen Zeit eine Besserung der psychischen Lage oder der Krankheit und damit eine Milderung der Härte eintreten wird. Eine Verzögerung der Scheidung durch die Härteklausel kann also hier durchaus einen Sinn haben und insofern „geboten erscheinen".

Bei wirtschaftlichen Härten ist das weniger leicht verständlich. Normalerweise kann ein geschiedener Ehegatte wirtschaftliche Nachteile um so leichter verkraften, je jünger er ist. Ein Hinausschieben der Scheidung aufgrund wirtschaftlicher oder finanzieller Härten wird deshalb nur dann „geboten erscheinen", wenn durch die Aufrechterhaltung der Ehe die Besserung oder Milderung der wirtschaftlich nachteiligen Situation mindestens möglich ist (a. A.: Schwab, FamRZ 76, 506), z. B. dann, wenn ein Ehegatte erst ins Berufsleben zurückfinden muß.

Die Härteklausel gilt, soweit sie auf die Interessen der gemeinsamen Kinder abstellt (§ 1568 1. Alternative), für alle Möglichkeiten der Scheidung, also auch für die einverständliche Scheidung. Sofern Kindesinteressen im Spiel sind, müssen die Interessen der Eltern zurückstehen, auch wenn beide Eltern die Scheidung wollen. Allerdings müßte eine richterliche Entscheidung, die gegen den Willen *beider* Eltern eine Ehe wegen der Interessen der Kinder aufrechterhalten will, begründen, daß die formale Aufrechterhaltung der Ehe dem Kind tatsächlich nützen kann, ja darüber hinaus sogar *notwendig* ist. In der Praxis dürfte das kaum je begründbar sein. Denn selbst wenn der Richter den Eindruck haben sollte, daß die Eltern aus egoistischen Gründen die Interessen ihrer Kinder vernachlässigen, müßte er begründen können, wie die Verweigerung einer von beiden Eltern gewollten Scheidung dem Kind Vorteile bringen sollte.

Die besonderen Härten, die beim nicht scheidungswilligen Ehegatten entstehen können und dann eine Abweisung des Scheidungsantrages nach § 1568 rechtfertigen, sind freilich nur bei der streitigen Scheidung denkbar; bei einer einverständlichen Konventionalscheidung nach § 1566 Abs. I gibt es keinen „Antragsgegner", der die Scheidung ablehnt; deshalb ist hier eine Anwendung dieser Alternative der Härteklausel nicht denkbar.

Leben die Ehegatten noch nicht ein Jahr getrennt, so ist eine Scheidung nur möglich, wenn für den scheidungswilligen Ehegatten die Fortsetzung der Ehe „aus Gründen, die in der Person des anderen Ehegatten liegen, eine unzumutbare Härte darstellen würde" (§ 1565 Abs. II, vgl. dazu oben 4). In diesem Fall kann Härte gegen Härte stehen. Auf der einen Seite ist die Fortsetzung der Ehe eine „unzumutbare Härte" für einen Ehegatten, andererseits ist die Scheidung Ursache für eine „schwere Härte" beim anderen. Ein Beispiel: Der Ehemann hat die Frau mehrfach mißhandelt, sie will sich scheiden lassen, er ist mittlerweise schwer erkrankt und auf ihre Hilfe angewiesen. Welche Härte überwiegt? In derartigen Fällen wird die Entscheidung ganz wesentlich von der Lage des Einzelfalles abhängen. Gerade bei Mißhandlungen und anderen Straftaten dürfte im Zweifel die unzumutbare Härte beim scheidungswilligen Ehegatten überwiegen.

Nicht eindeutig geklärt ist ferner die Frage, ob der Scheidungsgegner sich auf die Härteklausel berufen muß oder ob der Richter von sich aus den Scheidungsantrag wegen einer der beiden Alternativen des § 1568 abweisen kann. Hinsichtlich der 2. Alternative des § 1568 bestehen hierzu keine Zweifel. Der Ehegatte, der die Scheidung nicht will, muß sich gegen eine Scheidung wehren. Er muß besondere Härten vortragen und auch beweisen, wenn er die Abweisung des Scheidungsantrags erreichen will. Das ergibt sich aus § 616 Abs. III ZPO: Das Gericht darf danach die „außergewöhnlichen Umstände" des § 1568 BGB nur berücksichtigen, „wenn sie von dem Ehegatten, der die Scheidung ablehnt, vorgebracht sind". Der Richter wird also nicht von sich aus danach forschen, ob beim Scheidungsgegner besondere Härten vorliegen oder nicht. Er kann solche Tatsachen nur berücksichtigen, wenn sie vom Scheidungsgegner behauptet (und gegebenenfalls bewiesen) werden; einer ausdrücklichen Bezugnahme auf den Paragraphen im Gesetz bedarf es dabei nicht.

Für die Berücksichtigung der Kindesinteressen im Rahmen der 1. Alternative des § 1568 war im Laufe des Gesetzgebungsverfahrens vorgeschlagen worden, das Gericht sollte die scheidungshindernden Tatsachen im Rahmen der Kinderschutzklausel von sich aus berücksichtigen und sie nicht vom Vorbringen durch einen Elternteil abhängig machen (vgl. Rechtsberaterbroschüre, S. 151). Während des Gesetzgebungsverfahrens wurde dieser Vorschlag abgelehnt. Der eindeutige Wortlaut des § 614 Abs. III ZPO nennt aber nur „außergewöhnliche Umstände", die nach § 1568 BGB bei einem Ehegatten zu besonderen Härten führen, nicht aber die „besonderen Gründe" der Kinderschutzklausel. Selbst wenn es sich dabei nur um ein redaktionelles Versehen handelt (so Palandt-Diederichsen, Anm. 1 zu § 1568; vgl. auch Rechtsberaterbroschüre, S. 152), dürfte hier kaum ein Grund ersichtlich sein, auch die Kinderschutzklausel nur auf Wunsch eines Elternteils zu berücksichtigen. Das widerspräche dem klaren Gesetzeswortlaut, der auch durchaus sinnvoll ist, weil die Interessen der Kinder nicht zur Disposition der Eltern stehen können. Das Gericht wird deshalb die Kinderschutzklausel des § 1568 von Amts wegen berücksichtigen müssen und eine Scheidung ablehnen, wenn dies zum Schutz der Kinder ausnahmsweise notwendig ist, auch wenn kein Elternteil die Umstände, die dies begründen, im

Prozeß vorgetragen hat (so auch Münch. Komm., Wolf, § 1568 Rdnr. 32; AK-BGB-Lange-Klein, § 1568 Rdnr. 5).

Eine andere Frage ist es, wie groß die praktische Bedeutung dieser Frage sein wird. Da Kinder ohnehin durch die Trennung der Eltern weitaus stärker geschädigt werden als durch die Scheidung selbst, wird es vermutlich höchst selten vorkommen, daß ein Richter eine Scheidung wegen der Interessen der Kinder abweist, wenn beide Eltern die Interessen ihrer Kinder nicht für tangiert halten. Möglich und praktisch eher denkbar ist es, daß ein Elternteil sich aus Angst oder Unwissenheit, vielleicht auch aus Gleichgültigkeit im Scheidungsverfahren völlig passiv verhält, sich keinen Anwalt nimmt (dazu unten Abschnitt IX Ziff. 3) und weder die eigenen noch die Interessen der Kinder im Prozeß wahrnimmt und verteidigt. In solchen Fällen kann die richterliche Berücksichtigung der Kinderschutzklausel von Amts wegen durchaus einen Sinn haben.

II. Unterhalt nach der Scheidung

Das neue Scheidungsrecht erlaubt es, daß ein Ehegatte auch gegen den ausgesprochenen Willen und hartnäckigen Widerstand des anderen eine Scheidung durchsetzen kann. Unabhängig von jeder Eheverfehlung muß auf Antrag eines Ehegatten die Ehe nach dreijährigem, spätestens fünfjährigem Getrenntleben geschieden werden. Das birgt die Gefahr, daß der andere nicht scheidungswillige Ehegatte völlig schutzlos allein zurückbleibt. Vor Einsamkeit, Enttäuschung und anderen persönlichen Problemen, die beim Zerbrechen einer Ehe fast immer vorkommen, kann ein Gesetz nicht schützen. Diese Probleme ergeben sich in aller Regel aus der tatsächlichen Trennung der Ehegatten oder aus dem täglichen Streit und nicht aus der Scheidung selbst.

Ein Gesetz kann und muß freilich finanzielle Nachteile beim wirtschaftlich schwächeren Partner ausgleichen. Notwendige Ergänzung zur Einführung des Zerrüttungsprinzips bei den Scheidungsvoraussetzungen war deshalb eine Änderung der Scheidungsfolgen, insbesondere im Bereich des Unterhaltsrechts.

Nach dem alten Recht konnte eine Hausfrau, die sich keine Eheverfehlung zuschulden kommen ließ, die also ihren Mann nicht betrog, die den Haushalt ordentlich versorgte und auch sonst ihre ehelichen Pflichten erfüllte, die Ehe getrost als Versorgung fürs Leben betrachten. Gegen ihren Willen war eine Scheidung nicht möglich. Sie konnte ihrerseits bei einer schweren Eheverfehlung ihres Mannes eine Scheidung leicht durchsetzen und hatte dann gegen ihn einen zeitlich unbegrenzten Unterhaltsanspruch. In beiden Fällen war sie finanziell gesichert, sofern der Mann ausreichend verdiente. Nur wenn sie selbst sich ehewidrig verhielt, konnte der Mann sich gegen ihren Willen von ihr scheiden lassen; dann allerdings bekam sie keinen Pfennig. Für eine Hausfrau ohne Beruf hatte die Scheidung nach altem Recht in diesem Fall sehr viel härtere Folgen als für den Mann. Ein schuldig geschiedener Mann mußte zwar zahlen, er behielt aber seinen Beruf und damit die finanzielle Grundlage seiner Existenz; die schuldig geschiedene Hausfrau verlor alles: Mann, Kinder und finanzielle Versorgung.

Das neue Recht löst die Frage des Unterhalts vom Schuldausspruch im Scheidungsurteil. Das mußte es schon deshalb tun, weil es in Zukunft in Scheidungsurteilen keinen Schuldspruch mehr gibt. Jetzt hat nach § 1569 BGB ein Ehegatte, der nach der Scheidung nicht selbst für sich sorgen kann, innerhalb gewisser Grenzen einen Unterhaltsanspruch gegen den anderen. Dieser Anspruch ist grundsätzlich unabhängig vom Verschulden und auch unabhängig davon, wer den Scheidungsantrag gestellt hat. Wer gemeinsame Kinder erzieht, wer zu alt oder zu krank ist um zu arbeiten, wer seine Ausbildung wegen der Ehe abgebrochen oder gar nicht erst begonnen hat, wer arbeitslos ist oder wer sonst aus schwerwiegenden Gründen seinen Lebensunterhalt nicht selbst verdienen kann, der kann von seinem geschiedenen Ehepartner Unterhalt verlangen. Grenzen setzt allein die Härteklausel des § 1579, die freilich in der Judikatur dazu geführt hat, daß bestimmte Formen ehelichen Fehlverhaltens einen Unterhaltsanspruch ausschließen (dazu unten II Ziff. 7).

Verglichen mit dem alten Recht gibt es jetzt eine Ausweitung der Unterhaltsansprüche. Es ist möglich, daß ein Ehegatte den anderen verläßt und dennoch von ihm Unterhalt fordern kann, und es ist möglich, daß mehrere Unterhaltsgründe zeitlich aneinandergereiht werden. So könnte z. B. eine Frau zunächst Unterhalt wegen Kindererziehung fordern, später, wenn die Kinder größer sind, Ausbildungsunterhalt verlangen, danach Unterhalt wegen Arbeitslosigkeit und schließlich Unterhalt wegen Alters oder Krankheit. Diese Ausweitung der Unterhaltsansprüche führt im Vergleich zum alten Recht zu einer ganz erheblichen finanziellen Besserstellung der nicht berufstätigen Hausfrauen, vor allem, wenn sie kleine Kinder haben und wenn sie lange verheiratet gewesen sind. Für sie wird in vielen Fällen (unabhängig von der Scheidungsschuld) ein lebenslanger Unterhaltsanspruch gegen den geschiedenen Mann bestehen. Da das Gesetz die Arbeitsleistung von Mann und Frau in jedem Fall als gleichwertig betrachtet, fällt ihr Anspruch um so höher aus, je besser der Mann verdient.

Dagegen wird der Unterhaltsanspruch der ganz oder teilweise berufstätigen Ehefrau oft ganz ausgeschlossen oder doch reduziert sein. Gerade die doppelbelasteten Frauen haben vom neuen Unterhaltsrecht nicht allzuviel zu erwarten. Wegen dieser starken Privilegierung der nicht berufstätigen Hausfrauen, deren Anspruch sich überdies allein am Einkommen des Mannes orientiert und nicht an der Leistung der Frau, hat das neue Recht vielfach zu unbefriedigenden Ergebnissen geführt, die in der Öffentlichkeit in besonderem Maße Anlaß zu Kritik gegeben haben.

Der Unterhalt nach der Scheidung ist in jedem Fall unabhängig davon, wie die Unterhaltsregelung für die Zeit des Getrenntlebens ausgesehen hat. Nach der Rechtsprechung des BGH sind Trennungsunterhalt und *nach*ehelicher Unterhalt nicht identisch (BGH FamRZ 1981 S. 242 und S. 441). Ein Unterhaltsurteil, das für die Zeit des Getrenntlebens ergangen ist, hat daher für die Zeit nach der Scheidung keine Bedeutung mehr. Wer nach der Scheidung auf die Zahlungen seines Ex-Ehegatten angewiesen ist, um seinen Unterhalt zu sichern – und das wird vor allem bei nicht oder nicht voll berufstätigen Frauen der Fall sein – sollte rechtzeitig die Regelung des Scheidungsunterhalts zugleich mit dem Ausspruch der Scheidung beantragen. Anders als Versorgungsausgleich und elterliches Sorgerecht ist nämlich der nacheheliche Unterhalt keine automatisch vom Richter zu regelnde Folgesache des Scheidungsverfahrens.

1. Unterhalt wegen Kindererziehung

„Ein geschiedener Ehegatte kann von dem anderen Unterhalt verlangen, solange und soweit von ihm wegen der Pflege oder Erziehung eines gemeinschaftlichen Kindes eine Erwerbstätigkeit nicht erwartet werden kann.« Dieser in § 1570 BGB festgelegte Grundsatz enthält als unterhaltsbegründenden Tatbestand die Kinderbetreuung. Wer nach einer Scheidung gemeinsame Kinder betreut, hat danach gegen den geschiedenen Ehegatten auch einen Unterhaltsanspruch *für sich selbst*. Der Unterhaltsanspruch *der Kinder* ist davon unabhängig (vgl. dazu unten Abschnitt VII Ziff. 3). Die Entscheidung darüber, wer die gemeinsamen Kinder betreut, wird in sehr vielen Fällen also mittelbar zugleich über den Unterhaltsanspruch des erziehenden Elternteils mit entscheiden.

Voraussetzung für diesen Unterhaltsanspruch ist freilich, daß es sich um ein *gemeinschaftliches* Kind, also um das Kind beider Ehegatten handelt. Dazu gehören auch Adoptivkinder, nicht aber Kinder eines Ehegatten aus einer früheren Ehe, nichteheliche Kinder eines Ehegatten und Pflegekinder. Voraussetzung ist weiter, daß das gemeimsame Kind der Pflege oder der Erziehung bedarf und daß deshalb vom betreuenden Ehegatten eine Erwerbstätigkeit nicht erwartet werden kann. Die Tatsache der Kinderbetreuung *allein* reicht also für den Unterhaltsanspruch nach § 1571 nicht, es muß vielmehr weiter gefragt werden, ob vom geschiedenen Ehepartner trotz der Kinderbetreuung eine Erwerbstätigkeit erwartet werden kann. Hier wird viel von den Umständen des Einzelfalles abhängen: das Alter des Kindes, die Zahl der zu betreuenden Kinder, eine Berufstätigkeit während der Ehe und etwa vorhandene Hilfskräfte im Haushalt können den Unterhaltsanspruch beeinflussen. Der Gesetzgeber hat bewußt davon abgesehen, ein bestimmtes Kindesalter festzulegen, von dem an dem betreuenden Elternteil eine zumindest teilweise Berufstätigkeit zugemutet werden kann. Die Grenzziehung ist daher der Rechtsprechung überlassen. Im Einzelfall ist ein flexibles Eingehen auf unterschiedliche Fallgestaltungen möglich. Die Gerichte neigten zunächst dazu, eine Pflicht zur Berufstätigkeit bis zum 14. Lebensjahr des jüngsten Kindes im Zweifel zu verneinen (vgl. die Leitlinien der Familiensenate des OLG Hamm zum Unterhaltsrecht, FamRZ 1980 S. 23, sowie OLG Bamberg, FamRZ 1979 S. 505, das eine Arbeitspflicht bis zum 15. Geburtstag verneint). In der Literatur wurde dagegen schon nach der Einschulung des Kindes eine Teilzeitbeschäftigung für zumutbar gehalten (Derleder/Derleder, FamRZ 1977 S. 587). Inzwischen ist auch die Rechtsprechung flexibler geworden. Der BGH ist der Meinung, daß „der Mutter eines elfjährigen Kindes, das für einen Teil des Tages die Schule besucht und in dieser Zeit keiner Versorgung bedarf, zur teilweisen Sicherstellung ihres Unterhaltsbedarfs die Übernahme einer Teilzeitbeschäftigung grundsätzlich angesonnen werden kann" (FamRZ 1980 S. 771). Doch muß diese Teilzeitbeschäftigung nicht unbedingt den Umfang einer Halbtagstätigkeit erreichen (BGH FamRZ 1981 S. 17).

In jedem Fall hängt die Antwort auf die Frage ob ein erziehender Elternteil berufstätig sein muß oder nicht, von den „gesamten persönlichen Verhältnissen" der Eheleute ab. Eine frühere Berufstätigkeit des Unterhaltsberechtigten, die Dauer der Ehe und die wirtschaftlichen Verhältnisse beider Eheleute sind dabei zu berücksichtigen (BGH FamRZ 1982 S. 148). Das aber heißt: Patentlösungen gibt es nicht. Jede Altersgrenze – sei sie nun 6, 11 oder 14 Jahre – kann immer nur *ein* Argument unter anderen sein. Eine Mutter, die ihr Kind in einer Ganztagsschule oder im Internat unterbringt und dadurch weitgehend von der persönlichen Betreuung entlastet ist, kann keinesfalls gleichzeitig vom Vater Unterhalt wegen Kindererziehung verlangen. Bei Kindern, die älter sind als 14, wird ebenfalls im Normalfall mindestens eine halbtägige Berufstätigkeit (oder Ausbildung für einen späteren Beruf) von einer Mutter erwartet werden können. Freilich können auch hier die Umstände des Einzelfalles die Pflicht zur Berufsausübung wegfallen lassen. Wer ein geschädigtes oder behindertes Kind versorgt oder wer mehrere gemeinsame minderjährige Kinder betreut, kann nicht gleichzeitig berufstätig sein, ohne daß die Kindererziehung dabei zu kurz kommt. (Vgl zu diesen Fragen grundlegend Limbach, Das Verhältnis von Familie und Beruf im Unterhaltsrecht nach der Scheidung, NJW 1982 S. 1721ff.).

In der Literatur wird die Meinung vertreten, daß eine Frau, die während der Ehe ausschließlich Haushalt und Kinder versorgt habe, sich auch nach der Scheidung in aller Regel auf die Kinderversorgung konzentrieren könne und ihre Kinder jedenfalls nicht in andere Hände geben müsse (so die amtl. Begründung BT Drucksache 7/650, S. 123; Ambrock, Anm. II 3 zu § 1570); dagegen könne die während der Ehe ganz oder teilweise berufstätige Frau sich nach einer Scheidung nicht allein der Kindererziehung widmen. Ob solche während der Ehe gesetzten „Vorentscheidungen" wirklich auch für die Zeit nach der Scheidung maßgebend sein sollten, kann aus mehrerlei Gründen zweifelhaft sein. Zum einen wird sich eine während der Ehe teilweise oder voll berufstätige Frau bei Haushalt und Kindererziehung in mancher Hinsicht auf den Vater stützen und mit seiner Hilfe rechnen können. Nach einer Scheidung (schon während des Getrenntlebens) kann sie das nicht mehr. Da zu zweit aber mehr machbar ist als allein, sollte es auch für eine während der Ehe berufstätige Frau nach einer Scheidung möglich sein, sich unter den veränderten Umständen jedenfalls für einige Zeit ganz ihren Kindern zu widmen. Andererseits sollte auch eine Hausfrau, die während der Ehe ihren Beruf aufgegeben oder gar nicht erst aufgenommen hat, die finanziellen Konsequenzen einer Scheidung nicht voll auf ihren geschiedenen Mann abwälzen können, nur weil sie das schon während der Ehe getan hat. Maßgebend sollte nicht das Verhalten während der Ehe sein, sondern die Zahl der Kinder und die Inanspruchnahme der Mutter durch sie. Eine allgemeine Grenze wie etwa: Kinder unter 14 bedürfen immer der ganztägigen Pflege und Erziehung, volljährige Kinder dagegen nie, läßt sich eben nicht ziehen.

Der Unterhaltsanspruch wegen Kindererziehung gilt nur für die Zeit der Kinderbetreuung. Fällt die Betreuungspflicht weg, weil das Kind selbständig ist, weil es dem anderen Elternteil zugesprochen wird (was jederzeit möglich ist – vgl. § 1596 BGB) oder weil es stirbt, so entfällt auch der Unterhaltsanspruch. Sofern kein anderer unterhaltsbegründender Tatbestand (z. B. wegen Alters oder Krankheit) vorliegt, muß der geschiedene Ehegatte dann selbst für sich sorgen. Andererseits kann der Unterhaltsanspruch wegen Kinderbetreuung auch erst einige Zeit nach der Scheidung entstehen. Wenn ein Kind zunächst in einem Heim oder Internat untergebracht war und dann vom sorgeberechtigten Elternteil in dessen Haushalt aufgenommen wird, wenn ein größeres bereits selbständiges Kind infolge eines Unfalls oder einer Krankheit dauernd pflegebedürftig wird, so wird der Tatbestand der Kinderbetreuung erst von diesem Zeitpunkt ab auch für den betreuenden Elternteil einen Unterhaltsanspruch begründen und dies auch dann, wenn der pflegende Elternteil vorher berufstätig war.

Der Unterhaltsanspruch wegen Kinderbetreuung ist gegenüber anderen Unterhaltsansprüchen des geschiedenen Ehegatten privilegiert. Nach dem Wortlaut des Gesetzes unterliegt er nicht der Billigkeitsklausel des § 1579 Abs. I. Unterhalt wegen Kindererziehung sollte ursprünglich also auch nach kurzer Ehedauer, auch nach schweren Straftaten gegen den geschiedenen Ehegatten, auch bei selbstverschuldeter Bedürftigkeit verlangt werden können. Das Bundesverfassungsgericht hat diese „stringente Formulierung" des Gesetzes für verfassungswidrig erklärt und vom Gesetzgeber gefordert, er solle eine weichere Regelung treffen, „die dem Verhältnismäßigkeitsgebot Rechnung trägt" (BVerfG NJW 1981 S. 1771). Wie diese Regelung aussehen soll, sagen die Richter nicht. Ihre Entscheidung ist zudem nicht widerspruchsfrei. Einerseits soll das Kind nicht „unter dem Fehlverhalten des ihn betreuenden Elternteils leiden." Maßstab der Sorgerechts- (und damit auch der Unterhalts-) Entscheidung soll vielmehr allein das Kindeswohl sein. Andererseits meinen die Verfassungsrichter, daß ein „Ehegatte, der sich gegenüber dem anderen krass fehlverhalten hat, in der Regel nicht die Erziehungseignung haben wird, die für eine Sorgerechtsübertragung erforderlich ist." Drittens aber soll auch vermieden werden, daß der erziehende Elternteil „vom Unterhalt des Kindes mitlebt oder ... auf eine Erwerbstätigkeit angewiesen ist".

Der von der Bundesregierung vorgelegte Entwurf für ein Unterhaltsänderungsgesetz (BR Drucks. 501/84) streicht den Abs. II des § 1579 ganz und gibt damit die absolute Privilegierung des Betreuungsunterhaltes auf. In Zukunft sollen die Belange des Kindes im Rahmen des Abs. I mitberücksichtigt werden können. Die vorgesehene Neuregelung legt damit deutlich mehr Gewicht auf die Sanktion für eheliches Fehlverhalten.

Der Anspruch auf Unterhalt wegen Kindererziehung ist noch in weiterer Hinsicht, privilegiert: auch wenn ein geschiedener Ehegatte sich aus seinem Vermögenseinkünften zunächst selbst unterhalten konnte, das Vermögen aber dann wegfällt, kann Unterhalt wegen Kindererziehung verlangt werden (§ 1577 Abs. IV BGB); nach einer zweiten Ehe des Unterhaltsberechtigten lebt dieser Unterhaltsanspruch wieder auf (§ 1586 a) und er geht andererseits den Ansprüchen eines neuen Ehegatten des zahlenden Elternteils vor (§ 1582), auch wenn dieser zweite Ehegatte selbst gemeinsame Kinder versorgt. Wegen all dieser Privilegien ist der Unterhaltsanspruch wegen Kinderbetreuung der wichtigste und rechtlich am stärksten gesicherte Unterhaltsanspruch eines geschiedenen Ehegatten. Er ist freilich abhängig davon, daß das Sorgerecht für gemeinsame Kinder *zu Recht* ausgeübt wird. Das bedeutet: Es muß entweder eine Einigung der Eltern darüber vorliegen, bei wem die gemeinsamen Kinder aufwachsen, oder ein gerichtlicher Sorgerechtsbeschluß muß einem Elternteil das Sorgerecht allein übertragen. Die reine *Tatsache* der Kinderbetreuung (ohne Einigung der Eltern und ohne gerichtliche Sorgerechtsregelung) rechtfertigt einen Unterhaltsanspruch wegen Kindererziehung nicht (BVerfG NJW 1981 S. 1771 und BGH NJW 1980 S. 1686). Ein vertraglicher Unterhaltsverzicht ist möglich (vgl. dazu unten II, 12).

2. *Unterhalt wegen Alters*

Ein geschiedener Ehegatte ist nach § 1571 BGB ferner dann unterhaltsberechtigt, wenn von ihm „wegen seines Alters eine

Erwerbstätigkeit nicht mehr erwartet werden kann." Daran knüpft sich zunächst die Frage, in *welchem* Alter ein geschiedener Ehegatte nicht mehr berufstätig sein kann. Jedenfalls dürfte dieses Alterserfordernis erfüllt sein, wenn der geschiedene Ehegatte das Rentenalter erreicht hat, wobei auch die Möglichkeit des vorzeitigen Altersruhegeldes berücksichtigt werden muß. Folglich kann bei Männern vom 63. Lebensjahr an, bei Frauen vom 60. Lebensjahr an eine Berufstätigkeit nicht mehr erwartet werden. Wer in diesem Alter geschieden wird und nicht selbst für sich sorgen kann, hat also jedenfalls einen Unterhaltsanspruch gegen den geschiedenen Ehegatten.

Gerade in den Fällen, in denen das Rentenalter erreicht ist, wird für die geschiedenen Ehegatten auch der Versorgungsausgleich zu einer finanziellen Besserstellung des wirtschaftlich schwächeren Ehegatten führen. Damit ergibt sich für den unterhaltsverpflichteten Ehegatten (meistens wird es der Mann sein) die Frage, ob neben den Leistungen aus dem Versorgungsausgleich, die in den meisten Fällen (freilich nicht immer) direkt vom Versorgungsinstitut an den geschiedenen Ehegatten gezahlt werden, noch Unterhalt wegen Alters gezahlt werden muß. Grundsätzlich sind die Ansprüche aus dem Versorgungsausgleich vom Unterhaltsanspruch unabhängig: beide bestehen nebeneinander. Doch kann die nach dem Versorgungsausgleich gezahlte Altersversorgung sowohl die Bedürftigkeit des Unterhaltsempfängers als auch die Leistungsfähigkeit des zahlenden Ehegatten verändern: Wer durch eine Rente oder Pension ausreichend versorgt ist, kann daneben nicht noch Unterhalt verlangen; andererseits braucht ein Ehemann, dem nach dem Versorgungsausgleich im Alter selbst nur eine Mini-Rente geblieben ist, die gerade eben seinen Lebensunterhalt deckt, nicht davon auch noch seiner geschiedenen Frau Unterhalt zu zahlen.

Vor allem bei geschiedenen Hausfrauen kann der Unterhaltsanspruch wegen Erwerbsunfähigkeit infolge ihres Alters aber auch schon vor dem Rentenalter, also vor dem 60. Lebensjahr, in Frage kommen. Der Vorschlag, eine feste Altersgrenze des Inhalts ins Gesetz aufzunehmen, daß von geschiedenen Frauen nach dem 55. Lebensjahr eine Erwerbstätigkeit im Zweifel nicht mehr erwartet werden könne, ist freilich ausdrücklich abgelehnt worden (vgl. BT Drucks. 7/650, S. 123). Der Anspruch richtet sich allein nach der altersgemäßen Erwerbsunfähigkeit. Dafür kann eine lange Berufsunterbrechung eine Rolle spielen; auch die Art des Berufes muß berücksichtigt werden. Eine Frau, die den Anschluß in ihrem Beruf nach vieljähriger Unterbrechung nicht mehr finden kann, hat möglicherweise schon mit 50 Jahren einen Unterhaltsanspruch, während die während der Ehe berufstätige Frau oder diejenige, die in ihrem erlernten Beruf ohne weiteres arbeiten kann, auch mit 55 Jahren noch keinen Unterhaltsanspruch hat.

Die gemeinsame Lebensleistung spielt bei diesem Unterhaltsanspruch keine Rolle. So hat eine Frau, die nach der ersten Scheidung mit 40 Jahren wieder heiratet und mit 50 erneut geschieden wird, gegen den zweiten Mann auch dann einen Unterhaltsanspruch wegen Alters, wenn der größere Teil ihrer Berufsunterbrechung in die Zeit der ersten Ehe fiel, denn der geschiedene Mann aus der zweiten Ehe haftet vor dem aus der ersten Ehe (§ 1586a Abs. I BGB). Der Anspruch besteht auch, wenn die Ehe erst in hohem Alter geschlossen wurde, die Eheleute also nicht gemeinsam alt geworden sind. So hat das OLG Düsseldorf einen Mann zum Unterhalt verurteilt, der mit 76 eine 65jährige geheiratet hatte und nach 4½ Jahren den Scheidungsantrag stellte (FamRZ 1978 S. 342; vgl. auch BGH NJW 1982 S. 929).

Unter Umständen kann der geschiedenen Hausfrau eine halbtägige Berufstätigkeit zugemutet werden, wenn sie wegen ihres Alters nicht mehr voll arbeitsfähig ist. Der Unterhaltsanspruch gegen den Mann ist dann entsprechend geringer. Jedenfalls braucht sie nur eine angemessene Erwerbstätigkeit auszuüben (vgl. dazu unten unter Ziff. 4; § 1574 BGB). Wenn der geschiedene Ehegatte an sich trotz seines Alters arbeitsfähig ist, aber keinen Arbeitsplatz finden kann, besteht ein Unterhaltsanspruch nach § 1573 (Unterhalt wegen Arbeitslosigkeit; dazu unten unter Ziff. 4), nicht ein Unterhaltsanspruch wegen Alters. Die Grenzen zwischen beiden Vorschriften sind aber unscharf. In manchen Fällen wird eine an sich arbeitsfähige geschiedene Frau wegen ihres Alters keine Stelle finden können.

Der Unterhaltsanspruch wegen Alters wird in manchen Fällen gleich nach der Scheidung gegeben sein, er kann sich aber auch an andere Unterhaltstatbestände anschließen. Wenn die Kinderbetreuung abgeschlossen ist, wenn eine Krankheit ausgeheilt ist und aus diesen Gründen Unterhalt nicht mehr verlangt werden kann, so kommt unter Umständen anschließend Unterhalt wegen Alters in Frage. Nur der Ausbildungsunterhalt nach § 1575 BGB kann nicht bis zur Altersgrenze gefordert werden. Ist während der Kindererziehung oder während der Krankheit eine teilweise Berufstätigkeit zumutbar gewesen, so bestand während dieser Zeit auch nur ein teilweiser Unterhaltsanspruch. Der daran anschließende Unterhaltsanspruch wegen Alters besteht dann auch nur zu diesem Teil. Das gleiche gilt, wenn der Altersunterhalt sich an einen Anspruch anschließt, der deshalb bestand, weil der geschiedene Ehegatte keine angemessene Erwerbstätigkeit finden konnte (§ 1573; dazu unten unter Ziff. 4).

3. Unterhalt wegen Krankheit

Unterhaltsberechtigt ist ein geschiedener Ehegatte auch, wenn von ihm „wegen Krankheit oder anderer Gebrechen oder Schwäche seiner körperlichen oder geistigen Kräfte eine Erwerbstätigkeit nicht erwartet werden kann" (§ 1572 BGB). Der geschiedene Mann muß also seiner krebskranken Frau, die berufstätige geschiedene Frau muß ihrem gelähmten Mann Unterhalt zahlen. Auch schwere Depressionen und psychische Leiden sind Krankheiten, selbst Alkoholismus und Rauschgiftsucht können dazuzählen, wenn sie zu nervlichen oder körperlichen Deformationen geführt haben, und nicht als „mutwillig" herbeigeführte Bedürftigkeit zu werten sind (dazu unten Ziff. 7c). Nicht erforderlich ist, daß die Krankheit ehebedingt ist, also während der Ehe entstanden oder durch die Ehe verursacht wurde, deshalb können auch angeborene Leiden, Unfall- oder Kriegsverletzungen einen Unterhaltsanspruch rechtfertigen (BGH NJW 1982 S. 40).

Erforderlich ist aber, daß die Krankheit entweder zum Zeitpunkt der Scheidung, nach Beendigung der Kindererziehung, nach einer Ausbildung oder nach einer Zeit der Arbeitslosigkeit bestand. War also eine geschiedene Frau zunächst einige Jahre berufstätig und hatte sie dadurch ihren Unterhalt selbst „nachhaltig gesichert" (vgl. zu diesem Begriff unten Ziff. 4), so kann sie sich bei einer später auftretenden Krankheit nicht an ihren geschiedenen Mann halten. Das gleiche gilt, wenn der geschiedene Ehegatte sich um eine Berufstätigkeit gedrückt hat; dann stand ihm schon während der Arbeitslosigkeit kein Unterhaltsanspruch zu, eine dann auftretende Krankheit läßt ihn auch nicht mehr entstehen.

Der Unterhaltsanspruch wegen Krankheit besteht nur, ,,solange und soweit ...eine Erwerbstätigkeit nicht erwartet werden kann.“ Erwerbs*un*fähigkeit ist nicht vorausgesetzt. Die hochgradig nervöse Arztfrau braucht nicht wieder Krankenschwester zu werden, auch wenn sie nicht völlig arbeitsunfähig ist. Unter Umständen ist ihr aber eine Umschulung oder eine Zusatzausbildung und eine ihrem Krankheitsstand entsprechende halbtägige Berufsausübung zuzumuten. Wann im Einzelfall eine Krankheit vorliegt, die einen Unterhaltsanspruch rechtfertigt, entscheidet der Richter entweder zusammen mit der Scheidung oder, wenn der Anspruch erst später erhoben wird, danach. Wer Unterhalt verlangt, muß die Krankheit nachweisen, die reine Behauptung genügt nicht. Für den Nachweis wird oft (aber nicht immer) ein ärztliches Attest genügen, doch kann der Richter auch weitere ärztliche Sachverständigengutachten einholen. Dies um so eher, als der Umfang des Unterhalts wegen Krankheit wegen der Behandlungs- und Heilungskosten sehr hoch sein kann.

4. *Unterhalt wegen Arbeitslosigkeit*

Wenn weder Kindererziehung noch Alter oder Krankheit einen geschiedenen Ehegatten hindern, berufstätig zu sein, so ist er verpflichtet, seinen Lebensunterhalt selbst zu verdienen. Er (oder sie) muß aber nicht unter jeder Bedingung irgendeinen Beruf ausüben, nur um leben zu können. Das Gesetz bestimmt ausdrücklich: ,,Der geschiedene Ehegatte braucht nur eine ihm angemessene Erwerbstätigkeit auszuüben“. Findet er diese nicht – obwohl er sich darum bemüht –, so hat er in der Übergangszeit einen Unterhaltsanspruch gegen den früheren Ehegatten. Wer ,,schuld“ an der Scheidung ist und wer die Scheidungsklage erhoben hat, spielt auch hier keine Rolle.

Welcher Beruf einem Ehegatten ,,angemessen“ ist, definiert das Gesetz in § 1574 Abs. II: ,,Angemessen ist eine Erwerbstätigkeit, die der Ausbildung, den Fähigkeiten, dem Lebensalter und dem Gesundheitszustand des geschiedenen Ehegatten sowie den ehelichen Lebensverhältnissen entspricht; bei den ehelichen Lebensverhältnissen sind die Dauer der Ehe und die Dauer der Pflege oder Erziehung eines gemeinschaftlichen Kindes zu berücksichtigen." Welche Berufstätigkeit nach einer Scheidung angemessen ist und welche nicht, richtet sich also nach fünf Gesichtspunkten: Ausbildung, Fähigkeiten, Alter, Gesundheitszustand und Lebensstandard während der Ehe.

Maßgebend ist zunächst die *Ausbildung*, mit der sich ein Ehegatte vor oder während der Ehe für einen bestimmten Beruf qualifiziert hat. Niemand ist verpflichtet, nach einer Scheidung eine Berufstätigkeit unterhalb seines Ausbildungsniveaus zu übernehmen, wenn der andere (geschiedene) Ehegatte genug verdient, um den Überbrückungsunterhalt zu zahlen. Eine Dolmetscherin braucht also nicht Kellnerin zu werden, die gelernte Verkäuferin braucht nicht als Putzhilfe zu arbeiten. Die *Fähigkeiten* des geschiedenen arbeitspflichtigen Ehegatten können auch außerhalb einer Berufstätigkeit erworben sein. Hat eine Ehefrau jahrelang im Geschäft des Mannes mitgearbeitet, war sie dort gar in selbständiger Position tätig, so braucht sie nach einer Scheidung nicht unter diesem Niveau zu arbeiten, auch dann nicht, wenn sie keinerlei Berufsausbildung hat. Das gilt – wie das gesamte Scheidungsfolgerecht – genauso für den Mann. Heiratet ein Schilehrer in ein Hotel ein und ist er dort jahrelang in leitender Position tätig, so braucht er nach der Scheidung nicht wieder Schilehrer zu werden. Ebenso braucht die Frau eines selbständigen Handwerkers, die vor der Ehe Hausmädchen war, während der Ehe aber die Buchhaltung und Korrespondenz im Betrieb selbständig geführt hat, nach der Scheidung nicht wieder Hausmädchen zu werden.

Für die Frage, welcher Beruf angemessen ist, werden weiter das *Alter* des geschiedenen Ehegatten und sein *Gesundheitszustand* eine Rolle spielen. Wer zu alt oder zu krank ist, um zu arbeiten, hat ohnehin einen Unterhaltsanspruch gegen den geschiedenen Ehegatten. Wer aber trotz seines Alters oder seiner Krankheit arbeitsfähig ist, braucht nur eine Berufstätigkeit zu übernehmen, die ihn nicht überfordert. Vor allem die körperliche Leistungsfähigkeit wird in diesen Fällen oft eingeschränkt sein; die Belastung durch den Beruf muß darauf Rücksicht nehmen. Einige Beispiele: Der Beruf einer Masseuse kann für eine ältere Frau zu anstrengend sein; die gehbehinderte geschiedene Frau braucht nicht wieder Verkäuferin werden, wenn sie das lange Stehen nicht verträgt.

Für die Frage, welcher Beruf angemessen ist, sollen schließlich die *ehelichen Lebensverhältnisse* unter Berücksichtigung von Ehedauer und Kindererziehung berücksichtigt werden. Dazu die amtliche Begründung: „Mit zunehmender Ehedauer sollen die ehelichen Lebensverhältnisse immer mehr berücksichtigt werden, so daß sie nach einer Ehe von langer Dauer mehr als die anderen Merkmale die Angemessenheit einer Erwerbstätigkeit bestimmen. Das führt dazu, daß ein Ehegatte, dessen eheliche Lebensverhältnisse seinen selbst erworbenen beruflichen Status erheblich übersteigen, nach längerer Ehe oft eine den ehelichen Lebensverhältnissen angemessene Erwerbstätigkeit nicht mehr finden wird." Bei der Frage der Angemessenheit eines Berufes werden also auch eheliche Statusänderungen berücksichtigt. Man kann jetzt auch rechtlich „heraufheiraten" und „herunterheiraten". Die Stenotypistin, die einen Studenten heiratet, braucht, wenn sie nach 20jähriger Ehe geschieden wird und der Mann inzwischen ein gut verdienender Arzt oder Anwalt ist, nicht wieder an ihren alten Arbeitsplatz zurück. Das gleiche gilt für den kaufmännischen Angestellten, der die Firmeninhaberin heiratet. Andererseits kann aber auch eine Frau, die in „kleine Verhältnisse" heiratet, sich nach einer Scheidung nicht unbedingt an ihr voreheliches Ausbildungsniveau klammern. Die Lehrerin, die einen Arbeiter heiratet und sich während der Ehe von ihm unterhalten läßt, kann nach der Scheidung nicht vom Mann Unterhalt verlangen, weil sie keine ihrer Ausbildung entsprechende Tätigkeit findet.

Die Vorschrift ist – wie die angeführten Beispiele zeigen – nicht unproblematisch. Sie fördert ein wenig zeitgemäßes „Standes- und Statusdenken" und sie ermöglicht der Ehefrau eines Mannes mit ungewöhnlicher Karriere eine nacheheliche Teilnahme an Leistungen des (inzwischen geschiedenen) Mannes, an denen sie wenig Anteil hatte. Für den Normalfall der Hausfrau mit Kindern, die durch ihre Hausfrauentätigkeit die Karriere des Mannes mit ermöglicht und – vor allem im Bereich des Handwerks und bei kleinen und mittleren Industriebetrieben – oft genug auch im Beruf des Mannes mithilft, ist sie nicht falsch. Daß die selteneren Ausnahmefälle nicht zu einem „Rentnerdasein" eines geschiedenen Partners auf Kosten des anderen führen, wurde aber in der Rechtsprechung nicht immer vermieden. Besonders kraß ist der Fall einer Chefsekretärin, die einen Psychologiestudenten geheiratet und einige Jahre lang sein Studium finanziert hatte. Sie wurde nach der Scheidung dazu verurteilt, dies auch weiterhin zu tun, weil der vor der Ehe erlernte Beruf des Industriekaufmanns für ihn jetzt nicht mehr angemessen sei (BGH, FamRZ 1980 S. 126 und OLG Hamm FamRZ 1978 S. 899). Die Konsequenz, daß so die Frau dem Mann eine Ausbildung finanzieren muß, die sie sich selbst nicht leisten kann, ist grotesk. Die Ehe als „Schicksalsgemeinschaft" kann einen solchen Anspruch schwerlich rechtfertigen.

Die geplante Korrektur des Scheidungsrechts (vgl. BR Drucks. 501/84) möchte Unterhaltsansprüche wegen Arbeitslosigkeit im Rahmen einer als Abs. V des § 1573 vorgesehenen Billigkeitsklausel zeitlich begrenzbar machen. Nach einer gewissen Übergangszeit – die in der Hand des Richters liegt – soll der nacheheliche Unterhalt entfallen können. Das birgt die Gefahr, daß vor allem unterhaltsberechtigte ältere Frauen nach der Scheidung über kurz oder lang der Sozialhilfe und über deren Überleitungsanspruch letztlich ihren Eltern oder Kindern zur Last fallen und dies selbst dann, wenn der geschiedene Ehemann leistungsfähig ist und die Arbeitslosigkeit durch die Hausfrauentätigkeit während der Ehe begründet ist.

Der Anspruch bis zur Erlangung einer angemessenen Erwerbstätigkeit, der dem geschiedenen unterhaltspflichtigen Ehegatten das Arbeitsplatzrisiko überträgt, besteht bereits heute nur, „solange und soweit" der geschiedene Arbeitslose keine geeignete Stelle findet. Schlägt er eine „angemessene" Stelle aus oder bemüht er sich überhaupt nicht um einen Arbeitsplatz, so besteht auch kein Unterhaltsanspruch. Anders natürlich, wenn ein nicht angemessenes Angebot abgelehnt wird. Eine nicht angemessene Tätigkeit kann der geschiedene Ehegatte sogar aufgeben, wenn er sie während der Ehe übernommen hatte. Eine Lehrerin, die während der Ehe als Fremdenführerin dazuverdiente, braucht das nach der Scheidung nicht weiter zu tun.

Zum Bemühen um eine angemessene Erwerbstätigkeit gehört auch, daß der geschiedene Ehegatte sich *ausbilden, fortbilden* oder *umschulen* läßt, wenn ein erfolgreicher Abschluß erwartet werden kann. Während der Ausbildungszeit besteht ein Unterhaltsanspruch gegen den geschiedenen Ehegatten; er deckt auch die Ausbildungskosten (dazu unten Ziff. 10). Voraussetzung ist, daß der geschiedene arbeitslose Ehegatte ohne zusätzliche Ausbildung eine angemessene Erwerbstätigkeit nicht finden kann, daß die Ausbildung Aussicht auf Erfolg verspricht und daß nach

Abschluß der Ausbildung die Aussicht besteht, eine angemessene Stelle zu finden. Wer bei Beginn der Ausbildung noch arbeitsfähig ist, bei ihrem Ende für eine Berufstätigkeit aber ohnehin zu alt wäre, braucht die Ausbildung gar nicht erst aufzunehmen.

Lehnt der geschiedene Ehegatte jede Weiterbildung ab, so kann der zum Unterhalt Verpflichtete ihn nicht dazu zwingen. Er kann aber nach der Zeit, die für die Fortbildung erforderlich gewesen wäre, seine Unterhaltszahlungen einstellen. Ein geschiedener Mann, dessen Frau sich um eine eigene berufliche Einkommenssicherung nicht bemüht und auch Fortbildungsmöglichkeiten ablehnt oder gar nicht erst in Betracht zieht, braucht der Frau keine lebenslange Rente zu zahlen. Wann diese Rechtsfolge eintritt, ist dem Gesetz nicht mit Sicherheit zu entnehmen; feste Fristen gibt es nicht. Daß die Unterhaltsansprüche des neuen Scheidungsrechts alles in allem nicht zu der befürchteten „Unterhaltsknechtschaft“ der geschiedenen Männer geführt haben, ist nicht zuletzt der Rechtsprechung zu diesem Punkt zu verdanken. Daß eine junge arbeitsfähige Frau ohne Kinder nach der Scheidung wieder selbst für sich sorgen muß – eventuell nach einer Fortbildungs- oder Umschulungszeit –, ist klar. Daß eine 60jährige Hausfrau, die mehrere Kinder großgezogen hat, das in der Regel nicht muß, ist ebenso klar. Die Mehrzahl aller Fälle liegt aber dazwischen. Wenn in der Literatur die Meinung vertreten wird, eine Frau brauche sich schon dann nicht fortbilden zu lassen, wenn sie „sich nicht mehr in der Gemütslage für ein richtiges Lernen befindet“ (Palandt-Diederichsen, Anm. 3c zu § 1574), so dürfte das als Grundlage für einen lebenslangen Unterhaltsanspruch gegen den geschiedenen Mann wohl kaum ausreichen. Andererseits könnte eine Krankheit mit dem Namen „Rentenneurose“ („unrichtige oder übertriebene Vorstellung, arbeitsunfähig zu sein, ausschließlich durch die erstrebte Versorgung motiviert, ...weil lediglich den Folgen der Ehescheidung ausgewichen werden soll“; so Ambrock, Anm. I, 2 zu § 1572) zur Diffamierung verängstigter Frauen beitragen, die sich durch eine Scheidung in ihrer menschlichen und wirtschaftlichen Existenz bedroht fühlen. Ein bequemes Rentnerdasein auf Kosten des geschiedenen Mannes sollte für jüngere arbeitsfähige Frauen nicht möglich sein; wenn freilich die Angst vor den Scheidungsfolgen wirklich neurotisch (also krankhaft) ist, so sollte man sie nicht als läppische „Rentenneurose“ abtun, sondern als echte Krankheit behandeln.

5. Aufstockungsunterhalt

Ein Ehegatte, der nach der Scheidung eine angemessene Berufsposition findet, kann, wenn die Einnahmen daraus zum vollen Unterhalt nicht ausreichen, von seinem geschiedenen Ehegatten den Unterschiedsbetrag zwischen seinen Einkünften und dem vollen Unterhalt verlangen. Kann der geschiedene Ehegatte also nur eine schlecht bezahlte (wenn auch angemessene) Berufstätigkeit finden oder ist ihm nur eine Halbtagsbeschäftigung möglich, so muß sein geschiedener Partner weiter dazuzahlen. Was im Einzelfall unter „vollem Unterhalt" zu verstehen ist, wie hoch also der Aufstockungsanspruch ist, richtet sich nach den ehelichen Lebensverhältnissen (§ 1578; vgl. dazu unten Ziff. 10). Die Unterhaltspflicht nach einer Scheidung entfällt also nicht schon bei Übernahme einer angemessenen Erwerbstätigkeit, sondern erst dann, wenn der arbeitspflichtige Ehegatte seinen *vollen* Unterhalt selbst verdient.

Diese Bestimmung (§ 1573 Abs. II BGB) gibt dem geschiedenen Ehegatten eine *Lebensstandardgarantie* für die Zeit nach der Scheidung. Sie wird in vielen Fällen berechtigt sein; vor allem dann, wenn ein Ehegatte (meistens die Frau) in der Zeit der ehebedingten Haushaltsarbeit auf eine eigene Karriere verzichtet hat und deshalb nach der Scheidung nicht mehr oder noch nicht so viel verdienen kann, wie es ohne ehelich bedingte Ausfallzeiten möglich gewesen wäre. Problematisch ist die Vorschrift bei kinderlosen Ehen, in denen beide voll berufstätig waren, aber unterschiedliche Einkommen hatten. Ein wohlhabender Geschäftsmann, der mit einer Schauspielerin verheiratet ist, die während der Ehe immer berufstätig war, wird nach der Scheidung kaum einsehen, warum er seiner Frau weiter eine Zusatzrente zahlen soll, um ihr den ehelichen Lebensstandard zu sichern. Das wird noch deutlicher im umgekehrten Fall: muß die gut verdienende Schauspielerin dem schlecht verdienenden Geschäftsmann eine zeitlich unbegrenzte Gehaltsaufbesserung zahlen? Die Begründung des Gesetzes sagt hierzu nichts; in der Literatur wird ein solcher Anspruch auf uneingeschränkte und unbegrenzte „Lebensstandardgarantie" verneint (Ambrock, Anm. V zu § 1573; Dieckmann, FamRZ 1977, S. 86). Bei kurzer Ehedauer entfiele er ohnehin (§ 1579; dazu unten Ziff. 8a); auch in anderen Fällen beschränkten manche Gerichte einen derartigen Anspruch auf Fälle, in denen die nachwirkende Verantwortung der Ehegatten füreinander dies erfordern. Vor allem bei kinderlosen Doppelverdiener-Ehen wurde der Aufstockungsanspruch daher in der Rechtsprechung von Anfang an abgelehnt (vgl. AG Starnberg, FamRZ 1979 S. 590, OLG Braunschweig, FamRZ 1979 S. 1020). Das Bundesverfassungsgericht hat den Aufstockungsanspruch hingegen grundsätzlich für verfassungsgemäß erklärt (BVerfG NJW 1981 S. 1771). Es sei legitim, wenn auf diese Weise verhindert werde, daß ein Ehegatte „zu einem sozialen Abstieg gezwungen wird, obwohl das erreichte eheliche Lebensniveau als Ergebnis der Leistung beider Ehegatten anzusehen ist." Doch schränken die Verfassungsrichter die Lebensstandardgarantie des § 1573 Abs. II auf andere Weise ein: unterhaltsbestimmend sind „nur diejenigen Einkommensteile, die die ehelichen Lebensverhältnisse geprägt" haben. Beträge, die während der Ehe für Kapitalanlagen verwendet worden sind, tragen nicht zur Bestimmung der Unterhaltshöhe bei. Das mit den „freien" Beträgen gebildete Kapital ist allein bei der güterrechtlichen Auseinandersetzung der Eheleute zu berücksichtigen (vgl. dazu unten IV).

Auch der Bundesgerichtshof hält in ständiger Rechtsprechung den Aufstockungsunterhalt für legitim. Die „nachwirkende Mitverantwortung" der geschiedenen Eheleute füreinander rechtfertige es, daß bei berufstätigen Geschiedenen dem weniger Verdienenden eine Beteiligung am Mehreinkommen des anderen Ex-Ehegatten zukomme (vgl. BGH NJW 1982 S. 2439 m. w. N.).

Für die Berechnung des Aufstockungsunterhalts gibt es unterschiedliche Methoden. Nach der sogenannten Differenzmethode beträgt der Aufstockungsanspruch 3/7 oder 40% des Unterschiedsbetrages zwischen den Nettoeinkommen. Nach der Anrechnungsmethode wird zunächst der angemessene Unterhalt des Bedürftigen errechnet (Maßstab: eheliche Lebensverhältnisse) und dann das eigene Unterhalt des Zu-Verdieners davon abgezogen. Die Wahl der anzuwendenden Berechnungsmethode ist Sache des Tatrichters (BGH NJW 1982 S. 2440). Grundsätzlich wendet der BGH die Differenzmethode für Doppelverdienerehen an, die Anrechnungsmethode für Hausfrauenehen, bei denen die Frau erst nach der Trennung der Eheleute berufstätig geworden war. Das führte in der Praxis zu einer Schlechterstellung geschiedener Hausfrauen, weil deren Unterhaltsbedarf allein vom (Einzel-)Einkommen des Alleinverdieners bestimmt wurde, während bei Doppelverdienern das gemeinsame (und daher meist höhere) Einkommen den ehelichen Lebensstandard bestimmte (kritisch dazu Hampel, FamRZ 1981 S. 851 und FamRZ 1984 S. 621 sowie Büttner, FamRZ 1984 S. 534). Der BGH hält an dieser Rechtsprechung dennoch fest und baut sie weiter aus. Bei der Frage, welche Berechnungsmethode im Einzelfall anwendbar ist, kommt es entscheidend darauf an, ob die spätere Berufstätigkeit des unterhaltsberechtigten Ehegatten auch aufgenommen worden wäre, wenn die Eheleute sich nicht getrennt hätten (vgl. BGH NJW 1984 S. 292 und 294). Eine Frau, die während der Ehe bereits berufstätig war oder doch eine eigene Berufstätigkeit anstrebte, erhält nach der Trennung die bessere Chance auf einen nachehelichen Aufstockungsanspruch. Die ehemalige Hausfrau, die nur deshalb arbeitet, weil der Mann nicht zahlt, muß sich ihr volles Arbeitseinkommen auf den Unterhaltsanspruch anrechnen lassen. Sobald sie den (allein am Manneseinkommen orientierten) ehelichen Lebensstandard erreicht, entfällt der Aufstockungsanspruch (so z. B. die Entscheidung des BGH in NJW 1984 S. 294). In der Praxis sind die Unterschiede häufig nicht allzu groß, da der BGH immer wieder darauf hinweist, ein nach einer bestimmten Berechnungsmethode gefundenes Ergebnis, müsse immer auf seine „Angemessenheit" hin überprüft werden. So hängt auch hier viel vom Rechtsgefühl des jeweils entscheidenden Richters ab.

Der Anspruch auf Unterhalt bis zum Finden einer angemessenen Erwerbstätigkeit setzt voraus, daß im Zeitpunkt der Scheidung, nach Abschluß der Kindererziehung oder nach einer Krankheit keine angemessene Stelle zu finden war, der Aufstokkungsanspruch besteht, wenn der volle Unterhalt durch die eigene Berufstätigkeit nicht gedeckt ist. Auch später können diese Ansprüche noch entstehen, wenn sich herausstellt, daß es dem geschiedenen Ehegatten „trotz seiner Bemühungen nicht gelungen war, den Unterhalt nach der Scheidung nachhaltig zu sichern" (§ 1573 Abs. IV BGB). Wer seinen Arbeitsplatz nach kurzer Zeit wieder verliert, weil sich herausstellt, daß er den Anforderungen wegen seines Alters oder wegen seines Gesundheitszustandes nicht gewachsen ist, aber auch, wer nach der Probezeit nicht weiterbeschäftigt wird, kann sich erneut an seinen geschiedenen Ehegatten wenden. Erst wenn der Unterhalt durch Erwerbstätigkeit nach der Scheidung *nachhaltig gesichert* war, trägt der Unterhaltsverpflichtete nicht mehr das Arbeitsplatzrisiko für seinen geschiedenen Ehepartner.

Wann der Lebensunterhalt nachhaltig gesichert war und wann nicht, sagt das Gesetz nicht. Die amtliche Begründung verweist zur Definition der „Nachhaltigkeit" auf die Rechtsprechung des BGH zum Wiedergutmachungsrecht (BT Drucks. 7/650, S. 127) und weist darauf hin, daß „nachhaltig" der Wortbedeutung nach etwas Dauerndes, nicht nur Vorübergehendes ist. „Ob der Ehegatte seinen Unterhalt durch eigene Erwerbstätigkeit nachhaltig sichern konnte, ist danach zu entscheiden, ob nach objektiven Maßstäben und allgemeiner Lebenserfahrung die übernommene Erwerbstätigkeit als nachhaltig angesehen werden konnte ..., wobei es auf die tatsächliche Dauer der Tätigkeit nicht entscheidend ankommt, sondern darauf, ob zu erwarten war, die Tätigkeit werde auf Dauer ausgeübt werden können."

Ein fester Zeitraum läßt sich also bei der Frage der Nachhaltigkeit der Unterhaltssicherung nicht angeben. Maßgebend sollte auch hier sein, daß der nachträgliche Arbeitsplatzverlust noch dem Nachwirkungsbereich der Ehe zugerechnet werden kann (ähnlich auch die amtl. Begründung, a. a. O., S. 126). Sobald der geschiedene Ehegatte wieder voll in eine teilweise oder vollständige finanzielle Selbständigkeit hineingewachsen ist, können neu auftretende Umstände, die den Verlust des Arbeitsplatzes zur Folge haben, nicht zu einem Wiederaufleben des Unterhaltsanspruchs gegen den geschiedenen Ehegatten führen. Deshalb kann auch der Verlust einer schon während der Ehe ausgeübten (angemessenen) Tätigkeit, die einige Zeit nach der Scheidung verloren geht, nicht zu Unterhaltsansprüchen führen (so auch Dieckmann, FamRZ 1976, S. 90; anders Kissel, S. 124 und Ambrock, Anm. VII zu § 1573). Jedenfalls besteht der Anspruch nicht, wenn der geschiedene Ehegatte einen gesicherten Arbeitsplatz von sich aus aufgibt.

Ist es einem Ehegatten nur teilweise gelungen, seinen eigenen Unterhalt nachhaltig zu sichern, so kann der Anspruch auch zum Teil wiederaufleben. Dies ist dann der Fall, wenn auf längere Sicht nur eine Halbtagsbeschäftigung gefunden werden kann oder wenn nur schlecht bezahlte Positionen zu bekommen sind und die Einkünfte daraus den vollen Unterhalt nicht decken. Es ist also möglich, daß eine geschiedene Frau zunächst eine gut bezahlte, den vollen Unterhalt deckende Anstellung bei einer Bank findet. Wenn nach kurzer Zeit dieser Arbeitsplatz Rationalisierungsmaßnahmen zum Opfer fällt oder sich herausstellt, daß die Frau den dort vorausgesetzten Leistungen auf die Dauer nicht gewachsen ist und daraufhin nur noch eine schlechter bezahlte Tätigkeit übernehmen kann, so muß der geschiedene Mann, der zunächst von jeder Unterhaltsverpflichtung frei war, weil die Frau selbst für sich sorgte, jetzt wieder (teilweise) zuzahlen. Verliert die Frau nach zehn Jahren auch diesen zweiten Arbeitsplatz, so lebt der restliche Unterhaltsanspruch nicht wieder auf, weil insoweit ihr Unterhalt nachhaltig gesichert war. Sie behält aber den Teilunterhaltsanspruch aus der nicht nachhaltig gesicherten Tätigkeit.

Der Gesetzentwurf für ein Unterhaltsänderungsgesetz sieht vor, auch den Aufstockungsanspruch zeitlich begrenzbar zu machen (vgl. BR Drucks. 501/84). Die Begrenzung soll im Rahmen einer Billigkeitsklausel in die Hand des Richters gelegt werden.

6. *Unterhalt wegen Ausbildung*

Unabhängig von der Ausbildungs- und Fortbildungs*pflicht* eines unterhaltsberechtigten geschiedenen Ehegatten, die nur dann gegeben ist, wenn eine solche Ausbildung oder Weiterbildung für eine angemessene eigene Berufstätigkeit erforderlich ist, hat in manchen Fällen der (oder die) Geschiedene das *Recht*, auf Kosten des anderen eine Ausbildung oder Fortbildung zu absolvieren, auch wenn ein angemessener Arbeitsplatz zur Verfügung steht. Ein solcher Ausbildungsanspruch, der dann gleichzeitig Unterhalt und Ausbildungskosten umfaßt, besteht in zwei Fällen: einmal, wenn vor oder während der Ehe eine Berufsausbildung abgebrochen oder gar nicht erst aufgenommen worden ist, zum anderen dann, wenn durch eine Fortbildung oder Umschulung ehebedingte Nachteile ausgeglichen werden sollen. Liegen diese Voraussetzungen nicht vor, so hat der geschiedene Ehegatte keinen Ausbildungsanspruch, er ist verpflichtet, eine angemessene Berufstätigkeit zu übernehmen; schlägt er sie aus, so verliert er insoweit seinen Unterhaltsanspruch.

Der Ausbildungsanspruch besteht dann, wenn ein Ehepartner (meist wird es die Frau sein) nach der Heirat oder in Erwartung der Ehe eine Ausbildung abgebrochen oder gar nicht erst aufgenommen hat (§ 1575 BGB). Die Formulierung „in Erwartung der Ehe" bedeutet nicht, daß die Ehe der *einzige* Grund für das Abbrechen der Ausbildung gewesen ist, wohl aber, daß zu dieser Zeit eine ernsthafte Heiratsabsicht bestand. Daß die Heirat auch Ursache des Abbrechens der Ausbildung war, wird dann vermutet. Wenn also ein Mädchen ihrem Verlobten hinterherzieht, deshalb ihre Lehrstelle aufgibt (oder ihre Schulausbildung nicht abschließt oder das Studium an den Nagel hängt), so genügt die ernsthafte Heiratsabsicht für einen Anspruch auf Fortsetzung der Ausbildung nach einer Scheidung, auch wenn sie die Schule längst leid war, das Studium ihr keinen Spaß mehr machte oder sie in der Lehre keine guten Leistungen gebracht hatte. Das Gesetz nimmt bewußt in Kauf, daß auch andere Gründe für das Abbrechen der Ausbildung maßgebend waren, sofern nur *auch* eine berechtigte Heiratsabsicht bestand, was freilich nachgewiesen werden muß. Ein Mädchen, das von ihren Eltern unter der Devise „Du heiratest ja doch" ohne Schulabschluß in einen Beruf gedrängt wird, in dem sie schnell Geld verdienen kann, hat gegen den späteren Ehemann – wenn zu dieser Zeit keinerlei Heiratspläne bestanden – keinen Anspruch auf Finanzierung einer Ausbildung.

Auch wer während oder in Erwartung der Ehe eine Ausbildung *gar nicht erst aufnimmt,* hat einen Ausbildungsanspruch. Das Gesetz verlangt auch hier keinen direkten Zusammenhang zwischen der Ehe und der Nichtaufnahme der Ausbildung. Eine Abiturientin, die gleich nach dem Schulabschluß heiratet, eine Kinderpflegerin, die wegen ihrer Heirat die geplante Weiterbildung zur Erzieherin oder Lehrerin unterläßt, kann nach der Scheidung die versäumte Ausbildung nachholen.

Fraglich und umstritten sind freilich die Grenzen dieses Ausbildungsanspruchs, der es theoretisch jeder Hausfrau erlaubt, nach einer Scheidung zu behaupten, sie hätte sich während der Ehezeit ausbilden lassen wollen. In der Literatur werden verschiedene Eingrenzungen des Anspruchs versucht. Einerseits werden *feste Berufspläne,* deren Verwirklichung bereits in die Wege geleitet war, verlangt (Palandt-Diederichsen, Anm. 2 zu § 1575), andererseits soll die *Belastbarkeit* des unterhaltspflichtigen Ehegatten die Ansprüche auf Ausbildungsunterhalt eingrenzen (Dieckmann, FamRZ 77, 92). Beide Eingrenzungen sind problematisch. Es ist nicht recht einzusehen, warum eine Frau, die in Erwartung (oder während) der Ehe nicht einmal feste

Berufspläne gemacht und deren Verwirklichung nicht in die Wege geleitet hat, die aber doch generell auf eine Ausbildung (welcher Art auch immer) verzichtete, leer ausgehen soll. Andererseits ist die Belastbarkeit des unterhaltspflichtigen Mannes als „Zumutbarkeitserfordernis" sehr vage. Näher liegt es, auf den Zusammenhang des Ausbildungsverzichts mit der Ehe abzustellen. Eine Frau, die nach der Scheidung einen angemessenen Arbeitsplatz finden kann und dennoch von ihrem geschiedenen Mann eine (zusätzliche) Ausbildung finanziert haben will, wird, auch wenn der Gesetzestext das nicht ausdrücklich verlangt, dartun müssen, daß sie der Ehe oder Familie wegen auf die eigene Ausbildung verzichtet hat. Der Sinn der Vorschrift ist der *Ausgleich versäumter Ausbildungsmöglichkeiten*, nicht die Chance auf optimale berufliche Entfaltung. Das OLG Frankfurt hat daher einer Büroangestellten, die während der Ehe 14 Semester Archäologie studiert hatte und bei der Trennung dem Mann die vollständige Versorgung von zwei gemeinsamen und ihrem vorehelichen Kind überließ, einen weiteren Anspruch auf Ausbildungsunterhalt mit Recht versagt (FamRZ 1979 S. 591). Der BGH hält den Zusammenhang zwischen Ehe und Abbruch der Ausbildung hingegen nicht für erforderlich (vgl. FamRZ 1980 S. 126) und läßt daher auch eine nicht ehebedingte Krankheit als Grund für den Abbruch der Ausbildung genügen.

Der Ausbildungsanspruch ist jedoch noch in weiterer Hinsicht eingeschränkt. Das gilt zunächst für den Zeitpunkt des Ausbildungsbeginns: die angestrebte Ausbildung muß *so bald wie möglich* aufgenommen werden. Sobald nach der Scheidung, dem Ende der Kindererziehung oder auch nach einer Krankheit mit der Ausbildung begonnen werden kann, muß der unterhaltsberechtigte Ehegatte dies tun, sonst verliert er den Anspruch. Gewisse Wartefristen sind aber möglich. Beginnt ein Lehrgang, ein Schuljahr oder ein Semester erst einige Monate nach der Scheidung, so kann auch nach dieser Frist begonnen werden. Eine Wartezeit von mehreren Jahren z.B. mit der Begründung, daß wegen des numerus clausus kein Studienplatz zu erhalten sei, dürfte aber übertrieben und daher unzulässig sein. Während der Wartezeit ist der geschiedene Ehegatte verpflichtet, sich um eine vorübergehende (angemessene) Berufstätigkeit zu bemühen.

Zeitlich begrenzt ist der Ausbildungsanspruch auch in seiner Länge. Er besteht nur für die Zeit, „in der eine solche Ausbildung im allgemeinen abgeschlossen wird", also während der normalen Ausbildungsdauer. Die Mindestausbildungszeiten können geringfügig überschritten werden, bummeln während der Ausbildungszeit führt aber zum Verlust des Anspruchs. Allerdings sollen „ehebedingte Verzögerungen" berücksichtigt werden. Wer wegen seiner nervlichen Verfassung, die eine Folge der Ehe (oder der Scheidung) ist, durchs Examen fällt, verliert also den Ausbildungsanspruch nicht.

In der Regel wird sich der Ausbildungsanspruch auf die Fortsetzung einer abgebrochenen Ausbildung beziehen oder auf die Aufnahme einer Ausbildung, die ursprünglich angestrebt wurde. Es kann aber auch eine „entsprechende Ausbildung" angestrebt werden. Auch hier wird man freilich eingrenzen müssen. Beliebiges Wechseln der Fachrichtung eines Studiums oder einer anderen beruflichen Ausbildung wird jedenfalls dann nicht zulässig sein, wenn der größere Teil der Ausbildung bereits absolviert war. Wem zur Gesellenprüfung nur noch ein Lehrjahr fehlt, der kann nicht eine neue Lehre beginnen, die drei Jahre dauert, wer sein Studium bereits im wesentlichen abgeschlossen hatte, kann nicht auf Kosten des geschiedenen Ehegatten ein neues Studium beginnen.

Voraussetzung für den Ausbildungsanspruch ist weiter, daß nach der Ausbildung ein Beruf möglich ist, der den Unterhalt nachhaltig sichert. Reine Bildungsstudien, die kein Berufsziel haben, sondern mehr der Selbstverwirklichung dienen, brauchen nicht finanziert zu werden. Weiter muß die Aussicht bestehen, daß die Ausbildung erfolgreich abgeschlossen werden kann. Dafür können die vorhandenen Zeugnisse von Bedeutung sein, auch andere persönliche Eigenschaften wie das Alter und die nervliche Verfassung nach der Scheidung können berücksichtigt werden.

Ein Ehegatte, der vor oder während der Ehe eine Ausbildung abgeschlossen hatte, oder der die Ausbildung nicht in Erwartung der Ehe unterlassen hatte, hat keinen Ausbildungsanspruch; er kann aber von seinem geschiedenen Ehegatten die Finanzierung einer Fortbildung oder Umschulung verlangen, um ehebedingte Nachteile auszugleichen. Hierher gehören vor allem die Berufsentfremdung der Hausfrau, aber auch ein wegen der Ehe nicht erfolgter beruflicher Aufstieg. Die Stenotypistin kann nach der Scheidung einen Fortbildungskursus als Sekretärin besuchen, die Hauswirtschaftsgehilfin kann sich zur Wirtschafterin ausbilden lassen. Bietet der erlernte Beruf keine ausreichende Lebensgrundlage, so ist auch eine Umschulung möglich. Auf den Willen des Geschiedenen kommt es nicht allein an. Die Fortbildung oder Umschulung muß vielmehr zum Ausgleich von beruflichen Nachteilen erfolgen, die durch die Ehe entstanden sind.

Wer nach der Scheidung die Finanzierung einer Ausbildung, Umschulung oder Fortbildung verlangen kann, hat Anspruch auf den vollen Unterhalt (§ 1578; vgl. dazu unten Ziff. 9) und auf die Ausbildungskosten, wie etwa Lehrgangsgebühren, Materialkosten, Bücherkosten und ähnliches. Hier kann vor allem die Frage entstehen, ob der geschiedene Ehegatte neben dem Anspruch gegen den geschiedenen Partner auch Anspruch auf öffentliche Förderungsleistungen hat. Wie verhalten sich Leistungen nach dem Bundesausbildungsförderungsgesetz (BAföG) oder dem Arbeitsförderungsgesetz (AFG) zum Unterhaltsanspruch? Kann die studierende geschiedene Ehefrau, die für einige Zeit ein großzügiges Stipendium erhält, gleichzeitig Unterhalt von ihrem geschiedenen Mann verlangen? Kann – ähnlich wie zwischen Eltern und Kindern – der Staat nach dem BAföG das Studium vorfinanzieren und seine Leistungen später vom geschiedenen Ehemann zurückfordern?

Der größere Teil der staatlichen Förderungsleistungen ist subsidiär. Das gilt z. B. für die Ausbildungshilfe nach dem Bundessozialhilfegesetz. Wer also einen Ausbildungsanspruch gegen seinen geschiedenen Ehegatten hat, der wird – sofern der Ehegatte auch leistungsfähig ist – keine staatlichen Förderungsmittel aus der Sozialhilfe bekommen, sondern muß sich an den geschiedenen Ehegatten halten. Anders ist es bei der staatlichen Förderung der Fortbildung und Umschulung nach dem Arbeitsförderungsgesetz (§§ 41 und 47 AFG) und nach dem BAföG: diese Leistungen sind nicht subsidiär, können also auch gewährt werden, wenn ein Anspruch gegen den geschiedenen Ehegatten besteht. Anders als die Gesetzesbegründung (BTDrucks. 7/4361, S. 30) hält der BGH die Ansprüche nach dem BAföG gegenüber denen gegen den geschiedenen Ehegatten *nicht* für subsidiär (BGH FamRZ 1980 S. 126), soweit sie nicht nur darlehensweise gewährt werden, was neuerdings meist der Fall ist. Die staatlichen Leistungen werden – soweit sie nicht Darlehen sind – dann aber auf den Unterhalt angerechnet, der geschiedene Ehegatte braucht also nur den zum vollen Unterhalt etwa noch fehlenden Betrag zu zahlen. Das gleiche gilt für Stipendien für die Dauer der Laufzeit des Stipendiums.

Wer nach einer vom geschiedenen Ehegatten finanzierten Ausbildung, Fortbildung oder Umschulung entgegen der ursprünglichen Erwartung keinen Arbeitsplatz finden kann, der kann erneut Unterhalt verlangen, bis er eine angemessene Erwerbstätigkeit findet. Für die Frage, was „angemessen" ist und was nicht (dazu oben Ziff. 4), bleibt aber der durch die Ausbildung oder Umschulung erreichte höhere Ausbildungsstand außer Betracht (§ 1575 Abs. III BGB). Der geschiedene unterhaltspflichtige Ehegatte braucht also nicht erst eine kostspielige Ausbildung zu finanzieren und dann auch noch das volle Arbeitsplatzrisiko für diesen neuen Beruf zu zahlen. Ein Beispiel: Eine Sekretärin, die sich nach der Scheidung auf Kosten ihres Mannes zur Lehrerin ausbilden läßt, dann aber nicht eingestellt wird, muß wieder als Sekretärin arbeiten; sie kann allenfalls eine Zuzahlung zu ihrem Einkommen verlangen, wenn dieses nicht den vollen Unterhalt deckt (sog. Aufstockungsanspruch; vgl. oben Ziff. 4).

7. Unterhalt aus Billigkeitsgründen

Wenn ein geschiedener Ehegatte nach den bisher dargestellten unterhaltsbegründenden Tatbeständen – Kindererziehung, Alter, Krankheit, Arbeitslosigkeit, Ausbildung – keinen Anspruch hat, so ist es in Ausnahmefällen dennoch möglich, daß der geschiedene leistungsfähige Ehegatte für einige Zeit oder auch für immer Unterhalt zahlen muß. Nach der sogenannten „positiven Härteklausel" (§ 1576 BGB) kann ein geschiedener Ehegatte dann Unterhalt verlangen, wenn von ihm aus „sonstigen schwerwiegenden Gründen eine Erwerbstätigkeit nicht erwartet werden kann und die Versagung von Unterhalt unter Berücksichtigung der Belange beider Ehegatten grob unbillig wäre." Der Gesetzgeber wollte mit dieser Bestimmung sicherstellen, daß es durch die Aufzählung der einzelnen unterhaltsbegründenden Tatbestände nicht zu Ungerechtigkeiten kommt. Auch eine Ehefrau, „die in der Ehe weit über ihre Rechtspflichten hinaus dem Ehemann oder sonstigen Familienangehörigen gegenüber besondere Leistungen erbracht oder Belastungen auf sich genommen hat und dann mit der

Scheidung konfrontiert wird", soll in Sonderfällen dann Unterhalt bekommen, wenn sie im übrigen arbeitsfähig ist (BT Drucks. 7/4361, S. 17). Gedacht ist hier vor allem an Härten im persönlichen Bereich: wer in schweren Zeiten dem anderen beigestanden hat, etwa während einer langen schweren Krankheit, wer Angehörige des Ehegatten aufopfernd gepflegt hat, wer während einer Strafhaft zu seinem Ehegatten gehalten hat, der soll später nicht ohne weiteres verlassen werden und auf die eigene Berufstätigkeit verwiesen werden können. Auch eine Ehefrau, die jahrelang im Beruf oder Geschäft des Mannes unentgeltlich mitgearbeitet hat, kann im Rahmen der Billigkeitsklausel berücksichtigt werden ebenso wie die Frau, die zusammen mit ihrem Mann einen Betrieb aufgebaut hat, in dieser Zeit als Geschäftsführerin ein Gehalt bezog, nach einer Scheidung aber wegen der vertraglich vereinbarten Gütertrennung keinen Zugewinnausgleich bekäme. Es wird gerade bei diesem Unterhaltsanspruch viel von der Sachlage im Einzelfall abhängen. Das ergibt sich auch daraus, daß der Gesetzestext eine *grobe Unbilligkeit* und die Berücksichtigung der Belange *beider Ehegatten* verlangt. Es ist also nicht etwa so, daß durch die positive Billigkeitsklausel die anderen Unterhaltstatbestände praktisch gleichgültig würden, weil ohnehin eine generelle Zahlungspflicht nach dem Gerechtigkeitsempfinden bestünde; vielmehr ist die Billigkeitsklausel wirklich nur für besondere Ausnahmefälle gedacht.

Das Gesetz enthält noch eine weitere Klarstellung: ,,Schwerwiegende Gründe dürfen nicht allein deswegen berücksichtigt werden, weil sie zum Scheitern der Ehe geführt haben". Auch im Rahmen der Billigkeitsklausel gibt es also keine Wiedereinführung des Schuldprinzips nach dem Motto: Wer seinen Ehegatten verläßt, muß im Namen und Rahmen der Gerechtigkeit zahlen. Gründe, die zum Scheitern der Ehe geführt haben, können aber *mit* berücksichtigt werden. Daher wird die Billigkeitsklausel insbesondere dann zum Zuge kommen, wenn derjenige Ehegatte, der während der Ehe besondere Leistungen erbracht oder besondere Belastungen auf sich genommen hat, später vom anderen verlassen wurde. Ein ehewidriges Verhalten, das zum Scheitern der Ehe geführt oder zumindest dazu beigetragen hat, reicht aber keinesfalls allein zur Begründung eines Unterhaltsanspruchs. Der Ehemann, der seine Frau jahrelang betrogen hat, braucht Unterhalt nach der Billigkeitsklausel nur zu zahlen, wenn *auch* noch andere „schwerwiegende Gründe" dies gerechtfertigt erscheinen lassen.

Fraglich und in der Literatur umstritten ist, ob die schwerwiegenden Gründe, die für einen Anspruch nach Billigkeit geltend gemacht werden, in irgendeiner Form mit der Ehe zusammenhängen müssen. Zweifelhaft ist dies vor allem deshalb, weil der Entwurf des § 1576 ursprünglich den Passus enthielt, es seien nur solche Gründe zu berücksichtigen, „die in den ehelichen Lebensverhältnissen liegen"; diese Einschränkung wurde im Lauf des Gesetzgebungsverfahrens gestrichen und ist im Gesetzestext jetzt nicht mehr enthalten. Die positive Billigkeitsklausel läßt daher auch Ausnahmen vom Grundsatz ehebedingter Unterhaltsbedürftigkeit zu. So kann eine geschiedene Frau auch wegen der Pflege eines nicht gemeinsamen vorehelichen Kindes, das wegen mongoloiden Schwachsinns pflegebedürftig ist, Unterhalt verlangen (OLG Düsseldorf, FamRZ 1980 S. 56); dies gilt vor allem dann, wenn auch noch weitere Umstände (Alter, Krankheit) hinzukommen, die – alle zusammen – eine Erwerbstätigkeit unzumutbar erscheinen lassen. Gerade wenn keiner dieser Gründe *allein* für die Begründung eines Unterhaltsanspruchs ausreicht, kann *ihre Summe* im Rahmen der positiven Billigkeitsklausel berücksichtigt werden.

Doch wird man einen geschiedenen Ehegatten nicht in *allen* besonderen Notlagen zum Unterhalt verpflichten können. Das ergibt sich schon daraus, daß auch die Belange des anderen Ehegatten beim Billigkeitsunterhalt zu berücksichtigen sind. Eine Frau, die nach der Scheidung ein nichteheliches Kind von einem anderen Mann bekommt, ist danach ebensowenig unterhaltsberechtigt wie ein Mann, der lange nach der Scheidung durch einen Unfall arbeitsunfähig wird (vgl. Ambrock, Anm. II, 2 zu § 1576; Dieckmann, FamRZ 1977, S. 97).

8. Ausschluß des Unterhalts wegen grober Unbilligkeit

Im Gegensatz zur *positiven Billigkeitsklausel,* die einen Unterhaltsanspruch unter besonderen Umständen auch dann begründen kann, wenn er nach den allgemeinen Vorschriften nicht gegeben wäre, weil Alter, Krankheit, Kindererziehung oder andere unterhaltsbegründende Tatbestände nicht vorliegen, schließt die *negative Billigkeitsklausel* einen an sich gegebenen Unterhaltsanspruch aus. Bei kurzer Ehedauer, bei schweren Straftaten gegen den Ehegatten, bei mutwilliger Herbeiführung der Bedürftigkeit und bei ähnlichen schwerwiegenden Gründen kann der Unterhaltsanspruch in der Höhe reduziert, in der Dauer begrenzt oder auch ganz ausgeschlossen werden (§ 1579 BGB).

a) Kurze Ehedauer

Ein Unterhaltsanspruch besteht nach der negativen Billigkeitsklausel nicht, wenn „die Ehe von kurzer Dauer war". Es ist deshalb zu konkretisieren, was unter „kurzer Dauer" zu verstehen ist: einige Monate? ein Jahr? drei, vier, fünf Jahre? In der Literatur werden auf diese Frage verschiedene Antworten gegeben. Ambrock (Anm II 1a zu § 1579) versteht darunter „in der Regel die Zeitgrenze von etwas unter einem Jahr". Weil normalerweise eine Scheidung eine einjährige Trennung voraussetzt, würde das die Anwendung der negativen Billigkeitsklausel wegen kurzer Ehedauer praktisch auf die Fälle eingrenzen, in denen sofort nach der Heirat eine Scheidung wegen unzumutbarer Härte nach § 1565 Abs. II BGB betrieben wird. Gerade diese Fälle werden aber manchmal (wenn auch nicht immer) unter die Ziffer 2 des § 1579 BGB (strafbare Handlung gegen den Unterhaltsverpflichteten) fallen; es dürfte im übrigen übertrieben sein, nur Ehen mit einer Ehedauer von weniger als einem Jahr als „kurz" zu bezeichnen. Diederichsen (Palandt-Diederichsen, Anm. 2 zu § 1579) will eine Verbindung zwischen Berufsunterbrechung und Ehedauer herstellen, so daß eine mehrjährige Ehe, bei der die Frau nur im letzten Jahr vor der Scheidung nicht mehr gearbeitet hat, als „kurz" bezeichnet werden könnte. Dagegen spricht, daß das Gesetz selbst ausdrücklich auf die (gesamte) Ehedauer abstellt, nicht auf die Dauer der Berufsunterbrechung. Dieckmann (FamRZ 1977, S. 104) will auf die Lebenserwartung der Ehepartner bei der Heirat abstellen und meinst, daß eine 5- bis 10jährige Ehe noch als „kurz" bezeichnet werden könne, wenn die Eheleute bei der Heirat etwa 18 Jahre alt seien, wenn sie dagegen 40 oder älter seien, sehe das anders aus.

Die Gerichte setzten die Grenze zwischen „kurzer" und „langer" Ehedauer zunächst etwa bei drei Jahren an (vgl. KG, FamRZ 1979 S. 140; OLG Hamm, FamRZ 1979 S. 292; OLG Karlsruhe, FamRZ 1979 S. 705 – dreijährige Ehedauer ist im allgemeinen nicht mehr kurz; OLG Karlsruhe, FamRZ 1979 S. 707; OLG Celle, FamRZ 1979 S. 708 – 2½jährige Ehedauer ist „kurz", auch wenn das Paar erst im hohen Alter geheiratet hat). Der Bundesgerichtshof hat dann die Grenze etwas enger gezogen. Eine Ehe, die zwei Jahre gedauert hat, ist danach in aller Regel noch als „kurz" anzusehen, bei einer Ehedauer von 3½ oder 4 Jahren kann man hingegen nicht mehr sagen, die Ehe sei kurz gewesen (BGH FamRZ 1981 S. 140; NJW 1982 S. 929). Die kritische Grenze, bei der aus einer bisher „kurzen" Ehe innerhalb relativ kurzer Zeit eine nicht mehr kurze Ehe wird, liegt also bei drei Jahren. Diese Frist ist aber nicht als abstrakter starrer Maßstab anzusehen der unbesehen für alle denkbaren Fälle gilt, sondern als eine Art Leitlinie, die die praktische Handhabung des Gesetzes erleichtern soll. Vielmehr kommt es entscheidend „auf die Lebenssituation der Ehegatten, insbesondere des Unterhaltsbedürftigen im Einzelfall an" (BGH FamRZ 1981 S. 140). In besonderen Fällen kann ein Richter also auch einmal eine Ehe, die länger als drei Jahre gedauert hat, ausnahmsweise als „kurz" werten oder eine Ehe, die gerade zwei Jahre gedauert hat, dennoch als „lang" ansehen.

Schwierigkeiten hat den Gerichten auch die Definition des Begriffs „Ehezeit" gemacht. Nach der heute weitaus herrschenden Meinung endet die Ehezeit mit der Rechtshängigkeit des Scheidungsverfahrens, also mit der Zustellung des Scheidungsantrags (so KG FamRZ 1979 S. 140; OLG Hamm FamRZ 1979 S. 292; OLG Karlsruhe, FamRZ 1979 S. 705 und 707, OLG Celle, FamRZ 1979 S. 708 und jetzt auch BGH FamRZ 1981 S. 140). Ließe man die Ehezeit erst mit der Rechtskraft des Scheidungsurteils enden (so noch OLG Hamm, FamRZ 1979 S. 38), so hätte es ein Ehegatte praktisch in der Hand, durch Hinauszögern des Scheidungsverfahrens die Berufung auf die Billigkeitsklausel auszuschließen.

Jedenfalls ist für die negative Billigkeitsklausel die Ehezeit maßgebend, nicht die Zeit des tatsächlichen Zusammenlebens. Ein Ehepaar, das bereits vor der Heirat viele Jahre zusammengelebt hat, ist dennoch nach einem Jahr formeller Ehe nur kurz verheiratet. Ebenso ist ein Ehepaar lange verheiratet, wenn die Ehe nur auf dem Papier bestand, die Ehegatten aber in Wirklichkeit nicht zusammenlebten (OLG Hamm, FamRZ 1979 S. 292).

Das ist für Ehen, die nach dem neuen Recht geschlossen wurden, richtig, weil jeder eine Scheidung nach dreijähriger Trennung relativ leicht erreichen kann. Es kann allerdings für die sogenannten „Altehen", die lange Zeit *vor* dem neuen Recht geschlossen worden sind, problematisch sein, sofern ein Ehegatte konsequent eine Scheidung blockierte – was nach dem alten Recht ja möglich war – und nun nach dem neuen Recht einen unter Umständen sehr hohen Unterhaltsanspruch geltend macht. Noch unter der Geltung des alten Rechts hat das Landgericht Frankfurt (FamRZ 1976 S. 342) einen Unterhaltsanspruch selbst bei bestehender Ehe verneint. In dem dort entschiedenen Fall hatte die Ehe formal 25 Jahre bestanden, war davon aber höchstens 8 Jahre intakt gewesen. Der Mann hatte dreimal versucht, eine Scheidung zu erreichen, war aber immer wieder am Widerspruch der Frau gescheitert. Das gemeinsame Kind (inzwischen fast erwachsen) lebte beim Vater. Nach einer ungewöhnlichen Karriere und Einkommenssteigerung des Mannes versuchte nun die Frau, von ihrem Mann wesentlich mehr Unterhalt zu bekommen als bisher. Das Gericht lehnte dies mit der Begründung ab: „Eine Frau kann ... auf eine eigene Erwerbstätigkeit verwiesen werden, wenn die Ehe in jungen Jahren scheitert, die Frau gesund ist, keine Kinder zu versorgen hat und sonstige Umstände einer Erwerbstätigkeit nicht entgegenstehen. Sie kann nicht einfach die Hände in den Schoß legen und ein ‚Rentnerdasein' auf Kosten ihres Mannes führen." Das Gericht stellt also hier auf die Dauer der *intakten* Ehe ab, *nicht* auf die *formale* Ehedauer, und zwar gerade mit dem Argument, daß bei diesen Ehen eine Scheidung nach dem alten Recht gar nicht möglich war. Für den Versorgungsausgleich gibt Art. 12 Ziff. 3 dem Richter einen begrenzten Spielraum für eine Herabsetzung des Ausgleichsanspruchs (vgl. dazu unten III Ziff. 8). Es wäre immerhin denkbar, daß die Gerichte in ähnlichen Fällen auch den Unterhaltsanspruch eines viele Jahre getrennt lebenden Ehegatten reduzieren; wenn auch möglicherweise nicht wegen „kurzer Ehedauer" nach Ziffer 1, so doch wegen „anderer schwerwiegender Gründe" nach Ziffer 4 des § 1579 BGB (dazu unten unter d).

Der Ehedauer steht die Zeit der Kindererziehung nach einer Scheidung gleich. Einer Frau, die nur ein paar Monate verheiratet war, dann aber zehn Jahre lang ein gemeinsames Kind betreut und erzogen hat, kann daher der Unterhalt nicht wegen kurzer Ehedauer entzogen werden.

b) Straftaten

Nach Ziffer 2 der negativen Billigkeitsklausel besteht ein Unterhaltsanspruch nicht, wenn „der Berechtigte sich eines Verbrechens oder eines schweren vorsätzlichen Vergehens gegen den Verpflichteten oder einen nahen Angehörigen des Verpflichteten schuldig gemacht hat." Mord, Totschlag, Mißhandlungen, Erpressung, Diebstahl sind Beispiele für Straftaten, die einen Unterhaltsanspruch ausschließen können. Auch die Verletzung der Unterhaltspflicht ist, wenn dadurch der Lebensbedarf des Unterhaltsberechtigten gefährdet wird, nach § 170b StGB mit Strafe bedroht und kann im Rahmen der negativen Billigkeitsklausel berücksichtigt werden. Ein Mann, der jahrelang seiner Familie kein Geld zukommen läßt, obwohl er genug verdient oder verdienen könnte, kann später, wenn seine Frau gut verdient und er selbst arbeitslos ist, von ihr keinen Unterhalt verlangen. Schlechte Haushaltsführung ist zwar eine Eheverfehlung, aber keine Straftat, die einen Verlust des Unterhaltes nach § 1579 Ziff. 2 nach sich zöge. Dagegen ist eine schwere Verletzung der Fürsorge- und Erziehungspflicht gegenüber den Kindern nach § 170d StGB strafbar, wenn dadurch eine Gefahr für die körperliche oder psychische Entwicklung des Kindes entsteht. Schon gar ist die körperliche Mißhandlung von Kindern nach § 223b StGB strafbar. Beides kann nach einer Scheidung eine Reduzierung oder auch den Entzug des Unterhaltsanspruchs für einen geschiedenen Ehegatten rechtfertigen. In beiden Fällen müssen aber gravierende Umstände vorliegen. Eine „harte Erziehung" oder ein einmaliges Ereignis reicht nach der Rechtsprechung nicht aus. Auch wenn ein Elternteil die Familie einfach „sitzen läßt", kann darin nicht schon eine strafbare Verletzung der Fürsorge- und Erziehungspflicht gegenüber den Kindern gesehen werden, sofern dieser Ehegatte seinen finanziellen Verpflichtungen gegenüber der Familie im Rahmen seiner Leistungsfähigkeit nachkommt. Einer Frau, die Mann und Kinder verläßt, kann deswegen ein Unterhaltsanspruch im Rahmen der Ziff. 2 der negativen Billigkeitsklausel nur verweigert werden, wenn sich aus den näheren Umständen des Einzelfalles eine konkrete Gefahr für die körperliche oder psychische Entwicklung der Kinder ergeben hat. Solche Fälle werden in der Praxis äußerst selten sein (vgl. hierzu OLG Schleswig, FamRZ 1977 S. 814).

Hingegen können wiederholte schwere Beleidigungen und Verleumdungen zum Ausschluß des Unterhalts führen, wenn sie ,,den Rahmen typischer Eheverfehlungen" übersteigen und nachteilige Auswirkungen auf die persönliche und berufliche Entfaltung des unterhaltspflichtigen Ehegatten gehabt haben (BGH NJW 1982 S. 100).

c) Mutwillig herbeigeführte Bedürftigkeit

Ein Unterhaltsanspruch kann nach der negativen Billigkeitsklausel weiter ausgeschlossen oder eingeschränkt sein, wenn ,,der Berechtigte seine Bedürftigkeit mutwillig herbeigeführt hat" (Ziff. 3 des § 1579 BGB). In der Begründung ist als Beispiel mutwillig herbeigeführter Bedürftigkeit genannt, daß ein Ehegatte angesichts der sich bereits abzeichnenden Scheidung eine bis dahin ausgeübte Berufstätigkeit aufgibt, um so nach der Scheidung einen Unterhaltsanspruch zu erlangen. Die Mutwilligkeit muß danach gerade darauf gerichtet sein, die eigene Unterhaltsbedürftigkeit herbeizuführen, um auf Kosten des anderen leben zu können. Wer dagegen die Ehe zerstört, etwa weil er fortwährend Ehebruch begeht oder sich ohne nach außen erkennbaren Grund von seiner Familie trennt, hat deshalb nicht unbedingt auch seine Bedürftigkeit mutwillig herbeigeführt. Ein Ehegatte, der ,,aus der Ehe ausbricht", also die Familie verläßt, kann trotzdem unter den allgemeinen Voraussetzungen Unterhalt verlangen. Man kann ihm nicht entgegenhalten, gerade durch das Weglaufen sei die Ehe mutwillig zerstört und damit auch die Bedürftigkeit mutwillig herbeigeführt worden. Die Leichtfertigkeit darf nicht nur ursächlich, sie muß auch ,,unterhaltsbezogen" sein (BGH FamRZ 1984 S. 364).

Wer wegen Alkoholismus oder Drogenabhängigkeit nicht arbeitsfähig ist und Unterhalt wegen Krankheit verlangt (dazu oben Ziff. 3), verliert seinen Anspruch wegen mutwilliger Herbeiführung der Bedürftigkeit nur dann, wenn er (oder sie) es unterläßt, durch eine Entziehungskur die Arbeitsfähigkeit soweit als möglich wiederherzustellen (BGH NJW 1981 S. 2805; OLG Stuttgart, FamRZ 1981 S. 963). Aus der nachwirkenden Verantwortung der Ehegatten füreinander ergibt sich nämlich auch, daß ein Ehegatte, der Unterhalt verlangt (und an sich auch verlangen kann), seine Bedürftigkeit so gering wie möglich halten muß. Wer sich nicht einmal bemüht, Drogensucht oder Alkoholmißbrauch zu bekämpfen, soll nicht auf Kosten des Ex-Ehegatten leben dürfen.

d) Andere Gründe

Schließlich ist nach Ziffer 4 der negativen Billigkeitsklausel ein Unterhaltsanspruch dann ausgeschlossen, wenn „ein anderer Grund vorliegt, der ebenso schwer wiegt, wie die in den Nummern 1 bis 3 aufgeführten Gründe." Das Gesetz fügt hier der Aufzählung einzelner besonders gravierender Ausschlußgründe eine Generalklausel an, die sehr weit formuliert ist. Sie gibt den Gerichten einen großen Spielraum, innerhalb dessen sie ihre Entscheidung der Verschiedenartigkeit der Einzelfälle anpassen können. Es entspräche aber zweifellos nicht der Absicht des Gesetzgebers, wenn in Zukunft *jedes* Verhalten, das nach dem früheren Recht als schwere Eheverfehlung gewertet wurde, nun als ein „schwerwiegender anderer Grund" im Rahmen der negativen Billigkeitsklausel berücksichtigt würde. Durch eine solche Interpretation würde de facto das Schuldprinzip über das Unterhaltsrecht wieder entscheidende Bedeutung gewinnen. Es kann sich vielmehr nur darum handeln, Fälle, die dem allgemeinen Gerechtigkeitsempfinden kraß widersprechen, bei der Zuerkennung des Unterhaltes zu berücksichtigen.

In der Rechtsprechung geht es in diesem Bereich immer wieder um Fälle in denen eine Frau ihren Ehemann verläßt und dennoch von ihm Unterhalt verlangt. Ein verlassener Ehemann reagiert in der Regel mit Empörung und Wut, wenn die „ungetreue" Partnerin nach dem Bruch der auf Dauer geplanten Lebensgemeinschaft auch noch Geld verlangt. Das gilt ganz besonders dann, wenn die Frau zu ihrem Freund zieht und mit diesem in einer eheähnlichen Lebensgemeinschaft ohne Trauschein zusammenlebt. Frauen reagieren übrigens nicht anders, wenn ausnahmsweise sie es sind, die in der Ehe die finanziell stärkeren waren und nach der Trennung daher potentiell unterhaltspflichtig sind (vgl. dazu BGH NJW 1980 S. 393 und NJW 1981 S. 1214).

Der Bundesgerichtshof hat schon bald nach Inkrafttreten des neuen Scheidungsrechts klargestellt, daß ein „schwerwiegendes und auch klar bei einem Ehegatten liegendes evidentes Fehlverhalten" geeignet ist, die Voraussetzungen der Ziff. 4 des § 1579

Abs. I zu erfüllen und damit einen Unterhaltsanspruch zu reduzieren oder auch ganz auszuschließen (BGH FamRZ 1979 S. 570).

Wenn ein Ehegatte den anderen „grundlos verläßt", wenn er aus einer „durchschnittlich verlaufenen Ehe ausbricht" und mit einem anderen Partner zusammenlebt, soll dies in aller Regel als Grund für einen Ausschluß des Unterhaltes ausreichen (BGH 1980 S. 1686). Auch ein auf längere Dauer angelegtes intimes Verhältnis mit einem Dritten ist eine so schwerwiegende Distanzierung von der ehelichen Lebensgemeinschaft, daß dies einen Unterhaltsausschluß rechtfertigen kann, selbst wenn die neuen Partner nicht in einer Wohnung zusammenleben (BGH NJW 1981 S. 1214). Ein einzelner Ehebruch, der nicht zu einer Abkehr von den ehelichen Bindungen führt, wird hingegen normalerweise nicht für die Begründung einer groben Unbilligkeit nach Ziff. 4 des § 1579 BGB ausreichen.

Voraussetzung für einen *Ausschluß* des Unterhalts ist allemal, daß es sich nicht nur um ein evidentes gravierendes Fehlverhalten des Unterhaltsberechtigten handelt, sondern daß dieses Fehlverhalten auch *einseitig* und *klar* nur bei diesem einen Partner gelegen hat (BGH FamRZ 1982 S. 463, BGH FamRZ 1984 S. 986). Es muß also geprüft werden, ob nicht auch der – vordergründig – „verlassene" oder „betrogene" Partner selbst Fehler gemacht hat, die das Verhalten des anderen verständlich oder doch zumindest weniger vorwerfbar erscheinen lassen. Wenn beispielsweise ein Mann selbst immer wieder Beziehungen zu anderen Frauen hat oder gar mit einer anderen Partnerin zusammenlebt, kann er seiner Frau nicht die Distanzierung von der ehelichen Lebensgemeinschaft vorwerfen, wenn auch sie sich einem anderen Mann zuwendet. Doch sind im Rahmen einer solchen Verschuldensanalyse nur „konkrete Vorwürfe von einigem Gewicht" zu berücksichtigen, die dem Unterhalt fordernden Ehegatten „das Festhalten an der Ehe erheblich erschwert haben und sein eigenes Fehlverhalten in einem milderen Licht erscheinen lassen" (BGH FamRZ 1982 S. 464). Vage Andeutungen und pauschale Vorwürfe reichen dafür nicht aus. Immer ist zu prüfen, ob das „Erscheinungsbild" der Verbindung in der Öffentlichkeit dazu führt, daß die Fortdauer der Unterhaltsbelastung für den Unterhaltspflichtigen unzumutbar wird (BGH FamRZ 1984 S. 986).

Der Familienrichter muß also im Rahmen der Billigkeitsklausel die gesamte Ehebiographie aufrollen und das Verhalten des einen wie des anderen Ehegatten werten. Er muß prüfen, ob ein „Fehlverhalten" vorliegt und ob es „evident" und „einseitig" war. Er muß entscheiden, ob das Verhältnis zu einem neuen Partner als „evidente Abkehr aus einer intakten Ehe" oder als „reaktive Flucht aus einer bereits gescheiterten Ehe" anzusehen ist (vgl. OLG Frankfurt, FamRZ 1981 S. 455). Im Grunde widerspricht diese Rechtsprechung dem tragenden Prinzip des neuen Scheidungsrechts, das die Scheidungsschuld gerade nicht zum Anknüpfungspunkt für Unterhaltsansprüche machen wollte. In der Literatur ist sie vor allem deshalb kritisiert worden, weil das Anknüpfen an Schuld-Gesichtspunkte Frauen anders (meist: härter) trifft als Männer (vgl. Limbach, NJW 1980 S. 871; Wiegmann, NJW 1982 S. 1369).

Auch wenn der Richter in einer neuen Lebensgemeinschaft des Unterhalt fordernden Partners keine „grobe Unbilligkeit" sieht, die die Voraussetzungen des § 1579 Ziff. 4 BGB erfüllt, muß sich der finanziell abhängige Partner das auf seinen Anspruch anrechnen lassen, was er durch die gemeinsame Haushaltsführung erspart oder auf freiwilliger Grundlage vom neuen Partner erhält oder erhalten könnte (dazu unten 9a – Anrechnung von Arbeitseinkommen –).

Selbst wenn der Richter beim Abwägen aller Umstände eine grobe Unbilligkeit diagnostiziert, bedeutet dies nicht unbedingt, daß der Unterhaltsanspruch deshalb ganz entfällt. Die negative Billigkeitsklausel ist hinsichtlich ihrer Wirkung flexibel: der Unterhaltsanspruch kann zeitlich begrenzt werden, er kann in der Höhe herabgesetzt werden, und er kann in besonders schwerwiegenden Fällen auch ganz ausgeschlossen sein. Die konkrete Rechtsfolge für den Einzelfall liegt also mehr noch als in anderen Fällen in der Hand des Richters. Weder Ausschluß noch Kürzung des Unterhaltsanspruchs sind nach dem Wortlaut des Gesetzes möglich, solange der Unterhaltsberechtigte wegen der Erziehung eines gemeinschaftlichen Kindes nicht berufstätig sein kann (§ 1579 Abs. II BGB). Das Bundesverfassungsgericht hat diese Bestimmung wegen ihrer „stringenten Formulierung" für verfassungswidrig erklärt. In besonders gelagerten Härtefällen soll der Gesetzgeber es ausschließen, daß ein Elternteil, der via Einigung der Eltern oder gerichtlichen Sorgerechtsbeschlusses ein gemeinsames Kind erzieht, vom anderen (an sich unterhaltspflichtigen)

Elternteil Geld verlangen kann. Gleichzeitig soll aber auch ausgeschlossen werden, daß der erziehende Elternteil vom Kindesunterhalt mitlebt (BVerfG FamRZ 1981 S. 745). Wie die zukünftige gesetzliche Regelung aussehen wird, ist derzeit ungewiß.

Fraglich ist, was bis zur gesetzlichen Neufassung des § 1579 Abs. 2 gilt. Soweit der Richter einen „besonders gelagerten Härtefall" trotz eines gewissen Fehlverhaltens verneint, gilt § 1579 II fort: der kinderbetreuende Ehegatte bekommt dann für die Zeit der Kindererziehung den vollen nachehelichen Unterhalt auch für sich selbst. Wenn hingegen nach Meinung des Richters ein solcher Härtefall vorliegt, bedeutet auch dies nicht unbedingt, daß der Unterhaltsanspruch ganz entfällt. Das Gericht hat dann das Verfahren auszusetzen, bis die gesetzliche Neuregelung in Kraft getreten ist (BGH FamRZ 1983 S. 569). Möglich ist aber eine vorläufige Unterhaltsregelung durch einstweilige Anordnung. Dabei liegt es im Interesse des Kindes, daß der betreuende Elternteil „hinreichend versorgt" wird und jedenfalls bei kleineren Kindern nicht darauf angewiesen ist, voll berufstätig zu sein. Doch orientiert sich die Höhe des Unterhalts in diesem Fall nicht an den ehelichen Lebensverhältnissen sondern daran, was erforderlich ist, um die Kinderbetreuung sicherzustellen (vgl. dazu Häberle, FamRZ 1982 S. 561; OLG Hamm FamRZ 1982 S. 492).

Der vorliegende Gesetzentwurf für ein Unterhaltsänderungsgesetz (BR Drucks. 501/84) will die negative Billigkeitsklausel des § 1579 Abs. I weiter ausbauen. Nach Ziff. 3 sollen drei weitere Ausschlußtatbestände eingeführt werden, die im großen und ganzen an der Rechtsprechung orientiert sind; in einer neuen Ziff. 7 soll der bisher in Ziff. 4 enthaltene Auffangtatbestand übernommen werden. Angesichts der eindeutigen Rechtsprechung erscheint diese gesetzliche Konkretisierung wenig sinnvoll; das Bundesverfassungsgericht fordert sie nicht. Die Privilegierung des Kinderbetreuungsunterhalts in § 1579 Abs. II soll entfallen. Die Berücksichtigung des Kindeswohls ist im Rahmen des Abs. I vorgesehen (dazu oben unter II, 1).

9. Die Anrechnung von Einkommen und Vermögen

a) Arbeitseinkommen

Das neue Recht stellt den Bestimmungen, die die Unterhaltsansprüche nach der Scheidung regeln, den Grundsatz voran: Unterhalt soll nur bekommen, wer nicht selbst für sich sorgen kann. Wer keine der im Gesetz aufgezählten Voraussetzungen für einen Unterhaltsanspruch (Kindererziehung, Alter, Krankheit, Arbeitslosigkeit, Ausbildung, Billigkeit) erfüllt, muß seinen Lebensbedarf selbst aufbringen und kann sich nicht an den geschiedenen Ehegatten halten. Wer nur teilweise arbeitspflichtig ist – weil er neben Kindern nur halbtags arbeiten kann oder wegen einer Krankheit nicht mehr voll arbeitsfähig ist –, muß sich die Einnahmen aus einer angemessenen Berufstätigkeit voll anrechnen lassen, er kann nur teilweise Unterhalt vom geschiedenen Ehegatten verlangen. Das ergibt sich schon aus den oben dargestellten Grundsätzen des Unterhaltsrechts.

Wer überhaupt nicht arbeiten *müßte* (sei es, daß er kleine Kinder erzieht, zu alt oder zu krank ist oder keine angemessene Stelle findet), aber dennoch arbeitet, wird sich fragen, ob denn auch dieses Einkommen auf den Unterhalt angerechnet wird. Zur Verdeutlichung zwei Beispiele:

Eine Frau versorgt nach der Scheidung zwei sehr kleine Kinder; sie ist deshalb zu eigener Berufstätigkeit nicht verpflichtet. Dennoch übernimmt sie zur Aufbesserung ihres Unterhalts die Reinigung zweier Büros in der Nachbarschaft, weil der Mann unregelmäßig und selten voll zahlt.

Eine andere Frau wird nach 15jähriger Ehe geschieden. Sie ist halbtags in ihrem alten Beruf als Sekretärin tätig. Eine ganztägige Erwerbstätigkeit ist ihr wegen ihres Alters nicht zuzumuten. Dennoch übernimmt sie noch Schreibarbeiten, die sie nachmittags und abends in Heimarbeit erledigt.

Die Beispiele ließen sich beliebig vermehren. Der Grund für eine solche vom Gesetz nicht geforderte Berufstätigkeit geschiedener Frauen (meist sind es eben Frauen, die unterhaltsberechtigt sind) ist häufig die schlechte Zahlungsmoral der Männer. Statistiken sprechen davon, daß etwa 30% unterhaltspflichtiger *Väter* selten oder unregelmäßig zahlen; bei den unterhaltspflichtigen geschiedenen Ehemännern dürften die Zahlen kaum besser aussehen. Oft ist aber auch der Wunsch unter Leute zu kommen, die Angst vor der Einsamkeit oder das Bedürfnis, überhaupt noch zu etwas nütze zu sein, der Grund für die Übernahme einer nicht „angemessenen" Stelle oder der Erwerbstätigkeit überhaupt.

Für solche Fälle einer rechtlich nicht gebotenen Berufstätigkeit hält das Gesetz eine sehr undeutlich formulierte Regelung bereit (§ 1577 Abs. II BGB), die sich nur anhand der amtlichen Begründung verstehen und auf den Einzelfall anwenden läßt (BT-Drucks. 7/4361, S. 32). Danach gilt folgendes: Soweit der Verpflichtete nicht oder nicht voll zahlt, braucht sich der zum Unterhalt Berechtigte dasjenige nicht anrechnen zu lassen, was er verdient, um so seinen vollen Unterhaltsbedarf zu decken. Die Frau, deren geschiedener Mann zu wenig oder unregelmäßig zahlt, und die sich und ihre Kinder mühsam mit abendlichen Putzstellen über Wasser hält, braucht sich von ihm also nicht entgegenhalten zu lassen, sie könne ja offenbar selbst für sich sorgen und er brauche deshalb nur noch weniger oder gar nicht mehr zu zahlen. Sie kann von ihm weiter Unterhalt fordern und diesen Anspruch notfalls gerichtlich durchsetzen.

Das gleiche gilt für die Fälle einer über das gebotene Maß hinausgehenden Berufstätigkeit. § 1577 Abs. II ist nicht nur eine Strafvorschrift für säumige Unterhaltsschuldner sondern ist auf sämtliche Einkünfte aus nicht zumutbarer Erwerbstätigkeit anzuwenden, solange der volle Unterhalt – aus welchen Gründen auch immer – vom Unterhaltsverpflichteten nicht gedeckt wird (BGH NJW 1983 S. 933ff.). Die Sekretärin, die in den Abendstunden in Heimarbeit weiter tippt, muß sich diese Einkünfte nicht anrechnen lassen, solange der Mann seinen Teilunterhalt nicht voll oder unregelmäßig zahlt.

Zahlt der Verpflichtete pünktlich und im geschuldeten Umfang und sind seine Leistungen zusammen mit den Einkünften aus unzumutbarer Erwerbstätigkeit höher als der volle Unterhaltsbedarf, so muß der über den vollen Unterhalt hinausgehende Betrag insoweit angerechnet werden, „als dies unter Berücksichtigung der beiderseitigen wirtschaftlichen Verhältnisse der Billigkeit entspricht." Die Frau, die neben dem vollen von ihrem geschiedenen Mann gezahlten Unterhalt dazu verdient, muß also damit rechnen, daß dann ihr Unterhaltsanspruch anteilig gekürzt wird, wenn seine Unterhaltszahlungen zusammen mit ihrem Zuverdienst den vollen Unterhaltsbedarf übersteigen. Bei kleineren Beträgen (wie in den Beispielfällen der Putzstelle und der Schreibarbeiten) dürfte das kaum der Fall sein. Anders wäre es aber wenn die Sekretärin neben ihrem Halbtagsjob ein gut florierendes und einträgliches privates Schreibbüro betreibt. In diesem Fall könnte eine Berücksichtigung ihres zusätzlichen Einkommens ,,im Rahmen der Billigkeit" durchaus gerechtfertigt sein. Zu berücksichtigen sind hier aber auch die wirtschaftlichen Verhältnisse beider Ehegatten. Bei einem sehr hohen Einkommen des geschiedenen Mannes wird also ein Zuverdienst der Frau seltener ins Gewicht fallen als in Fällen, in denen beide am Rande des Existenzminimums leben. Die Berechnungsmethode des zusätzlich zu zahlenden Unterhalts ist unterschiedlich, je nachdem, ob es sich um eine Hausfrauenehe oder eine Doppelverdienerehe handelt (vgl. dazu unten d).

Wenn ein unterhaltsberechtigter Ehegatte mit einem neuen Partner ohne Trauschein zusammenlebt, muß er sich auf seinen Unterhaltsanspruch Einkünfte und Vorteile aus dieser neuen Lebensgemeinschaft anrechnen lassen, auch wenn das Zusammenleben mit dem neuen Partner nicht als ,,evidentes einseitiges Fehlverhalten" anzusehen ist und die negative Billigkeitsklausel des § 1579 Ziff. 4 deshalb nicht eingreift. Angerechnet wird alles, was der Geschiedene an geldwerten Vorteilen vom neuen Partner erhält (Wohnungsmiete, Auto, Urlaub etc.). Ferner wird auf den nachehelichen Unterhalt das angerechnet, was der Partner als angemessene Vergütung für Hausarbeit oder Pflege- und Betreuungsleistungen erhält oder erhalten könnte. Ob eine solche Vergütung im konkreten Fall vereinbart ist und gezahlt wird, ist gleichgültig. Eine Frau, die dem neuen Partner, mit dem sie ohne Trauschein zusammenlebt, den Haushalt führt, muß sich ein fiktives Entgelt für diese Leistungen auf den Unterhaltsanspruch gegen ihren Ex-Ehemann anrechnen lassen. Wie hoch dieser Betrag ist, der angerechnet werden kann, soll nach ,,Richtsätzen" ermittelt werden, ,,die auf die gegebenen Verhältnisse abgestellt sind und der Lebenserfahrung entsprechen" (BGH NJW 1980 S. 1688 und NJW 1980 S. 124). Für die genaue zahlenmäßige Konkretisierung bleibt dem Richter daher immer ein gewisser Spielraum. So rechnet das OLG München mit einem Zeitaufwand von etwa 2 Stunden am Tag, der bei einem Stundenlohn von 6 DM mit 360 DM monatlich anzurechnen ist (FamRZ 1979 S. 34). Das OLG Hamm kommt bei einer täglichen Arbeitszeit von 2 bis 3 Stunden und einem Stundenlohn von 10 DM auf einen Monatsbetrag von rund 750 DM (NJW 1981 S. 464). Das OLG Köln setzt einen Pauschalbetrag von 800 DM für Wohnung und Haushaltsversorgung an (FamRZ 1981 S. 488). Allemal setzt auch der fiktive anrechenbare Entgelt voraus, daß der neue Partner leistungsfähig ist, also an sich zahlen könnte. Wer mit einem einkommenslosen oder selbst unterstützungsbedürftigen Partner zusammenlebt, braucht sich auch kein fiktives Entgelt für die Haushaltsführung anrechnen zu lassen (OLG Hamm, FamRZ 1982 S. 496).

b) Vermögen

Bisher war allein vom *Arbeitseinkommen* der geschiedenen Ehegatten die Rede; geregelt sind jedoch auch die Fälle, in denen der an sich Unterhaltsberechtigte ein eigenes *Vermögen* besitzt. Hier ist die Rechtslage klar: Wer aus den Einkünften seines Vermögens seinen Lebensstandard im gleichen Umfang wie während der Ehe selbst bestreiten kann, der hat auch keinen Unterhaltsanspruch gegen den geschiedenen Ehegatten. Wer ein Miethaus besitzt, wer Aktien hat oder an einem Wirtschaftsunternehmen beteiligt ist, muß sich die Einnahmen aus seinem Vermögen voll anrechnen lassen.

Auch der Stamm des Vermögens muß verwertet werden, außer wenn das unwirtschaftlich oder unbillig wäre (§ 1577 Abs. III BGB). Wenn also die Erträge eines Vermögens zum vollen Unterhalt nicht reichen, muß ein Teil des Vermögens verkauft werden. Der Verkauf eines kleinen Eigenheims wird dann unwirtschaftlich sein, wenn eine entsprechende Mietwohnung auf die Dauer teurer wäre. Würde aber der Verkauf eines (unter Umständen vorher von beiden bewohnten) Hauses einen wesentlichen Teil des Unterhalts voraussichtlich auf Lebensdauer decken, so ist der Verkauf nicht deshalb unwirtschaftlich, weil das Vermögen so langsam aufgebraucht wird. Bei der Frage der Wirtschaftlichkeit der Vermögensverwertung wird neben der Vermögenslage auch das Lebensalter zu berücksichtigen sein.

Die vergangenen Jahrzehnte haben gezeigt, daß auf ein Vermögen nicht unbedingt ein Leben lang Verlaß ist. Das Gesetz regelt deshalb auch den Fall, daß ein ursprünglich vorhandenes den Unterhalt sicherndes Vermögen später wegfällt. Die Lösung hält sich hier strikt an den Grundsatz, daß nur ehebedingte Umstände zum Unterhalt verpflichten sollen: „fällt das Vermögen später weg, so besteht kein Anspruch auf Unterhalt" (§ 1577 Abs. IV BGB). Hiervon gibt es nur eine Ausnahme: Kindererziehung. Eine vermögende Frau, die nach der Scheidung die gemeinsamen Kinder erzieht, aber keinen eigenen Unterhaltsanspruch hat, kann nach Wegfall des Vermögens dennoch wieder Unterhalt verlangen. Jeder andere Geschiedene kann das nicht, sofern nur bei der Scheidung zu erwarten war, daß der Unterhalt durch das Vermögen nachhaltig gesichert sein würde. Der Grund für diese Regelung, die den Unterhaltsanspruch wegen Kindererziehung stark privilegiert, liegt darin, daß in der Kindererziehung immer eine Nachwirkung der Ehe gesehen werden muß, der Vermögensverlust selbst aber von der Ehe völlig unabhängig ist.

c) Sonstige Einkünfte

Grundsätzlich sind auch andere Einkünfte, die nicht aus Arbeit oder Vermögen stammen, auf den Unterhaltsanspruch anzurechnen, weil der Unterhaltsberechtigte insoweit nicht bedürftig ist. Das gilt beispielsweise für BAföG-Zahlungen soweit sie nicht nur als Darlehen gewährt werden (BGH, FamRZ 1980 S. 126) und für Stipendien oder Preise, die der Unterhaltsberechtigte erhält. Nicht anzurechnen sind freiwillige Zuwendungen Dritter (z. B. der Eltern einer unterhaltsberechtigten Frau), weil solche Zuwendungen im Zweifel dem Beschenkten zugute kommen und nicht zur Entlastung des Unterhaltspflichtigen führen sollen. Nicht anrechenbar sind auch wiederaufgelebte Witwenrenten aus einer früheren Ehe, da bei deren Berechnung der Unterhaltsanspruch gegen den geschiedenen zweiten Ehegatten bereits berücksichtigt ist (BGH NJW 1979 S. 815). Anrechenbar ist auch Einkommen, das der Bedürftige haben könnte, aber einzuziehen unterläßt. Wer beispielsweise ein Stipendium ausschlägt oder Mietwohnungen leerstehen läßt, muß sich die Einnahmen, auf die er insoweit verzichtet, auf seinen Unterhaltsanspruch anrechnen lassen. Die Grenzen zum Unterhaltsanspruch nach § 1579 Ziff. 3 (mutwillige Herbeiführung der Bedürftigkeit) sind hierbei fließend (vgl. zu weiteren Einzelheiten die unterhaltsrechtlichen Leitlinien des OLG Hamm, unten Abschnitt X Ziff. 2).

d) Berechnungsform

Die Art der Anrechnung ist unterschiedlich, je nachdem ob es sich um die Entscheidung einer Doppelverdienerehe oder einer Hausfrauenehe handelt. Bei der Hausfrauenehe bestimmt allein der Verdienst eines Ehegatten die ehelichen Lebensverhältnisse. Was er (öfter: sie) selbst später an Einkommen hat, wird auf den danach berechneten Unterhaltsbetrag angerechnet mit der Folge, daß kein Unterhaltsanspruch mehr besteht, sobald der geschiedene Unterhaltsberechtigte diesen Lebensbedarf selbst decken kann. Bei einer Doppelverdienerehe tragen hingegen die Einkommen beider Ehegatten zum ehelichen Lebensstandard bei, der weniger Verdienende bekommt dann 3/7 des Unterschiedsbetrages (vgl. dazu oben unter 5 – Aufstockungsunterhalt).

10. Umfang und Art des Unterhalts

a) Die Höhe der Unterhaltszahlung

Die Höhe des nach einer Scheidung zu zahlenden Unterhalts richtet sich nach den ehelichen Lebensverhältnissen (§ 1578). Wer also vor der Scheidung in sehr großzügigen Verhältnissen gelebt hat, bekommt viel, wer gerade eben am Rande des Existenzminimums gelebt hat, bekommt wenig oder nichts. Eine Einheitsrente nach der Scheidung gibt es nicht. In einer Hausfrauenehe bestimmt normalerweise der Verdienst des Mannes den ehelichen Lebensstandard. Bei einer Doppelverdienerehe oder wenn die Frau eigenes Vermögen hat, trägt auch sie durch ihr Einkommen zur Prägung der ehelichen Lebensverhältnisse bei. Wenn sie anläßlich der Scheidung ihren Beruf aufgibt, weil sie sich jetzt ihren Kindern widmen will, weil ihre Berufstätigkeit nicht angemessen war oder weil sie krank wird, so kann das Maß des Unterhalts aber nur nach dem Einkommen des Unterhaltsverpflichteten – also des Mannes – bestimmt werden. Hat also die Ehefrau während der Ehe dazuverdient und damit den ehelichen Lebensstandard mit ermöglicht, fällt dieser Zuverdienst aber nach der Scheidung weg, so wird ihr Unterhaltsanspruch allein nach dem vom Mann darstellbaren Lebensstandard berechnet. Einkünfte aus ihrem Vermögen muß die Frau sich in jedem Fall anrechnen lassen (dazu oben Ziff. 9b). Die Verhältnisse *vor* der Ehe spielen keine Rolle. Die Sekretärin, die ihren Chef heiratet, hat ebenso einen Anspruch im Rahmen der ehelichen Verhältnisse wie der Regieassistent, der eine gut verdienende Schauspielerin heiratet. Der Entwurf für ein Unterhaltsänderungsgesetz (BR Drucks. 501/84) sieht vor, daß der Richter im Rahmen einer Billigkeitsklausel die Bemessung nach den ehelichen Lebensverhältnissen zeitlich begrenzen kann. Sollte dieser Vorschlag Gesetz werden, so wird in Zukunft jeder nichteheliche Unterhaltsanspruch herabsetzbar sein oder auch auf Null „heruntergefahren" werden können.

Maßgebend ist für die Berechnung der Zeitpunkt der Scheidung (BGH NJW 1982 S. 1870). Eine nur zeitweise und vorübergehende Veränderung der Lebensverhältnisse vor der Scheidung soll allerdings nicht berücksichtigt werden, sondern das „Gesamtbild der ehelichen Lebensverhältnisse" während der Ehe soll entscheiden, ob die Einkommensverhältnisse zum Zeitpunkt der Scheidung atypisch sind (BT Drucks. 7/650, S. 136). Wenn also der unterhaltsverpflichtete Mann versucht hat, im Hinblick auf die Scheidung sein Einkommen zu reduzieren, so ist eine solche vorübergehende Änderung unbeachtlich. Es ist aber auch nicht auf den „Durchschnitt" des ehelichen Lebensstandards abzustellen, wenn die Eheleute sich aus kleinen Verhältnissen hochgearbeitet haben. Grundsätzlich ist davon auszugehen, daß der erreichte Lebensstandard die gemeinsame Leistung beider Ehegatten ist, so daß der Unterhalt nach dem gemeinsam erreichten hohen Lebensstandard unmittelbar vor der Scheidung und nicht nach den einfachen Verhältnissen zu Beginn der Ehe zu berechnen ist.

Außergewöhnliche und unvorhergesehene, völlig unerwartete Einkommenssteigerungen während der Trennungszeit bleiben für die Berechnung des ehelichen Lebensstandards außer Betracht. Das kommt vor allem bei den sogenannten Altehen vor, die lange vor Inkrafttreten des neuen Rechts geschlossen wurden und wegen des Widerspruchsrechts des Nichtschuldigen nicht geschieden werden konnten (vgl. BGH FamRZ 1982 S. 576). Wer sich darauf berufen will, daß seine Einkommensverhältnisse sich während der Trennungszeit in außergewöhnlicher und unvorhersehbarer Weise verbessert haben, muß dies vor Gericht darlegen und beweisen, wenn er eine Herabsetzung des nach den normalen

Vorschriften berechneten Unterhalts anstrebt (BGH FamRZ 1983 S. 352).

Einkommenssteigerungen des unterhaltspflichtigen Ehegatten *nach* der Scheidung sind nur zu berücksichtigen, wenn sie im Zeitpunkt der Scheidung mit Sicherheit zu erwarten waren. Die Frau, die einen Studenten geheiratet hat und kurz nach dem Examen von ihm geschieden wird, kann Unterhalt auch nach dem Maßstab seines ersten späteren Arbeitseinkommens verlangen. Auch Stellenanhebungen im öffentlichen Dienst und die planmäßige Regelbeförderung eines Beamten sind zu berücksichtigen. Beispiel: daß ein Studienassessor Studienrat wird, kann man voraussehen. An einer nicht voraussehbaren Karriere und Einkommenssteigerung des Unterhalt zahlenden Ehemannes nimmt die Frau aber nicht teil. Wenn der geschiedene Arbeiter sich fortbilden oder umschulen läßt, wenn der geschiedene kaufmännische Angestellte nach der Scheidung einen gut florierenden eigenen Betrieb eröffnet, so bleiben diese zusätzlichen Einkünfte für den Unterhalt der Frau außer Betracht. Das gleiche gilt für eine Einkommensverschlechterung. Der Fabrikant, dessen Firma schlecht geht, der Arbeiter, der keine Überstunden mehr machen kann, muß dennoch den vollen Unterhalt weiter zahlen, solange nicht sein *eigener* angemessener Unterhalt gefährdet ist (§ 1581; dazu unten unter d).

Soweit der eheliche Lebensstandard durch Zuwendungen *Dritter* ermöglicht oder angehoben wurde, bleiben diese Zuwendungen bei der Berechnung des ehelichen Lebensstandards außer Betracht. Was die Eltern eines Ehegatten dem Ehepaar zugewendet haben – sei das nun eine dauernde Rente, gelegentliche Zuwendungen oder das kostenlose Überlassen einer Wohnung –, kann vom Unterhaltsverpflichteten allein nicht erwartet und gefordert werden.

Zum Unterhalt gehört der gesamte Lebensbedarf wie die Finanzierung von Haushalt, Miete, unter Umständen (Maßstab: eheliche Lebensverhältnisse!) Auto und Urlaub; bei Ausbildungsunterhalt die Ausbildungskosten, die Krankenversicherung (§ 1578 Abs. II) und eine angemessene „Versicherung für den Fall des Alters sowie der Berufs- oder Erwerbsunfähigkeit“, der sogenannte *Vorsorgeunterhalt*. Die Arbeitslosen- und Altersversicherung entfällt nur beim Ausbildungsunterhalt, weil hier davon ausgegangen werden kann, der (ausgebildete) unterhaltsberechtigte Ehegatte werde sich eine eigene Altersversorgung durch seine spätere Berufstätigkeit aufbauen. Die geschiedene Hausfrau erhält bei der Scheidung in vielen Fällen durch den Versorgungsausgleich einen Grundstock von Anwartschaftsrechten für eine eigene Altersversorgung (dazu unten III). Wenn sie nach der Ehe wieder voll berufstätig ist, kann sie ihre Versorgungschancen durch eigene Beiträge weiter erhöhen. Kann sie das nicht, weil sie kleine Kinder versorgt oder krank oder arbeitslos ist, so soll der unterhaltsverpflichtete Mann die Lücke in ihrer „sozialen Biographie" füllen (BT Drucks. 7/650, S. 136). Zur Höhe und Berechnung des Vorsorgeunterhaltes vgl. BGH NJW 1981 S. 1566 und FamRZ 1982 S. 781 sowie Gröning, FamRZ 1982 S. 459.

Für beide geschiedenen Ehegatten ergibt sich nach so vielen allgemein und theoretisch gehaltenen Erörterungen die Frage: wie hoch wird denn nun der Unterhaltsanspruch wirklich sein? Kann man nicht wenigstens Durchschnittszahlen geben? Gerade beim Ehegattenunterhalt gibt es aber – anders als beim Unterhalt für die Kinder – keine Durchschnittszahlen. Gewisse Richtwerte sind allerdings von einigen Oberlandesgerichten festgelegt worden. Am bekanntesten und am häufigsten verwendet ist die sogenannte *Düsseldorfer Tabelle*, die schon unter dem alten Recht vom Landgericht Düsseldorf entwickelt worden war und jetzt vom OLG Düsseldorf übernommen und weiterentwickelt worden ist (vgl. NJW 1982 S. 19 und unten Abschnitt X Ziff. 1). Danach ist für die nicht arbeitspflichtige Hausfrau nach Abzug der Unterhaltsbeträge für die Kinder (dazu unten S. 245) 3/7 des Nettoeinkommens des Mannes vorzusehen. Wenn sie arbeitet oder sonst eigenes Einkommen hat, ist der Richtsatz 3/7 des Unterschiedsbetrages zwischen den Nettoeinkommen der Ehegatten. Die so errechneten Werte sind als Anhaltspunkte für die Festsetzung des Unterhaltes gedacht, sie sind keine quasi-gesetzliche feste Regelung. Manche Gerichte setzen die Quoten auch anders fest; so etwa das OLG Bremen, das jeweils 2/5 des anrechnungsfähigen Nettoeinkommens für angemessen hält (NJW 1980 S. 111) und andererseits das OLG Stuttgart, das grundsätzlich von einer hälftigen Teilung des bereinigten Nettoeinkommens ausgeht (FamRZ 1983 S. 19 und unten Abschnitt X Ziff. 5).

Damit der konkrete Unterhaltsbetrag ausgerechnet werden kann, müssen beide Ehegatten, so zerstritten sie auch sein mögen, ihre Einkünfte und ihr Vermögen kennen. Das Gesetz gibt deshalb jedem von ihnen das Recht, vom anderen über seine Einkünfte und sein Vermögen *Auskunft* zu verlangen. Über die Angaben müssen auf Verlangen Belege (vor allem Bescheinigungen des Arbeitgebers, Steuererklärungen u.ä.) vorgelegt werden. Nach Ablauf von zwei Jahren kann erneut Auskunft verlangt werden, wenn die Vermutung besteht, daß Einkommen oder Vermögen sich inzwischen wesentlich erhöht haben. Sowohl derjenige, der Unterhalt zahlen muß, als auch derjenige, der unterhaltsberechtigt ist, kann also vom anderen etwa alle zwei Jahre Auskunft über die Einkommens- und Vermögensverhältnisse verlangen, um Unterhaltsleistungen und -forderungen den veränderten Bedingungen anzupassen.

b) Unterhalt als Geldrente; Abfindung

Der Unterhalt besteht normalerweise in einer monatlichen Geldzahlung (§ 1585 BGB). Die Ehegatten können über Art und Umfang der Zahlungen Verträge schließen (§ 1585c; vgl. dazu unten Ziff. 13). Dafür ist aber ein von beiden Partnern getragenes Einverständnis erforderlich. Wenn ein solches Einverständnis nicht zu erreichen ist, kann der Unterhalts*berechtigte* statt der laufenden monatlichen Zahlungen eine *Kapitalabfindung* verlangen, ,,wenn ein wichtiger Grund vorliegt und der Verpflichtete dadurch nicht unbillig belastet wird". Wer von seinem geschiedenen Ehegatten Unterhalt bekommt, kann also gegen seinen Willen nicht mit einer Kapitalabfindung ,,herausgekauft" werden, er kann aber seinerseits die Abfindung verlangen, wenn er dafür einen wichtigen Grund hat und der andere die Abfindung ohne große Mühe zahlen kann. Ein wichtiger Grund ist beispielsweise die Eröffnung eines Geschäftes, für die ein Startkapital notwendig ist, oder ein langjähriger Auslandsaufenthalt, der die Verfolgung der Unterhaltsansprüche erschwert. Dagegen reicht es nicht, wenn dem anderen die geforderte Abfindung ohne weiteres möglich ist, er sie aber nicht zahlen will (dies nimmt entgegen dem ausdrücklichen Gesetzeswortlaut die amtliche Begründung an BT Drucks. 7/650, S. 146). Die Höhe der Abfindung richtet sich nach der Höhe des Unterhalts und der voraussichtlichen Dauer des Anspruchs in der Zukunft. Ist die Abfindung einmal gezahlt, kann nicht erneut Unterhalt verlangt werden. Andererseits ermöglicht eine erneute Heirat die Rückforderung der Abfindung höchstens dann, wenn innerhalb kurzer Zeit nach Zahlung der Abfindungssumme geheiratet wird, so daß die Abfindung praktisch auf eine Alimentierung der neuen Ehe des Unterhaltsberechtigten hinausläuft.

Auf Wunsch des Unterhaltsempfängers muß der Unterhalt zahlende Ehegatte Sicherheit leisten, d. h. einen Kapitalbetrag hinterlegen, aus dem notfalls der Unterhalt weitergezahlt werden kann. Wenn der Verpflichtete nachweist, daß keine Gefährdung des Unterhaltes zu befürchten ist, oder wenn er durch sie unbillig belastet würde, soll von der Sicherheitsleistung abgesehen werden (§ 1585a BGB). Der zu hinterlegende Sicherheitsbetrag soll nicht höher sein als ein Jahresunterhalt.

c) Unterhalt für die Vergangenheit; Sonderbedarf

Für die *Vergangenheit* kann Unterhalt normalerweise nicht gefordert werden. Eine Frau, die von ihrem Mann seit einiger Zeit getrennt lebt oder von ihm geschieden ist, kann also für die zurückliegende Zeit, in der sie bei ihren Eltern oder ihrem Freund gelebt hat, von ihm auch dann keinen Unterhalt verlangen, wenn an sich einer der unterhaltsbegründenden Tatbestände (Alter, Krankheit, Kindererziehung usw.) vorgelegen hat. Von diesem Grundsatz gibt es aber Ausnahmen. Sobald derjenige, der Unterhalt verlangen kann, den anderen *gemahnt* oder vor Gericht den ihm zustehenden Unterhaltsbestrag *eingeklagt* hat, muß der Schuldner – selbst wenn er erst Monate später zahlt – auch für die zurückliegenden Monate Unterhalt zahlen. Nachträglich (also: für die Vergangenheit) kann außerdem wegen eines sogenannten *Sonderbedarfs* Unterhalt verlangt werden (§ 1585c BGB). Sonderbedarf ist ein unregelmäßiger und außergewöhnlich hoher Bedarf, beispielsweise Kosten für eine Operation, nach einem Unfall oder einem notwendigen Umzug. Gedacht ist hier vor allem an überraschende, ungewöhnliche und nicht voll voraussehbare Kosten. Die beiden Merkmale „unregelmäßig" und „außergewöhnlich" müssen zusammenkommen. Wer chronisch erkrankt ist, hat nicht *unregelmäßig,* sondern *regelmäßig* höhere Ausgaben. Diese Ausgaben sind bei der Festsetzung oder einer (rechtlich unter Umständen möglichen) Erhöhung der Unterhaltsrente zu berücksichtigen, können aber nicht rückwirkend als Sonderbedarf geltend gemacht werden. *Außergewöhnlich* sind nur Ausgaben, die nicht sowieso zum ständigen Unterhalt gehören, wie Kleidung, Nahrungsmittel, Urlaub oder Miete. Eine unterhaltsberechtigte Frau kann also ihrem Mann nicht eine besonders hohe Kleiderrechnung, die besonders teure Urlaubsreise oder eine ungewöhnlich hohe Rechnung für die Bewirtung ihrer Gäste als „Sonderbedarf" zusätzlich aufbürden. Sie muß solche „gewöhnlichen" und deshalb durch die laufenden Unterhaltszahlungen gedeckten Bedürfnisse aus den normal festgesetzten Zahlungen bezahlen. Eine Unterhaltsforderung wegen Sonderbedarfs soll keinesfalls dazu führen, daß der Unterhaltsberechtigte sich seine Rente selbst aufbessert, indem er über seine Verhältnisse lebt und luxuriöse Sonderausgaben dem geschiedenen Partner aufhalst. Im Rahmen des Sonderbedarfs sollen vielmehr nur solche Ausgaben berücksichtigt werden, die plötzlich auftreten und deshalb auch der Höhe nach nicht vorhersehbar sind.

Auch wenn der unterhaltsberechtigte Ehegatte seinen zur Zahlung verpflichteten geschiedenen Partner gemahnt hat und auch wenn ein Sonderbedarf vorliegt, kann der Unterhaltsanspruch nicht beliebig weit in die Vergangenheit erstreckt werden. Wer seine Ansprüche durchsetzen will, muß *innerhalb eines Jahres* klagen, sonst verliert er seinen Anspruch (§ 1585b Abs. III BGB). Nur wer nachweist, daß der andere sich seiner Zahlungsverpflichtung *absichtlich* entzogen hat, kann auch für eine längere Zeit als ein Jahr vor der Klageerhebung Unterhalt verlangen. Dazu ein Beispiel: Eine unterhaltsberechtigte geschiedene Frau, die ungewöhnlich hohe Krankenhauskosten als Sonderbedarf von ihrem geschiedenen Mann beansprucht, muß diesen Anspruch – wenn der Mann auf ihre Aufforderung hin nicht zahlt – innerhalb eines Jahres vor Gericht einklagen, sonst bekommt sie später nichts. Hat der Mann in der fraglichen Zeit ständig seinen Wohnsitz gewechselt, so daß sie erst mühevoll herausfinden mußte, wo der Mann sich aufhielt und welches Gericht für ihre Klage zuständig sein würde, gilt die Jahresfrist nicht; sie kann dann auch für längere Zeit als ein Jahr vor der Klageerhebung rückständige Unterhaltsbeträge nachfordern. Das gleiche gilt, wenn der Mann bereits wegen Unterhaltsentziehung bestraft worden ist.

d) Verminderte Leistungsfähigkeit des Verpflichteten

In vielen Fällen, in denen das Gesetz einem geschiedenen Ehegatten gegen den anderen einen Unterhaltsanspruch gibt, wird das vorhandene Einkommen zur Finanzierung zweier Haushalte auf dem gleichen Lebensniveau wie bisher nicht ausreichen. Wenn statt einer zwei Mietwohnungen bezahlt werden müssen, wenn statt eines Autos zwei angeschafft und unterhalten werden müssen, steigen die Kosten und können häufig von einem allein nicht mehr aufgebracht werden. In solchen Fällen wird der zum Unterhalt Verpflichtete (meist: der Mann) sich fragen, ob er denn den – unter Umständen sehr hohen und zeitlich unbegrenzten – Geldforderungen seiner geschiedenen Frau auf die Dauer gewachsen ist. Viele Männer haben aus diesem Grund auf die neuen Unterhaltstatbestände des Eherechtsreformgesetzes mit Angst und Ablehnung reagiert. Das Gesetz selbst bestimmt für den Fall, daß das Einkommen nicht für beide reicht: beide müssen zurückstecken. Die geschiedene Frau kann also nicht ohne Rücksicht auf die Leistungsfähigkeit des Mannes auf dem vollen Lebensunterhalt auf der Grundlage des ehelichen Lebensstandards bestehen, wenn der Mann danach seinen eigenen angemessenen Unterhalt nicht mehr bezahlen könnte. Die „Unterhaltsknechtschaft" eines Mannes, der selbst in ärmlichen Verhältnissen leben muß, um seine Frau standesgemäß und angemessen zu ernähren, soll es gerade nicht geben. Das Gesetz sieht in diesen Fällen der reduzierten Leistungsfähigkeit des unterhaltsverpflichteten Ehegatten auch eine Reduzierung des Unterhaltsanspruchs des Berechtigten vor (§ 1581 BGB). Wer „nach seinen Erwerbs- und Vermögensverhältnissen unter Berücksichtigung seiner sonstigen Verpflichtungen außerstande" ist, „ohne Gefährdung des eigenen angemessenen Unterhalts dem Berechtigten Unterhalt zu gewähren", braucht nur soviel zu zahlen, wie „mit Rücksicht auf die Bedürfnisse und die Erwerbs- und Vermögensverhältnisse der geschiedenen Ehegatten der Billigkeit entspricht".

Maßgebend für die Frage der Leistungsfähigkeit ist zunächst das *Erwerbseinkommen.* Hier darf nicht nur auf das tatsächlich erzielte, sondern auch auf das *erzielbare* Einkommen abgestellt werden. Der zum Unterhalt verpflichtete Mann darf seinen Beruf nicht einfach aufgeben und dann erklären, er sei nicht leistungsfähig, andererseits ist die unterhaltsberechtigte Frau verpflichtet, auch eine nach den allgemeinen Regeln nicht zumutbare Berufstätigkeit zu übernehmen oder ihre Ansprüche zurückzustecken. Auch das *Vermögen* des Unterhaltsverpflichteten ist zu berücksichtigen. Er muß es nutzbringend anlegen und auch den Stamm des Vermögens verwerten, außer wenn das unwirtschaftlich oder unbillig wäre. Ein Mann, der Grundstücke besitzt, die nichts einbringen, muß diese verkaufen und kann nicht auf eine unsichere mögliche Wertsteigerung in der Zukunft verweisen; ein selbst bewohntes Einfamilienhaus braucht andererseits nicht verkauft zu werden, wenn eine Mietwohnung auch nicht viel billiger wäre.

Auch die *„sonstigen Verpflichtungen“* des Unterhalt zahlenden geschiedenen Ehegatten sind zu berücksichtigen. Solche Verpflichtungen sind vor allem Unterhaltszahlungen an minderjährige Kinder, die mit denen eines unterhaltsberechtigten geschiedenen Ehegatten grundsätzlich gleichrangig sind. (Zur Frage der Rangfolge vor allem auch gegenüber einem neuen nach der Scheidung geheirateten Ehegatten vgl. unten unter 11.) Ein geschiedener Ehegatte und unterhaltsberechtigte minderjährige Kinder (gleichgültig, ob sie aus der geschiedenen Ehe, einer späteren oder auch einer früheren Ehe stammen) müssen sich also ihren Anspruch anteilig kürzen lassen, wenn das Einkommen des Vaters nicht für alle reicht. Volljährige und verheiratete Kinder müssen hinter einem geschiedenen unterhaltsberechtigten Ehegatten zurückstehen (§ 1609 Abs. II BGB). Auch andere Verbindlichkeiten als Unterhaltszahlungen sind bei der Leistungsfähigkeit zu berücksichtigen. Doch wirken in diesem Zusammenhang nicht alle bestehenden Schulden des Unterhaltsverpflichteten unterhaltsmindernd. Ein geschiedener Mann könnte sonst beispielsweise durch gezielte Abzahlungskäufe seine Unterhaltszahlungen selbst herabsetzen. Wer geschieden und zum Unterhalt verpflichtet ist, darf sich nicht „wahllos in Schulden stürzen“, um sich so seiner Unterhaltspflicht zu entziehen (vgl. OLG Düsseldorf, FamRZ 1974, S. 90). Berücksichtigt werden nur notwendige und angemessene Verbindlichkeiten. Wer Unterhalt zahlen muß, kann sich nicht „auf Verbindlichkeiten berufen, die er leichtfertig für luxuriöse Zwecke oder ohne verständigen Grund eingegangen ist“ (BGH FamRZ 1984 S. 360). Ein Vertreter, der zur Ausübung seines Berufs ein Auto braucht, kann zur Finanzierung dieser Ausgabe ein Darlehen aufnehmen; die Rückzahlungsraten und die Zinsen können auf den Unterhaltsanspruch seiner geschiedenen Frau angerechnet werden mit der Folge, daß der Anspruch – zumindest für einige Zeit – herabgesetzt wird. Ein ungewöhnlich luxuriöses und teures Auto oder die Vereinbarung unnötig hoher Rückzahlungsraten wäre aber unzulässig, wenn dadurch der Unterhaltsanspruch mehr als unbedingt erforderlich gekürzt werden müßte.

Bei der verminderten Leistungsfähigkeit des Unterhaltsverpflichteten muß im Rahmen der Billigkeitserwägungen des § 1581 auf die gesamten Umstände des einzelnen Falles abgestellt werden, um eine gerechte und für alle Beteiligten tragbare Lösung zu finden. In jedem Fall muß dem Unterhaltsverpflichteten ein gewisser Mindestbetrag, der sogenannte *Selbstbehalt*, verbleiben. Wer durch seine Berufstätigkeit einen geschiedenen Ehegatten und eventuell auch Kinder unterhält, braucht also nicht noch die letzte Mark zu teilen, er darf vielmehr soviel für sich behalten, wie er notwendigerweise zum Leben braucht. In den unterhaltsrechtlichen Richtlinien wird hier ein Betrag zwischen 900 und 1200 DM genannt (vgl. unten Abschnitt X).

Das OLG Düsseldorf hat in einer viel beachteten Entscheidung außerdem die „Alimentation des allein verdienenden Ehegatten“ für vorrangig gehalten, „damit dessen Arbeitskraft und Arbeitsfreude erhalten bleibt“ (FamRZ 77, 203; NJW 77, 392). Von dem knapp 1500 DM hohen Monatseinkommen eines Mannes blieb nach dieser Entscheidung nach Abzug von fast 1000 DM Lebenshaltungskosten für den Mann selbst und Lohnpfändungen von mehr als 200 DM für zwei bei der Mutter lebende Kinder ein Unterhaltsbetrag von insgesamt 250 DM, für die Mutter selbst nichts. Die Entscheidung wird seither von unterhaltspflichtigen Geschiedenen immer wieder angeführt. In der Literatur wurde sie überwiegend abgelehnt (FamRZ 77, S. 397 und S. 546). In der Konsequenz bedeutet diese Entscheidung, daß „Arbeitskraft und Arbeitsfreude“ des Mannes höher bewertet werden als die Erziehungsleistung der Mutter von zwei Kindern, die praktisch auf die Sozialhilfeansprüche verwiesen wird.

11. Rangfolge bei mehreren Unterhaltsberechtigten

Wenn ein geschiedener Mann mehreren Personen – Frauen und Kindern aus erster und zweiter Ehe – Unterhalt gewähren muß, so entsteht die Frage, wessen Ansprüche denen der anderen Unterhaltsberechtigten vorgehen. Vorweg bleibt jedoch zweierlei festzuhalten. Erstens: Sofern das gesamte Einkommen für *alle* reicht, bekommt *jeder* seinen *vollen* Unterhalt. Nur wenn nicht für alle genug da ist, entsteht die Frage der Rangfolge. Zweitens: Alle minderjährigen Kinder sind untereinander und im Verhältnis zu den Ehefrauen gleichberechtigt (§ 1609 BGB). Keinesfalls geht also eine geschiedene Frau minderjährigen Kindern ihres Mannes vor. Sie muß vielmehr – wenn nicht genug für alle da ist – mit ihnen teilen.

Probleme können aber dann entstehen, wenn ein unterhaltsverpflichteter geschiedener Mann wieder heiratet und die geschiedene Frau mit der neuen Ehefrau konkurriert. Das neue Scheidungsrecht löst diese Konkurrenz von Unterhaltsansprüchen in vielen Fällen zugunsten des geschiedenen (ersten) Ehegatten. Jedenfalls dann, wenn die geschiedene Frau Unterhalt wegen Kindererziehung nach § 1570 BGB erhält (dazu oben unter II Ziff. 1) und wenn sie ausnahmsweise Unterhalt nach Billigkeitsgrundsätzen gemäß § 1576 BGB verlangen kann (dazu oben unter II Ziff. 6), gehen ihre Ansprüche denen der neuen (nach der Scheidung geheirateten) Frau immer vor. Das gleiche gilt, wenn die Ehe von langer Dauer war. Unter „langer Dauer" ist eine Zeit von etwa 15 bis 20 Jahren zu verstehen, eine Zeit von etwas über acht Jahren ist jedenfalls nicht von „langer Dauer"; die Zeit der Kindererziehung nach einer Scheidung wird der reinen Ehedauer hinzugerechnet.

In allen anderen Fällen, in denen eine geschiedene Frau gegen ihren Mann einen Unterhaltsanspruch hat, der weder auf Kindererziehung noch auf Billigkeitserwägungen beruht, und wenn die Ehe auch nicht von „langer Dauer" war und ihr Anspruch mit dem einer neuen Ehefrau konkurriert, muß zunächst festgestellt werden, ob auch die neue Ehefrau, wenn sie von ihrem Mann geschieden würde, einen Unterhaltsanspruch haben würde. Hätte sie einen Anspruch wegen Alters, Krankheit, Kindererziehung, Arbeitslosigkeit oder aus Billigkeitsgründen, so ist dieser Unterhaltsanspruch ranggleich mit dem der geschiedenen Frau; beide Ansprüche werden also anteilig gekürzt. Hätte die neue Ehefrau bei einer (hypothetischen) Scheidung nur einen Anspruch auf Ausbildungsunterhalt nach § 1575 BGB, so geht die geschiedene Frau vor; Ausbildungsunterhalt kann nicht auf Kosten eines geschiedenen Ehegatten verlangt werden.

In vielen Fällen – nämlich bei Kindererziehung, langer Ehedauer und Billigkeitsunterhalt – geht die geschiedene „alte" Ehefrau einer neuen Ehefrau also grundsätzlich vor; in anderen Fällen sind beide gleichermaßen zu berücksichtigen; keinesfalls muß eine geschiedene Frau zugunsten der „Neuen" ganz auf einen ihr zustehenden Unterhalt verzichten. Sehr oft wird deshalb eine Wiederheirat eines geschiedenen Mannes wirtschaftlich nur dann möglich sein, wenn die neue Ehefrau berufstätig bleibt. Die Hausfrauenehe scheidet damit für viele Zweitehen von vornherein aus. Darauf weist schon der Regierungsentwurf (BT Drucks. 7/640, S. 143) hin. Wenn dort weiter davon die Rede ist, daß „in manchen Fällen ...in der neuen Ehe auch auf Kinder verzichtet werden" muß, „weil der zweite Ehegatte seinen Unterhalt nur durch fortdauernde Erwerbstätigkeit sichern kann", so ist diese Feststellung insofern richtig, als damit ein gewisser voraussehbarer Trend gemeint ist. Eine *Verpflichtung* des neuen Ehegatten zu Kinderlosigkeit wäre rechtlich nicht möglich und klar verfassungswidrig. Ohnehin kann man sich fragen, ob die starke Bevorzugung der geschiedenen ersten Ehefrau nicht in manchen denkbaren Fällen gegen Art. 6 Grundgesetz verstößt, der Ehe und Familie schlechthin (also auch die Zweitehe und Zweitfamilie) schützt. Sind aus beiden Ehen Kinder da und können beide Frauen Unterhalt wegen Kindererziehung verlangen, so geht die erste Frau der zweiten immer vor mit der Folge, daß bei niedrigen und mittleren Einkommen für die zweite Frau nichts bleibt. Wenn man davon ausgeht, daß die Entwicklungschancen von Kleinkindern bei der Betreuung durch die Mutter besser sind, die zweite Frau aber ihre Kinder kaum wird selbst betreuen können, weil sie berufstätig sein muß, so muß man sich fragen, ob der Vertrauensschutz der ersten (geschiedenen) Frau wirklich auf Kosten der Entwicklungschancen der Kinder aus zweiter Ehe finanziert werden soll. Das Bundesverfassungsgericht hält die vom Gesetzgeber gewählte Lösung hier für verfassungsrechtlich unbedenklich (BVerfG FamRZ 1984 S. 346).

Die Fallkonstellation wird noch krasser, wenn der Vorrang der ersten Frau sich allein auf die lange Ehedauer gründet. Ein Beispiel: Ein kaufmännischer Angestellter heiratet eine Stenotypistin. Die Ehe bleibt kinderlos und wird nach zwanzig Jahren geschieden. Die Frau bekommt Unterhalt, weil sie keine angemessene Erwerbstätigkeit findet. Stenotypistin könnte sie zwar, braucht sie nach dem Maßstab der ehelichen Lebensverhältnisse aber nicht mehr zu werden. Der Mann heiratet wieder, aus der neuen Ehe stammen zwei kleine Kinder. Soll die lange Ehedauer hier einen Unterhaltsanspruch der zweiten Frau wirklich ganz ausschließen können? Es liegt nahe, in solchen Fällen den Anspruch der ersten (geschiedenen) Frau, jedenfalls nach einer Fortbildungs- oder Umschulungszeit, nicht mehr strikt vorgehen zu lassen.

Sind neben einer geschiedenen Ehefrau und einer neuen zweiten Frau auch minderjährige Kinder unterhaltsberechtigt, so können sich Schwierigkeiten bei der Berechnung der einzelnen Ansprüche ergeben. Der Rechtsausschuß des Bundestages gibt in seinem Bericht folgendes Berechnungsbeispiel: Das Einkommen eines unterhaltsverpflichteten Mannes beträgt 1800 DM netto. Unterhaltsberechtigt sind eine geschiedene Frau (Bedarf: 600 DM), eine zweite Frau (Bedarf: 600 DM), ein Kind aus erster Ehe (Bedarf: 200 DM), ein Kind aus zweiter Ehe (Bedarf: 200 DM). Der eigene angemessene Bedarf des Mannes ist 700 DM. Dieser Eigenbedarf ist zunächst vom Einkommen abzuziehen, so daß für die unterhaltsberechtigten Frauen und Kinder insgesamt 1100 DM zur Verfügung stehen.

Nach dem Modell des Rechtsausschusses ist dieser Betrag in zwei Berechnungsstufen zu verteilen:

Erste Stufe: Ermittlung des Unterhalts der *Kinder*. Der Betrag von 1100 DM ist im Verhältnis 600 zu 600 zu 200 zu 200 aufzuteilen. Bei dieser Berechnungsstufe ist der Bedarf aller Unterhaltsberechtigten (beider Frauen und der Kinder) zu berücksichtigen. Jedes Kind erhält danach ⅛ des verfügbaren Betrages, also 137,50 DM.

Zweite Stufe: Ermittlung des Unterhalts der geschiedenen Frau. Der verfügbare Betrag von 1100 DM ist auf die geschiedene Frau und alle Kinder aufzuteilen. Berücksichtigt wird hier nur der Bedarf der geschiedenen Frau und der Kinder, nicht der Bedarf der zweiten Ehefrau. Bei einem Verhältnis von 600 zu 200 zu 200 bleibt der geschiedenen Frau der *volle* Unterhalt von 600 DM.

Den Restbetrag, der nach Abzug der Unterhaltsbeträge der Kinder (2 x 137,50 = 275 DM) und der geschiedenen Frau (600 DM) von den verfügbaren 1100 DM bleibt (1100–875 = 225 DM), bleibt für die zweite Frau.

Gegen dieses vom Rechtsausschuß (BT Drucks. 7/4361, S. 33f.; amtl. Rechtsberaterbroschüre, S. 198) gegebene Berechnungsbeispiel sind in der Literatur mit Recht Einwendungen erhoben worden, die in erster Linie darauf hinweisen, daß die geschiedene Frau und die Kinder hier gerade *nicht* gleichbehandelt werden (vgl. dazu Dieckmann, FamRZ 77, 164; Ambrock, Anm. II zu § 1582, beide mit anderen [unterschiedlichen] Berechnungsvorschlägen). Die Schwierigkeit rührt daher, daß nach dem Gesetz beide Frauen mit allen minderjährigen Kindern gleichrangige Ansprüche haben sollen (§ 1582 Abs. II in Verbindung mit § 1609 BGB), die Frauen untereinander aber nicht ranggleich sind (§ 1582 Abs. I BGB). Wenn zwei untereinander verschieden sind, können sie aber nicht beide einem Dritten gleich sein. Das Berechnungsbeispiel versucht, das Problem dadurch zu lösen, daß in der ersten Berechnungsstufe bei der Feststellung des Unterhalts der Kinder der Bedarf aller Berechtigten – also beider Frauen – berücksichtigt wird, während bei der Berechnung des Unterhalts der geschiedenen Frau – in der zweiten Berechnungsstufe – der Bedarf der zweiten Frau nicht mit berücksichtigt wird. Beim *Berechnungsmodus* kann man den Kompromiß durchaus als gelungen bezeichnen. Das ändert aber nichts daran, daß *im Ergebnis* die geschiedene Frau als einzige ihren vollen Unterhalt erhält, die Kinder ihre Ansprüche um etwa ⅓ reduzieren müssen und die neue Ehefrau (obwohl auch sie ein Kind erzieht) sehen muß, was übrigbleibt – oft genug wird sie ganz leer ausgehen. Die Unterhaltsempfänger selbst dürften freilich an einem gerechten und den gesetzlichen Bestimmungen entsprechenden Ergebnis mehr interessiert sein als am Berechnungsverfahren.

12. Ende des Unterhalts

In manchen Fällen endet der Unterhaltsanspruch eines geschiedenen Ehegatten, weil die Anspruchsvoraussetzungen nicht mehr vorliegen. Eine Frau beispielsweise, die einige Jahre Unterhalt wegen Kindererziehung bekommen hat, hat keinen Unterhaltsanspruch mehr, sobald die Kinder groß sind und sie eine angemessene Berufstätigkeit gefunden hat, aus deren Einkünften sie sich selbst unterhalten kann. In anderen Fällen ist das Ende des Unterhalts wegen Wegfalls der Anspruchsvoraussetzungen nicht möglich, so etwa beim Unterhalt wegen Alters oder wegen einer nicht heilbaren Krankheit. In jedem Fall erlischt ein Unterhaltsanspruch mit der Wiederheirat oder dem Tod des Unterhaltsberechtigten (§ 1586 Abs. I BGB).

a) Tod des Unterhaltsempfängers

Stirbt eine unterhaltsberechtigte Frau, so braucht der geschiedene Mann also nicht weiter zu zahlen. Das gilt allerdings nur für die Zukunft. Ist der Mann mit seinen Zahlungen im Rückstand (vgl. § 1585 b BGB und oben unter 10 c), so können die Erben der Frau auch die rückständigen Beträge und eventuell auch Schadensersatz wegen Nichterfüllung nachfordern (§ 1586 Abs. II BGB). Der Unterhalt wird auch für den vollen Todesmonat geschuldet. Nicht ganz geklärt ist, wer die *Beerdigungskosten* des verstorbenen unterhaltsberechtigten Ehegatten tragen muß. Das neue Gesetz sagt dazu – im Gegensatz zum alten Recht – nichts. In erster Linie sind die Erben des verstorbenen geschiedenen Ehegatten zur Zahlung der Beerdigungskosten verpflichtet (§ 1968 BGB). Gibt es keine Erben oder können die Kosten von ihnen nicht aufgebracht werden, so war nach dem alten Recht der geschiedene unterhaltsverpflichtete Ehegatte zur Übernahme der Beerdigungskosten verpflichtet, soweit dies der Billigkeit entsprach. Das Eherechtsgesetz hat diese Vorschrift gestrichen. In der amtlichen Begründung heißt es: „Es erscheint angemessen, wenn jeder Ehegatte durch entsprechende eigene Vorsorge . . .die Bestattungskosten selbst sicherstellt" (BT-Drucks. 7/650, S. 150). Danach braucht also der Unterhaltsverpflichtete in Zukunft die Beerdigungskosten nicht mehr zu übernehmen (a. A. Palandt-Diederichsen, Anm. 1 zu § 1586). Entgegen der amtlichen Begründung gehören auch die Kosten für eine Sterbeversicherung nicht zum Unterhalt; denn der Unterhaltsanspruch umfaßt allein den gesamten *Lebensbedarf* und betrifft nicht die Zeit nach dem Tod.

b) Wiederheirat des Unterhaltsempfängers

Auch eine *Wiederheirat* des Unterhaltsempfängers führt zum Erlöschen des Unterhaltsanspruchs gegen den geschiedenen Ehegatten. Nach einer erneuten Heirat muß sich eine unterhaltsberechtigte geschiedene Frau also an ihren neuen Mann halten.

Der geschiedene Mann braucht die neue Ehe nicht mitzufinanzieren. Das gilt auch dann, wenn der eheliche Lebensstandard der neuen Ehe niedriger ist als der der geschiedenen Ehe, und es gilt auch dann, wenn in der neuen Ehe Kinder aus der ersten geschiedenen Ehe aufwachsen. Der (selbständige) Unterhaltsanspruch der Kinder bleibt aber von der Wiederheirat des Vaters oder der Mutter unberührt; nur der wiederverheiratete unterhaltsberechtigte Elternteil selbst verliert seinen Unterhaltsanspruch.

Es liegt deshalb nahe, daß eine unterhaltsberechtigte Frau nach der Scheidung zwar mit einem neuen Partner zusammenlebt, diesen aber nicht heiratet, weil sie den „sicheren" Unterhaltsanspruch gegen ihren geschiedenen Mann nicht verlieren will. Schon nach der Rechtsprechung zum alten Recht haben die Gerichte in solchen Fällen den Unterhaltsanspruch der Frau reduziert oder ganz gestrichen. Diese Rechtsprechung, die häufig auf die „sittlichen Verfehlungen" oder den „anstößigen Lebenswandel" des unterhaltsberechtigten Ehegatten abstellte, ist wegen der Aufgabe des Schuldprinzips durch das neue Recht jedenfalls in der Begründung nicht verwendbar. Auch nach dem neuen Recht ist ein geschiedener unterhaltspflichtiger Partner nicht verpflichtet, eine neue Lebensgemeinschaft seines früheren Ehegatten in vollem Umfang mitzufinanzieren. Jedenfalls sind die bei der Haushaltsführung geleisteten Dienste anspruchsmindernd zu berücksichtigen. Unterbleibt die Heirat nur, um den Unterhaltsanspruch nicht zu verlieren, so kann auch eine Streichung gerechtfertigt sein (vgl. oben unter II Ziff. 8d und Ziff. 9a). Erforderlich für die Reduzierung oder Streichung des Unterhaltsanspruchs ist aber immer eine neue Lebensgemeinschaft, die *auf Dauer angelegt* ist und meist auch in einer gemeinsamen Wohnung stattfindet; ein vorübergehendes Verhaltnis oder auch ein „lockerer Lebenswandel" des geschiedenen Partners reicht nicht aus. Eine moralische Überwachung durch den Unterhalt zahlenden Ehegatten soll es gerade nicht geben (vgl. dazu BGH FamRZ 1984 S. 986).

Ist der Unterhaltsanspruch eines Geschiedenen durch Wiederheirat erloschen, so kann er unter bestimmten, eng begrenzten Voraussetzungen später dennoch wieder aufleben. Auch diese Bestimmung hat es im alten Recht nicht gegeben. In Zukunft kann ein durch die Wiederheirat erloschener Unterhaltsanspruch der geschiedenen Frau neu entstehen, wenn auch die zweite Ehe aufgelöst wird – das kann durch den Tod des neuen Partners, durch Scheidung oder Aufhebung der neuen Ehe geschehen – und die Frau ein Kind aus der früheren Ehe erzieht und deshalb nicht selbst für sich sorgen kann (§ 1586a BGB). In jedem Fall haftet aber der spätere Ehegatte vor dem früheren. Das gilt auch dann, wenn aus beiden Ehen Kinder versorgt werden. Heiratet also eine geschiedene Frau wieder und wird auch die zweite Ehe geschieden, so ist zunächst zu fragen, ob ein Unterhaltsanspruch gegen den zweiten Mann besteht. Ist das der Fall, so braucht der erste Mann insoweit nicht zu zahlen. Besteht gegen den zweiten Mann kein Unterhaltsanspruch, so wird der erste Mann erneut unterhaltspflichtig, wenn die Frau ein Kind aus erster Ehe erzieht. Ist der zweite Mann nur zum Teil unterhaltspflichtig – vor allem wegen mangelnder Leistungsfähigkeit oder weil die Frau ohne das Kind aus erster Ehe teilweise arbeitspflichtig wäre –, so schuldet der erste Mann nur den Restbetrag bis zum vollen Unterhalt.

In der Praxis ist diese Vorschrift nicht einfach anzuwenden, weil nicht immer leicht festzustellen ist, was die geschiedene Frau an der Aufnahme einer Erwerbstätigkeit hindert. Ein Beispiel: Wegen eines Kindes aus erster Ehe kann die zweimal geschiedene Frau nur halbtags arbeiten. Gerade eine angemessene Halbtagstätigkeit läßt sich aber nicht finden. Trägt der erste oder der zweite Mann dieses Arbeitsplatzrisiko? Da in diesem Fall die Kindererziehung ausschlaggebend ist, wird wohl der erste Mann den vollen Unterhalt schulden (ebenso Dieckmann, FamRZ 77, 167).

Ist ein Unterhaltsanspruch nach einer zweiten Ehe wieder aufgelebt, so besteht er auch nach dem Ende der Kindererziehung fort, wenn der Erziehende nun zu alt oder zu krank ist, um zu arbeiten, oder keine angemessene Stelle finden kann; auch Ausbildungsunterhalt ist in diesem Fall möglich, nicht aber ein Unterhaltsanspruch aus Billigkeitsgründen (§ 1586a Abs. I BGB).

c) Tod des Unterhaltsschuldners

Stirbt der zum Unterhalt Verpflichtete, so richtet sich der Anspruch des Berechtigten nun gegen die Erben des Unterhaltsschuldners (§ 1586b BGB). Dem Umfang nach ist dieser Anspruch aber begrenzt. Der Erbe haftet nur bis zu dem (Gesamt-)Betrag, den der geschiedene Ehegatte als Pflichtteil erhalten hätte, wenn die Ehe nicht geschieden worden wäre. Für die Berechnung des Pflichtteils bleiben erbrechtliche Besonderheiten des Güterstandes außer Betracht. Maßgebend ist also immer der einfache Pflichtteilsanspruch, nicht der erhöhte Pflichtteil bei Zugewinngemeinschaft (§ 1371 Abs. I BGB) oder bei Gütertrennung (§ 1931 Abs. IV BGB). Neben Kindern beträgt also der Höchstbetrag, bis zu dem der Erbe haftet, 1/8, neben Eltern und Geschwistern des Erblassers 1/4 des Wertes des Nachlasses.

Der Anspruch ist aber kein echter Pflichtteilsanspruch, sondern weiterhin ein Anspruch auf eine Geldrente, deren Höhe nach der mutmaßlichen Lebensdauer des Berechtigten festzulegen ist. Häufig wird auch eine Kapitalabfindung in Betracht kommen.

Für die Berechnung des Anspruchs des geschiedenen Ehegatten wird der Pflichtteil zugrunde gelegt, den der Unterhaltsberechtigte bekommen hätte, wenn die Ehe nicht geschieden worden wäre. Erbrechtliche Ansprüche späterer Ehegatten bleiben bei der Berechnung ebenso außer Betracht wie eine Erbschaft des Unterhaltsschuldners nach einem späteren Ehegatten. Eine geschiedene Frau, deren Mann nach der Scheidung wieder geheiratet hat, braucht bei der Berechnung ihres Pflichtteils (der die Höchstgrenze ihres Unterhaltsanspruchs gegen seine Erben angibt) die erbrechtlichen Ansprüche seiner zweiten Frau nicht zu berücksichtigen. War die zweite Frau vor dem Mann gestorben, so bleibt andererseits ihr Nachlaß für die Berechnung der Ansprüche der ersten Frau unberücksichtigt.

Beim Tod des Unterhalt zahlenden geschiedenen Ehegatten ist – abgesehen vom Versorgungsausgleich (dazu unten unter III) – die finanzielle Sicherung des unterhaltsberechtigten Ehegatten davon abhängig, wie hoch der Nachlaß ist. Vererbt der Unterhaltsschuldner wenig oder nichts, so ist auch der Unterhaltsanspruch gering oder gleich Null. Für einen geschiedenen unterhaltsberechtigten Ehegatten wird in den Fällen, in denen der Unterhalt zahlende Ehegatte früh stirbt, eine Minderung der Versorgung eintreten, weil der Nachlaß gering ist. In vielen Fällen wird vom rentenfähigen Alter an die Sozialversicherung – oft wegen des Versorgungsausgleichs – für eine angemessene Altersversorgung sorgen. Vor allem bei geringen Versorgungsansprüchen besteht aber keine volle Unterhaltssicherung. Die Geschiedenen-Witwenrente des alten Rechts gibt es nicht mehr. Nur für den

Fall, daß der geschiedene Ehegatte durch die Erziehung von Kindern an einer Berufstätigkeit gehindert wird, schafft die *Erziehungsrente* des neuen Rechts einen Ausgleich (vgl. dazu unten VIII c). In allen anderen Fällen ist der geschiedene unterhaltsberechtigte Ehegatte nach dem Tod des Unterhaltsverpflichteten auf seine eigene Arbeitskraft, die Sozialversicherung oder auf die Sozialhilfe angewiesen. Bezeichnend dafür dürfte der Fall einer etwa 50jährigen geschiedenen Hausfrau ohne Kinder sein, deren unterhaltsverpflichteter Mann ohne Hinterlassung wesentlichen Vermögens stirbt. Ihr kann niemand die Beibehaltung des ehelichen Lebensstandards garantieren. Eine absolute wirtschaftliche Sicherung kann also auch das neue Recht dem wirtschaftlich schwächeren Ehegatten nicht geben.

13. Unterhaltsverträge

a) Form

,,Die Ehegatten können über die Unterhaltspflicht für die Zeit nach der Scheidung Vereinbarungen treffen" (§ 1585c BGB). Die gesetzlichen Bestimmungen darüber, an wen, in welchem Umfang und wie lange Unterhalt gezahlt werden muß, können also von den Ehegatten selbst geändert oder auch ganz ausgeschlossen werden. Eine solche Vereinbarung ist jederzeit möglich: vor der Ehe, während der Ehe, im Zusammenhang mit der Scheidung oder auch danach. Für den Unterhaltsvertrag selbst ist keine besondere Form vorgeschrieben; oft wird er in einem Ehevertrag zusammen mit einer Vereinbarung über den Güterstand erfolgen (dann gilt die Formvorschrift des § 1410 – Niederschrift vor einem Notar), möglich ist der Vertrag auch zusammen mit einer Vereinbarung über den Versorgungsausgleich in Verbindung mit der Scheidung (§ 1577o – diese muß notariell beurkundet und vom Familiengericht genehmigt werden). Ein Vertrag über den Unterhalt nach der Scheidung ist aber auch allein möglich; dann gilt für ihn keine besondere Formvorschrift, er kann also auch mündlich zwischen den Ehegatten ,,abgesprochen" werden. Wer sich später auf eine solche mündlich getroffene Absprache berufen will, muß allerdings beweisen können, daß tatsächlich eine für beide verbindliche Vereinbarung getroffen wurde und nicht nur unverbindliche Absichtserklärungen abgegeben worden sind. Wenn man sich über bestimmte Änderungen hinsichtlich des Unterhaltes im Fall einer Scheidung geeinigt hat, ist es deshalb unbedingt vorteilhaft, diese Übereinstimmung auch schriftlich festzuhalten, damit später über Umfang und Inhalt der Vereinbarung kein Streit entstehen kann. In Zweifelsfällen – und diese dürften bei der Kompliziertheit des neuen Rechts nicht gerade selten sein – sollte man auch den Rat eines Rechtsanwalts einholen, um Irrtümer über den Inhalt der abgegebenen Erklärungen möglichst zu vermeiden.

In Sonderfällen sind ohnehin gesetzliche Formvorschriften vorgesehen: Wird im Unterhaltsvertrag die Zahlung einer bestimmten Geldrente vereinbart und verzichtet der Empfänger auf eine Anpassung dieser Zahlung an später sich ändernde Verhältnisse (dazu unten unter d), so ist dafür eine schriftliche Vereinbarung nötig (§ 761 BGB; RGZ 150, S. 390), verpflichten sich die Ehegatten im Unterhaltsvertrag, ein Grundstück zu übertragen, so bedarf es dafür einer notariellen Beurkundung (§ 313 BGB). Für einen Unterhaltsvertrag im Rahmen einer einverständlichen Scheidung nach einjähriger Trennung (1566 Abs. I BGB) ist eine Einigung der Ehegatten über den Unterhalt nach der Scheidung sogar gesetzlich vorgeschrieben (§ 630 Ziff. 3 ZPO); hier muß die Einigung in Form eines vollstreckbaren Schuldtitels (§ 630 Abs. III ZPO) geschlossen werden, meist wohl in Form eines gerichtlich protokollierten Vergleichs oder auch als vollstreckbare Urkunde nach § 794 Abs. I Ziff. 5 ZPO (Urkunde vor einem deutschen Gericht oder einem deutschen Notar, in der sich der Schuldner der sofortigen Zwangsvollstreckung unterworfen hat).

b) Inhalt

Durch einen Unterhaltsvertrag können die gesetzlichen Bestimmungen über den Unterhalt nach der Scheidung beliebig geändert oder auch ganz ausgeschlossen werden. Unterhaltsverträge, die die Scheidung erleichtern, sind also zulässig und wirksam. Ein Mann, der seiner Frau ein großzügiges Unterhaltsangebot für die Zeit nach der Scheidung macht, um so eine unproblematische und schnelle Scheidung zu erreichen, handelt völlig legal. Auch ein Unterhaltsverzicht ist zulässig und wirksam: eine Frau, die auf Unterhaltsansprüche nach der Scheidung verzichtet, „um endlich Ruhe zu haben", handelt zwar möglicherweise kurzsichtig und unvernünftig, aber dennoch rechtswirksam: sie muß sich also später an diesen Vertrag auch halten. Das Oberlandesgericht Hamm hat sogar einen Vertrag, in dem Unterhalt, Zugewinnausgleich und Versorgungsausgleich gleichzeitig pauschal ausgeschlossen wurden, für wirksam erklärt, obwohl auf der Hand lag, daß der Mann den Pauschalverzicht seiner schwangeren Frau zur Bedingung für die Heirat gemacht hatte (OLG Hamm, FamRZ 1982 S. 1215 mit kritischer Anmerkung von Bosch). Wer bedingungslos auf nachehelichen Unterhalt verzichtet, dessen Anspruch ist unwiederbringlich dahin und lebt auch später nicht wieder auf. In der Praxis ist es daher üblich, den Fall späterer Not von einem Unterhaltsverzicht ausdrücklich auszunehmen.

Ein Unterhaltsverzicht zu Lasten der Sozialhilfe ist allerdings nicht wirksam. Wenn also bei Vertragsschluß die Bedürftigkeit des Verzichtenden bekannt oder voraussehbar war, so ist der Unterhaltsverzicht nicht gültig. Eine Frau, die auf den Unterhaltsanspruch verzichtet, weil der Sozialhilfesatz dem vom Mann zu zahlenden Unterhaltsbetrag etwa gleich ist und sie deshalb – zumindest finanziell – keinen Sinn darin sieht, ihren geschiedenen Mann in Anspruch zu nehmen, handelt rechtswidrig. Sofern die Bedürftigkeit aber bei Vertragsschluß nicht zu erwarten war, ist ein geschiedener Ehegatte nach einem uneingeschränkten Unterhaltsverzicht später auch dann auf die Sozialhilfe angewiesen, wenn der Anspruch gegen den Ehegatten wesentlich höher gewesen wäre.

Ein Vertrag über den Unterhalt nach der Scheidung ist wie alle Verträge nichtig – und damit ohne Wirkung –, wenn er gegen ein Gesetz (§ 134 BGB) oder gegen die guten Sitten (§ 138 BGB) verstößt. Beides ist nicht der Fall, wenn ein Ehegatte die – scheidungserleichternde – Zustimmung des anderen oder dessen Verzicht auf ein Rechtsmittel nach einem Urteil durch ein großzügiges Unterhaltsversprechen oder einen totalen Unterhaltsverzicht „erkauft". Nur wenn zwischen den vorhandenen Mitteln eines Ehegatten und dessen Unterhaltszusicherung ein *grobes Mißverhältnis* besteht, kann Sittenwidrigkeit vorliegen. Ein Überschreiten der gesetzlichen Unterhaltstatbestände und deren Höhe reicht aber nicht. Auch Verträge, die sich ausschließlich und einseitig zu Lasten eines Partners auswirken sind wirksam, solange der Partner nicht bewußt übervorteilt worden ist.

Wird dem Gericht ein in Wirklichkeit nicht bestehender Scheidungsgrund wahrheitswidrig vorgespiegelt, so ist eine im Zusammenhang damit getroffene Unterhaltsvereinbarung nichtig (vgl. dazu BGH FamRZ 1964, S. 245). Wer beispielsweise seinen Ehegatten dazu veranlaßt, falsche Angaben über die Frist des Getrenntlebens zu machen, um eine einverständliche Scheidung vor der einjährigen Trennung, die § 1566 Abs. I BGB festlegt, zu erreichen, handelt gesetzwidrig. Das gleiche gilt, sofern unzumutbare Härten im Sinne von § 1565 Abs. II gemeinsam behauptet werden. Ein Ehegatte, der durch solche gesetzwidrigen Unterhaltsverträge versucht, die Scheidungsbereitschaft seines Partners zu erkaufen, bewegt sich auf riskantem Boden; denn sein Vertragspartner kann ihn während des Verfahrens jederzeit „auffliegen" lassen und dadurch die Scheidung – jedenfalls bis zum Ablauf der gesetzlich vorgesehenen Fristen – verhindern. Das gleiche gilt, wenn nach einer endgültigen Versöhnung bereits „verbrauchte", nicht mehr relevante Trennungsfristen geltend gemacht werden sollen. Dagegen ist die gemeinsame Abrede, bestimmte scheidungsbegründende Tatsachen (z. B. mit Rücksicht auf die Kinder) *nicht* geltend zu machen, ohne weiteres zulässig.

c) Zusagen Dritter

Fraglich kann sein, inwieweit Zusagen Dritter – z. B. der Eltern eines Ehepartners oder auch eines zukünftigen neuen Ehegatten – die Wirksamkeit einer Vereinbarung im Zusammenhang mit der Scheidung beeinflussen können. Die Rechtsprechung geht davon aus, daß die wirtschaftliche Sicherstellung eines Ehegatten durch einen Dritten zulässig ist, daß aber der Entschluß zur Scheidung selbst nicht beeinflußt („erkauft") werden darf. Die Zusage der späteren Ehefrau des Mannes, sie werde der geschiedenen ersten Ehefrau im Falle des Todes des Mannes den Unterschiedsbetrag bis zur vollen Witwenpension zahlen, die die geschiedene erste Frau erhalten hätte, wenn sie nicht geschieden worden wäre, ist zulässig und wirksam (BGH FamRZ 1962, S. 366). Desgleichen muß ein Mann, der die Scheidung einer Frau dadurch erleichtert, daß er sich verpflichtet, ihrem aus der zu scheidenden Ehe stammenden Kind Unterhalt zu gewähren und so den Vater des Kindes von dessen Unterhaltspflicht freistellt, sich an dieses Versprechen halten (KG Berlin, FamRZ 1974, S. 449). In beiden Fällen ist das Gericht zu dem Ergebnis gekommen, daß der Scheidungsentschluß bereits getroffen gewesen sei; der Unterhaltsvertrag habe die Scheidung lediglich erleichtert indem ein Dritter – in beiden Fällen war es der Ehebruchspartner und spätere zweite Ehegatte – einem Ehegatten für die Zeit nach der Scheidung eine finanzielle Zusage gemacht habe.

Beide Entscheidungen sind freilich nach dem alten Recht ergangen. Zwar entsprach der alte § 72 EheG inhaltlich dem heutigen § 1585c BGB, doch ergeben sich Unterschiede dadurch, daß nach dem neuen Recht anders als früher eine dauernde Verhinderung der Scheidung ohnehin nicht möglich ist; deshalb fällt der entscheidende Anreiz für jeden, der die Scheidungsbereitschaft eines Ehegatten zu erkaufen versucht, ohnehin weg. Was man allenfalls erreichen kann, ist eine Fristverkürzung durch die Zustimmung zur einverständlichen Scheidung und durch Rechtsmittelverzicht. In Zukunft werden deshalb sittenwidrige Unterhaltsverträge mit Dritten sicherlich noch seltener sein als bisher.

Im Unterhaltsvertrag werden oft auch die *Ansprüche der Kinder* mit berücksichtigt werden. Solange eine gerichtliche Sorgerechtsregelung noch nicht getroffen ist, kann der Elternteil, bei dem das Kind lebt, die Ansprüche des Kindes gegen den anderen Elternteil geltend machen (§ 1629 Abs. II BGB). Während des Scheidungsverfahrens wirkt ein Urteil und auch ein zwischen den Eltern geschlossener Vergleich auch gegenüber dem Kind (§ 1629 Abs. III).

d) Änderung der Vertragsgrundlagen

Inwieweit eine Änderung der allgemeinen wirtschaftlichen Umstände nach Vertragsschluß berücksichtigt werden muß, ergibt sich in erster Linie aus dem Vertrag selbst. Enthält er darüber keine Bestimmungen, so müssen wesentliche Veränderungen später auch zu einer Änderung der vertraglichen Leistungen führen. Bei einem erheblichen Kaufkraftverlust der Währung kann deshalb der Unterhaltsberechtigte die Anpassung der vertraglichen Leistungen an die veränderten Verhältnisse verlangen und notfalls durch eine Klage erzwingen (§ 323 ZPO). Eine Verbesserung der Einkommensverhältnisse des Unterhaltsverpflichteten ist aber für eine Abänderung allein nicht ausreichend. Andererseits ist die Wiederheirat des Unterhaltsberechtigten normalerweise als wesentliche Veränderung zu werten. Eine geschiedene Frau, die von ihrem geschiedenen Mann vertraglich Unterhalt bezieht, kann also bei einer allgemeinen Inflation die Erhöhung des (nominellen) Unterhaltsbetrages verlangen; an einer davon unabhängigen (realen) Einkommensverbesserung ihres geschiedenen Mannes nimmt sie hingegen nicht mehr teil. Heiratet sie erneut, so verliert sie ihren Unterhaltsanspruch gegen den geschiedenen Mann, erwirbt aber einen Anspruch gegen den neuen Ehemann. Im Unterhaltsvertrag können diese Rechtsfolgen auch anders geregelt werden.

Das geplante Unterhaltsänderungsgesetz (BR Drucks. 501/84) sieht darüberhinaus vor, daß auch Umstände, die erst durch das neue Gesetz erheblich werden, berücksichtigt werden können, „soweit dies zu einer wesentlichen Änderung der Unterhaltsverpflichtung führen würde“. Das könnte sehr wohl zu einer Abänderung vieler Unterhaltsverträge führen. Doch soll andererseits „das begründete Vertrauen des Berechtigten“ besonders berücksichtigt werden (UÄndGE Art. 6 Ziff. 1). Ob und in welchem Umfang bereits geschlossene Unterhaltsverträge auch in Zukunft Bestand haben werden, läßt sich deshalb derzeit nicht voraussagen.

III. Der Versorgungsausgleich

1. Grundlage der Reform: die soziale Sicherung der geschiedenen Hausfrau

In fast allen westeuropäischen Staaten ist in letzter Zeit die Änderung des nationalen Scheidungsrechts in ähnlicher Form diskutiert worden wie in der Bundesrepublik. Das Abgehen vom Schuldprinzip, die mehr oder minder kategorische Einführung des Zerrüttungsprinzips und die deutliche Besserstellung des wirtschaftlich schwächeren geschiedenen Ehegatten – vor allem also der geschiedenen Frau und insbesondere der geschiedenen Hausfrau – ist eine Entwicklung, die man auch in anderen Ländern beobachten kann. Eine deutsche Besonderheit ist hingegen der Versorgungsausgleich. Für ihn gibt es weder in ausländischen noch in früheren deutschen Rechtsordnungen Vorbilder oder Parallelen.

Diese neue Rechtsfigur ist ein Ergebnis der seit längerer Zeit anhaltenden Diskussion über die soziale Sicherung der nicht berufstätigen Hausfrau. In der Hausfrauenehe, die auch das BGB bis zum 30. 6. 1977 der normalen Ehe als gesetzliches Leitbild setzte, verdient der Mann das Familieneinkommen ganz oder doch überwiegend allein, während die Frau den Haushalt führt und die Kinder versorgt. Das neue Recht schreibt diese Rollenverteilung in der Familie zwar nicht mehr ins Gesetz, es geht aber auch für die Zukunft davon aus, daß die Hausfrauenehe in der gesellschaftlichen Wirklichkeit weiterhin eine große Bedeutung behalten wird. Das gesamte Unterhaltsrecht nach der Scheidung bezweckt vor allem den Schutz der geschiedenen nicht berufstätigen Hausfrau; die Einführung des Versorgungsausgleichs dient dem gleichen Ziel.

In der Hausfrauenehe erwirbt der Mann durch seine Berufstätigkeit in aller Regel zugleich eine Altersversorgung. Nach einer Scheidung blieben die Ansprüche auf eine spätere Rente oder Pension nach dem alten Recht allein bei demjenigen Ehegatten, der sie während seiner Berufstätigkeit erworben hatte, in der Hausfrauenehe also beim Mann. Die geschiedene Hausfrau war allein auf den Unterhaltsanspruch gegen ihren früheren Mann angewiesen, eine eigenständige soziale Sicherung hatte sie nicht. Im Fall des Todes ihres geschiedenen Mannes konnte sie – sofern sie gegen den Mann einen Unterhaltsanspruch hatte – eine Geschiedenen-Witwenrente bekommen. In sehr vielen anderen Fällen war die geschiedene Hausfrau allein auf den Unterhaltsanspruch gegen den Mann angewiesen. Vor allem, wenn der Mann ins Rentenalter kam, reichten seine Einkünfte häufig nicht mehr für die Unterhaltszahlungen an die geschiedene Frau aus, so daß viele geschiedene Hausfrauen gerade im Alter auf die Sozialhilfe angewiesen waren.

Ein erster Ansatz für eine eigene, also nicht als Anspruch gegen den Mann bestehende sondern von ihm (und seiner Leistungsfähigkeit) unabhängige Alterssicherung nicht berufstätiger Hausfrauen war die Öffnung der Rentenversicherung für Hausfrauen durch das Rentenreformgesetz von 1972 (§ 1233 RVO). Seitdem besteht die Möglichkeit, eine Hausfrau in die gesetzliche Rentenversicherung „einzukaufen". Da für eine Nachversicherung aber erhebliche Beträge nachgezahlt werden müßten und in vielen Familien mit kleinem oder geringem Einkommen auch die laufenden Beitragszahlungen kaum tragbar sind, hat diese Möglichkeit der eigenständigen sozialen Sicherung bisher keine große Bedeutung erlangt.

Die Einführung des Versorgungsausgleichs durch das neue Recht ist ein weiterer Schritt zur eigenständigen sozialen Sicherung der nicht berufstätigen Hausfrauen. Ähnlich wie die Zugewinngemeinschaft beruht auch der Versorgungsausgleich auf dem Grundgedanken, daß die während der Ehe von einem Ehegatten erworbenen Vermögenswerte auf der Leistung beider Ehegatten beruhen. „Der vorgeschlagenen Regelung liegt die Erwägung zugrunde, daß das Gesetz die Leistung der Ehegatten in der Ehe auch bei einer Aufteilung der Aufgaben in die des Verdieners und die des Haushaltsführenden jedenfalls für den Bereich des Familienunterhalts als gleichwertig anerkennt. Dies rechtfertigt es, auch die in der Ehe begründeten Aussichten auf eine spätere Versorgung, deren Zweckbestimmung die Sicherstellung künftigen Unterhalts ist, als auf einer gemeinsamen Lebensleistung beider Ehegatten beruhend anzusehen und nach der Scheidung der Ehe beide Ehegatten an dieser Sicherung in Zukunft gleichmäßig zu beteiligen." (BT Drucks. 7/650, S. 155)

Die konkrete Form dieser ,,Beteiligung an der gemeinsamen Lebensleistung" in den §§ 1587 bis 1587p ist sehr kompliziert und für den Laien ebenso wie für den mit der Materie nicht vertrauten Juristen nur schwer zu durchschauen. Im folgenden soll daher zunächst ein Überblick über die wesentlichen Grundzüge des Versorgungsausgleichs gegeben werden, der auch die gegen dieses neue Rechtsinstitut erhobenen Einwände und die daran geübte Kritik einschließen soll. Auch die darauf folgende detailliertere Darstellung kann freilich nicht auf Einzelfragen eingehen, sondern muß sich auf die wesentlichen Grundzüge des neuen Rechts beschränken.

2. Überblick über das neue Recht

Der Grundgedanke des Versorgungsausgleichs ist – anders als die Regelung seiner Einzelheiten – relativ einfach: Was die Ehegatten während der Ehe an Anwartschaften für ihre Alters- oder Invaliditätsversorgung erwerben, soll geteilt werden. Wenn also ein Ehegatte in der Ehezeit als Beamter Ansprüche auf eine Pension oder als Angestellter oder Arbeiter einen Rentenanspruch erworben hat, so soll der andere Ehegatte, der niedrigere oder gar keine derartigen Ansprüche erworben hat, an dieser Alters- und Invaliditätsversorgung beteiligt werden. Um den Ausgleichsbetrag, der von einem Ehegatten auf den anderen übertragen werden soll, genau festzustellen, müssen mehrere Feststellungen getroffen werden:

Frage 1: Welche Versorgungsleistungen müssen überhaupt ausgeglichen werden? Die ausgleichspflichtigen Anwartschaften und Aussichten sind in § 1587a Abs. II BGB aufgezählt. Weiter bestimmt § 1587 Abs. I, daß nur solche Rechte berücksichtigt werden, die durch *Arbeit* oder *Vermögen* erworben wurden. Renten aus der gesetzlichen Unfallversicherung oder aus Schadensersatzansprüchen sind also nicht ausgleichspflichtig; das gleiche gilt für Kriegsopferrenten. Der Ehegatte, dem solche aus persönlichen Schadensfällen resultierende Renten zustehen, kann sie im Fall einer Scheidung für sich behalten. Ausgleichspflichtig ist ein Versorgungsanspruch weiter nur, wenn und soweit er *während der Ehe* erworben wurde. Bei einer Scheidung müssen also nicht *alle* Versorgungsrechte schematisch geteilt werden, es muß vielmehr errechnet werden, wer in der Ehezeit wieviel erworben hat; derjenige, der mehr erworben hat, muß die Hälfte seines Überschusses an den anderen abgeben.

Frage 2: Wieviel muß ausgeglichen werden? Der auszugleichende Betrag läßt sich durch einen Vergleich des Wertes der von den Ehegatten erworbenen Anwartschaften ermitteln. Die verschiedenen Versorgungsanwartschaften sind aber nicht ohne weiteres vergleichbar. Eine aufgrund einer privaten Lebensversicherung zu zahlende feste Rente ist anders zu bewerten als eine Rente der sozialen Rentenversicherung, die dynamisiert ist (also regelmäßig angehoben wird), Pensionsansprüche von Beamten wachsen nicht gleichmäßig prozentual der abgeleisteten Dienstzeit, sondern steigen in den ersten Dienstjahren stärker an als später. Ähnliche Probleme gibt es bei den anderen Altersversorgungen: Altenteilverträge sind häufig auf die Lieferung von Sachwerten gerichtet, nicht auf eine Geldrente, eine betriebliche Altersversorgung ist erst nach einer gewissen Zeit der Betriebszugehörigkeit als fester Anspruch entstanden und unterliegt überdies anderen Risiken als die Renten aus der sozialen Rentenversicherung und die Pensionen. Solche Unterschiede müssen bei der Bewertung der einzelnen Anwartschaftsrechte berücksichtigt und ausgeglichen werden. § 1587a Abs. II BGB gibt deshalb für die Ermittlung des Wertunterschiedes bestimmte Maßstäbe, die die verschiedenen Anwartschaften vergleichbar machen sollen.

Frage 3: Wie wird der Ausgleich vorgenommen? Wenn bei beiden Ehegatten die auszugleichenden Versorgungsansprüche festgestellt und rechnerisch vergleichbar gemacht worden sind, so muß der Familienrichter durch einen Vergleich feststellen, ob einer der Ehegatten eine höhere Anwartschaft erworben hat als der andere. Ist das der Fall, so muß er die Hälfte des Wertunterschiedes auf den Ehegatten, der eine niedrigere Anwartschaft erworben hat, übertragen. Dafür hat das Gesetz ihm zwei Möglichkeiten an die Hand gegeben. In den meisten Fällen wird der *öffentlichrechtliche* Versorgungsausgleich in Frage kommen, der vom Gesetz auch *Wertausgleich* genannt wird und in den §§ 1587a–e geregelt ist. Für ihn sieht das Gesetz in § 1587b drei mögliche Wege vor: je nach der Art der begründeten Anwartschaften wird entweder ein Teil einer Rentenanwartschaft von einem Ehegatten auf den anderen übertragen (Splitting) oder es werden zu Lasten des Versorgungskontos eines Beamten für den ausgleichsberechtigten Ehegatten neue Anwartschaften in der gesetzlichen Rentenversicherung begründet (Quasi-Splitting) oder der ausgleichspflichtige Ehegatte muß den Wertunterschied durch Beitragszahlungen zur gesetzlichen Rentenversicherung ausgleichen. In den beiden ersten Fällen des Splitting und des Quasi-Splitting werden lediglich angesparte Versorgungsanwartschaften von einem Versorgungskonto auf das andere übertragen mit der Folge, daß die zu erwartende Altersversorgung beim einen (dem ausgleichspflichtigen) Ehegatten herabgesetzt wird, beim anderen aber steigt. Im dritten Fall – der Beitragsentrichtung – muß der ausgleichspflichtige Ehegatte durch Geldzahlungen das Rentenkonto des anderen begründen oder ausfüllen.

Diese Anwartschaften, die der Ausgleichsberechtigte durch den öffentlichrechtlichen Versorgungsausgleich erhält, führen in den Fällen, in denen der Ausgleichsberechtigte das Rentenalter noch nicht erreicht hat, nicht zu einer direkten Geldzahlung des einen Ehegatten an den anderen, sondern nur zur Übertragung oder Neubegründung von Rechten, die erst später – wenn der Versicherungsfall eingetreten ist – zum Zuge kommen. Nach der Scheidung können diese Anwartschaften durch eigene Beitragsleistungen ausgebaut und verbessert werden, sobald der ausgleichsberechtigte Ehegatte arbeitet. Wenn er nicht arbeitspflichtig ist, so umfaßt der Unterhaltsanspruch gegenüber dem anderen Ehegatten auch die notwendigen Beiträge für die Alters- und Invaliditätsversicherung (§ 1578 Abs. III BGB). Die Kosten für die Weiterversicherung sind also dann vom unterhaltspflichtigen geschiedenen Ehegatten zu zahlen (sog. Vorsorgeunterhalt, vgl. dazu oben Abschnitt II Ziffer 9a).

Die vom ausgleichspflichtigen Ehegatten auf den anderen übertragenden Anwartschaftsrechte sind ein für allemal übertragen, kommen also auf das Renten- oder Versorgungskonto des Ausgleichspflichtigen nicht zurück. Nach dem Wortlaut des Gesetzes sollte es bei dieser Konsequenz auch dann bleiben, wenn der geschiedene Ehegatte, dem ein Teil der Versorgungsansprüche seines früheren Partners übertragen worden ist, vor dem Rentenalter stirbt. Für solche Fälle, in denen sich später herausstellt, daß durch den Versorgungsausgleich dem einen etwas genommen wird, ohne daß dies dem anderen zugute kommt, hat das Bundesverfassungsgericht den Gesetzgeber zu einer ergänzenden Regelung verpflichtet, die solch unbefriedigende Konsequenzen vermeidet (BVerfG, NJW 1980 S. 692). Inzwischen ist dieses vom Bundesverfassungsgericht geforderte ,,Reparaturgesetz" erlassen worden (vgl. unten Abschnitt X Ziff. 6). Danach bekommt derjenige, der bei einer Scheidung einen Teil seiner Altersversorgung hat abgeben müssen, dennoch später seine volle ungekürzte Rente, wenn der Partner den ihm übertragenen Rententeil weniger als zwei Jahre lang in Anspruch genommen hat (§ 4 des Gesetzes zur Regelung von Härten im Versorgungsausgleich). Stirbt beispielsweise eine geschiedene Ehefrau, bevor sie das Rentenalter erreicht hat oder innerhalb von zwei Jahren danach, so bekommt der Mann seine bei der Scheidung verlorenen Rentenansprüche zurück. Außerdem bekommt ein Rentner, der an seinen geschiedenen Ex-Ehegatten Unterhalt zahlen muß, seine volle, ungekürzte Altersversorgung so lange weiter, bis auch der andere (unterhaltsberechtigte) Partner seine eigene Rente bezieht (§ 5 a. a. O.). Beide Regelungen treten rückwirkend zum 1. Juli 1977 in Kraft. Sie gelten also nicht nur für jeden, der in Zukunft geschieden werden wird, sondern auch für alle, die in den vergangenen Jahren nach dem neuen Scheidungsrecht geschieden worden sind. Diese geschiedenen Rentner, die auf einen Teil ihrer oft ohnehin knappen Altersversorgung verzichten mußten, bekommen die verlorenen Beträge zurück und erhalten in Zukunft wieder ihre volle Rente. Die Geltung dieses Reparaturgesetzes ist aber zeitlich *befristet* bis zum 31. 12. 1986. Bis dahin will der Gesetzgeber eine gründliche und umfassende Überprüfung des gesamten Versorgungsausgleichs vornehmen. Es handelt sich hierbei also nur um eine vorläufige Regelung, die dem Richter aber dennoch endgültige Entscheidungen in laufenden Verfahren und sogar die Korrektur rechtskräftig abgeschlossener Scheidungsverfahren erlaubt.

Der ausgleichsberechtigte Ehegatte – in den meisten Fällen wird das die geschiedene Frau sein – bekommt, sobald der Versicherungsfall eintritt (also mit der Erreichung des Rentenalters oder bei Invalidität oder Erwerbsunfähigkeit) eine Rente aus eigenem Recht, die nach den normalen Bestimmungen errechnet wird. Die Geschiedenen-Witwenrente des alten Rechts gibt es nur noch für die Ehen, die vor dem 1. Juli 1977 geschieden wurden, für nach dem neuen Recht Geschiedene gibt es sie nicht mehr. Nur für den Fall, daß ein geschiedener Partner nach dem Tod des anderen durch Kindererziehung an einer Berufstätigkeit gehindert wird, steht ihm eine *Erziehungsrente* aus der gesetzlichen Rentenversicherung zu (vgl. dazu unten Abschnitt VIII Ziff. 1c). In allen anderen Fällen, in denen die geschiedene Frau auf den Unterhaltsanspruch gegen den Mann angewiesen ist, ist sie, wenn der Mann stirbt und kein Vermögen hinterläßt, bis zum Eintritt des Versicherungsfalls (Erwerbsunfähigkeit oder Rentenalter) auf ihre eigene Arbeitskraft oder die Sozialhilfe angewiesen.

In manchen Fällen wird der Versorgungsausgleich in seiner öffentlichrechtlichen Form als Wertausgleich von Rentenanwartschaften nicht möglich sein, beispielsweise dann, wenn sehr hohe Zahlungen nötig wären, um einen Anspruch zu begründen. In einigen Fällen, die allerdings im Gesetz im einzelnen genau aufgezählt sind, sieht das Gesetz (§ 1587f BGB) deshalb statt des öffentlichrechtlichen den *schuldrechtlichen Versorgungsausgleich* vor. In diesem Fall werden nicht Rentenanwartschaften begründet oder übertragen, sondern der Ausgleichspflichtige muß an den anderen Ehegatten, der während der Ehe keine oder geringere Ansprüche auf eine Altersversorgung erworben hat, eine Geldrente in Höhe des halben Unterschiedsbeitrages zahlen. Dieser Anspruch kann erst geltend gemacht werden, wenn bei *beiden* geschiedenen Ehegatten der Versorgungsfall eingetreten ist.

Versorgungsausgleich und Unterhaltsanspruch sind grundsätzlich unabhängig voneinander, können also nebeneinander zum Zuge kommen. Eine geschiedene Frau, die aus dem Versorgungsausgleich eine eigene Rente bezieht, kann daneben noch Unterhalt verlangen, wenn die Rente ihren angemessenen Lebensbedarf nicht deckt und der Mann leistungsfähig ist. In vielen Fällen wird aber mit Eintritt des Versorgungsfalles entweder die Bedürftigkeit des Berechtigten oder die Leistungsfähigkeit des Verpflichteten oder beides tangiert sein, so daß nicht der volle Unterhalt neben der Rente aus dem Versorgungsausgleich weitergezahlt werden muß.

Die Ehegatten können schon vor der Ehe oder auch während der Ehe über den Versorgungsausgleich in einem Ehevertrag Vereinbarungen treffen (§ 1408 BGB). Schließen die Ehegatten den Versorgungsausgleich aus, so tritt die Gütertrennung ein (§ 1414 BGB). Ein Ehevertrag, in dem der Versorgungsausgleich ausgeschlossen wird, ist unwirksam, wenn innerhalb eines Jahres nach Vertragsschluß die Scheidung der Ehe beantragt wird (§ 1408 Abs. II BGB). Auch im Zusammenhang mit der Scheidung können die Ehegatten den Versorgungsausgleich vertraglich regeln (§ 1587 o BGB). Eine solche Vereinbarung bedarf nicht nur – wie der Ehevertrag – der notariellen Beurkundung sondern zusätzlich der Genehmigung des Familiengerichts. Dadurch soll eine Übervorteilung des wirtschaftlich schwächeren Ehegatten möglichst ausgeschlossen werden.

3. Kritik an der Einführung des Versorgungsausgleichs

An diesem hier in seinen Grundzügen skizzierten System des Versorgungsausgleichs ist schon vor seinem Inkrafttreten (aber auch danach) heftige *Kritik* geübt worden. Ein immer wieder geäußerter kritischer Einwand lief darauf hinaus, daß durch das Renten-Splitting in großer Zahl Mini-Renten entstehen würden, die für keinen der geschiedenen Ehegatten zum Leben reichen. Wenn früher wenigstens *ein* geschiedener Ehegatte (in der Regel der Mann) von seiner Rente habe leben können, so seien nun oftmals *beide* auf die Sozialhilfe angewiesen. So richtig dieser Einwand rein rechnerisch ist, so sehr liegt es doch nahe zu fragen, warum ausgerechnet die geschiedene Hausfrau in finanziell eingeschränkten Verhältnissen zum Sozialhilfeempfänger werden muß und ob eine Teilung der Rente nicht gerechter ist, auch wenn danach beide – aber eben nicht mehr nur derjenige, der auch schon vor der Scheidung wirtschaftlich abhängig war – zusätzlich zu ihrer zu kleinen Rest-Rente die Sozialhilfe in Anspruch nehmen müssen.

Schwerer wiegt ein anderer Einwand: Ist es wirklich gerecht, den Versorgungsausgleich auf alle schon bestehenden Ehen auszudehnen, sofern sie nur nach dem 1. Juli 1977 geschieden worden sind? Bei den sogenannten „Altehen", die Jahre, manchmal auch Jahrzehnte vor dem Inkrafttreten des neuen Rechts geschlossen wurden, hat keiner der beiden Partner (die Frau nicht und auch nicht der Mann) damit rechnen können oder müssen, daß eine solche Aufteilung der Versorgungsansprüche bei einer Scheidung vorgenommen werden würde. Wenn ein Beamter, der sich in der Nachkriegszeit im Jahre 1947 von seiner (damals jungen) Frau getrennt hat, aber wegen ihres Widerspruchs gegen eine Scheidung nicht geschieden werden konnte, heute seine nun bald fällige Pension trotz fehlender gemeinsamer „Lebensleistung" mit ihr teilen muß, so wird er dies als ungerecht empfinden und als Enteignung erworbener Rechtsansprüche ansehen. Ebenso mag eine Buchhalterin, die seit Jahren für sich und ihr Kind selbst sorgt, die sich aber nicht hat scheiden lassen, „damit das Kind einen Vater hat", sich fragen, ob es wirklich fair ist, daß sie ihrem Mann nach einer Scheidung nun einen Teil ihrer sauer erarbeiteten Rente überlassen muß.

Die Übergangsregelung, die das Eherechtsgesetz für die „Altehen" enthält, gibt dem Familienrichter für den ersten Fall (Verhinderung der Scheidung durch den Widerspruch des ausgleichsberechtigten Ehegatten) die Möglichkeit, den Ausgleichsanspruch um maximal die Hälfte herabzusetzen, mehr aber auch nicht (Art. 12 Ziff. 3 EheRG, vgl. dazu unten Ziff. 8). Für andere Fälle sieht das Gesetz in den §§ 1587c und 1587h einen Ausschluß des Versorgungsausgleiches aus Billigkeitsgründen vor (vgl. dazu unten Ziff. 6f und Ziff. 7). Diese Bestimmungen sollen es dem Familienrichter ermöglichen, grobe Ungerechtigkeiten auszuschließen. Dennoch blieb zunächst fraglich, ob die Ausdehnung des obligatorischen Versorgungsausgleichs auf *alle* „Altehen" verfassungsrechtlich überhaupt möglich war. Schon in der öffentlichen Anhörung des Rechtsausschusses sind hier erhebliche Bedenken geäußert worden (vgl. Auszüge aus der öffentlichen Anhörung des Rechtsausschusses des Deutschen Bundestages in: „Zur Sache", Themen parlamentarischer Beratung Nr. 2/1976, S. 71ff. – Friauf – und S. 99f. und S. 106 – Dieckmann; Müller, NJW 1977, 1745).

Wer heute – nach Inkrafttreten des neuen Rechts – heiratet, muß mit dem Versorgungsausgleich rechnen; er hat aber die Möglichkeit, eben diese Rechtsfolgen durch einen Ehevertrag auszuschließen. Notfalls kann er (oder sie) seiner (oder seinem) Verlobten die Pistole auf die Brust setzen und die Heirat von einem solchen Ehevertrag abhängig machen. Ob das im Einzelfall fair und richtig ist, ist eine andere Frage. Dennoch: Jeder hat heute vor der Eheschließung die Möglichkeit, die wirtschaftlichen Folgen des Versorgungsausgleichs ähnlich wie die des Unterhaltsrechts und des Zugewinnausgleichs abzuschätzen, sie zu überdenken und sie notfalls zu ändern oder ganz auszuschließen. Gerade das kann ein Ehegatte, der in einer „Altehe" lebt, aber nicht. Anders als bei der Einführung des Zugewinnausgleichs ist eine *einseitige* Erklärung, die den Versorgungsausgleich für schon bestehende Ehen ausschließt, nicht vorgesehen. Darin liegt ohne Zweifel eine Ungleichbehandlung zwischen „Altehen" und solchen Eheleuten, die unter der Geltung des neuen Rechts geheiratet haben, oder solchen, bei deren Heirat die neue Entwicklung doch wenigstens absehbar war.

Das Bundesverfassungsgericht hat in seiner grundlegenden Entscheidung zum Versorgungsausgleich die im Gesetz vorgesehene Regelung im großen und ganzen für rechtmäßig erklärt (NJW 1980 S. 692). Insbesondere hat das Gericht die Gleichbehandlung von „Altehen" und neuen – nach Inkrafttreten des neuen Rechts geschlossenen – Ehen für verfassungsmäßig gehalten, weil sonst auf viele Jahre hinaus zwei unterschiedliche Versorgungssysteme für Geschiedene nebeneinander bestehen würden (aaO. S. 697). Jedenfalls unter Berücksichtigung der bereits geltenden Übergangsregelung und der dem Gesetzgeber aufgegebenen zusätzlichen Härteregelung ist danach der Versorgungsausgleich für alle Ehen verfassungsrechtlich zulässig. Damit ist die nach dem Inkrafttreten des neuen Rechts zunächst herrschende Unsicherheit beseitigt. Es lohnt sich heute nicht mehr, ein Scheidungsverfahren hinauszuzögern, um die Konsequenzen des Versorgungsausgleichs möglicherweise doch noch zu vermeiden. Allenfalls für den Ausgleich von Ansprüchen aus einer betrieblichen Altersversorgung (vgl. dazu unten Ziff. 4c) können sich noch rechtliche Änderungen ergeben, weil das Bundesverfassungsgericht über den Ausgleich solcher Versorgungsansprüche, die durch Nachzahlung von Beiträgen in eine gesetzliche Rentenversicherung ausgeglichen werden müssen, noch nicht entschieden hat.

4. Die auszugleichenden Anwartschaften und ihre Bewertung

Damit der Versorgungsausgleich vorgenommen werden kann, müssen die während der Ehe erworbenen Versorgungsanwartschaften zunächst festgestellt und bewertet werden. Als *Ehezeit* gilt dafür „die Zeit vom Beginn des Monats, in dem die Ehe geschlossen worden ist, bis zum Ende des Monats, der dem Eintritt der Rechtshängigkeit des Scheidungsantrags vorausgeht." Hat also ein Ehepaar am 31. August 1963 geheiratet und ist der Scheidungsantrag am 18. September 1977 gestellt, so ist Ehezeit die Zeit vom 1. August 1963 bis zum 31. August 1977. Das Gericht muß nun zunächst feststellen, ob für die Ehegatten am Bewertungsstichtag (= Ende des Monats vor Eintritt der Rechtshängigkeit) Anwartschaften auf eine Alters- oder Invaliditätsversorgung bestanden haben und es muß dann feststellen, welcher Teil dieser Anwartschaften während der Ehezeit erworben (oder aufrechterhalten) worden ist. Es ist also nicht so, daß ein Ehegatte, der bis zum Bewertungsstichtag einen bestimmten Versorgungsanspruch erworben hatte, nun bei der Scheidung die Hälfte dieses Anspruches automatisch an seinen geschiedenen Partner übertragen müßte. Erstens sind nicht alle sondern nur die „mit Hilfe des Vermögens oder durch Arbeit" erworbenen Versorgungsansprüche ausgleichspflichtig, zweitens braucht auch von diesen nur der auf die Ehezeit entfallende Teil ausgeglichen werden und drittens müssen die während der Ehezeit erworbenen Versorgungsansprüche des anderen Ehegatten ebenfalls berücksichtigt werden. Im konkreten Fall muß also zunächst festgestellt werden, ob es sich um einen ausgleichspflichtigen Anspruch handelt, wie er zu bewerten ist und welcher Teil davon auf die Ehezeit entfällt.

Die wichtigsten *Arten* von Rechten, die im Wege des Versorgungsausgleichs ausgeglichen werden müssen, nennt § 1587a BGB: Pensionen von Beamten, Renten aus der gesetzlichen Rentenversicherung, Ansprüche aus einer betrieblichen Altersversorgung, andere Versorgungsrenten (Beispiele: berufsspezifische Ansprüche, etwa aus ärztlichen Versorgungskassen, oder die Altershilfe für Landwirte) und Ansprüche aus privaten Lebensversicherungen auf Rentenbasis. Zugleich gibt das Gesetz recht detaillierte und kompliziert ausgestaltete Grundsätze für die Bewertung dieser ausgleichspflichtigen Anwartschaften, die je nach Art der Versorgungsanwartschaft verschieden sind.

a) Beamtenrechtliche Versorgungsansprüche (§ 1587a Abs. II Ziff. 1 BGB)

Im Rahmen des Versorgungsausgleichs sind bei einer Scheidung Versorgungsansprüche und Versorgungsanwartschaften der Beamten und der ihnen gleichgestellten Personengruppen auszugleichen (§ 1587a Abs. II Ziff. 1 BGB). Darunter fallen alle Pensionen von Beamten des Bundes, der Länder, der Gemeinden und anderer öffentlichrechtlicher Dienstherrn, sofern entweder bereits eine Pension gezahlt wird oder Anrechte (Anwartschaften) auf eine spätere Pensionszahlung während der Dienstzeit erworben wurden. Auch die Pensionsansprüche von Richtern, Berufssoldaten und Professoren gehören hierher. Neben den Beamten auf Lebenszeit sind hier auch Beamte auf Probe, Zeitbeamte und politische Beamte gemeint, nicht dagegen Ehrenbeamte und Beamte auf Widerruf.

Den Bestimmungen über den Ausgleich von Beamtenpensionen unterfallen auch andere in einem Arbeitsverhältnis auf Lebenszeit stehende Personen, deren Altersversorgung „nach beamtenrechtlichen Vorschriften oder Grundsätzen" geregelt ist. Wer Beamter ist, läßt sich leicht feststellen, ob hingegen die Altersversorgung eines Angestellten sich nach beamtenrechtlichen Grundsätzen richtet, kann man nicht immer auf den ersten Blick sagen. Zu diesem Personenkreis gehören vor allem Personen, die bei öffentlichen Institutionen beschäftigt sind, beispielsweise bei den Kirchen, bei öffentlichen Verbänden oder den Trägern der Sozialversicherung, wenn ihre Versorgung sich laut Satzung oder Arbeitsvertrag nach beamtenrechtlichen Grundsätzen richtet. Beispiele für solche den Beamten gleichgestellten Personen können sein: Pfarrer, Lehrer an Privatschulen, Angestellte der AOK und DAK sowie Angestellte kommunaler Unternehmen, etwa der städtischen Verkehrsbetriebe, einer kommunalen Wohnungsbaugesellschaft, eines Elektrizitätswerkes oder einer anderen öffentlichen Versorgungseinrichtung sowie Zeitsoldaten bei der Bundeswehr, wenn sie nach Ende des Dienstverhältnisses Beamter auf Lebenszeit oder Berufssoldat werden (BGH FamRZ 1981 S. 856 und 1982 S. 154).

Maßgebend ist hier die Frage, ob der Angestellte oder Arbeiter selbst für seine Invaliditäts- und Altersversorgung vorsorgt – etwa durch Mitgliedschaft und Beitragszahlung in der gesetzlichen Rentenversicherung – oder ob der Dienstherr ihm eine lebenslängliche Versorgung nach beamtenrechtlichen Grundsätzen garantiert, die auch dem Umfang nach der Beamtenversorgung entspricht. Zusatzsicherungen des Arbeitgebers fallen nicht hierunter. Bestehen Zweifel darüber, ob eine Versorgungsanwartschaft nach beamtenrechtlichen Vorschriften und Grundsätzen geregelt ist oder nicht, so kann das Gericht bei allen dafür zuständigen Stellen Auskünfte über Grund und Höhe der Versorgungsanwartschaften einholen, etwa beim Arbeitgeber, bei Versicherungsgesellschaften oder Behörden. Diese Stellen sind verpflichtet, dem Gericht Auskunft zu erteilen (§ 53b FGG). Aufgrund dieser speziellen Pflicht zur Amtshilfe kann das Gericht alle erforderlichen Informationen einholen, um Art und Umfang des Versorgungsanspruchs festzustellen.

Wenn feststeht, daß es sich um eine beamtenrechtliche Versorgung oder um einen dieser gleichgestellten Versorgungsanspruch handelt, muß der Richter den der Ehezeit entsprechenden Wert des Anspruchs berechnen. Ausgehen soll er nach dem Gesetz von dem Betrag, der sich am Ende der Ehezeit ergäbe, wenn der Ehegatte zu diesem Zeitpunkt pensioniert würde. Mit anderen Worten: der Richter soll den Pensionsbetrag ausrechnen, den der Versorgungsberechtigte bekommen würde, wenn er im Monat vor Zugang des Scheidungsantrags pensioniert worden wäre. Hierbei muß der Richter aber berücksichtigen, daß die Dienstzeiten der Beamten für die Pensionsberechtigung verschieden bewertet werden. Bis zum zehnten Dienstjahr beträgt die Pensionsanwartschaft 35% des jeweiligen Gehaltes, während der nächsten 15 Dienstjahre steigt sie jährlich um 2% (beträgt also nach insgesamt 25 Dienstjahren 65%), danach jährlich um 1%, so daß nach 35 Dienstjahren ein Pensionsanspruch von 75% erreicht ist. Danach steigt der Prozentsatz nicht mehr. Während der ersten Dienstjahre ergibt sich also ein schneller Anstieg, später verlangsamt er sich, nach 35 Dienstjahren steigt der Pensionsanspruch gar nicht mehr (§ 14 Beamtenversorgungsgesetz).

Diese unterschiedliche Bewertung der Dienstjahre eines Beamten soll für den Versorgungsausgleich rechnerisch ausgeglichen werden. Für den Versorgungsausgleich zählt jedes Jahr gleich. Die Berechnung geschieht auf folgende Weise: Die bis zum Scheidungsantrag bereits zurückgelegte ruhegehaltsfähige Dienstzeit wird rechnerisch bis zur Altersgrenze verlängert; dann wird aufgrund des derzeitigen Gehalts der Pensionsanspruch im Verhältnis der Ehezeit zur Gesamtdienstzeit geteilt. Daraus ergibt sich der während der Ehe erworbene Versorgungsanspruch.

Dies soll ein schematisches Beispiel verdeutlichen: Geschieden wird ein 45 Jahre alter Beamter nach zwanzigjähriger Dienstzeit mit einem Monatsgehalt von 4000.– DM; er war 10 Jahre verheiratet. Seine bis zum Scheidungsantrag zurückgelegte Dienstzeit (= 20 Jahre) wird rechnerisch bis zur Altersgrenze, dem 65. Lebensjahr verlängert. Das ergibt weitere 20 Dienstjahre bei einem jetzt 45-jährigen; insgesamt (20 + 20) sind also 40 Dienstjahre anzusetzen, das ergibt einen Pensionsanspruch von 75% (vom 35. Dienstjahr ab). Der fiktive Pensionsanspruch zur Zeit des Scheidungsantrags beträgt also 75% des Jetzt-Gehaltes von 4000.– DM = 3000.– DM. Von diesem fiktiven Pensionsanspruch zum Zeitpunkt des Scheidungsantrages ist der Teil ausgleichspflichtig, der der Ehedauer entspricht. Die Ehedauer betrug zehn Jahre, die Gesamtdienstzeit 40 Jahre, also beträgt der während der Ehe erworbene Versorgungsanspruch ¼ von 3000.– DM = 750.– DM. Dieser Betrag ist im Versorgungsausgleich als während der Ehe erworbener Wert zu berücksichtigen.

Für die Berücksichtigung braucht der Richter also folgende Daten:

1. die ruhegehaltsfähigen Dienstbezüge zum Zeitpunkt des Scheidungsantrags
2. die ruhegehaltsfähige Dienstzeit bis zu diesem Zeitpunkt
3. die erreichbare Gesamtdienstzeit
4. die Ehezeit

In einem ersten Rechenschritt muß dann aus Information 1, 2 und 3 die fiktive Altersversorgung zum Zeitpunkt des Scheidungsantrags errechnet werden. Der auszugleichende Anspruch ergibt sich dann aus der Formel

$$\frac{\text{Ehezeit} \times \text{fiktiver Versorgungsanspruch}}{\text{Gesamtdienstzeit}} = \text{auszugleichender Anspruch}$$

Die einzelnen Beträge, die in diese Rechnung einzubeziehen sind, sind nicht immer so leicht zu berechnen, wie im obigen Beispiel. Zur Verdeutlichung deshalb noch ein weiteres Beispiel, das der amtlichen Rechtsberaterbroschüre (S. 232) entnommen ist:

Der Beamte ist am 10. 12. 1940 geboren. Am 15. 7. 1959 hat er das Abitur bestanden und anschließend 18 Monate Wehrdienst abgeleistet. Vom Wintersemester 1961 bis Sommersemester 1965 hat er Jura studiert, danach 3½ Jahre seinen Referendardienst absolviert. Am 18. 10. 1969 bestand er das Assessorexamen. Am 1. 11. 1969 trat er als Assessor in den Dienst der Bundeswehrverwaltung und wurde am 1. 9. 1976 zum Regierungsdirektor befördert. Er hat am 20. 8. 1970 geheiratet, der Scheidungsantrag seiner Frau wird ihm am 15. 4. 1978 zugestellt.

Aufgrund seines Besoldungsdienstalters erhält er am 31. März 1978 ein Grundgehalt von 3148,55 DM; dazu kommt der Ortszuschlag eines Ledigen von 499,74 DM, insgesamt betragen seine ruhegehaltsfähigen Dienstbezüge im Monat vor dem Scheidungsantrag 3648,29 DM. Zuschläge, die ihm aufgrund der noch bestehenden Ehe gewährt werden, Kindergeldzuschläge und ähnliche familienbezogene Bestandteile seines Gehalts bleiben außer Betracht (§ 1587a Abs. VIII BGB), ebenso unfallbedingte Erhöhungen (§ 1587a Abs. II Ziff. 1 Satz 3 BGB).

Die ruhegehaltsfähige Dienstzeit betrug am 31. März 1978 9 Jahre 153 Tage, bis zur Erreichung der Altersgrenze (am 31. 12. 2005) sind weitere 36 Jahre 61 Tage erreichbar, das ergibt eine Gesamtdienstzeit von 45 Jahren und 214 Tagen. Für diesen Beamten ist also ein Ruhegehaltssatz von 75% (mehr als 35 Dienstjahre!) anzusetzen. 75% von 3648, 49 = 2736, 22 DM. Hinzuzurechnen ist das jährliche Weihnachtsgeld in Höhe eines Monatsgehalts. Umgelegt auf den Monat (13 × 2736,22 = 35570,86 : 12 = 2964,24) ergibt sich damit ein fiktiver Pensionsanspruch von 2964,24 DM im Monat vor dem Zugang des Scheidungsantrags. Die Ehezeit betrug 7 Jahre 243 Tage. In die Formel

$$\frac{\text{Ehezeit} \times \text{fiktiver Versorgungsanspruch}}{\text{Gesamtdienstzeit}}$$

ist also einzusetzen:

Ehezeit: 7 Jahre 243 Tage = 7,665 Jahre
fiktiver Versorgungsanspruch: 2964,24 DM
Gesamtzeit: 44 Jahre 214 Tage = 45,586 Jahre

$$\frac{7{,}665 \times 2964{,}24}{45{,}586} = 498{,}198 = 498{,}20$$

Bei diesem Beamten beträgt der Wert des während der Ehe erworbenen Pensionsanspruchs, der in den Versorgungsausgleich einzubeziehen ist, 498,20 DM

Für den Fall, daß die Pension oder eine ihr gleichgestellte Versorgung zur Zeit des Scheidungsantrags bereits gezahlt wird, ist die Rechnung etwas einfacher: Der Versorgungsanspruch (der ja dann bereits feststeht) muß nur im Verhältnis der Ehezeit zur ruhegehaltsfähigen Gesamtdienstzeit aufgeteilt werden.

Der Sicherheit halber sei darauf hingewiesen, daß der errechnete Betrag (im Beispiel 1 : 750 DM, im Beispiel 2: 498, 20 DM) *nicht* identisch ist mit dem Ausgleichsanspruch des anderen Ehegatten. Dieser Betrag muß vielmehr im Versorgungsausgleich *berücksichtigt* werden; es muß also weiter festgestellt werden, ob noch weitere Versorgungsansprüche da sind und ob auch der andere Ehegatte Versorgungsansprüche hat, die in den Ausgleich mit einbezogen werden müssen. Zu den Einzelheiten des Ausgleichs vgl. unten Ziff. 6b. Sind keine weiteren Ansprüche da, hat auch der andere Ehegatte keine Versorgungsanwartschaften erworben und liegt auch kein Ausschlußgrund vor, so hat der andere Ehegatte einen Ausgleichsanspruch *in Höhe der Hälfte* der als Versorgungswert errechneten Betrages.

b) Ansprüche aus der gesetzlichen Rentenversicherung (§ 1587a Abs. II Ziff. 2 BGB)

Die weitaus größte Zahl aller Berufstätigen in der Bundesrepublik ist kraft Gesetzes oder auch freiwillig in der gesetzlichen Rentenversicherung versichert. Während ihres Berufslebens als Arbeiter, Angestellter, als freiwillig versicherter Selbständiger oder auch als freiwillig versicherte nicht berufstätige Hausfrau erarbeiteten diese Versicherten einen Anspruch auf Altersversorgung und Invaliditätsversorgung für den Fall der Berufsunfähigkeit oder Arbeitsunfähigkeit. Bei der praktischen Durchführung des Versorgungsausgleichs werden Ansprüche und Anwartschaften aus der gesetzlichen Rentenversicherung daher in der großen Mehrzahl aller Fälle zu berücksichtigen sein. Nach § 1587a Abs. II Ziff. 2 sind diese Ansprüche in den Versorgungsausgleich miteinzubeziehen. Allerdings bezieht sich die (hier zunächst zu erörternde) Ziff. 2 des § 1587a nur auf solche Renten und Rentenanwartschaften, die den gesetzlichen Rentenanpassungen unterliegen. Es ist also hier zunächst nur von solchen Rentenansprüchen die Rede, die *dynamisiert* sind, also entsprechend der wirtschaftlichen Entwicklung jährlich an die veränderte Lage, angepaßt werden. Für Renten oder Rententeile, die aus Beiträgen für eine Höherversicherung resultieren und deshalb nach § 1272 Abs. III RVO, § 49 Abs. III AVG *nicht* dynamisiert sind, gilt eine andere Berechnungsart; sie unterfallen Ziff. 4c des § 1587a (vgl. dazu unten Ziff. 4e).

Die „normale" dynamisierte Rente ist jedoch ein besonders wichtiger Faktor im Versorgungsausgleich. Das Problem besteht darin, den richtigen Wert für den während der Ehe erworbenen Teil der Rente zu errechnen. § 1587a Abs. II Ziff. 2 gibt als Grundlage für die Wertberechnung die Anweisung, daß der Berechnung der Betrag zugrunde zu legen ist, „der sich bei Eintritt der Rechtshängigkeit des Scheidungsantrags aus den in die Ehezeit fallenden anrechnungsfähigen Versicherungsjahren als Altersruhegeld ergäbe"; im übrigen verweist das BGB auf die Vorschriften über die gesetzliche Rentenversicherung. Diese Formulierung des BGB ist nicht nur unnötig kompliziert, sie ist auch mißverständlich: Maßgebender Zeitpunkt für die Berechnung der Rente ist nach § 1587 Abs. II das Ende der Ehezeit, also das Monatsende vor Eingang der Scheidungsklage und das liegt vor der (in § 1587a genannten) Rechtshängigkeit.

Das Prinzip der Wertberechnung ist verhältnismäßig einfach. Zuerst wird für den Bewertungsstichtag (= letzter Tag des Monats vor Zugang des Scheidungsantrags) die bis dahin erarbeitete fiktive Rente errechnet. Ebenso wie bei der Berechnung der Beamtenpension wird also angenommen, der Versorgungsfall sei zu diesem Zeitpunkt eingetreten, dann wird diese fiktive Rente im Verhältnis zur Ehezeit aufgeteilt. Die Wertberechnung für Renten aus der gesetzlichen Rentenversicherung vollzieht sich also in zwei Schritten: in einem ersten Schritt wird die fiktive Rente zum Ende der Ehezeit errechnet, im zweiten Schritt wird der auf die Ehezeit entfallende Teil dieser fiktiven Rente ermittelt. Für die Einzelheiten der Berechnung verweist das BGB auf das Rentenrecht, insbesondere also auf die Reichsversicherungsordnung (RVO) und das Angestelltenversicherungsgesetz (AVG) sowie auf spezielle Vorschriften für besondere Arbeitsverhältnisse wie das Reichsknappschaftsgesetz (RKnG).

Im ersten Rechenschritt – die Berechnung der fiktiven Rente – wird für den Bewertungsstichtag – dem letzten Tag des Monats vor Zugang des Scheidungsantrags – der Eintritt des Versicherungsfalls angenommen. Dieser Stichtag kann bei „alten" Scheidungsverfahren, die schon vor der Geltung des neuen Rechts rechtshängig geworden sind, auch vor dem 1. 7. 1977 liegen. Maßgebend für die Berechnung ist nach der Rechtsprechung aber der Stand der Gesetzgebung zur Zeit der gerichtlichen Entscheidung, sodaß Änderungen der Gesetzgebung auch dann berücksichtigt werden müssen, wenn sie nach dem Ende der Ehezeit ergangen sind (vgl. OLG Karlsruhe, NJW 1982 S. 79 und Palandt-Diederichsen, Anm. 3 zu § 1587 m. w. N.).

Das Familiengericht kann zur Klärung des Wertes der Anwartschaften beim Träger der Rentenversicherung Auskünfte einholen (§ 53b FGG), ebenso beim Arbeitgeber der Ehegatten. Diese Auskünfte werden normalerweise den in den Versorgungsausgleich einzubeziehenden Wert der Rente enthalten; dennoch sollte auch der Familienrichter und auch der eine Partei vertretende Anwalt über die Grundzüge der Berechnung informiert sein, schon um mögliche Fehler zu korrigieren.

Die Berechnung der fiktiven Rente erfolgt nach der sogenannten Rentenformel

$$(P \times B) \times (J \times St) = \text{Jahresrente.}$$

Dem Laien und dem im Rentenrecht nicht bewanderten Juristen ist sie – schon wegen der darin enthaltenen Abkürzungen – zunächst völlig unverständlich. Im folgenden sollen die Grundzüge dieser Berechnung dargestellt werden. Auf spezielle Einzelfragen kann dabei nicht eingegangen werden. Hierfür ist die rentenrechtliche Literatur heranzuziehen (vgl. Voskuhl-Pappai-Niemeyer, Versorgungsausgleich in der Praxis; Bley, Sozialrecht; Jäger, Sozialversicherungsrecht; Schaub-Schusinski-Ströer, Altersvorsorge). Für die Berechnung der Rente sind nach der Rentenformel vier Faktoren maßgebend: P steht für „persönliche Bemessungsgrundlage“, B für „allgemeine Bemessungsgrundlage“, J für die anzurechnenden Versicherungsjahre und St für den Steigerungssatz der Rente.

Der Prozentsatz der persönlichen Bemessungsgrundlage (in der Rentenformel: P) ergibt sich, wenn für jedes Versicherungsjahr das Verhältnis des Bruttoarbeitsverdienstes des in Frage stehenden Versicherten zum Durchschnittsarbeitsverdienst aller Versicherten errechnet und dann für alle Versicherungsjahre die Summe dieser Durchschnitte errechnet wird. Das durchschnittliche Bruttojahresengelt *aller* Versicherten wird jährlich neu festgesetzt, für die vergangenen Jahre enthält die Reichsversicherungsordnung eine Tabelle. 1973 betrug es 18295 DM; 1974: 20381 DM; 1975: 21808 DM; 1976: 23335 DM; 1977: 24945 DM; 1978: 26242 DM; 1979: 27685; 1980: 29485; 1981: 30900; 1982: 32198; 1983: 33293. Der Bruttojahresverdienst des Versicherten selbst ergibt sich aus der eingeholten Auskunft. Für jedes Jahr ist dann der Prozentsatz zu errechnen, in dem das Entgelt des Versicherten über oder unter dem Durchschnitt gelegen hat. Dieser Prozentsatz wird in sogenannten *Werteinheiten* ausgedrückt. Aus der Gesamtsumme dieser Werteinheiten wird für den Stichtag eine Durchschnittswerteinheit errechnet, die angibt, wieviel ein bestimmter Versicherter im Durchschnitt vom Bruttojahresverdienst aller Versicherten abgewichen ist. Das ist der Prozentsatz der *Persönlichen Bemessungsgrundlage,* der in der Rentenformel als P erscheint. Ein Prozentsatz von 130 besagt also, daß der Versicherte während seiner gesamten bisher zurückgelegten Versicherungszeit 30% mehr verdient hat (und entsprechend höhere Beiträge gezahlt hat) als der Durchschnitt aller Versicherten.

Die *Allgemeine Bemessungsgrundlage* (in der Rentenformel: B) ist der durchschnittliche Bruttojahresentgelt aller Arbeiter und Angestellten im Mittel der drei Jahre *vor* dem Kalenderjahr, um das es sich bei der Berechnung handelt. Diese aus jeweils drei Bruttojahresentgelten errechneten allgemeinen Durchschnittswerte werden jährlich neu errechnet und durch Rechtsverordnung bekanntgegeben. Für 1973 betrug die allgemeine Bemessungsgrundlage 13371 DM; für 1974: 14870 DM; für 1975: 16520 DM; für 1976: 18337 DM; für 1977: 20161 DM; für 1978 1. Halbjahr: 21601; 2. Halbjahr und 1979: 21768 DM; für 1980: 21911 DM; für 1981: 22787 DM; 1982: 24099; 1983 1. Halbjahr: 24099; 1983 2. Halbjahr und 1984 1. Halbjahr: 25445; 1984 2. Halbjahr und 1985 1. Halbjahr: 26310. Dieser Betrag muß in der für das Jahr des fiktiven Versicherungsfalls maßgebenden Höhe in die Rentenformel eingesetzt werden. Der fiktive Versicherungsfall ist für den letzten Tag des Monats vor Zugang des Scheidungsantrags anzunehmen (Ende der Ehezeit, § 1587 Abs. II BGB).

Schwieriger zu ermitteln ist die Zahl der anrechnungsfähigen *Versicherungsjahre* (in der Rentenformel: J). Nach den Vorschriften der gesetzlichen Rentenversicherung wird eine Rente nur dann gewährt, wenn der Versicherte eine bestimmte Zeit Mitglied der Versicherung gewesen ist. Diese sogenannte *Wartezeit* beträgt für ein Altersruhegeld wegen Vollendung des 65. Lebensjahres 180 Kalendermonate. Für die Berechnung der fiktiven Rente ist es jedoch ohne Belang, ob diese Wartezeit am Stichtag bereits zurückgelegt ist oder nicht (§ 1587a Abs. VII BGB). Selbst wenn also der Versicherte selbst noch keinen Anspruch auf eine Altersrente hätte, weil er der Versicherung noch nicht lange genug angehört, werden die bis zum Stichtag angelaufenen Rentenanwartschaften so berechnet, als gäbe es keine Wartezeit. Das ist vor allem für jüngere Ehepaare von Bedeutung, bei denen ein verdienender Partner (oder beide) noch nicht lange berufstätig ist. Für die Bewertung der Rente zum Stichtag vor der Scheidung werden alle Versicherungszeiten voll berücksichtigt, auch die vor Ablauf der Wartezeit zurückgelegten Versicherungsjahre. Ebenso spielt das Datum des Eheschlusses bei diesem Berechnungsschritt keine Rolle. Auch die vor der Heirat zurückgelegten Versicherungsjahre werden für die Berechnung der fiktiven Rente voll mitberücksichtigt.

Die anrechnungsfähigen Versicherungsjahre ergeben sich nach den sozialversicherungsrechtlichen Vorschriften aus einer Summe von verschiedenen Zeiten. Zunächst zählen dazu die Beitragszeiten, also diejenigen Zeiten, in denen der Versicherte tatsächlich Beiträge an die Versicherung gezahlt hat. Sie werden in aller Regel den weitaus größten Teil der Versicherungsjahre ausmachen. Hinzugerechnet werden die *Ersatzzeiten* (vor allem Militärdienstzeiten und Zeiten der Kriegsgefangenschaft) und die *Ausfallzeiten* (z. B. aufgrund einer Krankheit oder Schwangerschaft, wegen Arbeitslosigkeit oder bestimmten Ausbildungszeiten wie Lehre, Schulausbildung oder Studium), in denen keine Beiträge gezahlt zu werden brauchten. Bei Versicherten, die bereits eine Rente beziehen, kann schließlich noch eine *Zurechnungszeit* hinzukommen; das ist eine Zeit zwischen dem Eintritt des Versicherungsfalles wegen Berufs- oder Erwerbsunfähigkeit und der Vollendung des 55. Lebensjahres. Für die Anrechnung der Ersatzzeiten, der Ausfallzeiten und der Zurechnungszeiten bestehen in den besonderen rentenrechtlichen Gesetzen bestimmte Voraussetzungen. So ist für die Anrechnung von Ersatzzeiten eine Vorversicherung oder rechtzeitige Nachversicherung vorausgesetzt, Ausfallzeiten werden angerechnet, wenn mindestens 60 Beiträge bis zum fiktiven Versicherungsfall geleistet worden sind. Anders als bei der Wartezeit, die durch § 1587a Abs. VII BGB ausdrücklich nicht abgelaufen sein muß, sind *diese* rentenrechtlichen Voraussetzungen aber auch für die Berechnung der fiktiven Rente zu berücksichtigen. Ersatz-, Ausfall- und Zurechnungszeiten sind also nach den normalen rentenrechtlichen Vorschriften anzurechnen.

In einzelnen Fällen kann es vorkommen, daß *nach* der Rechtshängigkeit, also nach dem Scheidungsantrag, Beiträge zur gesetzlichen Rentenversicherung geleistet werden, die für Zeiten vorher (die innerhalb der Ehezeit liegen) gelten. Dies kann beispielsweise dann der Fall sein, wenn durch die Nachentrichtung frühere Ansprüche aufrecht erhalten werden sollen. Grundsätzlich gilt im Rentenrecht das sogenannte ,,Für-Prinzip", das heißt, es kommt darauf an, *für* welche Zeit die Beiträge entrichtet worden sind und nicht darauf, *wann* sie entrichtet wurden. Danach fielen solche, durch Nachentrichtung erworbene Ansprüche in den Versorgungsausgleich, während umgekehrt Versorgungsansprüche, die *während* der Ehezeit für Zeiten *vor* der Ehe begründet oder aufrechterhalten wurden, *nicht* ausgleichspflichtig wären. Das kann zu ungerechten Ergebnissen führen. Wenn z. B. der Ehemann während der Ehe durch hohe Nachzahlungen Rentenansprüche begründet, werden diese Beträge, die möglicherweise gemeinsam erwirtschaftet sind, dem Zugewinnausgleich entzogen, die Frau also praktisch benachteiligt. Andererseits kann es sein, daß ein Mann, der *nach* der Ehezeit durch Nachzahlungen Ansprüche erwirbt, die zwar für die Ehezeit zählen, aber mit Mitteln erworben sind; an denen die Frau überhaupt keinen Anteil hatte. In diesem Fall wäre der ausgleichspflichtige Mann benachteiligt. Es ist deshalb umstritten, ob das rentenrechtliche ,,Für-Prinzip" auch bei Scheidungen uneingeschränkt gelten soll.

Die Rechtsprechung zu dieser Frage war zunächst uneinheitlich. Der Bundesgerichtshof hat dann zugunsten des ,,In-Prinzips" entschieden (FamRZ 1981 S. 1169). Folglich fallen Rentenanwartschaften, die *in* der Ehezeit durch Nachentrichtung freiwilliger Beiträge für voreheliche Zeiten begründet worden sind, in den Versorgungsausgleich. Durch freiwillige Nachentrichtung begründete Ansprüche für die Ehezeit werden nur ausgeglichen, wenn sie vor Rechtshängigkeit des Scheidungsantrags gezahlt worden sind. In jedem Fall setzt ein Abweichen vom Für-Prinzip aber voraus, daß der Richter von den Parteien über die Nachentrichtung der Beiträge informiert wird, weil die Auskunft des Rentenversicherungsträgers diese Angaben jedenfalls nicht enthält.

Der *Steigerungssatz* (in der Rentenformel: St) ist der vierte Faktor in der Rentenformel. Er beträgt bei Berufsunfähigkeit 1%, bei Erwerbsunfähigkeit und Alter 1,5% für jedes Versicherungsjahr (§ 1253, 1254 RVO, § 30, 31 AVG). Damit stehen alle vier Faktoren der Rentenformel (P × B) × (J × St) fest und können für die Berechnung der bis zum Stichtag erarbeiteten Jahresrente eingesetzt werden. Zur Verdeutlichung ein Beispiel (entnommen aus der amtlichen Rechtsberaterbroschüre, S. 227): Der Ehemann (1926 geboren) hat nach Volksschulabschluß (1940) eine dreijährige Lehre als Autoschlosser begonnen, wurde 1942 zum Arbeitsdienst eingezogen, ein halbes Jahr darauf von der Wehrmacht übernommen und geriet 1945 in Kriegsgefangenschaft, aus der er 1949 entlassen wurde. Bis September 1951 bezog er Arbeitslosenhilfe, dann setzte er seine Lehre fort. Seit 1953 war er in seinem Beruf tätig; vom 1. April 1976 bis zum 30. April 1977 war er arbeitslos. Am 15. August 1952 hat er geheiratet, sein Scheidungsantrag wird seiner Frau am 5. Oktober 1977 zugestellt. Stichtag für die Berechnung der fiktiven Rente ist also der 30. September 1977.

Nach Auskunft des Rentenversicherungsträgers ergeben sich als Summe aufgrund der versicherten Arbeitsentgelte 4285,83 Werteinheiten, das entspricht für die persönliche Bemessungsgrundlage einem Prozentsatz von 119,88% (in der Rentenformel einzusetzen bei P). Die allgemeine Bemessungsgrundlage beträgt für 1977 20161 DM (in der Rentenformel einzusetzen bei B). Die Versicherungsjahre betragen unter Berücksichtigung der Beitragszeiten, der Ersatzzeiten (Arbeitsdienst, Kriegsdienst, Kriegsgefangenschaft, daran anschließende Arbeitslosigkeit) und der Ausfallzeiten (Lehrzeit, Zeit der Arbeitslosigkeit 1976/1977) 429 Monate = 35,75 Versicherungsjahre (in der Rentenformel einzusetzen unter J). der Steigerungssatz für die Altersrente beträgt 1,5% (in der Rentenformel einzusetzen unter St). Damit ergibt sich folgende Rechnung

$$\frac{119{,}88 \times 20161}{100} \times \frac{35{,}75 \times 1{,}5}{100} = 12960{,}63.$$

Die Jahresrente beträgt also 12960,63 DM, das entspricht einem fiktiven monatlichen Altersruhegeld von 1080,05 DM. Damit ist der erste Rechenschritt – Berechnung der fiktiven Rente zum Ende der Ehezeit – beendet.

In einem zweiten Rechenschritt muß nun der auf die Ehezeit fallende Teil dieser fiktiven Altersrente errechnet werden. Das geschieht *nicht* durch eine einfache Aufteilung der Rente im Verhältnis der Ehezeit zu der bisher zurückgelegten Versicherungszeit, bei der praktisch jedes Jahr gleich viel zählen würde. Der Schlüssel für die Aufteilung des Rentenanspruchs ergibt sich aus dem Verhältnis der Werteinheiten, die während der Ehezeit erworben wurden zur Summe der Werteinheiten bis zum fiktiven Versorgungsfall. Die Auskunft des Rentenversicherungsträgers wird beide Zahlen enthalten. Im obigen Beispielsfall betrug die Summe der gesamten Werteinheiten 4285,83 die in der Ehezeit erworbenen Werteinheiten betrugen 2895,83, als fiktive Rente waren 1080,05 DM errechnet. Der auf die Ehezeit entfallende Teil der fiktiven Rente ist also:

$$\frac{1080{,}05 \times 2895{,}83}{4285{,}83} = 729{,}76 \text{ DM.}$$

Dieser Betrag von 729,76 DM ist in den Versorgungsausgleich mit einzubeziehen. Er muß also mit den vom anderen Ehegatten erworbenen Anwartschaften verglichen werden. Sind von keinem der Ehegatten weitere Anwartschaften erworben und liegen auch keine Ausschlußgründe vor, so beträgt der Ausgleichsanspruch des ausgleichsberechtigten Ehegatten die Hälfte dieses Betrages. Die Ehefrau des Autoschlossers hätte in unserem Beispielsfall also einen Ausgleichsanspruch von 364,88 DM.

In vielen Fällen wird ein Ehegatte schon vor Beginn des Scheidungsverfahrens einen ungefähren Überblick darüber haben wollen, wie hoch der Anspruch, der im Versorgungsausgleich berücksichtigt werden muß, in etwa sein kann. Für viele Normalfälle kann die Höhe der in der Ehezeit erworbenen Anwartschaften anhand der folgenden Tabellen grob geschätzt werden, so daß ein erster Überblick möglich ist (die Tabellen sind übernommen von Bergner, NJW 1984 S. 2334): Meist wird der versicherte Ehegatte seinen persönlichen Bruttoverdienst während der einzelnen Ehejahre kennen. Er kann dann anhand der folgenden Tabellen den für ihn geltenden persönlichen Prozentsatz der Bemessungsgrundlage und die während der Ehezeit erworbene Rente ablesen.

Für den Kraftfahrzeugschlosser aus dem obigen Beispiel ergäbe sich hiernach folgender Annäherungswert: der Prozentsatz der persönlichen Bemessungsgrundlage betrug knapp 120%, die Ehezeit 25 Jahre und 2 Monate. Die aus Tabelle 2 abgelesene auf die Ehezeit entfallende Rente ergibt 903,80 plus 1,54, also, 905,34 DM. Das Ende der Ehezeit fiel in das Jahr 1977, also muß die

Rentenanwartschaft verringert werden auf 83,659% (Tabelle 5). Danach ergibt sich als während der Ehezeit erworbene Rentenanwartschaft DM 757,39. Der in den Ausgleich einzubeziehende Betrag muß etwas darunter liegen, weil der Prozentsatz der persönlichen Bemessungsgrundlage unter 120% lag, also etwa bei 740 DM. Zum Vergleich: Der oben *errechnete* in den Ausgleich einzubeziehende Betrag ergab 729,76. Die Größenordnung des in den Ausgleich einzubeziehenden Betrages ist also ungefähr richtig wiedergegeben.

Tabelle 1: Monatliches Bruttoentgelt und persönlicher Vomhundertsatz

III. Tabellen zur Rentenschätzung

1. Monatliches Bruttoentgelt und persönlicher Vomhundertsatz in der Rentenversicherung der Arbeiter und Angestellten

Ein monatliches Bruttoentgelt im Jahre							
1977 (jährl. Durchschnitts-entgelt 24945	**1978** (jährl. Durchschnitts-entgelt 26242	**1979** (jährl. Durchschnitts-entgelt 27685	**1980** (jährl. Durchschnitts-entgelt 29485	**1981** (jährl. Durchschnitts-entgelt 30900	**1982** (jährl. Durchschnitts-entgelt 32198	**1983** (jährl. Durchschnitts-entgelt 33293	entspricht einem persönl. Vomhundertsatz von
416	437	461	491	515	537	555	20%
624	656	692	737	773	805	832	30%
832	875	923	983	1030	1073	1110	40%
1039	1093	1154	1229	1288	1342	1387	50%
1247	1312	1384	1474	1545	1610	1665	60%
1455	1531	1615	1720	1803	1878	1942	70%
1663	1749	1864	1966	2060	2147	2220	80%
1871	1968	2076	2211	2318	2415	2497	90%
2079	2187	2307	2457	2575	2683	2774	100%
2287	2406	2538	2703	2833	2951	3052	110%
2495	2624	2769	2949	3090	3220	3329	120%
2702	2843	2999	3194	3348	3488	3607	130%
2910	3062	3230	3440	3605	3756	3884	140%
3118	3280	3461	3686	3863	4025	4162	150%
3326	3499	3691	3931	4120	4293	4439	160%

Tabelle 2: Höhe der Rentenanwartschaft (Ende der Ehezeit im 2. Halbjahr 1984 und im 1. Halbjahr 1985)

Rentenversicherung der Arbeiter und Angestellten

Persönlicher %-Satz	Versicherungsjahre während der Ehezeit 1	2	3	4	5	6	7	8	9	10	11	12	13	14	15	16
10%	3,30	6,60	9,90	13,20	16,50	19,80	23,10	26,40	29,60	32,90	36,20	39,50	42,80	46,10	49,40	52,70
20%	6,60	13,20	19,80	26,40	32,90	39,50	46,10	52,70	59,20	65,80	72,40	79,00	85,60	92,10	98,70	105,30
30%	9,90	19,80	29,60	39,50	49,40	59,20	69,10	79,00	88,80	98,70	108,60	118,40	128,30	138,20	148,00	157,90
40%	13,20	26,40	39,50	52,70	65,80	79,00	92,10	105,30	118,40	131,60	144,80	157,90	171,10	184,20	197,40	210,50
50%	16,50	32,90	49,40	65,80	82,30	98,70	115,20	131,60	148,00	164,50	180,90	197,40	213,80	230,30	246,70	263,10
60%	19,80	39,50	59,20	79,00	98,70	118,40	138,20	157,90	177,60	197,40	217,10	236,80	256,60	276,30	296,00	315,80
70%	23,10	46,10	69,10	92,10	115,20	138,20	161,20	184,20	207,20	230,30	253,30	276,30	299,30	322,30	345,40	368,40
80%	26,40	52,70	79,00	105,30	131,60	157,90	184,20	210,50	236,80	263,10	289,50	315,80	342,10	368,40	394,70	421,00
90%	29,60	52,90	88,80	118,40	148,00	177,60	207,20	236,80	266,40	296,00	325,60	355,20	384,80	414,40	444,00	473,60
100%	32,90	65,80	98,70	131,60	164,50	197,40	230,30	263,10	296,00	328,90	361,80	394,70	427,60	460,50	493,40	526,20
110%	36,20	72,40	108,60	144,80	180,90	217,10	253,30	289,50	325,60	361,80	398,00	434,20	470,30	506,50	542,70	578,90
120%	39,50	79,00	118,40	157,90	197,40	236,80	276,30	315,80	355,20	394,70	434,20	473,60	513,10	552,60	592,00	631,50
130%	42,80	85,60	128,30	171,10	213,80	256,60	299,30	342,10	384,80	427,60	470,30	513,10	555,80	598,60	641,40	684,10
140%	46,10	92,10	138,20	184,20	230,30	276,30	322,30	368,40	414,40	460,50	506,50	552,60	598,60	644,60	690,70	736,70
150%	49,40	98,70	148,00	197,40	246,70	296,00	345,40	394,70	444,00	493,40	542,70	592,00	641,40	690,70	740,00	789,30
160%	52,70	105,30	157,90	210,50	263,10	315,80	368,40	421,00	473,60	526,20	578,90	631,50	684,10	736,70	789,30	842,00
170%	56,00	111,90	167,80	223,70	279,60	335,50	391,40	447,30	503,20	559,10	615,00	671,00	726,90	782,80	838,70	894,60
200%	65,80	131,60	197,30	263,10	328,90	394,60	460,40	526,20	591,90	657,70	723,50	789,20	855,00	920,70	986,50	1052,30

	17	18	19	20	21	22	23	24	25	30	35	40	45	50
10%	56,00	59,20	62,50	65,80	69,10	72,40	75,70	79,00	82,30	98,70	115,20	131,60	148,00	164,50
20%	111,90	118,40	125,00	131,60	138,20	144,80	151,30	157,90	164,50	197,40	230,30	263,10	296,00	328,90
30%	167,80	177,60	187,50	197,40	207,20	217,10	227,00	236,80	246,70	296,00	345,40	394,70	444,00	493,40
40%	223,70	236,80	250,00	263,10	276,30	289,50	302,60	315,80	328,90	394,70	460,50	526,20	592,00	657,80
50%	279,60	296,00	312,50	328,90	345,40	361,80	378,30	394,70	411,10	493,40	575,60	657,80	740,00	822,20
60%	335,50	355,20	375,00	394,70	414,40	434,20	453,90	473,60	493,40	592,00	690,70	789,30	888,00	986,70
70%	391,40	414,40	437,40	460,50	483,50	506,50	529,50	552,60	575,60	690,70	805,80	920,90	1036,00	1151,10
80%	447,30	473,60	499,90	526,20	552,60	578,90	605,20	631,50	657,80	789,30	920,90	1052,40	1184,00	1315,50
90%	503,20	532,80	562,40	592,00	621,60	651,20	680,80	710,40	740,00	888,00	1036,00	1184,00	1332,00	1480,00
100%	559,10	592,00	624,90	657,80	690,70	723,60	756,50	789,30	822,20	986,70	1151,10	1315,50	1480,00	1644,40
110%	615,00	651,20	687,40	723,60	759,70	795,90	832,10	868,30	904,50	1085,30	1266,20	1447,10	1628,00	1808,90
120%	671,00	710,40	749,90	789,30	828,80	868,30	907,70	947,20	986,70	1184,00	1381,30	1578,60	1776,00	1973,30
130%	726,90	769,60	812,40	855,10	897,90	940,60	983,40	1026,10	1068,90	1282,70	1496,40	1710,20	1924,00	2137,70
140%	782,80	828,80	874,90	920,90	966,90	1013,00	1059,00	1105,10	1151,10	1381,30	1611,50	1841,70	2072,00	2302,20
150%	838,70	888,00	937,30	986,70	1036,00	1085,30	1134,70	1184,00	1233,30	1480,00	1726,60	1973,30	2220,00	2466,60
160%	894,60	947,20	999,80	1052,40	1105,10	1157,70	1210,30	1262,90	1315,50	1578,60	1841,70	2104,80	2367,90	2631,00
170%	950,50	1006,40	1062,30	1118,20	1174,10	1230,00	1285,90	1341,90	1397,80	1677,30	1956,90	2236,40	2515,90	2795,50
200%	1118,00	1183,80	1249,60	1315,30	1381,10	1446,90	1512,60	1578,40	1644,20	1973,00	2301,80	2630,60	2959,40	3288,30

Tabelle 3: Versicherungszeiten von weniger als 12 Monaten
sind wie folgt umzurechnen:

1 Monat	= 0,08 Versicherungsjahre
2 Monate	= 0,17 Versicherungsjahre
3 Monate	= 0,25 Versicherungsjahre
4 Monate	= 0,33 Versicherungsjahre
5 Monate	= 0,42 Versicherungsjahre
6 Monate	= 0,5 Versicherungsjahre
7 Monate	= 0,58 Versicherungsjahre
8 Monate	= 0,67 Versicherungsjahre
9 Monate	= 0,75 Versicherungsjahre
10 Monate	= 0,83 Versicherungsjahre
11 Monate	= 0,92 Versicherungsjahre

Tabelle 4:

Höhe der Rentenanwartschaft bei Ende der Ehezeit in den Jahren 1977 bis 1984

Die Werte für das 2. Halbjahr 1984 sind mit folgendem Prozentsatz zu multiplizieren:

1977: 76,628%; 1978 1. Halbj.: 82,128%; 1978 2. Halbj. u. 1979: 80,076%; 1980: 83,280%; 1981: 86,609%; 1982 u. 1983 1. Halbj.: 91,596%; 1983 2. Halbj. u. 1984 1. Halbj.: 96,712%.

c) Ansprüche aus einer betrieblichen Altersversorgung (§ 1587 a Abs. II Ziff. 3 BGB)

Viele Arbeitnehmer erwerben während ihres Arbeitslebens entweder neben anderen Versorgungsansprüchen oder auch ausschließlich Anrechte auf Leistungen einer betrieblichen Altersversorgung. In Großunternehmen sind heute bereits über 90% aller Arbeitnehmer in irgendeiner Form der betrieblichen Altersversorgung angeschlossen, in kleinen und mittelständischen Betrieben sind Versorgungszusagen des Arbeitgebers weniger häufig. Doch erwerben nach neueren Schätzungen mehr als 60% aller unselbständig Beschäftigten Anwartschaften oder Aussichten auf Leistungen der betrieblichen Altersversorgung. Diese Ansprüche werden deshalb in Zukunft bei sehr vielen Scheidungsverfahren eine Rolle spielen.

Eine Zusage der betrieblichen Altersversorgung kann auf sehr unterschiedliche Weise begründet werden: Eine solche Zusage kann im einzelnen Arbeitsvertrag zwischen Arbeitgeber und Arbeitnehmer begründet sein oder sie kann sich aus der Ruhegeldordnung eines bestimmten Betriebes ergeben, dann handelt es sich um eine einseitige Zusage des Arbeitgebers, die gleicherweise für alle Betriebsangehörigen gilt. Auch wenn eine solche Ruhegeldordnung nicht besteht, kann ein Anspruch des Arbeitnehmers unter Umständen auf den Gleichbehandlungsgrundsatz gegenüber anderen Betriebsangehörigen gestützt werden. Auch in Tarifverträgen können für bestimmte Gruppen von Arbeitnehmern Ansprüche auf eine betriebliche Altersversorgung begründet werden. In einem Scheidungsverfahren wird es also oft schon nicht ganz einfach sein festzustellen, ob überhaupt ein Versorgungsanspruch gegeben ist.

Auch die Formen der betrieblichen Altersversorgung sind sehr unterschiedlich. Es kann die Zahlung eines festen Monatsbetrages vom Erreichen der Altersgrenze an vereinbart sein oder ein bestimmter Prozentsatz des letzten Gehalts vor Erreichen der Altersgrenze; die Anrechnung anderer Versorgungsleistungen kann dabei vereinbart oder auch ausgeschlossen sein.

Schließlich kann auch der Träger der Versorgung (also derjenige, der später die Versorgungsbeträge auszahlt) unterschiedlich sein. Manchmal ist die Leistung der betrieblichen Altersversorgung durch den Betrieb selbst (oder durch den einzelnen Arbeitgeber) vorgesehen, manchmal ist eine rechtlich selbständige Pensionskasse oder Unterstützungskasse Träger der betrieblichen Altersversorgung, manchmal ist auch eine private Lebensversicherung eingeschaltet. In diesem letzten Fall schließt der Arbeitgeber mit dem Versicherungsunternehmen zugunsten seines Arbeitnehmers einen privaten Versicherungsvertrag, der später entweder in Form einer Rente oder als bestimmte Kapitalsumme fällig wird.

Diese sehr unterschiedlichen Erscheinungsformen der betrieblichen Altersversorgung werden in fast allen Fällen eine Rückfrage beim Arbeitgeber des berufstätigen Ehegatten erforderlich machen. Nach § 53b Abs. II FGG ist nach dem neuen Recht der Arbeitgeber verpflichtet, über Grund, Art und Umfang der betrieblichen Versorgungsansprüche Auskunft zu erteilen (zum Auskunftsanspruch vgl. unten Ziff. 5). Gerade für die Feststellung der in den Versorgungsausgleich einzubeziehenden Beträge einer betrieblichen Versorgungszusage wird dieser Auskunftsanspruch eine große Bedeutung haben.

Das Gesetz klammert zunächst zwei Arten von Ansprüchen der betrieblichen Altersversorgung aus der Bewertung nach § 1587a Abs. II Ziff. 3 aus, für sie gelten daher andere Bewertungsmaßstäbe: Anwartschaften, die noch *verfallbar* sind, die also noch wegfallen können, wenn das Arbeitsverhältnis aufgelöst wird, können nicht mit berücksichtigt werden, weil sonst Anrechte ausgeglichen werden müßten, die später wieder wegfallen können; das wäre eine ungerechtfertigte Belastung für den Ehegatten, der die noch verfallbaren Anwartschaften ja möglicherweise gar nicht erwerben wird. Solche im Zeitpunkt des Scheidungsurteils noch verfallbaren Rechte können später, sofern sie unverfallbar geworden sind, im Rahmen des schuldrechtlichen Versorgungsausgleichs berücksichtigt werden (§ 1587a Abs. II Ziff. 3 Satz 3 BGB; zum schuldrechtlichen Versorgungsausgleich vgl. unten Ziff. 7). Die Verfallbarkeit von Zusagen im Rahmen der betrieblichen Altersversorgung ist in § 1 des Gesetzes zur Verbesserung der betrieblichen Altersversorgung geregelt: unverfallbar ist eine Anwartschaft, wenn der Arbeitnehmer mindestens 35 Jahre alt ist und die Versorgungszusage für ihn

- entweder seit mindestens 10 Jahren besteht
- oder wenn sie mindestens 3 Jahre besteht *und* der Arbeitnehmer außerdem dem Betrieb mindestens 12 Jahre angehört hat.

Das schließt nicht aus, daß eine individuelle Versorgungszusage eine für den Arbeitnehmer im speziellen Fall abweichende Regelung enthält.

Die zweite Art von Ansprüchen, die aus der Bewertung nach § 1587a Abs. II Ziff. 3 BGB ausgeklammert ist, sind Leistungen und Anwartschaften aus einer Zusatzversicherung zu einer Versorgungseinrichtung des öffentlichen Dienstes, wenn die Höhe dieser Zusatzversicherung sich nach einem Bruchteil der entrichteten Beiträge richtet. Eine Bewertung solcher Zusatzversorgungen im Rahmen der Ziff. 3 ist nicht erforderlich, weil für sie allein die Zahl und Höhe der Beiträge maßgebend ist, die Zeiten der Beschäftigung also nicht unterschiedlich bewertet werden. Die Bewertung dieser Zusatzversicherungen richtet sich nach Ziff. 4c des § 1587a Abs. II BGB. Hierher gehört beispielsweise die reine

Versicherungsrente der Versorgungsanstalt des Bundes und der Länder.

Für die Bewertung der anderen (unverfallbaren und nicht nach Bruchteilen entrichteter Beiträge berechneten) Ansprüche und Aussichten auf eine betriebliche Altersversorgung unterscheidet das Gesetz danach, ob der Arbeitnehmer zum Zeitpunkt der Scheidung dem Betrieb noch angehört oder nicht. Das ist deshalb erforderlich, weil die Ansprüche eines dem Betrieb noch angehörenden Arbeitnehmers in aller Regel der Höhe nach noch nicht feststehen: sie können je nach Zusage mit dem steigenden Einkommen oder mit der Dauer der Betriebszugehörigkeit weiter ansteigen. Hat dagegen der Arbeitnehmer den Betrieb inzwischen verlassen, so steht die Höhe seiner unverfallbaren Ansprüche fest, ihre Bewertung ist deshalb auch weniger kompliziert.

Gehört ein berufstätiger Ehegatte zu Beginn des Scheidungsprozesses dem Betrieb noch an, so erfolgt die Berechnung des auszugleichenden Versorgungsbetrages in drei Schritten. In einem ersten Rechenschritt wird – ähnlich wie bei der Beamtenversorgung – die fiktive volle Versorgung errechnet, in einem zweiten Rechenschritt wird der auf die Ehezeit fallende Anteil dieser Versorgung ermittelt und in einem dritten Rechenschritt wird dieser Anspruch aus der betrieblichen Altersversorgung in eine voll dynamisierte Rente umgerechnet, damit er mit den Pensionsansprüchen aus Ziff. 1 und den Ansprüchen aus der gesetzlichen Rentenversicherung aus Ziff. 2 des § 1587a Abs. II BGB verglichen werden kann.

Rechenschritt 1: Berechnung der vollen Versorgung. Da bei fortdauernder Betriebszugehörigkeit die Höhe des Versorgungsanspruchs noch nicht feststeht, muß zunächst die erreichbare volle Versorgung errechnet werden. Dafür wird unterstellt, daß der Arbeitnehmer dem Betrieb noch bis zur Altersgrenze – in aller Regel ist dies das 65. Lebensjahr – angehören wird. Dann wird seine hypothetische volle Versorgung aufgrund seines Einkommens am Ende der Ehezeit berechnet. Stichtag ist auch hier der letzte Tag des Monats vor Zugang des Scheidungsantrags (§ 1587 Abs. II BGB). Bei gehaltsbezogenen Versorgungszusagen wird also der Berechnung das Jetzt-Gehalt zugrunde gelegt. Steigt der Prozentsatz der gehaltsbezogenen Versorgungszusage mit der Zahl der Jahre der Betriebszugehörigkeit, so wird der höchste erreichbare Prozentsatz zugrunde gelegt. Ein Beispiel: Ein Abteilungsleiter gehört dem Betrieb seit 10 Jahren an, ist 40 Jahre alt und verdient 4000.–DM. Er hat einen unverfallbaren betrieblichen Versorgungsanspruch in Höhe von 25% seines Gehalts erworben, der mit jedem weiteren Jahr der Betriebszugehörigkeit um 1% bis auf höchstens 50% seines Gehalts steigt. Seine hypothetische volle Versorgung zum Ende der Ehezeit beträgt 50% von 4000.–DM, also 2000.–DM; denn: für die Berechnung wird unterstellt, daß er dem Betrieb bis zum 65. Lebensjahr angehört, dann ist der Prozentsatz der Zusage auf 50% angestiegen. Dieser Prozentsatz wird auf sein Gehalt am Ende der Ehezeit angewendet. Kinderzulagen und Ehegattenzulagen bleiben bei der Berechnung unberücksichtigt (§ 1587a Abs. VIII BGB).

Rechenschritt 2: Die fiktive volle Versorgung wird nun im Verhältnis der Ehezeit zur gesamten Betriebszugehörigkeit geteilt, daraus ergibt sich der auf die Ehezeit entfallende Teil der vollen Versorgung. Die Berechnung ergibt also folgende Formel:

$$\text{auf die Ehezeit entfallende Versorgung} = \frac{\text{Betriebszugehörigkeit während der Ehe}}{\text{gesamte Betriebszugehörigkeit}} \times \text{volle Versorgung.}$$

Wenn in unserem Beispiel der Abteilungsleiter fünf Jahre verheiratet war, ergibt sich also folgende Rechnung:

$$\frac{5}{35} \times 2000 = 285{,}71$$

Der auf die Ehezeit entfallende Teil der betrieblichen Altersversorgung beträgt damit in diesem Beispielfall 285,71 DM.

Rechenschritt 3: Der in den beiden ersten Rechenschritten ermittelte Betrag kann in den meisten Fällen nicht unverändert im Versorgungsausgleich berücksichtigt werden. Das liegt daran, daß die Leistungen der betrieblichen Altersversorgung in den allermeisten Fällen nicht voll dynamisiert sind, also nicht im gleichen Umfang wie Beamtenpensionen und Renten aus der gesetzlichen Rentenversicherung an die veränderten wirtschaftlichen Verhältnisse angepaßt werden. Steigt aber eine betriebliche Alters- oder Invaliditätsrente nicht im gleichem Umfang an wie andere voll dynamisierte Versorgungen, so ist sie objektiv weniger wert als diese. Folglich muß sie, um im Versorgungsausgleich mit anderen verglichen werden zu können, erst umgerechnet und damit vergleichbar gemacht werden. Das geschieht für alle nicht voll dynamisierten Ansprüche aus der betrieblichen Altersversorgung mit Hilfe der Barwertverordnung (§ 1587a Abs. IV i. V. m. § 1587a Abs. III Ziff. 2 BGB). Dafür wird zunächst der Barwert der Versorgung zum Ende der Ehezeit ermittelt. Die Barwertverordnung regelt die Berechnung des Barwertes der einzelnen Anwartschaften unterschiedlich, je nachdem, ob es sich um eine reine Altersversorgung, eine reine Invaliditätsversorgung, um Ansprüche für die Zukunft oder um bereits laufende Renten handelt. Sie ist mit Wirkung vom 1. 1. 1984 geändert, ihr Tabellenteil ergänzt worden, um auch die verschiedenen Formen teildynamisierter Versorgungsanrechte angemessen zu bewerten. Diese Korrektur der Barwertverordnung ist nicht ohne Kritik geblieben (vgl. Zimmermann, NJW 1984 S. 2323; Ellger-Glockner, FamRZ 1984 S. 733). Im Rahmen der geplanten Revision des gesamten Versorgungsausgleichs ist auch mit einer erneuten Änderung der Barwertverordnung zu rechnen. Mit Hilfe der sieben der Barwertverordnung angefügten Tabellen ist dieser Wert verhältnismäßig leicht zu errechnen. Zunächst muß der errechnete Teilversorgungsbetrag (vgl. oben Rechenschritt 2; im Beispiel: 285,71 DM) auf ein Jahr umgerechnet werden (im Beispiel: 285,71 × 12 = 3428,52 DM). Dann wird – je nach Versorgungszusage – aus einer der vier Tabellen der Barwertverordnung ein Vervielfältiger abgelesen.

Sofern es sich um eine reine Altersversorgung handelt, die zumindest bis zum Leistungsbeginn nicht volldynamisch ist, gilt Tabelle 2, bei einem Lebensalter von 40 ist der Vervielfacher 1,7. Multipliziert mit dem oben errechneten Jahresbetrag von 3452,52 ergibt sich

$$3428{,}52 \times 1{,}7 = 5828{,}48 \text{ DM}.$$

Dies ist der Barwert der auf die Ehezeit entfallenden Teilrente aus der betrieblichen Altersversorgung. Dieser Barwert der auszugleichenden Versorgung ermöglicht nun die Umrechnung der betrieblichen nicht dynamisierten Versorgung in eine voll dynamisierte Rente. Das auszugleichende Altersruhegeld ist der Betrag, der sich ergäbe, wenn dieser Barwert am Ende der Ehezeit als Beitrag in der gesetzlichen Rentenversicherung entrichtet worden wäre (§ 1587a Abs. III Ziff. 2 BGB). Dies geschieht mit

Hilfe der „Bekanntmachung von Rechnungsgrößen zur Durchführung des Versorgungsausgleichs in der gesetzlichen Rentenversicherung", die der Bundesminister für Arbeit und Sozialordnung jährlich zum Jahresende neu erläßt. Auch diese Umrechnung kann aus einer Tabelle abgelesen werden (sie ist ebenfalls übernommen von Bergner, NJW 1984 S. 2336; s. unten S. 136). Für das Jahr 1979 ergäbe sich danach in unserem Beispielfall ein monatlicher Betrag von etwa 35.–DM. Dieser Betrag ist in den Versorgungsausgleich mit einzubeziehen, also mit etwaigen weiteren während der Ehezeit erworbenen (und gegebenenfalls umgerechneten) Versorgungsansprüchen auszugleichen. Der Ehegatte mit den höheren Versorgungsansprüchen ist dann ausgleichspflichtig.

Wenn der Ehegatte, der einen unverfallbaren Anspruch aus einer betrieblichen Altersversorgung erworben hat, dem Betrieb *nicht mehr angehört*, so ist die Rechnung etwas einfacher. Der in Rechenschritt 1 zu ermittelnde Versorgungsanspruch steht nämlich fest und kann mittels einer Auskunft des Arbeitgebers festgestellt werden. In Rechenschritt 2 ist dann der auf die Ehezeit entfallende Teil im Verhältnis der Ehezeit zur tatsächlichen gesamten Betriebszugehörigkeit zu errechnen. Der auf die Ehezeit entfallende Teilbetrag der Versorgung ist dann in Rechenschritt 3 in eine voll dynamisierte Rente umzurechnen, sofern es sich nicht schon um eine voll dynamisierte betriebliche Versorgungszusage handelt, was allerdings sehr selten ist.

Die Beendigung der Betriebszugehörigkeit kann ihren Grund darin haben, daß der Arbeitnehmer die Altersgrenze erreicht hat oder arbeits- oder berufsunfähig geworden ist, daß also der Versicherungsfall eingetreten ist. In diesem Fall wird die Rente bereits gezahlt. Für die Berechnung des Ausgleichsanspruchs gelten dem Grundsatz nach dennoch die gleichen Berechnungsprinzipien wie für Anwartschaften auf zukünftig fällig werdende Versorgungsleistungen. Die Barwertverordnung enthält allerdings für die Berechnung bereits laufender Leistungen eine besondere Tabelle (Tabelle 7), die den Barwert solcher Renten durchweg niedriger ansetzt als die Tabellen für zukünftige Anwartschaftsrechte.

Ein Sonderfall der betrieblichen Altersversorgung sind solche Zusagen, die nicht auf Zahlung einer regelmäßigen Geldrente gerichtet sind, sondern bei denen ein bestimmter Kapitalbetrag ausgezahlt wird, der der Altersversorgung dienen soll. Bei privaten

Versicherungsverträgen, die auf eine Kapitalsumme abgeschlossen worden sind, fallen diese Beträge in den Zugewinnausgleich (wenn Zugewinngemeinschaft besteht), weil in der Regel nicht festgestellt werden kann, ob diese Verträge als Kapitalanlage gedacht sind oder der Alterssicherung dienen sollen. Im Rahmen der betrieblichen Altersversorgung ist aber gerade das nicht zweifelhaft. Dennoch ist im endgültigen Text der Barwertverordnung der ursprünglich vorgesehene Bewertungsmodus für Kapitalsummenversicherungen wieder gestrichen worden, so daß man jetzt wohl davon ausgehen muß, daß Versicherungen, die auf die Auszahlung eines bestimmten Kapitals gerichtet sind, nicht im Rahmen des Versorgungsausgleichs sondern im Zugewinnausgleich berücksichtigt werden müssen (vgl. dazu unten Abschnitt IV).

d) Private Rentenversicherungen (§ 1587a Abs. II Ziff. 5 BGB)

Im Versorgungsausgleich sind auch Rentenansprüche aus privaten Versicherungsverträgen zu berücksichtigen. Auch private Altersversicherungen, Pensionsversicherungen und Versicherungen für den Fall der Erwerbsunfähigkeit und der Invalidität müssen also in den Wertausgleich mit einbezogen werden. In den meisten Fällen wird es sich hier um eine private *Lebensversicherung* handeln. Gerade in diesem Bereich sind aber die Grenzen zwischen Kapitalbildung als einer Form des Sparens und der Geldanlage und reiner Altersvorsorge fließend. Da der Gesetzgeber nach dem Motiv des Versicherten nicht unterscheiden kann, hat er nach dem Vertragsinhalt unterschieden. Lebensversicherungen, die auf die Zahlung einer bestimmten festgelegten Kapitalsumme gerichtet sind, fallen *nicht* in den Versorgungsausgleich sondern sind – sofern das Ehepaar im gesetzlichen Güterstand gelebt hat – im Rahmen des Zugewinnausgleichs zu berücksichtigen. In den Versorgungsausgleich fallen dagegen diejenigen privaten Lebensversicherungen, die die Zahlung einer Geldrente vorsehen. Sofern ein Wahlrecht zwischen der Leistung eines einmaligen Kapitalbetrages und einer Rente besteht, wird man normalerweise davon ausgehen müssen, daß es sich um eine Kapitalversicherung handelt, die beim Zugewinnausgleich zu berücksichtigen ist. Nur wenn der Versicherte sich bereits für die Rentenzahlung entschieden hatte, dürfte eine Rückumwandlung in eine Kapitalversicherung nicht mehr möglich sein (vgl. dazu Ambrock, Anm. 6 zu 1587a Abs. II). Das Gesetz setzt nicht voraus, daß der Versorgungsempfänger aus dem Versicherungsvertrag selbst Versicherungsnehmer ist. Doch ist zu beachten, daß private Lebensversicherungen im Rahmen der betrieblichen Altersversorgung nach Ziff. 3 des § 1587a Abs. II zu berücksichtigen sind und daß unentgeltliche Zuwendungen Dritter nicht ausgleichspflichtig sind. Wenn also Eltern ihrer Tochter eine Lebensversicherung schenken, um ihr eine Grundversorgung für ihr Alter zu sichern, muß diese auf einer Schenkung beruhende Altersversorgung nicht im Versorgungsausgleich ausgeglichen werden.

Die Wertberechnung privater Lebensversicherungen auf Rentenbasis muß den sehr unterschiedlichen Ausgestaltungen der Versicherungsverträge gerecht werden. Sollen die Leistungen der Versicherung aus einem Deckungskapital oder einer vergleichbaren Deckungsrücklage erfolgen, so erfolgt die Berechnung des ausgleichspflichtigen Teils nach § 1587a Abs. III Ziff. 1: Es wird zunächst das bis zum Ende der Ehezeit gebildete gesamte Deckungskapital (gezahlte Prämien, Überschußanteile, Zinsen) errechnet, dann muß der Betrag abgezogen werden, der zu Beginn der Ehezeit gebildet war; so ergibt sich das während der Ehe gebildete Deckungskapital. Nun ist das Altersruhegeld zu errechnen, das sich ergäbe, wenn man dieses während der Ehe angesammelte Deckungskapital als Beitrag in die gesetzliche Rentenversicherung einzahlen würde. Die Höhe der Rente ergibt sich aus der „Bekanntmachung von Rechengrößen zur Durchführung des Versorgungsausgleichs in der gesetzlichen Rentenversicherung", die jährlich zum Jahresende vom Bundesminister für Arbeit und Sozialordnung neu erlassen wird (vgl. dazu die Tabelle auf S. 136/137). Der so errechnete Betrag ist in den Versorgungsausgleich mit einzubeziehen.

Werden die Leistungen der Versicherung nicht oder nicht ausschließlich aus einem Deckungskapital oder einer vergleichbaren Rücklage gezahlt, so muß zunächst der auf die Ehezeit entfallende Teil der Versorgung errechnet werden. Eine Versicherung, für die weiter Prämien zu zahlen sind, muß nach Nr. 5a des § 1587a Abs. II fiktiv in eine prämienfreie Versicherung umgewandelt werden. Nach § 174 Abs. II des Gesetzes über den Versicherungsvertrag ist das der Betrag, der sich als Versicherung ergäbe, wenn die angesparten Prämien als einmalige Prämie eingezahlt

Ein Deckungskapital oder Barwert von DM	*entspricht einer mtl. dynamischen Rente bei Ende Ehezeit* 1979	1980	1981	1982	1983 Jan.–Juni	1983 Juli–Aug.	1983 Sept.–Dez.	1984 1. Halbj.	1984 2. Halbj.
100	0,59	0,58	0,56	0,57	0,54	0,57	0,56	0,53	0,55
200	1,17	1,16	1,11	1,14	1,08	1,14	1,11	1,07	1,10
300	1,76	1,74	1,67	1,70	1,63	1,72	1,67	1,60	1,66
400	2,35	2,32	2,22	2,27	2,17	2,29	2,23	2,14	2,21
500	2,93	2,90	2,78	2,84	2,71	2,86	2,78	2,67	2,76
600	3,52	3,48	3,34	3,41	3,25	3,43	3,34	3,20	3,31
700	4,11	4,06	3,89	3,97	3,79	4,00	3,89	3,74	3,86
800	4,69	4,64	4,45	4,54	4,34	4,57	4,45	4,27	4,42
900	5,28	5,22	5,01	5,11	4,88	5,15	5,01	4,81	4,97
1000	5,87	5,80	5,56	5,68	5,42	5,72	5,56	5,34	5,52
2000	11,73	11,60	11,12	11,35	10,83	11,44	11,13	10,68	11,04
3000	17,60	17,39	16,68	17,03	16,25	17,16	16,69	16,02	18,56
4000	23,46	23,19	22,25	22,70	21,66	22,87	22,26	21,36	22,08
5000	29,33	28,99	27,81	28,38	27,08	28,59	27,82	26,70	27,61
6000	35,19	34,79	33,37	34,06	32,50	34,31	33,38	32,04	33,13
7000	41,06	40,59	38,93	39,73	37,91	40,03	38,95	37,38	38,65
8000	46,92	46,39	44,49	45,41	43,33	45,75	44,51	42,72	44,17
9000	52,79	52,18	50,05	51,08	48,74	51,47	50,08	48,06	49,69
10000	58,05	57,98	55,61	56,76	54,16	57,18	55,64	53,40	55,21

Ein Deckungskapital oder Barwert von DM	*entspricht einer mtl. dynamischen Rente bei Ende Ehezeit* 1979	1980	1981	1982	1983 Jan.–Juni	1983 Juli–Aug.	1983 Sept.–Dez.	1984 1. Halbj.	1984 2. Halbj.
20000	117,30	115,97	111,23	113,52	108,32	114,37	111,28	106,79	110,42
30000	175,95	173,95	166,84	170,28	162,48	171,55	166,92	160,19	165,63
40000	234,61	231,93	222,45	227,04	216,64	228,74	222,56	213,59	220,85
50000	293,26	289,92	278,07	283,80	270,80	285,92	278,20	266,98	276,06
60000	351,91	347,90	333,68	340,55	324,96	343,11	333,84	320,38	331,27
70000	410,56	405,88	389,30	397,31	379,12	400,29	389,48	373,77	386,48
80000	469,21	463,87	444,91	454,07	433,28	457,48	445,11	427,17	441,69
90000	527,86	521,85	500,52	510,83	487,44	514,66	500,75	480,57	496,90
100000	586,51	579,83	556,14	567,59	541,60	571,85	556,39	533,96	552,12

würden. Sind auch für die Zeit vor der Ehe Prämien gezahlt worden, so muß der Betrag entsprechend gekürzt werden. Besteht keine Prämienzahlungspflicht mehr, so muß der Rentenbetrag errechnet werden, der sich ergäbe, wenn zum Ende der Ehezeit der Versicherungsfall eingetreten wäre. Der so errechnete Rentenbetrag muß dann nach Abs. III Ziff. 2 des § 1587a mit Hilfe der Barwertverordnung umgerechnet werden. Ausgleichspflichtig ist der Betrag, der sich ergäbe, wenn der ermittelte Barwert als Beitrag in der gesetzlichen Rentenversicherung entrichtet würde (vgl. dazu den oben bei der betrieblichen Altersversorgung dargestellten Rechenschritt 3).

e) Sonstige Versorgungsansprüche (§ 1587a Abs. II Ziff. 4 und Abs. V BGB)

§ 1587a BGB möchte alle Rechte und Anwartschaften auf eine Altersversorgung erfassen, sofern sie mit Hilfe des Vermögens oder durch Arbeit eines Ehegatten erworben wurden (§ 1587 Abs. I Satz 2 BGB). Unter der Ziffer 4 des Abs. II des § 1587a sind eine ganze Reihe weiterer Versorgungsrechte zusammengefaßt. Dazu gehören zunächst eine Reihe von berufsständischen Versorgungseinrichtungen der freien Berufe, beispielsweise die in den einzelnen Bundesländern unterschiedlich organisierten Versorgungseinrichtungen für Ärzte, Notare, Steuerberater, Rechtsanwälte oder Architekten. Voraussetzungen und Höhe der Leistungen sind dabei unterschiedlich geregelt. Unter Ziff. 4 fallen auch die Renten aus der Zusatzversorgung der Versorgungsanstalt des Bundes und der Länder, soweit sie rein beitragsbezogen sind und deshalb nicht bei der betrieblichen Altersversorgung ausgeglichen werden, die Altershilfe für Landwirte, Renten und Rententeile, die aus einer Höherversicherung zur gesetzlichen Rentenversicherung stammen, Renten aus ausländischen Sozialversicherungen, aus Versorgungseinrichtungen internationaler Organisationen und Leibrenten.

§ 1587a Abs. II Ziff. 4 unterscheidet für die Bewertung dieser unterschiedlichen Alters- und Versorgungsrenten nach der Bemessungsgrundlage. Ist die Dauer der Anrechnungszeit für die Höhe der Rente maßgebend (Buchst. a), so muß die auf die Ehezeit entfallende Anrechnungszeit errechnet und der ausgleichspflichtige Rentenbetrag danach festgestellt werden. Ist ein Bruchteil entrichteter Beiträge maßgebend für die Höhe, so muß der auf die Ehezeit entfallende Bruchteil festgestellt und die Rente danach errechnet werden (Buchst. c). Wenn sich die Rente nach den für die gesetzlichen Rentenversicherungen geltenden Grundsätzen bemißt, ist der Teilbetrag zu errechnen, der dem Verhältnis der in die Ehezeit fallenden Versicherungsjahre zu den insgesamt zu berücksichtigenden Versicherungsjahren entspricht (Buchst. d). Für Renten, deren Höhe sich weder allein nach der Dauer einer Anrechnungszeit und auch nicht nach den Grundsätzen der gesetzlichen Rentenversicherung bemißt, sondern für die zumindest *auch* andere Faktoren maßgebend sind (wie z. B. besondere Bemessungsgrundlagen oder Berechnungsformeln), erfolgt die Wertberechnung ähnlich wie bei der Beamtenversorgung: in den Versorgungsausgleich einbezogen wird der Teil der Rente, der dem Verhältnis der Ehezeit zur voraussichtlichen Gesamtdauer bis zur Erreichung des Ruhegehalts entspricht (Buchst. b). Soweit diese Versorgungsrechte nicht voll dynamisiert sind, müssen sie nach § 1587a Abs. III umgerechnet werden, um mit anderen voll dynamisierten Ansprüchen vergleichbar zu sein. Werden die Leistungen aus einem Deckungskapital oder einer vergleichbaren Deckungsrücklage gewährt, so ist diejenige Rente in den Versorgungsausgleich einzubeziehen, die sich ergäbe, wenn das während der Ehezeit erworbene Deckungskapital als Beitrag in der gesetzlichen Rentenversicherung entrichtet würde (vgl. dazu oben unter d). Ist ein Deckungskapital oder eine vergleichbare Deckungsrücklage nicht gebildet, so erfolgt die Umrechnung über die Barwertverordnung (vgl. dazu oben Rechenschritt 3).

Da es eine sehr große Zahl von Versorgungsrechten gibt, die untereinander sehr unterschiedlich geregelt sind, enthält Abs. V des § 1587a schließlich noch einen Auffangtatbestand. Danach kann das Familiengericht in Fällen, die im Gesetz nicht ausdrücklich geregelt sind, die Bewertung „in sinngemäßer Anwendung" der im Gesetz genannten Berechnungsmaßstäbe nach billigem Ermessen vornehmen. Die Vorschrift ist also nur anzuwenden, wenn sich aus den anderen Berechnungs- und Bewertungsprinzipien kein Maßstab finden läßt. Damit können sowohl besondere Versorgungseinrichtungen im internationalen Bereich als auch zukünftige neue Gestaltungsformen der Altersvorsorge berücksichtigt werden.

5. Auskünfte über Versorgungsanwartschaften

Das Verfahren zur Ermittlung der für die Ehegatten bestehenden Versorgungsansprüche ist nicht nur sehr kompliziert, es setzt auch voraus, daß die Ehegatten, die sie vertretenden Anwälte und auch das Familiengericht über die bestehenden Anwartschafts- und Versorgungsrechte informiert sind. Die Ehegatten sind einander (also jeder dem anderen gegenüber) verpflichtet, über ihre Versorgungsrechte Auskunft zu erteilen (§ 1587e Abs. I BGB). Dieser Auskunftsanspruch umfaßt Informationen darüber, bei welchen Versorgungsträgern Ansprüche bestehen und welchen Zeitraum sie umfassen. Das Familiengericht hat gegenüber allen Versorgungsträgern ein Auskunftsrecht. Es kann also von allen staatlichen Stellen Auskünfte anfordern, ebenso von den Trägern der betrieblichen Altersversorgung, von Versicherungsgesellschaften, vom Arbeitgeber und anderen Einzelpersonen (53b Abs. II FGG). Für das Gericht soll dadurch die Bewertung und Berechnung des Ausgleichsanspruchs ermöglicht werden. Das Gesetz zur Regelung von Härten im Versorgungsausgleich (unten Abschnitt X Ziff. 6) ergänzt diese Auskunftspflicht und sieht vor, daß auch beide Ehegatten dem Gericht gegenüber auskunftspflichtig sind (§ 11 a. a. O.).

Oft wird ein Ehepaar schon vor Beginn des Scheidungsverfahrens wissen wollen, welchen Umfang der Ausgleichsanspruch etwa haben wird, mit welcher Alterssicherung also die nicht verdienende Hausfrau rechnen kann und wieviel der allein berufstätige Ehemann von seinem Rentenkonto abgeben muß. Vor allem bei Ansprüchen gegen die gesetzliche Rentenversicherung sind die bisher erworbenen Versorgungsansprüche für die Parteien selbst nicht zu übersehen. Die Auskunftsverordnung vom 5. 8. 1977 (BGBl I, 1473) ermöglicht eine Auskunft schon vor Beginn des Scheidungsverfahrens. Der Auskunftsantrag muß durch einen Rechtsanwalt gestellt werden, den der Versicherte „schriftlich zur Vertretung seiner Interessen in einer Ehescheidungsangelegenheit bevollmächtigt hat“. Auch ein Notar kann, wenn er an einer Vereinbarung über den Versorgungsausgleich mitwirken soll, eine Rentenauskunft einholen. Die erbetene Auskunft wird freilich oft unvollständig und ungenau sein; einmal sind viele Rentenkonten – vor allem die der jüngeren Versicherten – noch „ungeklärt“, die Unterlagen, die dem Versicherungsträger vorliegen, sind also nicht vollständig, zum anderen steht das Ende der Ehezeit erst fest, wenn der Scheidungsantrag gestellt ist, der für den Versorgungsausgleich maßgebende Stichtag ist deshalb noch ungewiß. Die vorprozessuale Auskunft wird deshalb oft nur einen ungefähren Anhaltspunkt für die Höhe der auszugleichenden Rente ergeben.

6. Der öffentlichrechtliche Versorgungsausgleich – Wertausgleich – (§ 1587 b BGB)

Nach der Feststellung und Bewertung aller während der Ehe von den Ehegatten erworbenen Versorgungsansprüche steht fest, ob ein Ehegatte höhere Versorgungsansprüche erworben hat als der andere und wie hoch der Wertunterschied ist. Es steht damit fest, welcher Ehegatte dem anderen etwas abgeben muß. *Wieviel* er abgeben muß, ergibt sich aus dem Vergleich der von beiden erworbenen Versorgungsrechte: „Dem berechtigten Ehegatten steht als Ausgleich die Hälfte des Wertunterschiedes zu" (§ 1587 a Abs. I BGB). Hat also beispielsweise der Mann während der Ehe Rentenansprüche in Höhe von 800.– DM erworben, während die Frau die ganze Zeit über Hausfrau war und keine Versorgungsrechte erworben hat, so beträgt ihr Ausgleichsanspruch die Hälfte von 800.– DM, also 400.– DM. Hat der Mann während der Ehezeit als Beamter Pensionsansprüche in Höhe von 1000.– DM erworben und die Frau Rentenansprüche in Höhe von 400.– DM, so beträgt die Differenz (1000 minus 400) 600.– DM; der Ausgleichsanspruch der Frau besteht hier in Höhe von 300.– DM.

An die Frage, welcher Ehegatte ausgleichspflichtig ist und wie hoch der Ausgleichsanspruch ist, knüpft sich sodann das Problem, wie der Versorgungsausgleich konkret in der Praxis vollzogen werden soll. Dafür bietet das Gesetz zwei Wege an: den Wertausgleich – den sogenannten öffentlich-rechtlichen Versorgungsausgleich – und den schuldrechtlichen Versorgungsausgleich. Der Wertausgleich ist die primäre Ausgleichsform: grundsätzlich sollen möglichst alle Versorgungsrechte durch Wertausgleich geteilt werden. Nur wenn das aus besonderen Gründen nicht möglich oder nicht sinnvoll ist oder wenn beide Ehegatten ausdrücklich etwas anderes vereinbart haben, soll der schuldrechtliche Versorgungsausgleich vorgenommen werden (dazu unten Ziff. 7).

Beim Wertausgleich erfolgt der Versorgungsausgleich *immer* dadurch, daß für den Ehegatten, der geringere Versorgungsanrechte erworben hat, Anwartschaften oder Anrechte im *Rahmen der gesetzlichen Rentenversicherung* übertragen oder neu begründet werden. Es ist also *nicht* so, daß die einzelnen während der Ehezeit erworbenen Ansprüche real geteilt werden, daß also von Pensionen, Renten aus privaten Versicherungsverträgen oder aus berufsständischen Versorgungen jeweils der ausgleichspflichtige Teil abgegeben werden müßte, sondern es erfolgt zunächst eine generelle Aufrechnung und Gegenüberstellung aller erworbenen Versorgungsansprüche und in Höhe des Ausgleichsbetrages wird dann ein Versorgungsanspruch in der gesetzlichen Rentenversicherung begründet. Die Form des Wertausgleichs ist je nach der Art der vom Ausgleichs*pflichtigen* erworbenen Anwartschaft unterschiedlich: handelt es sich beim Ausgleichspflichtigen um eine voll dynamisierte Rente aus der gesetzlichen Rentenversicherung, so erfolgt der Ausgleich durch Anwartschaftsübertragung (Splitting, dazu unter a) nach § 1587b Abs. I; handelt es sich um einen beamtenrechtlichen Versorgungsanspruch, so wird in Höhe des Ausgleichsbetrages eine Anwartschaft in der gesetzlichen Rentenversicherung begründet, und zwar auf Kosten des beamtenrechtlichen Versorgungskontos (Quasi-Splitting; dazu unten unter b). Alle anderen Versorgungsrechte sollen nach § 1587b Abs. III BGB durch Geldzahlung des Ausgleichspflichtigen an einen Rentenversicherungsträger und dadurch begründete Versorgungsansprüche ausgeglichen werden (Beitragsentrichtung; dazu unten c). Bestehen mehrere Arten von Anwartschaften, so sind Splitting, Quasi-Splitting und Beitragsentrichtung nacheinander möglich.

Das Gesetz zur Regelung von Härten im Versorgungsausgleich (unten Abschnitt 10 Ziff. 6) sieht vom 1. 4. 1983 an statt der Beitragsentrichtung andere bargeldlose Ausgleichsformen vor (dazu unten d).

a) Teilung von Renten (Splitting) nach § 1587b Abs. I BGB

Hat der zum Ausgleich verpflichtete Ehegatte (das ist in der Regel der Mann, im Einzelfall kann es aber ebensogut die Frau sein) voll dynamische Ansprüche aus der gesetzlichen Rentenversorgung erworben, so muß nach § 1587b Abs. I BGB zunächst festgestellt werden, ob auch der andere Ehegatte voll dynamisierte Rentenansprüche aus der gesetzlichen Rentenversicherung oder aus einer Beamtenversorgung erworben hat. Sind die Ansprüche des ausgleichspflichtigen Ehegatten höher oder hat nur er solche Versorgungsrechte erworben, so erfolgt der Ausgleich durch Anwartschaftsübertragung von einem Rentenkonto auf das andere. Hat der ausgleichsberechtigte Ehegatte bereits ein Rentenkonto, so werden ihm die übertragenen Rechte dort gutgeschrieben, andernfalls wird für ihn ein eigenes Rentenkonto begründet.

Ein Beispiel: Der Mann hat während der Ehe als Angestellter eine Rentenanwartschaft von 500.– DM erworben, die Frau war Hausfrau. Für die Frau wird nach der Scheidung ein eigenes Rentenkonto begründet, auf das Anwartschaftsrechte in Höhe von 250.– DM übertragen werden. Hat die Frau während der Ehe gearbeitet und einen eigenen Rentenanspruch in Höhe von 300.– DM erworben, so sieht die Rechnung so aus:

	Mann	Frau	
GRV*	500.–	300.–	GRV

Ausgleichspflichtig ist hier der Mann in Höhe von 100.– DM (½ von 200). Dieser Anwartschaftsbetrag wird vom Rentenkonto des Mannes auf das der Frau übertragen; im Ergebnis haben dann beide 400.– DM.

Die Rentenübertragung ist eine echte *Teilung* der Rente, sie wird deshalb auch „Splitting" genannt. Voraussetzung für das Splitting ist immer, daß der Ehegatte überhaupt ausgleichspflich-

---

* GRV = Gesetzliche Rentenversicherung.

tig ist und daß sein Rentenkonto höher ist als Rentenkonto plus Beamtenkonto des anderen Ehegatten. Dazu folgende Beispiele:

	Mann	Frau	
GRV	800.–	400.–	GRV
		500.–	Betr. Altersvers.
	800.–	900.–	

In diesem Fall ist die Frau ausgleichspflichtig; es erfolgt deshalb kein Splitting, obwohl das Rentenkonto des Mannes höher ist als das der Frau.

	Mann	Frau	
GRV	600.–	600.–	Beamtin
Betr. Altersvers.	300.–		
	900.–	600.–	

Hier ist der Mann ausgleichspflichtig; dennoch erfolgt kein Splitting, weil die Beamtenversorgung der Frau gleich hoch ist wie die Sozialversicherungsrente des Mannes. Dieser Fall ist über die Beitragsentrichtung auszugleichen (dazu unten c).

b) Übertragung von Teilen einer Beamtenversorgung (Quasi-Splitting) nach § 1587b Abs. II BGB

Hat der ausgleichspflichtige Ehegatte während der Ehezeit einen Anspruch auf Beamtenversorgung erworben, so erfolgt der Ausgleich dadurch, daß dem Rentenkonto des ausgleichsberechtigten Ehegatten der auszugleichende Betrag gutgeschrieben und dem Versorgungskonto des Beamten belastet wird. Weil auch hier keine direkte Geldzahlung erfolgt, sondern Anrechte vom Versorgungskonto des Beamten auf das Rentenkonto des Ausgleichsberechtigten umgebucht werden, spricht man dabei von Quasi-Splitting.

Zusätzlich kompliziert wird der Ausgleich in Form des Quasi-Splitting dadurch, das zwar der größte Teil aller beamtenrechtlichen Versorgungsansprüche nach § 1587b Abs. II ausgeglichen wird, aber nicht alle. Die Bezugnahme auf die in § 6 Abs. 1 Nr. 2 und § 8 Abs. 1 des Angestelltenversicherungsgesetzes genannten Körperschaften oder Verbände grenzt den Kreis der hier gemeinten Versorgungsrechte genauer ab. Danach gehören hierher Pensionsanwartschaften der Beamten des Bundes und der Länder, der Gemeinden und Gemeindeverbände, der Träger der Sozialversicherung, der Bundesanstalt für Arbeit, der Deutschen Bundesbank und der als öffentlich-rechtliche Körperschaften anerkannten Kirchen (§ 6 Abs. 1 Nr. 2 AVG). Weiter rechnen hierher die in § 8 AVG genannten anderen öffentlich-rechtlichen Körperschaften und Verbände. Soweit es sich dagegen um Versorgungsanwartschaften handelt, die nicht gegenüber einer „Körperschaft" oder einem „Verband" bestehen (z. B. bei Anrechten von Lehrern an Privatschulen) fallen sie nicht unter § 1587b Abs. II, auch dann nicht, wenn die Versorgungszusage sich nach beamtenrechtlichen Grundsätzen richtet (vgl. dazu Maier, Versorgungsausgleich in der Rentenversicherung, Anm. 2.2. zu § 1587b, OLG Köln, FamRZ 1983 S. 78).

Die beamtenrechtliche Anwartschaft des Ausgleichspflichtigen muß allein oder zusammen mit noch verbliebenen Rentenanwartschaften aus der gesetzlichen Rentenversicherung höher sein als die beamtenrechtlichen Versorgungsansprüche und Renten der gesetzlichen Rentenversicherung auf seiten des ausgleichsberechtigten Ehegatten. Beim ausgleichsberechtigten Ehegatten zählen *alle* beamtenrechtlichen Versorgungsanwartschaften mit, nicht nur die gegen die in den §§ 6 und 8 AVG genannten „Körperschaften und Verbände".

Dazu nun einige Rechenbeispiele:

	Mann	Frau	
Beamter	500.–	200.–	GRV
		100.–	Lebensvers.
	500.–	300.–	

Ausgleichspflichtig ist hier der Mann, und zwar in Höhe von 100.– (= ½ der Differenz von 200.–).

Dem Rentenkonto der Frau werden 100.– DM über Quasi-Splitting nach § 1587b Abs. II gutgeschrieben.

	Mann	Frau	
Lebensvers.	1000.–	500.–	Beamte

Ausgleichspflichtig ist wiederum der Mann, und zwar in Höhe von 250.– DM (½ von der Differenz von 500.–). Die Frau braucht deshalb von ihrer Beamtenpension nichts abzugeben; der Fall ist bis 31. 3. 1983 durch Beitragsentrichtung auszugleichen (unten c), danach kommt ein bargeldloser Ausgleich in Frage (dazu unten d).

Etwas komplizierter wird die Rechnung, wenn sowohl Rentenanwartschaften als auch beamtenrechtliche Versorgungen auszugleichen sind. In diesem Fall ist zunächst Abs. I anzuwenden, also auf seiten des Ausgleichspflichtigen allein die Rentenanwartschaft, auf seiten des Ausgleichsberechtigten Renten- und Beamtenanwartschaften miteinander zu vergleichen und in Höhe des halben Wertunterschiedes auszugleichen. Danach ist Abs. II anzuwenden, sofern noch ein auszugleichender Restbetrag verblieben ist. In diesem zweiten Schritt werden die beamtenrechtlichen Versorgungsanwartschaften des Ausgleichspflichtigen plus der noch verbliebenen Rentenansprüche auf der einen Seite mit Rentenanwartschaften (unter Hinzurechnung des eventuell nach Abs. I übertragenen Teils) plus Beamtenanwartschaften auf der Seite des Ausgleichsberechtigten miteinander verglichen. Sind die Anwartschaften des Ausgleichspflichtigen höher, so wird die Hälfte des Wertunterschiedes durch Quasi-Splitting ausgeglichen. Auch dazu ein Beispiel:

	Mann	Frau	
Rente	800.–	100.–	Rente
Beamter	400.–	500.–	Beamte
	1200.–	600.–	

Ausgleichspflichtig ist hier der Mann in Höhe von 300.– DM (= ½ von 600.–).

Schritt 1: Der Rentenanspruch des Mannes von 800.– DM wird mit Rente und Beamtenversorgung der Frau verglichen. Ergebnis: 200.– DM Unterschied. Also werden vom Rentenkonto des Mannes 100.– DM durch Splitting auf das Konto der Frau übertragen. Danach hat der Mann noch Rentenansprüche in Höhe von 700.– (800.– minus 100.–) und Beamtenanwartschaften von 400.– DM, die Frau hat Rentenanwartschaften von 200.– DM (100.– plus 100.–) und Beamtenanwartschaften in Höhe von 500.– DM.

Schritt 2: Rente plus Beamtenanwartschaften des Mannes nach dem Splitting (700.– plus 400.– = 1100.–) übersteigen noch immer Rente plus Beamtenanwartschaften der Frau nach Splitting (200.– plus 500.– = 700.–). Die Hälfte des Überschusses von 400.– DM (also 200.– DM) muß durch Quasi-Splitting übertragen werden. Der Mann ist noch in Höhe von 200.– DM ausgleichspflichtig, denn vom ursprünglichen Ausgleichsbetrag (300.– DM) sind bereits 100.– DM durch Splitting ausgeglichen. Also müssen noch 200.– DM durch Quasi-Splitting übertragen werden. Ergebnis:

	Mann	Frau	
Rente	700.–	400.–	Rente
Beamter	200.–	500.–	Beamte
	900.–	900.–	

Die Versorgungsanwartschaften der Ehegatten sind jetzt gleich hoch, es ist nichts mehr auszugleichen.

An dieser Berechnung ändert sich nichts, wenn auf seiten des Ausgleichsberechtigten gar kein Versorgungsanspruch besteht. Hat also der Mann Rentenansprüche in Höhe von 100.– DM und beamtenrechtliche Versorgungsansprüche von 500.– DM, so sind 50.– DM über Splitting und 250.– DM über Quasi-Splitting auszugleichen, sofern die Frau Hausfrau war und während der Ehe keine eigenen Versorgungsansprüche erworben hat.

Auch wenn der Ausgleichsberechtigte nur eine Anwartschaft erworben hat, muß zunächst § 1587b Abs. I (Splitting) und dann § 1587b Abs. II (Quasi-Splitting) angewendet werden:

Beispiel 1

	Mann	Frau	
GRV	200.–	100.–	GRV
Beamter	500.–		
	700.–	100.–	

Ausgleichspflichtig ist der Mann und zwar in Höhe von 300.– DM (= ½ des Unterschiedes von 600.–)

Schritt 1: 50.– DM gehen an die Frau über Splitting. Ihr Ausgleichsanspruch beträgt jetzt noch 250.– DM.

Schritt 2: Danach bleiben dem Mann 150.– DM Rente + 500.– DM Beamtenversorgung = 650.– DM; die Frau hat 150.– DM Rente. Unterschied: 500.– DM. Davon gehen 250.– DM über Quasi-Splitting an die Frau.

Ergebnis:

	Mann	Frau	
GRV	150.–	400.–	GRV (= 100 + 50 über Splitting + 250 über Quasi-Splitting)
Beamter	250.–		

Die Anwartschaften sind jetzt gleich hoch

Beispiel 2:

	Mann	Frau	
GRV	200.–	100.–	GRV
		300.–	Beamte
	200.–	400.–	

Ausgleichspflichtig ist hier die Frau in Höhe von 100.– DM (= ½ des Unterschiedsbetrages von 200.– DM).

Schritt 1: Hier erfolgt kein Rentensplitting, weil die Rente des Ausgleichsberechtigten höher ist als die des Ausgleichsverpflichteten.

Schritt 2: 100.– DM gehen über Quasi-Splitting an den Mann.

c) Beitragsentrichtung nach § 1587b Abs. III BGB

Kann ein Versorgungsausgleich über Rentensplitting oder Quasi-Splitting von Beamtenanwartschaften nicht vorgenommen werden, etwa deshalb, weil solche Versorgungsanrechte gar nicht erworben worden sind, so besteht nach § 1587b Abs. III BGB eine dritte Form des Wertausgleichs: Durch Beitragsentrichtung, also durch direkte Zahlung eines bestimmten Betrages an einen Sozialversicherungsträger können Versorgungsanrechte „gekauft", also nicht durch Übertragung, sondern durch Geldzahlung begründet werden. Vor allem dann, wenn auf seiten des ausgleichspflichtigen Ehegatten Ansprüche aus einer betrieblichen Altersversorgung, aus einem privaten Lebensversicherungsvertrag auf Rentenbasis oder aus berufsständischen Altersversorgungs-Institutionen vorliegen, erfolgt der Versorgungsausgleich in Form von Beitragsentrichtung. Dazu zwei Beispiele:

	Mann	Frau	
Betriebl. AV.	800.–	400.–	GRV

Ausgleichspflichtig ist der Mann, der Ausgleichsanspruch beträgt 200.– DM (= ½ der Differenz von 400.– DM). In dieser Höhe muß der Mann für die Frau zusätzlich Ansprüche in der gesetzlichen Rentenversicherung begründen. Das kostet ihn zur Zeit (1980) rund 34 100.– DM, wenn das Ende der Ehezeit in das Jahr 1979 fällt (vgl. dazu die Übersicht bei Bergner, NJW 1980 S. 29).

	Mann	Frau	
GRV	600.–	200.–	Priv. Lebensvers.
		800.–	Ärztl. Versorgung
	600.–	1000.–	

Hier ist die Frau ausgleichspflichtig, der Mann braucht daher von seiner Rente nichts abzugeben. Sein Ausgleichsanspruch beträgt 200.– DM (½ vom Unterschiedsbetrag von 400.– DM). Die Frau muß in dieser Höhe Rentenanwartschaften für den Mann durch Beitragsentrichtung begründen.

Sofern mehrere unterschiedliche Versorgungsanrechte bestehen, müssen manchmal alle drei Absätze des § 1587b BGB hintereinander angewendet werden: zunächst Splitting, dann Quasi-Splitting und schließlich Beitragsentrichtung. Hat beispielsweise der Mann Ansprüche aus der gesetzlichen Rentenversicherung in Höhe von 200.– DM, beamtenrechtliche Versorgungsrechte von 400.– DM und eine Rente aus einer privaten Lebensversicherung in Höhe von 200.– DM und war die Frau Hausfrau ohne eigene

Versorgungsanrechte, so werden auf sie 100.– DM über Splitting und 200.– DM über Quasi-Splitting übertragen. Außerdem muß der Mann 100.– DM Rente in Form von Beitragsentrichtung begründen.

Je höher der Ausgleichsanspruch ist, desto höher ist auch der Betrag, den der ausgleichspflichtige Ehegatte in Form der Beitragsentrichtung zahlen muß, um die erforderlichen Versorgungsanwartschaften „einzukaufen". Das kann je nach den Vermögens- und Einkommensverhältnissen des Betroffenen sehr hart oder auch unzumutbar sein. Ein Rentenanspruch von 100 DM „kostet" heute rund 18000 DM. Es ist deshalb möglich, daß der Familienrichter nach § 1587d auf Antrag des Ausgleichspflichtigen die Zahlungsverpflichtung ruhen läßt oder Ratenzahlungen anordnet.

Wurden die Rentenanwartschaften nicht durch Zahlung des erforderlichen Betrages begründet, so erfolgt später ein Ausgleich im Rahmen des schuldrechtlichen Versorgungsausgleichs (dazu unten Ziff. 7). Um hohe Nachzahlungen einerseits und die Nachteile des schuldrechtlichen Versorgungsausgleichs (vor allem: geringere Sicherung des Ausgleichsberechtigten) zu vermeiden, vereinbaren Scheidungspaare manchmal, auch andere als sozialversicherungsrechtliche oder beamtenrechtliche Versorgungsansprüche durch die Übertragung von Rentenanwartschaften auszugleichen. Das hat zur Folge, daß der Ausgleichspflichtige mehr als die Hälfte seines Überschusses an Rentenanwartschaften auf den Ausgleichsberechtigten überträgt, dafür aber seine Betriebsrente oder Lebensversicherung für sich behält. Ob ein solcher Ausgleich durch „Super-Splitting" möglich ist, war in der Rechtsprechung zunächst umstritten. Der Bundesgerichtshof hält diesen Weg für unzulässig, weil Versorgungsansprüche aus der gesetzlichen Rentenversicherung grundsätzlich nicht der Verfügung des Berechtigten unterliegen (BGH FamRZ 1981 S. 1051, 1060).

Ein Ausgleich durch Splitting oder durch Quasi-Splitting ist auch dann möglich, wenn der Ausgleichsberechtigte bereits Versorgungsempfänger ist. Der Ausgleich in Form der Beitragsentrichtung ist dagegen nur sinnvoll, „solange der Berechtigte die Voraussetzungen für ein Altersruhegeld aus der gesetzlichen Rentenversicherung noch nicht erfüllt". In der gesetzlichen Rentenversicherung können Beiträge nur im Hinblick auf ein künftig entstehendes Risiko gezahlt werden, deshalb greift in diesem Fall

„die Vorschrift über den schuldrechtlichen Versorgungsausgleich ein“ (BT-Drucks. 7/4361, S. 41). Ist der Ausgleichsberechtigte also bereits Rentenempfänger, so ist für ihn ein Ausgleich in der Form der Beitragsentrichtung nicht mehr möglich. Hier muß auf den schuldrechtlichen Versorgungsausgleich ausgewichen werden (dazu unten Ziff. 7).

Das Bundesverfassungsgericht hat in seiner jüngsten Entscheidung vom 27. 1. 1983 (BVerfGE 63 S. 88) § 1587b Abs. III Satz 1 für verfassungswidrig erklärt und den Gesetzgeber verpflichtet, *neben* der Beitragszahlung auch andere weniger einschneidende Formen des Ausgleichs zu eröffnen, wie sie das Gesetz zur Regelung von Härten im Versorgungsausgleich (unten d) – allerdings zeitlich befristet – vorsieht.

d) Andere bargeldlose Ausgleichsformen (befristet)

Soweit nach dem Gesetz der ausgleichspflichtige Ehegatte für seinen Ex-Ehepartner eine Altersversorgung durch „Einkauf“ in die gesetzliche Rentenversicherung begründen mußte, hatte dies vor allem zwei Nachteile: Erstens konnte dies zu sehr hohen Zahlungsverpflichtungen führen, die neben Unterhalt und Zugewinnausgleich die Zahlungsfähigkeit des ausgleichspflichtigen Partners arg strapazierte. Zweitens wurde der Rentenanspruch des Ausgleichsberechtigten nur dann begründet, wenn diese Beträge auch wirklich eingezahlt wurden. Wenn ein ausgleichspflichtiger Mann einfach nicht zahlte (sei es, weil er nicht zahlen *konnte,* sei es, weil er nicht zahlen *wollte*), entstand auch kein eigenständiger Rentenanspruch für die ausgleichsberechtigte Frau. Die Rentenversicherungsträger selbst mahnten säumige Schuldner nicht. Es lag also an den Frauen selbst, die Beiträge von ihrem Ex-Ehemann einzutreiben. Manche unterließen das – teils aus Nachlässigkeit – teils aus Unwissenheit – manchmal aus Gutmütigkeit.

Das Gesetz zur Regelung von Härten im Versorgungsausgleich (unten Abschnitt X Ziff. 6) ersetzt deshalb vom 1. 4. 1983 an den Versorgungsausgleich durch Beitragsentrichtung (dazu oben unter c) durch andere, bargeldlose Ausgleichsformen. Fälle, in denen die Beiträge bereits gezahlt worden sind, bleiben unberührt: eine Rückzahlung ist nicht vorgesehen. Auch Fälle, in denen die

Beitragspflicht bereits rechtskräftig festgestellt ist, sollen weiter nach dem bisher geltenden Recht abgewickelt werden. Das neue Gesetz gilt also nur für Scheidungen, die erst nach dem 1. April 1983 endgültig abgeschlossen worden sind. Es ist ferner *befristet* bis zum 31. 1. 1986. Bis dahin will der Gesetzgeber eine neue umfassende Überarbeitung des gesamten Versorgungsausgleichs abgeschlossen haben.

Da das Bundesverfassungsgericht die ausnahmslose Beitragszahlung nach § 1587b Abs. III Satz 1 für verfassungswidrig erklärt hat (BVerfGE 63 S. 88), ist diese zeitliche Begrenzung schon jetzt Illusion. Sowohl für frühere Verfahren als auch für die Zeit nach dem 31. 1. 1986 muß und wird es andere, ,,billigere" und daher schonendere Ausgleichsformen als den Einkauf in die gesetzliche Rentenversicherung geben.

Das Gesetz sieht folgende Sonderregelungen anstelle von § 1587b Abs. III vor: Soweit als irgend möglich sollen Versorgungsanrechte, die weder durch Teilung von Sozialversicherungsrenten noch durch Übertragung von Teilen einer Beamtenpension ausgeglichen werden können (dazu oben unter a und b), real geteilt werden. Das bedeutet, daß die Versorgungsanrechte beim Versorgungsträger selbst geteilt werden und daß auf jeden Ehegatten jeweils ein (sein) Anteil übertragen wird. Diese sogenannte *Realteilung* soll für private Lebensversicherungen auf Rentenbasis, für manche berufsständischen Versorgungen (Ärzte, Anwälte, Architekten, Journalisten) und für einige Formen der betrieblichen Altersversorgung Bedeutung bekommen. Das setzt voraus, daß die Versorgungsträger ihre Satzungen ändern und den bei ihnen Versicherten den Weg zur Realteilung öffnen. Solche Satzungsänderungen sind zur Zeit in Vorbereitung und werden vermutlich bald in Kraft treten. Wer die Realteilung für seine privaten Versorgungsansprüche wählen will, muß sich bei seiner Versicherung also zunächst erkundigen, ob die Realteilung nach der Satzung (schon) möglich ist.

Wenn die Realteilung nicht vorgenommen wird und sich das Versorgungs-Anrecht gegen einen öffentlich-rechtlich organisierten Versorgungsträger richtet, ist ferner auch hier die Form des *Quasi-Splitting* (wie bei Beamtenpensionen, dazu oben a) möglich. Das bedeutet, daß für den Ausgleichsberechtigten eine eigene Altersversorgung in der gesetzlichen Rentenversicherung begründet wird. Die Kosten dafür trägt aber der Versorgungsträger des Ausgleichsverpflichteten und nicht der ausgleichsverpflichtete Ehegatte selbst. Statt der Beitragszahlung, die er aus seinen privaten Vermögen hätte aufbringen müssen, wird ihm lediglich der Versorgungsanspruch in der Höhe seiner Ausgleichsverpflichtung gekürzt. Diese Form des Ausgleichs wird vor allem bei der Zusatzversorgung des öffentlichen Dienstes, bei der Altersversorgung der Landwirte, bei den Versorgungseinrichtungen der Abgeordneten und bei vielen berufsständischen Versorgungseinrichtungen in Frage kommen.

Ist weder Realteilung noch Quasi-Splitting möglich, so soll der *schuldrechtliche Versorgungsausgleich* eingreifen. Der Ausgleichsberechtigte erhält dann keinen eigenständigen Anspruch in der gesetzlichen Rentenversicherung oder bei einem anderen Versicherungsträger, sondern nur einen Anspruch gegen den Ex-Ehegatten selbst, der bei dessen Tod auch wegfällt (dazu unten Ziff. 7). Insoweit bringt das neue Gesetz für den Ausgleichsberechtigten eine Verschlechterung gegenüber dem bisher geltenden Recht. Um dies aufzufangen, können die Ehegatten weiterhin vereinbaren (§ 1587o BGB), daß der Versorgungsausgleich durch Beitragszahlung vorgenommen wird. Das setzt aber – wie jeder Vertrag – das Einverständnis beider Eheleute voraus.

e) Ausnahmen und Höchstgrenze

Das Gesetz sieht für den Regelfall vor, daß der Versorgungsausgleich durch Übertragung oder Begründung von Rentenanwartschaften in der gesetzlichen Rentenversicherung erfolgt. Die meisten bisher erörterten Ausgleichsformen (Splitting, Quasi-Splitting, Beitragsentrichtung) enden deshalb im Ergebnis bei der Übertragung oder Begründung von Rentenanwartschaften. In zwei Fallgruppen kann der Richter selbst dann, wenn eine dieser drei Ausgleichsformen möglich wäre, auf Antrag einer Partei den Ausgleich *in anderer Weise* regeln (§ 1587b Abs. IV BGB). Dies kann zunächst dann geschehen, wenn die an sich mögliche und auch zulässige Begründung von Anwartschaftsrechten in der gesetzlichen Rentenversicherung sich voraussichtlich nicht zugunsten des Berechtigten auswirken würde. Ein Beispiel: Nach den Bestimmungen der gesetzlichen Rentenversicherung kann eine Rente nur gezahlt werden, wenn der Versicherte eine bestimmte

Zeit Mitglied der Versicherung gewesen ist. Kann der Ausgleichsberechtigte diese Wartezeit nicht mehr erfüllen, so kann sich die Nachversicherung durch Übertragung oder Begründung von Anwartschaften ohnehin nicht mehr zu seinen Gunsten auswirken, sie wäre deshalb praktisch sinnlos.

Die zweite Gruppe von Fällen, in der eine andere Regelung des Ausgleichs möglich ist, liegt vor, wenn „der Versorgungsausgleich in dieser Form nach den Umständen des Falles unwirtschaftlich" wäre. Die amtliche Begründung (BT-Drucks. 7/4361, S. 42) nennt hier das Beispiel, daß „sowohl der Ausgleichsverpflichtete als auch der Ausgleichsberechtigte ausschließlich Anrechte auf eine Beamtenversorgung besitzen und deshalb dem Ausgleichsberechtigten mit Anwartschaften in einer gesetzlichen Rentenversicherung nicht gedient wäre." Denkbar ist auch, daß die Begründung von Kleinst-Renten in Höhe von wenigen DM wirtschaftlich sinnlos ist. Der Richter kann in diesen Fällen Ausgleichszahlungen oder Abfindungen anordnen oder auf den schuldrechtlichen Versorgungsausgleich ausweichen. Auf Parteivereinbarungen muß er Rücksicht nehmen.

Durch eine solche Regelung im Rahmen des § 1587b Abs. IV wird der Versorgungsausgleich endgültig vorgenommen. Sie ist deshalb zu unterscheiden von den Fällen des § 1587d, in denen der Richter lediglich das Ruhen der Ausgleichszahlung anordnet, weil der Zahlungspflichtige – mindestens zur Zeit – nicht leistungsfähig ist. Die richterliche Anordnung nach § 1587d kann später wieder geändert werden und läßt den Anspruch des Ausgleichsberechtigten unverändert bestehen. Eine Regelung nach § 1587b Abs. IV ist dagegen endgültig und kann nach Rechtskraft des Scheidungsurteils nicht mehr geändert werden.

Der Versorgungsausgleich durch Übertragung oder Begründung von Anwartschaften in der gesetzlichen Rentenversicherung wird durch § 1587b Abs. V auf eine Höchstgrenze begrenzt: der Wertausgleich darf nicht dazu führen, daß ein Ehegatte durch den Versorgungsausgleich höhere Anwartschaften erhält, als er aufgrund eigener Erwerbstätigkeit günstigstenfalls hätte erwerben können. Die Bekanntmachung von Rechengrößen zur Durchführung des Versorgungsausgleichs in der gesetzlichen Rentenversicherung vom 1. 12. 1976 (BANZ Nr. 233) sieht unter Nr. 6 für die Errechnung des Höchstbetrages ein vereinfachtes Verfahren vor. Danach ist die Anzahl der in der Ehezeit fallenden Kalendermonate mit einem bestimmten Faktor zu multiplizieren, der jährlich neu festgelegt wird. Für die vergangenen Jahre sind die Faktoren:

1967: 1,7684670	1978 1. Halbj.: 4,5009464
1968: 1,9155268	1978 2. Halbjahr
1969: 2,0371740	und 1979: 4,3884644
1970: 2,1492394	1980: 4,5640613
1971: 2,2844261	1981: 4,7465321
1972: 2,5012664	1982: 5,0198217
1973: 2,7851793	1. Halbjahr 1983: 5,0198217
1974: 3,0974210	2. Halbjahr 1983: 5,3001935
1975: 3,4411160	1. Halbjahr 1984: 5,3001935
1976: 3,8195971	2. Halbjahr 1984: 5,4803730
1977: 4,1995363	1. Halbjahr 1985: 5,4803730

Bei einer Ehezeit von 10 Jahren (= 120 Kalendermonate) und dem Ende der Ehezeit im Jahr 1977 ergibt sich damit ein Höchstbetrag von 503,94 DM. Das Fmiliengericht kann nur so viele Versicherungsanwartschaften übertragen oder begründen, daß zusammen mit eventuell bereits bestehenden Anwartschaftsrechten dieser Höchstbetrag nicht überschritten wird. Ist der Ausgleichsanspruch höher, so muß der überschießende Betrag im schuldrechtlichen Versorgungsausgleich ausgeglichen werden.

f) Folgen des Wertausgleichs

Die Folgen des Wertausgleichs sind für die geschiedenen Eheleute unterschiedlich. Beim Ausgleichsberechtigten führt die Übertragung oder Begründung zusätzlicher Rentenanwartschaften zu einer Erhöhung der Rente; sofern vor dem Ausgleich noch keine eigenen Versorgungsanwartschaften bestanden haben, erhält er durch den Wertausgleich erstmals eine eigene, von der Zahlungsfähigkeit und Zahlungswilligkeit des anderen Ehegatten völlig unabhängige Alters- und Invaliditätsversorgung. Eben diese eigenständige soziale Sicherung des finanziell weniger leistungsfähigen Ehegatten war ja der entscheidende Grund für die Einführung des Versorgungsausgleichs.

Beim Ausgleichsverpflichteten führt der Wertausgleich durch

Splitting, Quasi-Splitting oder Realteilung zu einer Minderung seiner Versorgungsrechte; die Beitragsentrichtung, durch die bei einem Sozialversicherungsträger direkt Versorgungsanrechte „eingekauft" werden, hat diesen Effekt nicht, hier sind aber unter Umständen ganz erhebliche Geldzahlungen zu leisten. Die unmittelbare Minderung der Renten- oder Pensionsanwartschaften durch Splitting oder Quasi-Splitting kann nach der Anwartschaftsübertragung durch entsprechende Beitragszahlungen wieder ausgeglichen werden. Der geschiedene Mann, der bei der Scheidung durch den Wertausgleich einen Teil seiner Altersversorgung an die geschiedene Frau verloren hat, kann also sein Versorgungskonto durch Beitragszahlungen wieder aufstocken. Das gilt sowohl für die Rentenversicherung (§ 1304a Abs. 6 RVO, § 83a Abs. 6 AVG) als auch für die Pensionsanwartschaften der Beamten (§ 58 Beamtenversorgungsgesetz). Auch eine teilweise Aufstockung des durch Wertausgleich reduzierten Kontos ist möglich. Diese Wiederauffüllung wird immer teurer, je länger sie hinausgeschoben wird, weil die Werte in der gesetzlichen Rentenversicherung und die beamtenrechtlichen Versorgungsbezüge jährlich angehoben werden. Für den ausgleichsverpflichteten geschiedenen Ehegatten ist es deshalb ratsam, sein Versorgungskonto nach der Scheidung so bald wie möglich wieder aufzufüllen und dies möglicherweise auch mit Krediten zu finanzieren.

Bezieht der ausgleichsverpflichtete Ehegatte im Zeitpunkt der Scheidung bereits eine Rente oder eine Pension, der Ausgleichsberechtigte aber nicht, so wird die Rente oder Pension zunächst in der bisherigen Höhe weitergezahlt, bis auch der ausgleichsberechtigte Ehegatte einen Rentenanspruch erhält, erst dann wird die Rente oder Pension des Ausgleichspflichtigen um den übertragenen Teil gekürzt. Diese Regelung hat ihren Grund darin, daß der Ausgleichsverpflichtete meistens zugleich unterhaltspflichtig ist, daß eine Renten- oder Pensionskürzung folglich zugleich seine Leistungsfähigkeit für die Unterhaltszahlungen beeinträchtigen würde und damit mittelbar den ausgleichsberechtigten, wirtschaftlich abhängigen Ehegatten treffen würde.

Nach dem Text des BGB war aber in der weitaus größeren Zahl von Fällen, in denen der Mann lange *vor* Erreichen des Renten- oder Pensionsalters geschieden wurde, die rechtliche Konsequenz anders: die bei der Scheidung übertragenen Versorgungsanwartschaften wurden dann bei ihm nicht mehr berücksichtigt und zwar selbst dann nicht, wenn er seiner geschiedenen Frau aus dieser (gekürzten) Rente Unterhalt zahlen mußte. Das Gesetz zum Ausgleich von Härten im Versorgungsausgleich (unten X Ziff 6) hat dies geändert. Wer Unterhalt zahlt, bekommt daher heute jedenfalls solange seine volle Rente oder Pension, bis auch der unterhaltsberechtigte Ex-Ehegatte aus dem Versorgungsausgleich Bezüge erhält.

In anderen Fällen konnte der Wertausgleich dazu führen, daß die Übertragung von Anrechten auf eine Altersversorgung dem zum Ausgleich Verpflichteten etwas wegnahm, ohne daß sich dies zugunsten des Berechtigten auswirkte. Waren z. B. einer Ehefrau Ansprüche übertragen und starb die Frau, bevor sie die Altersgrenze erreicht hatte, so hatte der Versorgungsausgleich bei ihr nie zu einer eigenen Rente geführt. Dennoch waren nach dem Gesetz die übertragenen Anrechte des Mannes unwiederbringlich dahin. Das Bundesverfassungsgericht hatte auch hier vom Gesetzgeber eine Korrektur verlangt (NJW 1980 S. 326, 335). Das Gesetz zur Regelung von Härten im Versorgungsausgleich (unten Abschn. X Ziff. 6) sieht daher vor, daß die übertragenen Anwartschaftsrechte an den geschiedenen ausgleichspflichtigen Partner zurückfallen, wenn der Ausgleichsberechtigte daraus weniger als zwei Jahre lang selbst eine Rente bezogen hat.

Diese beiden Regelungen des neuen Gesetzes (Weiterzahlung der vollen Altersversorgung bei Unterhaltspflicht und Rückfall übertragener Anwartschaftsrechte bei Rentenbezug unter zwei Jahren) gelten rückwirkend vom 1. Juli 1977 an. Wer bereits geschieden ist und aus diesen Gründen auf einen Teil seiner Altersversorgung hat verzichten müssen, kann Nachzahlung der verlorenen Beträge verlangen. Andererseits gilt das Gesetz zur Regelung von Härten im Versorgungsausgleich nur bis zum 31. 12. 1986. Die bis dahin vorgesehene Neuregelung des Gesetzgebers kann aber in diesem Bereich nicht mehr als marginale Korrekturen bringen.

g) Ausschluß des Wertausgleichs (Härteklausel)

Der Einführung des Versorgungsausgleichs liegt die Vorstellung zugrunde, daß die von den Ehegatten erarbeiteten Versorgungsanwartschaften auf eine „gemeinsame Lebensleistung" zurückgehen, daß also der Ehegatte ohne Versorgungsanwartschaften oder mit solchen von geringerem Wert an den Anwartschaften seines Partners beteiligt werden muß. Der Gesetzgeber hat hier vor allem die Hausfrau im Sinn, die der Familie wegen ihren Beruf einschränkt oder aufgibt. Sie soll nach den Vorstellungen des neuen Gesetzes nicht völlig ohne eigene Altersversorgung dastehen. Der öffentlich-rechtliche Versorgungsausgleich ist deshalb vom Gesetz obligatorisch vorgeschrieben, sofern nicht die Ehegatten in einem Ehevertrag oder in einer Scheidungsvereinbarung sich auf etwas anderes geeinigt haben.

Nun kann es freilich Fälle geben, in denen dieser obligatorische Ausgleich – so, wie das Gesetz ihn vorsieht – grob ungerecht wäre. In § 1587c enthält das BGB deshalb eine Härteklausel, die es dem Richter erlaubt, in solchen Sonderfällen auf den Ausgleich zu verzichten. § 1587c gilt entgegen seinem Wortlaut nur für den öffentlich-rechtlichen Versorgungsausgleich (den Wertausgleich), für den schuldrechtlichen Versorgungsausgleich gilt eine besondere Vorschrift (§ 1587h, vgl. dazu unten unter Ziff. 7).

Nach § 1587c Ziff. 1 ist der Wertausgleich ausgeschlossen, „soweit die Inanspruchnahme des Verpflichteten unter Berücksichtigung der beiderseitigen Verhältnisse, insbesondere des beiderseitigen Vermögenserwerbes während der Ehe oder im Zusammenhang mit der Scheidung, grob unbillig wäre". Diese recht allgemein gehaltenen Formulierungen bedürfen der Konkretisierung, die jeweils im Einzelfall durch den Richter vorgenommen werden muß. Einige Fallgruppen kann man allerdings schon jetzt unter § 1587c Ziff. 1 subsumieren: die Lehrerin, die während der Ehe einen Pensionsanspruch erworben hat, braucht diese mit ihrem Mann, der in der gleichen Zeit als freier Unternehmer ein Vermögen (aber keine Altersrente) erworben hat, nicht zu teilen, das wäre „unter Berücksichtigung ... des beiderseitigen Vermögenserwerbs während der Ehe" grob unbillig. Das gilt insbesondere dann, wenn Gütertrennung bestand, die pensionsberechtigte Frau also keinen Zugewinnausgleich erhält (vgl. dazu OLG Koblenz, FamRZ 1983 S. 508). Das gleiche wäre aber auch dann der Fall, wenn ein Architekt als Angestellter in einem Architekturbüro während der Ehezeit eine Rentenanwartschaft erwirbt, seine Frau ein beträchtliches Vermögen geerbt hat und auf einen Rentenanspruch aller Voraussicht nach niemals angewiesen sein wird (zu beiden Fällen BT Drucks. 7/650, S. 162); auch hier wäre „unter

Berücksichtigung der beiderseitigen Verhältnisse" der Versorgungsausgleich grob unbillig. Ferner sollten hier die Fälle berücksichtigt werden, in denen die Frau eine Berufsausbildung des Mannes durch ihre Berufstätigkeit ermöglicht und finanziert (Beispiel: der mit einer Sekretärin verheiratete Student); hier wäre es grob unbillig, wenn die Frau einen Teil ihres Rentenanspruchs abgeben müßte (BT Drucks. 7/4361, S. 43 sowie OLG Celle, FamRZ 1979 S. 595 und BGH FamRZ 1983 S. 1217 für den umgekehrten Fall, in dem der Ehemann seiner Frau ein Studium finanziert hatte).

Weiter gehören hierher die Fälle, in denen der Mann bereits seit längerer Zeit eine Invalidenrente bezieht (die nicht ausgleichspflichtig ist, vgl. oben Ziff. 2), die Frau deshalb notgedrungen berufstätig war und sich so eine eigene Altersversorgung aufgebaut hat (dazu Ambrock, Anm. II 1 zu § 1587c und Ruland, NJW 1976, S. 1719). Der Versorgungsausgleich ist allerdings nicht allein deshalb grob unbillig, weil danach keinem der beiden Eheleute eine für den Lebensunterhalt ausreichende Rente verbliebe (OLG Bamberg, FamRZ 1979 S. 521, BVerfG, NJW 1980 S. 692). Hingegen liegt eine grobe Unbilligkeit dann vor, wenn kinderlose Eheleute voll berufstätig waren, beide den Versorgungsausgleich ablehnen und ein Vermögensausgleich erfolgt ist (OLG Celle, FamRZ 1979 S. 596).

Der Regierungsentwurf wollte ursprünglich den § 1587c Ziff. 1 auf solche Unbilligkeiten beschränken, die sich aus den wirtschaftlichen Verhältnissen ergeben. Dagegen gab es von Seiten der Opposition und des Bundesrates Bedenken. Die jetzige Fassung ist das Ergebnis eines Kompromisses, der erst im Vermittlungsausschuß zustandegekommen ist. Die Beschränkung auf wirtschaftliche Ausschlußgründe ist entfallen, so können also auch *andere* Umstände rein persönlicher Natur zum Ausschluß des Versorgungsausgleichs führen. Doch „dürfen Umstände nicht allein deshalb berücksichtigt werden, weil sie zum Scheitern der Ehe geführt haben". Inzwischen hat der Bundesgerichtshof die Grenze, jenseits derer ein eheliches Fehlverhalten auch den Ausschluß des Versorgungsausgleichs rechtfertigt, recht genau gezogen. Es muß sich – wie beim Ausschluß des Zugewinnausgleichs (dazu unten Abschnitt IV) – um ein besonders schwerwiegendes pflichtwidriges Verhalten handeln, das sich über einen längeren Zeitraum erstreckt und auch die Zeit *vor* der Trennung der Eheleute betrifft. Eine Frau, die nach langjähriger Ehe „grundlos“ aus der Ehe ausbricht und mit einem anderen Mann zusammenlebt, verliert zwar ihren Unterhaltsanspruch (dazu oben Abschnitt II Ziff. 7d), behält aber trotz ihres gravierenden Fehlverhaltens den Anspruch auf Versorgungsausgleich. Ihr Fehlverhalten betrifft nämlich nicht die Zeit vor der Trennung der Eheleute. Wenn sie viele Jahre lang ihre Aufgaben als Hausfrau und Mutter erfüllt hat, so hat sie zur Versorgungsgemeinschaft Ehe auch selbst etwas beigetragen und kann vom Versorgungsausgleich nicht allein deshalb abgeschnitten werden, weil sie sich nun einem anderen Partner zuwendet (BGH FamRZ 1983 S. 35).

Anders entschied der BGH am gleichen Tag einen zweiten Fall. Ein Ehepaar hatte bald nach der Heirat Streit bekommen. Die Frau zog aus und die beiden sahen sich nur noch gelegentlich. Nach vier Monaten kam sie zurück und erklärte dem Mann, sie erwarte ein Kind von ihm. Daraufhin versöhnte sich das Ehepaar und lebte sieben Jahre lang relativ friedlich zusammen. Dann kamen dem Mann Bedenken, ob er wirklich der Vater des Kindes sei: er focht die Vaterschaft an. Die Frau entzog sich seinen Nachforschungen: ihre Blutprobe konnte nur mittels zwangsweiser Vorführung beim Gesundheitsamt beschafft werden. Schließlich stellten Gutachter fest, daß das Kind tatsächlich nicht vom Ehemann stammte. Die Frau hatte ihn jahrelang belogen, hatte ihm mindestens fahrlässig ein fremdes Kind untergeschoben und damit das weitere Zusammenleben provoziert und gerechtfertigt. Dies, so meinten die Richter, sei eine „so schwerwiegende Beeinträchtigung der Ehegemeinschaft“, daß es „schlechterdings unverständlich wäre, wenn der auf diese Weise hereingelegte Ehemann von den erworbenen Rentenanwartschaften einen Teil an die Ehefrau abgeben müßte“. Diese Frau bekam deshalb nichts – weder Unterhalt noch Versorgungsausgleich (BGH FamRZ 1983 S. 32).

Nach § 1587c Ziff. 2 ist der Wertausgleich ferner dann ausgeschlossen, wenn „der Berechtigte in Erwartung der Scheidung oder nach der Scheidung durch Handeln oder Unterlassen bewirkt hat, daß ihm zustehende Anwartschaften oder Aussichten auf eine Versorgung, die nach § 1587 Abs. I auszugleichen wären, nicht entstanden oder entfallen sind“. Wer seine eigenen Versorgungsansprüche selbst reduziert oder gar ausgeschlossen hat, um so einen Ausgleichsanspruch gegen den geschiedenen Ehegatten zu erlangen oder zu erhöhen, der muß dieses Verhalten gegen sich selbst gelten lassen. Ein Ehemann, der kurz vor der Scheidung unmittelbar vor der Unverfallbarkeit einer betrieblichen Ruhegehaltszusage kündigt, eine Frau, die im Hinblick auf die Scheidung eine Rentenversicherung (die ausgleichspflichtig wäre) in eine Kapitalversicherung umwandelt (die nicht ausgleichspflichtig ist), verliert insoweit den Ausgleichsanspruch. Es muß sich aber immer um eine Disposition handeln, die in *bewußtem* Zusammenhang mit der Scheidung steht (BT Drucks. 7/650, S. 162). Nicht jede Aufgabe eines Arbeitsplatzes wärend der Ehe und auch nicht andere Vermögensdispositionen, die zu einer Verringerung oder zu einem Wegfall von Versorgungsansprüchen führen, können eine Anwendung des § 1587c Ziff. 2 rechtfertigen.

Ferner betrifft § 1587c Ziff. 2 nur den *Ausschluß* oder die *Reduzierung* eines an sich bestehenden Ausgleichsanspruchs. Mit der Härteklausel kann dagegen kein Ausgleichsanspruch begründet werden. Eine Ehefrau, die der Meinung ist, ihr Mann habe vor der Scheidung bewußt Versorgungsansprüche vermieden oder gemindert, kann auf § 1587c Ziff. 2 keinen Ausgleichsanspruch stützen; sie kann aber einen Ausgleichsanspruch des Mannes gegen ihre selbst erworbenen Ansprüche abwehren. § 1587c Ziff. 2 gibt also keinen Anspruch auf Versorgungsausgleich sondern nur ein Abwehrrecht gegen Ansprüche des anderen Ehegatten.

Der Wertausgleich ist nach der Härteklausel ferner ausgeschlossen, „soweit der Berechtigte während der Ehe längere Zeit hindurch seine Pflicht, zum Familienunterhalt beizutragen, gröblich verletzt hat". Das folgt daraus, daß der Grund für den Versorgungsausgleich in der „gemeinsamen Lebensleistung" der Ehegatten gesehen wird. Erfüllt ein Ehegatte seine Pflichten innerhalb der ehelichen Lebensgemeinschaft nicht, so entfällt auch der rechtfertigende Grund für den Versorgungsausgleich. Ein Mann, der jahrelang seine Familie im Stich läßt und auch keinen Unterhalt zahlt, soll nicht auch noch von der berufstätigen Frau Versorgungsausgleich verlangen können. Auf Seiten der Frau kommt in der (vereinbarten) Hausfrauenehe vor allem die Nichterfüllung der Haushaltsführungspflicht in Frage. In beiden Fällen muß es sich aber um „gröbliche" Pflichtverstöße von einigem Gewicht handeln, nicht nur um eine gelegentliche Nachlässigkeit. Bei einer Ehedauer von insgesamt 25 Jahren reicht das „allmähliche Versagen“ der Ehefrau bei der Haushaltsführung deshalb nicht, um eine grobe Pflichtverletzung zu begründen (OLG Bamberg, FamRZ 1979 S. 522). Auch wenn eine Frau nach 28jähriger Ehe 10 Jahre lang jährlich 6 Wochen lang eine Entziehungskur wegen Trunksucht macht, ist dies kein Grund, ihr den Versorgungsausgleich zu streichen (OLG Celle, FamRZ 1981 S. 576). Zu beachten ist schließlich, daß nach dem neuen Recht eine Ehefrau nicht mehr zur alleinigen Haushaltsführung verpflichtet ist. Wenn sie nach längerer Hausfrauentätigkeit eine neue Aufgabenverteilung in der Ehe anstrebt, kann ihr das nicht als Verletzung der Unterhaltspflicht vorgehalten werden mit der Folge, daß der Versorgungsausgleichsanspruch gekürzt wird (vgl. auch Ambrock, Anm. IV zu § 1587c BGB).

7. Der schuldrechtliche Versorgungsausgleich

Der Gesetzgeber ging davon aus, daß möglichst viele Versorgungsanwartschaften der Ehegatten im Wertausgleich, also durch den öffentlich-rechtlichen Versorgungsausgleich geteilt werden sollen, damit der ausgleichsberechtigte Ehegatte einen Anspruch aus eigenem Recht erlangt, der vom Ausgleichsverpflichteten unabhängig ist. Beim schuldrechtlichen Versorgungsausgleich bekommt der ausgleichsberechtigte Ehegatte (in der Regel also die geschiedene Frau) ähnlich wie beim Unterhaltsanspruch lediglich einen Geldanspruch gegen den geschiedenen ausgleichsverpflichteten Ehegatten. Das ist der Qualität nach etwas anderes (und weniger sicher) als ein öffentlich-rechtlicher Rentenanspruch gegen einen Sozialversicherungsträger. Der schuldrechtliche Versorgungsausgleich findet deswegen nur in Ausnahmefällen statt, die im Gesetz (§ 1587f BGB) genau festgelegt sind:

1. Wenn eine Begründung von Rentenanwartschaften durch Beitragsentrichtung nicht möglich war, weil der Ausgleichsberechtigte bereits die Voraussetzungen für ein Altersruhegeld erfüllte (§ 1587b Abs. III; dazu oben Ziff. 6c).
2. Wenn die Übertragung oder Begründung von Rentenanwartschaften nicht möglich war, weil dadurch der Höchstbetrag nach § 1587b Abs. V überschritten worden wäre.
3. Soweit der zum Ausgleich Verpflichtete die als Beitragsentrichtung zu leistenden Zahlungen nicht erbracht hat.

4. Soweit Anwartschaften aus der betrieblichen Altersversorgung noch nicht unverfallbar waren und deshalb nach § 1587a Abs. II Ziff. 3 nicht berücksichtigt werden konnten.
5. Soweit das Familiengericht ausnahmsweise nach § 1587b Abs. IV eine andere Ausgleichsregelung in Form des schuldrechtlichen Versorgungsausgleichs angeordnet hat.
6. Wenn die Ehegatten im Zusammenhang mit der Scheidung den schuldrechtlichen Versorgungsausgleich vereinbart haben (§ 1587o BGB; vgl. dazu unten Ziff. 9b).
7. Ferner sind nach § 2 des Gesetzes zur Regelung von Härten im Versorgungsausgleich (unten Abschn. X Ziff. 6) in der Geltungszeit dieses Gesetzes (1. 4. 1983 bis 31. 12. 1986) alle diejenigen Ansprüche im schuldrechtlichen Versorgungsausgleich auszugleichen, die weder durch Splitting, noch durch Quasi-Splitting noch durch Realteilung geteilt werden können. Einen Ausgleich durch Beitragszahlung soll es in dieser Zeit überhaupt nicht geben, es sei denn, daß die Eheleute dies vereinbaren. Ein Teil der Ansprüche aus einer betrieblichen Altersversorgung wird daher in Zukunft in den schuldrechtlichen Versorgungsausgleich fallen; alle nämlich, die sich nicht gegen einen öffentlichrechtlich organisierten Versorgungsträger richten und alle, bei denen der Versorgungsträger in seiner Satzung eine Realteilung nicht vorsieht (vgl. dazu oben Ziff. 6d). Das wird auch für manche privaten Lebensversicherungen gelten.

Die Berechnung des Wertes der auszugleichenden Versorgungsanwartschaften geschieht beim schuldrechtlichen Versorgungsausgleich ebenso wie beim Wertausgleich nach den Bewertungsregeln des § 1587a BGB (vgl. dazu oben, Ziff. 4). Der Ausgleich erfolgt in diesem Fall aber nicht durch Übertragung oder Begründung von Rentenanwartschaften in der gesetzlichen Rentenversicherung sondern durch eine Geldrente, die direkt vom Ausgleichsverpflichteten an den Ausgleichsberechtigten zu zahlen ist. Diese Geldrente ist nicht (wie der nacheheliche Unterhalt) vom Zeitpunkt der Scheidung an zu zahlen sondern erst dann, wenn *beide* Ehegatten eine Versorgung erlangt haben oder wenn zumindest der Ausgleichspflichtige eine Versorgung bezieht und der Ausgleichsberechtigte 65 Jahre alt ist oder zu krank ist, um zu arbeiten. Das kann je nach dem Alter der Ehegatten, erst lange Zeit nach der Scheidung der Fall sein.

Der Wert der im schuldrechtlichen Versorgungsausgleich zu

berücksichtigenden Anwartschaften wird für das Ende der Ehezeit berechnet. Gewisse nachträgliche Änderungen dieses für die Ehezeit festgestellten Wertes können aber auch später noch berücksichtigt werden; ebenso können Versorgungsanwartschaften wegfallen oder im Zeitpunkt der Scheidung noch nicht eingetretene Voraussetzungen erfüllt werden. Eine früher noch verfallbare Anwartschaft auf betriebliche Altersversorgung kann entweder wegfallen (dann wird sie auch nicht in den Ausgleich mit einbezogen) oder unverfallbar werden (dann muß sie ausgeglichen werden). Ein erst nach dem Ende der Ehe erfolgter beruflicher Aufstieg des ausgleichspflichtigen Ehegatten, der die Versorgung verbessert, braucht aber nicht ausgeglichen zu werden, weil es insoweit an einer „gemeinsamen Lebensleistung" fehlt. Normale Gehaltsanhebungen sind dagegen zu berücksichtigen (BT-Drucks. 7/4361, S. 47). Bei einer wesentlichen Änderung der wirtschaftlichen Verhältnisse der Ehegatten kann das Familiengericht die Entscheidung über den schuldrechtlichen Versorgungsausgleich später wieder ändern (§ 1587g Abs. II BGB). Damit können z. B. spätere Rentenerhöhungen des Ausgleichspflichtigen zugunsten des Berechtigten berücksichtigt werden. Ebenso kann der nachträgliche Wegfall einer Versorgungsanwartschaft zu Lasten des Ausgleichsberechtigten berücksichtigt werden.

Immer wird über den schuldrechtlichen Versorgungsausgleich nur auf *Antrag eines Ehegatten* entschieden. Die Entscheidung erfolgt also nicht, wie beim öffentlich-rechtlichen Versorgungsausgleich, von Amts wegen. Das war deshalb notwendig, weil im Zeitpunkt der Ehescheidung die Tatsachen, aus denen sich Grund und Höhe der Ausgleichsrente ergeben, sehr oft noch unbekannt sind (BT-Drucks. 7/4361, S. 46). Eine noch nicht unverfallbare Anwartschaft der betrieblichen Altersversorgung kann wieder wegfallen, ob Beiträge zur gesetzlichen Rentenversicherung gezahlt werden (und wie lange), steht noch nicht fest. In solchen Fällen ist eine Entscheidung zusammen mit dem Scheidungsurteil nicht möglich; wollte man sie erzwingen, wäre sie häufig falsch.

In vielen Fällen wird also die endgültige Entscheidung über den schuldrechtlichen Versorgungsausgleich erst lange Zeit nach der Scheidung erfolgen. Das ist für den ausgleichsberechtigten Ehegatten (in der Regel also für die Frau) nicht ohne Risiko. Wenn sie selbst berufs- oder erwerbsunfähig wird, bevor der Ausgleichspflichtige seine Versorgung erlangt hat, dann besteht allenfalls (bei Vorliegen der gesetzlichen Voraussetzungen) ein Unterhaltsanspruch, aber kein Anspruch auf Versorgungsrente. Auch für den Fall, daß der Ausgleichsverpflichtete vor dem Berechtigten stirbt, besteht kein Versorgungsanspruch; auch die Geschiedenenwitwenrente gibt es für nach neuem Recht Geschiedene nicht mehr (BT-Drucks. 7/650, S. 168).

§ 1587 I BGB gibt dem geschiedenen ausgleichsberechtigten Ehegatten deshalb einen *Abfindungsanspruch*. Er kann verlangen, für seine zukünftigen Ausgleichsansprüche abgefunden zu werden, sofern der zum Ausgleich Verpflichtete dadurch nicht unbillig belastet wird. Die Höhe der Abfindung richtet sich nach dem Wert des Ausgleichsanspruchs zum Zeitpunkt der Abfindungsentscheidung (Zeitwert; vgl. dazu BT-Drucks. 7/4361, S. 47). In der Form der Abfindung sind die Ehegatten nicht frei, vor allem kann sie nicht in der Zahlung eines Kapitalbetrages an den Ausgleichsberechtigten selbst bestehen. Der Berechtigte soll vielmehr „in die Lage versetzt werden, die Abhängigkeit von der Sicherung des anderen Ehegatten endgültig zu lösen und eine eigenständige Sicherung für den Fall des Alters, der Berufs- und der Erwerbsunfähigkeit aufzubauen oder auszubauen" (BT-Drucks. 7/650, S. 169). Die Abfindung kann deshalb nur in Form der Zahlung von Beiträgen zu einer privaten Lebens- oder Rentenversicherung oder zu einer gesetzlichen Rentenversicherung verlangt werden (§ 1587 l Abs. III BGB). Die Abfindung kann aber nur der Ausgleichs*berechtigte* nicht der Verpflichtete verlangen. Soweit das Gesetz zur Regelung von Härten im Versorgungsausgleich eingreift, das die Beitragszahlung ja gerade abschaffen will, kann die Abfindung nicht verlangt werden (§ 2 aaO.).

Sofern eine Abfindung nicht verlangt wurde oder nicht verlangt oder gezahlt werden konnte, erfolgt der schuldrechtliche Versorgungsausgleich durch die Zahlung einer Geldrente. Sie wird fällig, wenn beide geschiedenen Ehegatten Versorgungsempfänger sind (§ 1587g Abs. I BGB). Normalerweise zahlt also dann der ausgleichsverpflichtete Ehegatte an den Berechtigten regelmäßig einen bestimmten Geldbetrag. Der Berechtigte kann in Höhe der laufenden Ausgleichsrente die *Abtretung* der Rentenansprüche des Ausgleichspflichtigen verlangen (§ 1587i BGB). Der Abtretungsanspruch bezieht sich jedoch nur auf solche Rentenansprüche, die in den Versorgungsausgleich einbezogen waren. Andere Versorgungsansprüche und sonstiges Einkommen (z. B. aus Vermögen) unterliegt nicht der Abtretungspflicht. Nach der Abtretungserklärung oder – im Streitfall – nach der zur Abtretung verurteilenden gerichtlichen Entscheidung wird der abgetretene Betrag vom Versorgungsträger direkt an den ausgleichsberechtigten geschiedenen Ehegatten ausgezahlt, so daß – ebenso wie beim öffentlich-rechtlichen Versorgungsausgleich – keine Zahlungen von einem Ehegatten an den anderen geleistet werden müssen.

Unterschiede zum öffentlich-rechtlichen Versorgungsausgleich ergeben sich aber, sobald einer der geschiedenen Ehegatten stirbt. *Stirbt der Ausgleichsberechtigte,* so erlischt sein Anspruch, die abgetretenen Rententeile fallen dann – anders als nach einem öffentlich-rechtlichen Versorgungsausgleich – an den Ausgleichsverpflichteten zurück (§ 1587k Abs. II BGB). Ein geschiedener Mann, der einen Teil seiner Rente an seine geschiedene Frau abgetreten hatte, bekommt also nach dem Tod der Frau wieder seine volle Rente. Wäre dagegen ein Wertausgleich vorgenommen worden, so wären die auf die Frau übertragenen Rententeile in vielen Fällen auch nach ihrem Tod nicht auf den Mann zurückübertragen worden.

Das Gesetz enthält keine ausdrückliche Bestimmung darüber, was geschieht, wenn der *Ausgleichsverpflichtete zuerst stirbt.* Da der Rentenanspruch mit dem Tod des Rentenbeziehers erlischt, könnte man folgern, eine „auszugleichende Versorgung" sei dann nicht mehr vorhanden, sodaß mit dem Tod des Verpflichteten auch der Anspruch des Berechtigten erlischt (so Maier, Versorgungsausgleich in der Rentenversicherung, Anm. 2 zu § 1587k). Vielfach wird jedoch wegen des unterhaltsrechtlichen Charakters des schuldrechtlichen Ausgleichsanspruchs ein Fortbestehen des Anspruchs gegenüber den Erben entsprechend § 1586b BGB angenommen (vgl. Palandt-Diederichsen Anm. 3 zu § 1587k BGB). Der Bundesgerichtshof hat die Frage bisher nicht entschieden, sondern ausdrücklich offen gelassen (vgl. BGH NJW 1982 S. 1940 m. w. Nachw.). Jedenfalls wenn kein Nachlaß vorhanden ist, der ausreicht, die Ausgleichsforderung zu finanzieren, verliert aber eine Frau, die von den abgetretenen Rententeilen ihres geschiedenen Mannes gelebt hat, nach seinem Tod jeglichen Ausgleichsanspruch. Wäre der Ausgleich als öffentlich-rechtlicher Wertausgleich erfolgt, würde sie ihre Ansprüche behalten.

Insbesondere hier zeigt sich deutlich der unterschiedliche Charakter und Sicherheitsgrad von schuldrechtlichem und öffentlichrechtlichem Versorgungsausgleich. Die im BGB enthaltene Regelung sieht deshalb vor, so weit als irgend möglich für den Ausgleichsberechtigten eine eigene vom Verpflichteten unabhängige Altersversorgung aufzubauen – sei es durch den öffentlichrechtlichen Wertausgleich, sei es durch eine Abfindung im schuldrechtlichen Versorgungsausgleich. Diese Tendenz ist vom Gesetz zur Regelung von Härten im Versorgungsausgleich (unten Abschnitt X Ziff. 6) abgeschwächt worden. Da das Gesetz zwischen dem 1. 4. 1983 und dem 31. 12. 1986 den „Einkauf" in die gesetzliche Rentenversicherung überhaupt nicht mehr vorsieht und zugleich für die Fälle, in denen deshalb auf den schuldrechtlichen Versorgungsausgleich ausgewichen wird, den Abfindungsanspruch des Ausgleichsberechtigten ausschließt (§ 2 aaO.), wird es in Zukunft mehr Fälle geben, in denen dem Ausgleichsberechtigten nur eine schuldrechtliche Ausgleichsrente bleibt.

Ebenso wie beim öffentlich-rechtlichen Versorgungsausgleich ist auch für den schuldrechtlichen Versorgungsausgleich eine *Härteklausel* vorgesehen (§ 1587h BGB). Sie entspricht im wesentlichen der Härteklausel für den öffentlich-rechtlichen Versorgungsausgleich (§ 1587c; dazu Ziff. 6g). Im Bereich der nach Ziff. 1 des § 1587h ist ein Anspruch auf schuldrechtlichen Versorgungsausgleich ausgeschlossen, „soweit der Berechtigte den nach seinen Lebensverhältnissen angemessenen Unterhalt aus seinen Einkünften und seinem Vermögen bestreiten kann und die Gewährung des Versorgungsausgleichs für den Verpflichteten bei Berücksichtigung der beiderseitigen wirtschaftlichen Verhältnisse eine unbillige Härte bedeuten würde". Anders als beim Ausschluß des öffentlich-rechtlichen Versorgungsausgleichs nach § 1587c Ziff. 1 ist hier *allein* auf *wirtschaftliche Gesichtspunkte* abzustellen. Die Verletzung von ehelichen Pflichten ist nur im Rahmen der Ziff. 3 (grobe Verletzung der Pflicht zum Familienunterhalt beizutragen) zu berücksichtigen. Andere persönliche Faktoren, die nicht wirtschaftlicher Natur sind, können nicht berücksichtigt werden. Die etwas merkwürdige Konsequenz ist, daß einem Mann, der seine Frau schwer mißhandelt hat, oder einer Frau, die versucht hat, ihren Mann umzubringen, der öffentlich-rechtliche Wertausgleich gestrichen werden kann, der schuldrechtliche Versorgungsausgleich aber nicht. Jedenfalls ergibt sich dieses Resultat, wenn man das Gesetz seinem klaren Wortlaut entsprechend anwendet. Möglicherweise werden die

Gerichte in solch krassen (und eben deswegen auch seltenen) Fällen die noch im Vermittlungsausschuß eingefügte Ausdehnung der für den Wertausgleich geltenden Härteklausel auf Umstände nicht wirtschaftlicher Art auch auf den schuldrechtlichen Versorgungsausgleich anwenden (dafür auch Rolland, Randnr. 4 zu § 1587h; vgl. auch OLG Celle, FamRZ 1982 S. 501).

Für die Ziff. 2 und 3 der Härteklausel ergeben sich gegenüber dem öffentlich-rechtlichen Versorgungsausgleich (§ 1587c BGB) keine Unterschiede (vgl. dazu oben Ziff. 6g).

8. Die Übergangsregelung für Altehen

Grundsätzlich gilt für alle Ehen, die *vor* dem 1. Juli 1977 *geschieden* worden sind, das alte Recht. Für diese bereits geschiedenen Eheleute sind die neuen Vorschriften über den Versorgungsausgleich ohne jede Bedeutung. Eine Ehefrau, die bereits vor dem 1. 7. 1977 geschieden wurde, kann also keine Ansprüche auf Versorgungsausgleich stellen, auch dann nicht, wenn ihre Position nach dem neuen Recht sehr viel besser wäre. Der Mann, der nach dem neuen Recht einen Teil seiner Altersversorgung an seine Frau abgeben müßte, der aber noch unter der Geltung des alten Rechts geschieden worden ist, braucht nachträgliche Ansprüche seiner Frau nicht zu fürchten. Für beide geschiedenen Ehepartner bleibt es auch hinsichtlich der Scheidungsfolgen beim alten Recht.

Dem Grundsatz nach soll für alle Scheidungen, die *nach* dem 1. Juli 1977 ausgesprochen worden sind, das neue Recht gelten. Es kommt dabei nicht darauf an, wann die Klage erhoben worden ist, sondern wann das endgültige Scheidungsurteil ergangen ist. Das neue Recht gilt also auch für alle Scheidungsverfahren, die sich über den 1. 7. 1977 hinaus hingezogen haben. Der Versorgungsausgleich ist deshalb auch für alle sog. Altehen durchzuführen, die *vor* dem 1. 7. 1977 *geschlossen* aber *nach* dem 1. 7. 1977 *geschieden* worden sind. In diesem Fall werden alle Versorgungsanwartschaften in den Ausgleich mit einbezogen, auch diejenigen, die Jahre oder Jahrzehnte vor dem neuen Recht erworben worden sind. Eben dies hat dem neuen Recht den Vorwurf eingetragen, eine solche rückwirkende Bedeutung verstoße gegen den Eigentumsschutz öffentlich-rechtlicher Versorgungsanwartschaften und sei deshalb verfassungswidrig. Das Bundesverfassungsgericht hat jedoch den Eingriff in Versorgungsrechte so wie er im Gesetz vorgesehen ist im wesentlichen für verfassungsgemäß und daher rechtswirksam erklärt (BVerfG NJW 1980 S. 692; vgl. dazu oben Abschnitt III Ziff. 3).

Der Gesetzgeber hat – auch unter dem Druck dieser schon bei den Beratungen des Gesetzes geäußerten verfassungsrechtlichen Bedenken – für den Versorgungsausgleich von nach dem 1. 7. 1977 geschiedenen ,,Altehen“ eine Übergangsregelung geschaffen. Nach Art. 12 Ziff. 3 Abs. III 1. EheRG gelten für den Versorgungsausgleich von Altehen drei Ausnahmeregelungen:

(1) Der Versorgungsausgleich ist nicht vorzunehmen, wenn die Ehegatten *vor* dem 1. 7. 1977 einen Vertrag geschlossen haben, in dem einer von ihnen durch Übertragung von Vermögensgegenständen für künftige *Unterhaltsansprüche* endgültig abgefunden worden ist.

(2) Der Versorgungsausgleich findet ferner nicht statt, wenn die Ehegatten *vor* dem 1. 7. 1977 einen Vertrag über die auszugleichenden *Versorgungsanwartschaften* geschlossen haben.

(3) Wenn die Ehe nach dem alten Recht nur deshalb nicht geschieden werden konnte, weil der ausgleichsberechtigte Ehegatte der Scheidung widersprochen hatte (§ 48 Abs. II der alten Fassung des Ehegesetzes), kann der Richter den Ausgleichsanspruch herabsetzen.

Zu Punkt 1: Ein Unterhaltsvertrag aus der Zeit vor dem 1. 7. 1977, in dem ein Ehegatte für künftige Unterhaltsansprüche endgültig abgefunden wurde, soll seine Wirksamkeit behalten. Der Gesetzgeber wollte in rechtswirksame Verträge nicht eingreifen. Voraussetzung ist aber, daß es sich um eine *endgültige* Abfindung gehandelt hat, daß also nicht nur eine Teilabfindung unter Anrechnung auf spätere Unterhaltsansprüche vorliegt. Voraussetzung ist weiter, daß sie die Vereinbarung der *Übertragung von Vermögensgegenständen* zum Inhalt hatte. Ein einfacher Unterhaltsverzicht genügt nicht. Hat also der Ehemann seiner Frau vor dem 1. 7. 1977 ein Miethaus übertragen und ist vereinbart worden, daß die Frau hierdurch für alle späteren Unterhaltsansprüche abgefunden sein solle, so findet kein Versorgungsausgleich statt, auch dann nicht, wenn die Ehe nach dem 1. 7. 1977 geschieden wurde.

Zu Punkt 2: Der Gesetzgeber respektiert auch Verträge, die vor dem 1. 7. 1977 über auszugleichende *Versorgungsanwartschaften* geschlossen worden sind. Die Formvorschrift des § 1587o gilt für solche Verträge nicht, sie konnten sogar mündlich getroffen werden, was freilich im Streitfall regelmäßig zu Beweisschwierigkeiten führt.

Zu Punkt 3: Eine große Anzahl von Ehen konnte nach dem alten Recht deshalb nicht geschieden werden, weil trotz dreijähriger Aufhebung der häuslichen Gemeinschaft und unheilbarer Zerrüttung der Ehe eine Scheidung wegen des Widerspruchsrechts des beklagten Ehegatten nicht möglich war. In diesen Fällen haben die Ehegatten oft lange Zeit getrennt gelebt, von einer „gemeinsamen Lebensleistung" konnte jedenfalls in der Trennungszeit nicht mehr die Rede sein. Nach dem Grundgedanken des Versorgungsausgleichs ist es deshalb eigentlich nicht richtig, auch die während der Trennungszeit erworbenen Versorgungsanwartschaften in den Ausgleich mit einzubeziehen. Der Gesetzgeber hat das Problem auch gesehen (BT-Drucks. 7/4361, S. 80), meinte aber, auch das Vertrauen des ausgleichsberechtigten Ehegatten auf die Regelungen des geltenden Rechts schützen zu müssen. Der ausgleichsberechtigte Ehegatte durfte nach dem zur Zeit der Beratungen geltenden Recht „darauf vertrauen, daß er nicht geschieden wird, wenn der andere Ehegatte ihn verläßt und die Zerrüttung der Ehe ganz oder überwiegend verschuldet hat". Er konnte ferner darauf vertrauen, daß diese Ehe ihm eine finanzielle Sicherung bieten würde.

Als Ausgleich zwischen diesen beiden Gesichtspunkten sieht das Gesetz nun vor, daß der Richter den Ausgleichsanspruch des Berechtigten kürzen kann, wenn die Ehegatten lange Zeit getrennt gelebt haben und eine Scheidung wegen des Widerspruchsrechts nach § 48 Abs. II EheG nicht möglich war. Liegt ein scheidungabweisendes Urteil vor, so ist der Nachweis dieser Voraussetzung für eine Kürzung des Ausgleichsanspruchs leicht zu erbringen. Eine Kürzung soll aber auch dann möglich sein, wenn zwar die Voraussetzungen des § 48 Abs. II EheG vorgelegen haben, die Klage aber wegen des zu erwartenden Widerspruchs gar nicht erst erhoben worden ist. In diesem Fall erfordert die Anwendung des Art. 12 Ziff. 3 Abs. 3 des 1. EheRG eine genaue Prüfung der Voraussetzungen des alten § 48 EheG durch den Familienrichter (vgl. BGH FamRZ 1983 S. 87).

Voraussetzung für die Herabsetzung des Ausgleichsanspruchs ist ferner, daß „die uneingeschränkte Durchführung des Ausgleichs" für den Ausgleichsverpflichteten ,,auch unter der Berücksichtigung der Interessen des anderen Ehegatten grob unbillig wäre". Es müssen also die Lebens- und Einkommensverhältnisse beider Ehegatten berücksichtigt werden.

Die Herabsetzung des Ausgleichsanspruchs ist schließlich der Höhe nach begrenzt auf höchstens ,,die Hälfte des auf die Trennungszeit entfallenden gesetzlichen Anspruchs". War also ein Ehepaar seit 30 Jahren verheiratet und lebt es seit 10 Jahren getrennt, so kann der Ausgleichsanspruch um höchstens die Hälfte der während der zehnjährigen Trennungszeit erworbenen Versorgungsanwartschaften gekürzt werden.

9. Verträge über den Versorgungsausgleich

Eheleute können durch eine ausdrückliche Vereinbarung einzelne oder auch alle rechtlichen Konsequenzen, die sich aus den gesetzlichen Bestimmungen über den Versorgungsausgleich ergeben, ändern. Diese sehr weit gefaßte Dispositionsbefugnis der Ehegatten ist in den Entwurf erst im letzten Stadium der Beratungen im Vermittlungsausschuß eingefügt worden. Damit kann der vom Gesetzgeber gewollte Schutz des wirtschaftlich schwächeren Ehegatten bei einer Scheidung stark vermindert werden. Die Pflicht, solche Verträge notariell beurkunden bzw. vom Familiengericht genehmigen zu lassen (dazu sogleich weiter unten), wird einen gewissen Schutz vor einem leichtfertigen Verzicht auf Ansprüche aus dem Versorgungsausgleich bewirken. Dennoch bleibt die Gefahr, daß viele Frauen (in aller Regel sind sie die wirtschaftlich Schwächeren in einer Ehe) sich aus Unwissenheit oder gar unter Druck auf einen Verzicht einlassen, der sich später sehr nachteilig auswirkt. Das gilt vor allem deshalb, weil der Gesetzgeber eben wegen der sozialen Sicherung geschiedener Frauen durch den Versorgungsausgleich die Geschiedenen-Witwenrente für alle nach dem 1. Juli 1977 geschiedenen Frauen abgeschafft hat. Eine geschiedene Hausfrau, die zunächst nach der Scheidung durch einen Unterhaltsanspruch gesichert war, die aber auf den Versorgungsausgleich verzichtet hat, steht also nach dem Tod des Mannes gerade im Alter völlig mittellos da, sofern sie nicht eigenes Vermögen hat oder der Mann ein Vermögen hinterläßt, aus dem ihr Unterhaltsanspruch von seinen Erben weiter bezahlt werden kann. Jeder, der auf den Versorgungsausgleich ganz oder teilweise verzichtet, sollte sich deshalb vorher genau über die späteren Folgen seiner Unterschrift informieren. Leichtsinn, Schüchternheit und Desinteresse können sonst sehr harte Folgen haben. Insbesondere dann, wenn eine Frau sich darauf einläßt, über Jahre hinweg allein für Haushalt und Kinder zuständig zu sein, also eine Hausfrauenehe zu führen, ist ein Verzicht auf den Versorgungsausgleich außerordentlich riskant und sollte unbedingt nur nach eingehender Beratung mit einem Fachmann unterschrieben werden.

Das Gesetz hält für eine Vereinbarung der Ehegatten über den Versorgungsausgleich zwei mögliche Formen bereit: Vor und während der Ehe (aber nicht mehr im Jahr vor der Scheidung) kann sie in einem *Ehevertrag* erfolgen, später ist im Zusammenhang mit der Scheidung eine *Scheidungsvereinbarung* über den Versorgungsausgleich möglich.

a) *Vereinbarungen über den Versorgungsausgleich in einem Ehevertrag*

„In einem Ehevertrag können die Ehegatten durch eine ausdrückliche Vereinbarung auch den Versorgungsausgleich ausschließen". Diese Bestimmung – enthalten im neuen Abs. II des § 1408 BGB – ist erst am Schluß des Gesetzgebungsverfahrens auf Betreiben des Bundesrates ins BGB aufgenommen worden. Verlobte oder Eheleute, können also vor der Heirat oder auch jederzeit während der Ehe den Versorgungsausgleich für den Fall einer späteren Scheidung ausschließen. Die §§ 1587 bis 1587p sind dann im Fall einer Scheidung nicht anzuwenden.

Die Formulierung des § 1408 Abs. II („können ...ausschließen") hat alsbald die Streitfrage entstehen lassen, ob die Ehegatten im Ehevertrag außer dem *völligen Ausschluß* des Versorgungsausgleichs auch seine *Modifizierung* vereinbaren können, etwa derart, daß sie nur den öffentlich-rechtlichen Versorgungsausgleich ausschließen oder daß sie bestimmte Anwartschaften vom Ausgleich ausnehmen, andere aber nicht. Die Meinungen in der juristischen Literatur zu dieser Frage sind geteilt (für die Befugnis, nur einen völligen Ausschluß zu vereinbaren, sind unter Berufung auf den Gesetzeswortlaut: Ambrock, Anm. zu § 1408, Maier, Versorgungsausgleich in der Rentenversicherung

Anm. 1 zu § 1408, Palandt-Diederichsen, Anm. 3b zu § 1408; für die Möglichkeit einer Modifizierung: Ruland, NJW 1976 S. 1715, Reinartz, NJW 1977 S. 83, Diederichsen, NJW 1977 S. 223, v. Maydell, FamRZ 1977 S. 180/181). Trotz des Wortlauts des Gesetzes wird man einen weiten Entscheidungsspielraum der Ehegatten bejahen, also auch einen teilweisen oder modifizierten Ausschluß des Versorgungsausgleichs für möglich halten müssen. Dafür spricht zum einen, daß derjenige, der auf etwas völlig verzichten kann, auch teilweise verzichten können muß. Vor allem dient eine solche Auslegung aber auch dem Schutz des wirtschaftlich schwächeren Ehepartners: es wäre wenig sinnvoll, die Ehegatten zum völligen Ausschluß zu zwingen, wenn sie nur einzelne Teile des Versorgungsausgleichs ändern oder ausschließen wollen. Bisher ist allerdings nicht eindeutig geklärt, wieweit Gerichte modifizierende Eheverträge akzeptieren werden, wenn später darüber Streit entsteht. Auf diese Klärung wird man wohl auch noch längere Zeit warten müssen, weil Eheveträge meist erst viele Jahre nach ihrem Abschluß wirklich zum Tragen kommen und auch erst dann Streit über sie entstehen kann (vgl. aber AmtsG Lörrach, NJW 1980 S. 58 und AmtsG Berlin-Charlottenburg, FamRZ 1983 S. 76, die eine Modifizierung des Versorgungsausgleichs durch Ehevertrag für möglich halten).

Ein Ehevertrag muß „bei gleichzeitiger Anwesenheit beider Teile zur Niederschrift eines Notars geschlossen werden" (§ 1410 BGB). Dadurch soll die Beratung beider Ehegatten durch einen Fachmann sichergestellt und ein unerfahrener oder leichtsinniger Ehepartner vor übereilten Eheverträgen möglichst geschützt werden. „Gleichzeitige Anwesenheit beider Teile" bedeutet nach der Terminologie des BGB jedoch nicht, daß beide Ehegatten *persönlich* vor dem Notar erscheinen müssen. Es ist möglich, daß sich ein Ehegatte oder auch beide durch einen bevollmächtigten Vertreter beim Vertragsabschluß vertreten lassen. Die dafür erforderliche Vollmacht bedarf nicht der Form des § 1410 BGB (§ 167 Abs. II BGB). Es ist also möglich, daß ein Ehegatte nicht selbst vor dem Notar erscheint, sondern einen Vertreter schickt, einen Rechtsanwalt, einen Freund, einen Verwandten vielleicht. Angesichts der sehr schwerwiegenden Folgen eines Ehevertrages, die zudem oft noch sehr weit in der Zukunft liegen, ist jedoch dringend zu raten, daß beide Ehegatten sich *vor* Vertragsschluß *selbst* genau über die rechtlichen Folgen ihrer Unterschrift informieren und auch einem Vertreter, den sie bevollmächtigt haben, nicht ohne weiteres blindlings vertrauen.

Schließen die Ehegatten in einem Ehevertrag den Versorgungsausgleich aus, so besteht automatisch zwischen ihnen statt des gesetzlichen Güterstands der Zugewinngemeinschaft Gütertrennung (§ 1414 BGB). Die Ehegatten können diese zusätzliche Rechtsfolge im Vertrag selbst jedoch ändern, insbesondere also vereinbaren, es solle trotz Ausschluß des Versorgungsausgleichs bei der Zugewinngemeinschaft bleiben. Der Gesetzgeber hatte bei dieser Regelung offenbar die Fälle im Auge, in denen ein Ehegatte während der Ehe Anwartschaften auf eine Altersversorgung erwirbt und der andere in der gleichen Zeit ein gewisses eigenes Vermögen erspart. Beispiele: ein Geschäftsmann ist mit einer Lehrerin verheiratet oder eine Antiquitätenhändlerin heiratet einen kaufmännischen Angestellten. Wenn hier der Versorgungsausgleich ausgeschlossen wurde, wäre es ungerecht, wenn der Ehegatte, der zwar keine Versorgungsansprüche aber Vermögen angesammelt hat, über den Zugewinnausgleich davon etwas abgeben müßte, obwohl er von der Altersversorgung seines Partners nichts bekommt. Insoweit ist die gesetzliche Regelung logisch und richtig. Für den Fall der reinen Hausfrauenehe führt sie aber zu einer Potenzierung der Risiken eines unerfahrenen oder leichtsinnigen Ehe – Vertrags – Partners. Die Hausfrau, die ohne weiteres Nachdenken sich auf einen Ausschluß des Versorgungsausgleichs eingelassen hat, sieht sich bei der Scheidung zusätzlich mit der Rechtsfolge konfrontiert, daß ihr außerdem kein Anspruch auf Zugewinnausgleich zusteht. Hier muß man sicherlich die Beratungsfunktion der Notare besonders ernst nehmen und im übrigen Hausfrauen darauf hinweisen, daß ein Verzicht auf den Versorgungsausgleich für sie sehr nachteilig und sehr riskant ist.

In der Literatur ist eben wegen dieses großen Risikos die Frage gestellt worden, ob ein Ausschluß des Versorgungsausgleichs ohne eine entsprechende andere wirtschaftliche Sicherung nicht sittenwidrig (§ 138 BGB) und nichtig sei (vgl. dazu Ruland NJW 1976 S. 1715 und v. Maydell, FamRZ 1977 S. 181). Keinesfalls kann man davon ausgehen, daß ein Verzicht auf den Versorgungsausgleich ohne Gegenleistung immer sittenwidrig und nichtig ist. Der widerspräche der klaren, wenn auch erst in der Endphase des Gesetzgebungsverfahrens geäußerten Absicht des Gesetzgebers; auch muß ein solcher Vertrag nicht immer ungerecht oder unfair sein, etwa dann nicht, wenn beide Ehegatten berufstätig sind und wechselseitig den Versorgungsausgleich ausschließen. Daran ändert sich auch nichts, wenn später entgegen der ursprünglichen Absicht eine Hausfrauenehe geführt wird und der Verzicht für die Ehegatten danach höchst unterschiedliche Folgen hat; denn für die Beurteilung der Sittenwidrigkeit eines Vertrages kommt es auf den Zeitpunkt des Vertragsschlusses an. Doch kann der vollständige Ausschluß des Versorgungsausgleichs sittenwidrig und nichtig sein, wenn der dadurch begünstigte Ehegatte (meist wird es der Mann sein) den anderen bewußt übervorteilt, indem er dessen Unerfahrenheit und die eigene intellektuelle oder wirtschaftliche Überlegenheit ausnutzt. Das kann auch dann der Fall sein, wenn bereits bei Abschluß des Vertrages die spätere Hausfrauenehe geplant ist und erst recht dann, wenn bereits eine Hausfrauenehe geführt wird und ein Ehegatte erheblich höhere Versorgungsanwartschaften erworben hat (vgl. dazu Hoffmann, NJW 1977 S. 235 und den vom OLG Hamm, FamRZ 1982 S. 1215 entschiedenen Fall nebst der kritisch-nachdenklichen Anmerkung von Bosch).

Ein Ehevertrag, in dem der Versorgungsausgleich ausgeschlossen worden ist, ist nach § 1408 Abs. II BGB unwirksam, wenn innerhalb eines Jahres nach Vertragsschluß der Antrag auf Ehescheidung gestellt wird. Ein Scheidungsantrag, der später als ein Jahr nach Vertragsschluß gestellt wird, berührt die Wirksamkeit des Ehevertrages dagegen nicht mehr. Jeder Ehegatte hat es also ein Jahr nach Vertragsschluß noch in der Hand, durch einen rechtzeitig gestellten Scheidungsantrag die Wirksamkeit des Ehevertrages auszuschließen. Ist der Ausschluß unwirksam, so erstreckt sich die Unwirksamkeit auch auf den Eintritt der Gütertrennung, soweit sich nicht aus dem Vertrag selbst etwas anderes ergibt.

b) Scheidungsvereinbarungen über den Versorgungsausgleich

„Die Ehegatten können im Zusammenhang mit der Scheidung eine Vereinbarung über den Ausgleich von Anwartschaften oder Anrechten auf eine Versorgung wegen Alters oder Berufs- oder Erwerbsunfähigkeit schließen". Diese in § 1587o BGB enthaltene Bestimmung erlaubt es den Ehegatten, über die dem Versorgungsausgleich unterfallenden Ansprüche anders als im Gesetz vorgesehen zu verfügen. Ein formell gestellter Scheidungsantrag ist dafür nicht erforderlich, wohl aber muß die Vereinbarung zeitlich und sachlich mit der Scheidung in Zusammenhang stehen. Sie kann also schon vor dem Beginn des gerichtlichen Verfahrens geschlossen werden aber auch während des Verfahrens und auch nach seinem Abschluß. Sobald freilich eine rechtskräftige Entscheidung über den Versorgungsausgleich vorliegt, ist eine Vereinbarung darüber nicht mehr möglich. In allen Fällen, in denen das Verfahren über den Versorgungsausgleich abgetrennt wurde – und bei der Scheidung jüngerer Ehepaare wird das häufiger der Fall sein – kann auch nach der Scheidung der Ehe noch eine Vereinbarung über den Versorgungsausgleich erfolgen. Hat das Familiengericht in seiner Entscheidung dem Ausgleichspflichtigen Zahlungen an die gesetzliche Rentenversicherung auferlegt (§ 1587b Abs. III BGB, Beitragsentrichtung, dazu oben Ziff. 6c) und sind diese Zahlungen nicht geleistet worden, so können die geschiedenen Ehegatten ausnahmsweise auch nach einer rechtskräftigen Entscheidung über den Versorgungsausgleich eine Vereinbarung darüber schließen.

Gegenstand des Vertrages können alle von den Ehegatten erworbenen Versorgungsanrechte sein, doch können die Ehegatten Anwartschaftsrechte in der gesetzlichen Rentenversicherung weder begründen noch übertragen. Im übrigen sind sie bei ihren Vereinbarungen frei: der Versorgungsausgleich kann ganz oder teilweise ausgeschlossen werden, Abfindungszahlungen können vereinbart, die Unterhaltszahlungen und der Zugewinnausgleich kann in die vertragliche Gestaltung mit einbezogen werden, so daß im ganzen eine ausgewogene vermögensrechtliche Auseinandersetzung der Ehegatten möglich wird, die völlig anders aussieht, als die gesetzlich vorgesehene Regelung.

Auch hier besteht natürlich die Gefahr, daß ein Ehegatte den anderen übervorteilt und die Unerfahrenheit oder den Leichtsinn seines Partners ausnutzt, um eine für sich selbst vorteilhafte Regung durchzusetzen. Der Gesetzgeber hat diese Gefahr durchaus gesehen und versucht, ihr durch zwei Formvorschriften vorzubeugen.

Eine Scheidungsvereinbarung nach § 1587o BGB muß erstens entweder notariell beurkundet oder als gerichtlicher Vergleich im Verfahren vor dem Familiengericht protokolliert werden. Damit soll eine sachkundige Beratung beider Ehegatten *vor* Abschluß des Vertrages sichergestellt werden.

Zweitens bedarf die Scheidungsvereinbarung über den Versorgungsausgleich *nach* ihrem Abschluß außerdem der *Genehmigung durch das Familiengericht.* Auch der Richter hat also die Möglichkeit, eine solche Vereinbarung nachträglich zu Fall zu bringen, wenn er sie für ungerecht und unfair hält. Das Gesetz (§ 1587o BGB) läßt ihm dabei aber nicht völlig freie Hand sondern sieht vor, daß die Genehmigung nur verweigert werden soll, „wenn unter Einbeziehung der Unterhaltsregelung und der Vermögensauseinandersetzung offensichtlich die vereinbarte Leistung nicht zur Sicherung des Berechtigten für den Fall der Erwerbsunfähigkeit und des Alters geeignet ist oder zu keinem nach Art und Höhe angemessenen Ausgleich unter den Ehegatten führt" (§ 1587o Abs. II BGB). Die Regelung ist verfassungsgemäß (BVerfG FamRZ 1982 S. 769).

Der Richter muß also die Gesamtvereinbarung, nicht nur den Versorgungsausgleich berücksichtigen. Ein sehr hoher Zugewinnausgleich, eine großzügige Unterhaltsregelung *kann* eine Reduzierung oder auch den Ausschluß des Versorgungsausgleichs in der Scheidungsvereinbarung gerechtfertigt erscheinen lassen.

Die Genehmigung soll nur dann verweigert werden, wenn die Vereinbarung „offensichtlich" unangemessen ist. Eine Nachprüfung bis ins letzte Detail ist nicht notwendig, auch die geringfügige Besserstellung eines Ehepartners kann nicht zur Verweigerung der richterlichen Zustimmung führen. Nur ein auffälliges Mißverhältnis zwischen Leistung und Gegenleistung (so Ambrock, Anm. II zu § 1587o BGB) kann die Genehmigungsfähigkeit der Scheidungsvereinbarung in Frage stellen.

Die inhaltliche Prüfung einer Scheidungsvereinbarung durch den Familienrichter erstreckt sich in zwei Richtungen. Einmal darauf, ob die Vereinbarung zur wirksamen Sicherung des Ausgleichsberechtigten für den Fall der Erwerbsunfähigkeit und des Alters gewährleistet ist. Diese Sicherung wird je nach Höhe des Ausgleichsanspruchs verschieden sein. Nach kurzer Ehedauer kann natürlich keine vollständige Alterssicherung erwartet werden. Es soll aber auch nicht möglich sein, daß ein Ehegatte, dessen Ausgleichsanspruch im Bereich des Sozialhilfesatzes liegt, zu Lasten des Steuerzahlers auf seinen Ausgleichsanspruch verzichtet. Ein Verzicht auf Versorgungsausgleich zugunsten von Unterhaltszahlungen ist aber ebenso möglich wie eine Abfindung durch Übertragung von Vermögenswerten.

Die Inhaltsprüfung des Richters erstreckt sich zweitens darauf, ob durch die Scheidungsvereinbarung insgesamt ein nach Art und Höhe angemessener Ausgleich unter den Ehegatten erreicht wird. Mit dieser zweiten Alternative der richterlichen Prüfungsbefugnis soll die „offensichtlich" ungerechtfertigte Übervorteilung eines Ehegatten durch den anderen verhindert werden.

Insgesamt gibt das Gesetz den Parteien einen sehr weiten Spielraum bei der Regelung des Versorgungsausgleichs in einer Scheidungsvereinbarung. Das gilt vor allem deshalb, weil das Gericht die Vereinbarung nur in Fällen „offensichtlicher" Unangemessenheit nicht genehmigen soll. Im Normalfall wird man daher davon ausgehen können, daß das Gericht eine zwischen den Ehegatten geschlossene Scheidungsvereinbarung genehmigen wird (zu den Einzelheiten vgl. Langenfeld, Handbuch der Eheverträge und Scheidungsvereinbarungen, 1984; Ruland in Ruland-Tiemann, Versorgungsausgleich und steuerliche Folgen der Ehescheidung S. 207ff.).

IV. Die güterrechtliche Auseinandersetzung nach der Scheidung

1. Grundlinien der Zugewinngemeinschaft

Die ursprüngliche Fassung des BGB vom 1. 1. 1900 enthielt für die vermögensrechtlichen Beziehungen von Eheleuten den gesetzlichen Güterstand der Verwaltung und Nutznießung des Mannes am Vermögen der Frau. Hatte eine verheiratete Frau eigenes Vermögen, so konnte nach der Eheschließung allein der Mann darüber verfügen, und ihm allein standen die Einkünfte aus diesem Vermögen (die Zinsen etwa) zu. Etwas anderes galt nur, wenn das Ehepaar in einem Ehevertrag ausdrücklich einen anderen Güterstand vereinbart hatte.

Hatte also beispielsweise eine Sekretärin auf ihrem Sparkonto etwas Geld zurückgelegt, hatte eine Frau von ihren Eltern ein Haus oder Aktien geerbt, so stellte sie nach der Heirat fest, daß sie nun keinerlei Einfluß mehr auf ihr eigenes Vermögen hatte. Schon die Weimarer Verfassung hielt diesen Güterstand – der übrigens eine rein deutsche Erfindung war und nirgends sonst galt – für nicht mehr zeitgemäß, doch ist während der Weimarer Republik das Programm der Verfassung, die Gleichberechtigung der Frau im Familienrecht einzuführen, nicht verwirklicht worden sondern Programm geblieben.

Erst das Grundgesetz hat den in Art. 3 enthaltenen Gleichheitssatz („Männer und Frauen sind gleichberechtigt") zu unmittelbar geltendem Recht erklärt und darüber hinaus in Art. 117 festgelegt, daß alle diesem Grundsatz widersprechenden Rechtsvorschriften am 1. 4. 1953 außer Kraft treten sollten. Die Gerichte haben vom 1. 4. 1953 an den Güterstand der Verwaltung und Nutznießung als grundgesetzwidrig betrachtet und an seine Stelle die Gütertrennung als gesetzlichen Güterstand gesetzt. Erst im Jahre 1958 wurde mit dem Gleichberechtigungsgesetz die Zugewinngemeinschaft eingeführt, die seit dem 1. Juli 1958 für alle diejenigen Ehepaare gilt, die nichts Abweichendes für ihre vermögensrechtlichen Beziehungen vereinbart haben. Eine solche abweichende Vereinbarung ist heute nur in einem Ehevertrag möglich (§ 1408 BGB), der vor einem Notar geschlossen werden muß (§ 1410 BGB).

Während eines Jahres vor Inkrafttreten des Gleichberechtigungsgesetzes (zwischen dem 22. Juni 1957 und dem 30. Juni 1958) konnte jeder, der damals bereits verheiratet war, die Geltung der Zugewinngemeinschaft für seine Ehe verhindern. Durch eine einseitige gerichtlich oder notariell beurkundete Erklärung gegenüber dem Amtsgericht konnten sowohl der Mann als auch die Frau bewirken, daß für ihre Ehe weiterhin Gütertrennung bestehen solle. Heute gibt es diese Möglichkeit des einseitigen Ausschlusses der Zugewinngemeinschaft nicht mehr. Wer also heute verheiratet ist, in einem Ehevertrag nichts anderes vereinbart hat und auch nicht infolge einer einseitigen Erklärung aus dem Jahr 1958 in Gütertrennung lebt, für den gilt der gesetzliche Güterstand der Zugewinngemeinschaft.

Die Ausgestaltung der Zugewinngemeinschaft beruht auf der Erwägung, daß beide Ehegatten an dem, was während der Ehe erwirtschaftet und erspart worden ist, gleichermaßen beteiligt werden sollen. Es gibt aber bei der Zugewinngemeinschaft kein gemeinschaftliches Vermögen beider Ehegatten. Das Gesetz betrachtet das Vermögen des Mannes und das Vermögen der Frau als selbständige voneinander unabhängige Vermögen: jeder behält, was er vor der Ehe hatte. Auch die Schulden der Ehegatten bleiben getrennt. Erst nach der Auflösung der Ehe soll geteilt werden, was während der Ehe dazugekommen ist. Der Name Zugewinngemeinschaft ist also falsch – oder zumindest irreführend; richtiger wäre es, von Gütertrennung mit Zugewinnausgleich zu sprechen.

Der Ausgleich des Zugewinns erfolgt erst am Ende der Zugewinngemeinschaft, insbesondere also bei der Auflösung der Ehe. Wird die Ehe durch den Tod eines Ehegatten aufgelöst, so gelten besonders erbrechtliche Bestimmungen, die in unserem Zusammenhang keine Rolle spielen. Hier ist vielmehr allein von der Eheauflösung durch Scheidung die Rede, denn auch in diesem Fall muß der erworbene Zugewinn geteilt werden. Damit dieser Ausgleich vorgenommen werden kann, wird für jeden Ehegatten zunächst das zu Beginn der Zugewinngemeinschaft vorhandene Vermögen festgestellt, dann wird das bei Beendigung der Zugewinngemeinschaft vorhandene Vermögen errechnet. Auf diese Weise kann man feststellen, ob überhaupt ein Zugewinn da ist und wie hoch er ist. Hat ein Ehegatte einen höheren Zugewinn erzielt als der andere, so muß er die Hälfte seines Überschusses an den Ehepartner abgeben.

Ein Beispiel: Ein Ehepaar hat im Jahr 1960 geheiratet. Auf dem Sparkonto der Frau waren damals 5000 DM, der Mann hatte Ersparnisse von 10000 DM. Bei der Scheidung im Jahr 1977 sind auf dem Konto der Frau 8000 DM, der Mann hat Aktien im Wert von 30000 DM. Anfangsvermögen der Frau 5000, Endvermögen 8000, Zugewinn: 3000. – Anfangsvermögen des Mannes: 10000, Endvermögen: 30000, Zugewinn: 20000. Die Differenz der Zugewinne (20000 minus 3000) beträgt 17000 DM. Die Frau hat gegen den Mann einen Anspruch auf Zugewinnausgleich in Höhe der Hälfte, also in Höhe von 8500 DM.

2. Berechnung des Zugewinnausgleichs

Nach § 1373 BGB ist Zugewinn „der Betrag, um den das Endvermögen eines Ehegatten das Anfangsvermögen übersteigt". Es ist also für jeden Ehegatten zunächst einmal festzustellen, was als sein Anfangsvermögen anzusehen ist.

a) Anfangsvermögen (§ 1374 BGB)

Für die Berechnung des Anfangsvermögens gibt § 1374 BGB die Grundlage: „Anfangsvermögen ist das Vermögen, das einem Ehegatten nach Abzug der Verbindlichkeiten beim Eintritt des Güterstandes gehört". Zunächst muß also festgestellt werden, was zu Beginn der Zugewinngemeinschaft an Vermögen vorhanden war, davon müssen die zu dieser Zeit bestehenden Schulden abgezogen werden. Sind die Schulden höher als das vorhandene Vermögen oder hatte ein Ehegatte zu Beginn der Zugewinngemeinschaft überhaupt nur Schulden, so erscheint in der Rechnung für das Anfangsvermögen dennoch kein Negativbetrag. Nach § 1374 Abs. I können Schulden nur bis zur Höhe des Vermögens abgezogen werden. Sind sie höher als das vorhandene Vermögen, so wird das Anfangsvermögen mit 0 bewertet.

Diese gesetzliche Regelung führt dazu, daß derjenige, der mit hohen Schulden heiratet und während der Ehe seine Schulden „abarbeitet", gegenüber einem Ehepartner, der nicht verschuldet war, bevorzugt wird. Ein Beispiel: Ein Unternehmer mit 30000 DM Schulden heiratet eine vermögenslose Lehrerin. Bei der Scheidung hat der Mann seine Schulden bezahlt, die Frau hat 10000 DM gespart. Bei beiden wird das Anfangsvermögen mit 0 berechnet. Der Mann hat einen Anspruch auf Zugewinnausgleich gegen die Frau (Höhe: ½ von 10000, also 5000 DM), obwohl er während der Ehe 30000 DM Schulden abbezahlt hat, wozu die Frau möglicherweise auch beigetragen hat. Wer einen verschuldeten Partner heiratet, sollte deshalb bei der Heirat die Zugewinngemeinschaft in einem Ehevertrag ausschließen; dann tritt automatisch Gütertrennung ein und ein späterer Zugewinnausgleich findet nicht statt.

Für den Ausgleichspflichtigen bedeutet die Vorschrift des § 1374 Abs. I, wonach Schulden nur bis zur Höhe des Vermögens abgezogen werden, daß sein Zugewinn niemals höher sein kann als das beim Ende des Güterstandes vorhandene Vermögen. Entsprechend kann die Ausgleichsforderung des ausgleichsberechtigten Ehegatten nicht höher sein, als die Hälfte des beim Zugewinnausgleich noch Vorhandenen.

Als *Termin,* zu dem das Anfangsvermögen zu berechnen ist, nennt § 1374 Abs. I den „Eintritt des Güterstandes". Bei den meisten jüngeren Ehepaaren ist dies das Datum der Heirat, bei älteren Ehepaaren, die schon vor dem Inkrafttreten des Gleichberechtigungsgesetzes verheiratet waren, ist es meist der 1. Juli 1958, der Tag, an dem die Zugewinngemeinschaft eingeführt worden ist, es kann im Einzelfall aber auch das Datum eines Ehevertrages sein, in dem die Ehegatten ausdrücklich die Zugewinngemeinschaft vereinbart haben, nachdem sie zuvor in einem anderen Güterstand gelebt hatten.

Für die sogenannten „Altehen", die Ehepaare also, die am 1. Juli 1958 bereits verheiratet waren, werden die von dann ab erworbenen Vermögenswerte in den Ausgleich mit einbezogen; was *vor* dem 1. Juli 1958 erworben wurde, ist – auch wenn es während des Bestehens der Ehe gemeinsam erarbeitet war – Anfangsvermögen des Ehegatten, dem es am 1. Juli 1958 gehört hat und braucht infolgedessen nicht ausgeglichen zu werden.

Dem Anfangsvermögen werden einige Vermögenswerte hinzugerechnet, auch wenn sie erst nach Beginn der Zugewinngemeinschaft erworben sind: was ein Ehegatte erbt, was ihm geschenkt wird oder was ihm seine Eltern als Ausstattung (§ 1624 BGB) zukommen lassen, rechnet als Anfangsvermögen, nicht als Zugewinn. Wer von seinen Eltern ein Haus erbt oder zur Hochzeit wertvolle Möbel geschenkt bekommt, kann diese Vermögenswerte bei einer Scheidung seinem Anfangsvermögen zurechnen. Das gilt auch für Schenkungen eines Ehegatten an den anderen. Der Mann, der seiner Frau wertvollen Schmuck schenkt, kann bei einer Scheidung nicht die Hälfte seiner Geschenke als Zugewinn zurückverlangen. Er kann allenfalls – wenn die Voraussetzungen des § 530 BGB vorliegen – die Schenkung widerrufen und das Geschenk insgesamt zurückverlangen; dann wird es seinem Vermögen zugerechnet. Möglich ist aber auch, daß die Schenkung unter Ehegatten als vorweggenommener Zugewinnausgleich anzusehen ist und auf die Ausgleichsforderung angerechnet werden muß. Ob das eine oder das andere vorliegt, kann nur aus den Umständen des einzelnen Falles beantwortet werden.

Der Sinn des § 1374 Abs. II BGB war es, daß ein Ehegatte am Vermögenserwerb seines Partners nur teilhaben soll, wenn er daran zumindest durch die gemeinsame Lebensführung beteiligt war. Eben dies ist aber bei Schenkungen und Erbschaften und auch bei einer Ausstattung durch die Eltern nicht der Fall.

Die Regel, daß geschenkte und geerbte Vermögensgegenstände dem Anfangsvermögen zuzurechnen sind, gilt aber nur, wenn es sich um *Vermögen* handelt. Wenn die unentgeltlichen Zuwendungen „den Umständen nach zu den Einkünften zu rechnen" sind, so gehören sie nicht zum Anfangsvermögen (§ 1374 Abs. II BGB). Wenn beispielsweise die Eltern eines jungen Ehepaares regelmäßig einen gewissen Betrag beisteuern, wenn sie gelegentlich eine Urlaubsreise oder einen Krankenhausaufenthalt finanzieren, so gehören diese Einkünfte (die auch Schenkungen sind) nicht zum Anfangsvermögen. Soweit sie nicht für den laufenden Unterhalt verbraucht werden, sind sie Zugewinn. Hat also ein Vater seinem Sohn nach der Eheschließung 10000 DM als „Startkapital" geschenkt, so rechnet dieses Geld zum Anfangsvermögen des Sohnes. Hat der gleiche Vater dem Sohn monatlich 500 DM als Zuschuß zum Haushalt überwiesen, und hat der Sohn das Geld gespart, so sind die nach zwei Ehejahren auf seinem Konto angesparten 12000 DM Zugewinn, sie zählen nicht zum Anfangsvermögen.

In einem Ehevertrag können die Ehegatten bestimmen, daß auch andere Vermögensteile oder Gegenstände zum Anfangsvermögen rechnen sollen. Es kann beispielsweise bestimmt werden, daß alles Nebeneinkommen des Mannes, das nicht aus seiner hauptberuflichen Tätigkeit stammt, dem Anfangsvermögen zugerechnet werden muß, oder daß das Einkommen der Frau, die allein den Haushalt führt und daneben außerdem erwerbstätig ist, nicht dem Zugewinnausgleich unterfallen soll. Solche Verträge sind aber verhältnismäßig selten.

Wird eine Ehe erst nach längerer Zeit geschieden, so kann es sehr schwierig sein festzustellen, welche Teile des Vermögens bei Beginn der Zugewinngemeinschaft vorhanden waren (und daher Anfangsvermögen sind) und welche erst während der Ehe erworben wurden und deshalb dem Zugewinnausgleich unterfallen. Das Gesetz gibt den Ehegatten deshalb die Möglichkeit, das Anfangsvermögen in einem Verzeichnis festzulegen (§ 1377 BGB). Ist ein solches Verzeichnis gemacht worden, so vermutet das Gesetz, daß es auch richtig ist; ein Ehegatte, der später die Richtigkeit bezweifelt, muß dann seinerseits die Unrichtigkeit nachweisen. Ist kein Verzeichnis gemacht worden – leider ist das der Regelfall, weil bei der Heirat kaum jemand an eine spätere Vermögensauseinandersetzung denkt –, so wird von Gesetzes wegen vermutet, daß kein Anfangsvermögen da war, daß also das beim Ende der Zugewinngemeinschaft vorhandene Endvermögen der Zugewinn ist. Auch diese Vermutung kann von den Ehegatten widerlegt werden; doch muß dann das Anfangsvermögen im einzelnen nachgewiesen werden.

b) Endvermögen (§ 1375 BGB)

Zum Endvermögen zählt § 1375 BGB alles, was zum Zeitpunkt der Rechtshängigkeit des Scheidungsantrags an Vermögen noch da ist, abzüglich der bestehenden Schulden. Maßgebend ist allein der Zeitpunkt der Rechtshängigkeit des Scheidungsantrags (§ 1384 BGB). Es ist unerheblich, wie lange die Eheleute getrennt gelebt haben. Auch das während des Getrenntlebens erworbene Vermögen ist Zugewinn, solange nicht ein Ehegatte auf vorzeitigen Zugewinnausgleich geklagt hat oder ein Ehevertrag geschlossen worden ist, in dem der Zugewinnausgleich ausgeschlossen wurde.

Was im einzelnen als Vermögen bezeichnet werden kann, ist nicht immer mit Sicherheit zu sagen. Bei Geldsummen, bei

Grundstücken und Wertpapieren ist das kein Problem, hier kann nur die Bewertung Schwierigkeiten machen (dazu sogleich unter c). Wenn aber z. B. der Mann während der Ehe als Arzt, Anwalt oder Architekt eine freiberufliche Praxis aufgebaut hat, kann man dann hinsichtlich der Praxis von „Vermögen" sprechen, das einen Zugewinn darstellt? Unzweifelhaft gehören die Einrichtungsgegenstände und Maschinen, eben alle Sachwerte, zum Vermögen des Praxisinhabers. Darüber hinaus ist aber auch der „good-will", der über die Sachwerte hinausgehende Firmenwert einer freiberuflichen Praxis ein Vermögenswert, der sich darin äußert, daß ein möglicher Erwerber bereit wäre, für sie einen über den reinen Sachwert der Praxiseinrichtung hinausgehenden Preis zu zahlen (BGH, FamRZ 1977, S. 38ff.). Doch muß ein solcher Wert objektivierbar sein; eine allein auf die Person des Inhabers ausgerichtete berufliche Tätigkeit, die nicht auf einen Unternehmensnachfolger übertragen werden kann, gehört nicht zum Zugewinn, weil hier kein Vermögen vorliegt (BGH, FamRZ 1977, S. 386). Der BGH hat in den beiden zitierten Urteilen deshalb den Firmenwert eines Vermessungsbüros als möglichen Vermögenswert bezeichnet, eine Handelsvertretung, die ihre Grundlage in einem mit einer bestimmten Person abgeschlossenen Handelsvertretervertrag hat und insoweit nicht übertragbar ist, im Normalfall aber nicht als Vermögenswert anerkannt, der im Rahmen des Zugewinns ausgeglichen werden müßte. Zur Bewertung von Betriebsvermögen vgl. BGH NJW 1982 S. 2441.

Zum Vermögen gehört auch eine private Lebensversicherung. Sofern sie auf Rentenbasis abgeschlossen wurde, bei Eintritt des Versicherungsfalles also eine regelmäßig wiederkehrende Rente gezahlt werden soll, ist sie im Rahmen des Versorgungsausgleichs zu teilen. Kapitalversicherungen, die auf die Zahlung einer bestimmten Kapitalsumme gerichtet sind, gehören dagegen zum Zugewinn und sind mit ihrem Zeitwert zu berücksichtigen (BGH NJW 1977, S. 101ff.).

Auch ein Lottogewinn gehört zum Endvermögen und unterliegt deshalb dem Zugewinnausgleich (BGH NJW 1977, S. 377). Zwar kann hier von einem auf gemeinsamer Leistung beruhenden Wert nicht die Rede sein und nach dem Grundgedanken der Zugewinngemeinschaft könnte man deshalb auch annehmen, ein reiner Glücksgewinn bleibe demjenigen, der eben Glück gehabt hat; der BGH ist jedoch vor allem aus Gründen der Rechtssicherheit nicht dieser Meinung. Das gleiche gilt für eine Summe, die einem Ehegatten als Schmerzensgeld gezahlt worden ist (BGH NJW 1981 S. 1836) und für eine Abfindung für einen Schadensersatzanspruch wegen Verdienstausfall (BGH FamRZ 1982 S. 148): Beide gehören zum Endvermögen, müssen also ausgeglichen werden.

In einzelnen im Gesetz genau festgelegten Fällen werden dem Endvermögen solche Werte hinzugerechnet, die in Wahrheit nicht mehr vorhanden sind. Wer übermäßige Schenkungen an Dritte gemacht hat, wer Vermögen verschwendet hat und wer seinen Ehegatten absichtlich benachteiligen wollte, muß diese Beträge seinem Endvermögen wieder hinzurechnen lassen, sofern diese den ausgleichsberechtigten Ehegatten benachteiligenden Verfügungen nicht mehr als zehn Jahre zurückliegen (§ 1375 Abs. II und III BGB). Ist nach Hinzurechnung unentgeltlicher Zuwendung an Dritte beim Ausgleichspflichtigen nicht genug Vermögen da, um die Ausgleichsforderung zu bezahlen, so kann der Ausgleichsberechtigte sich auch an den Dritten wenden und von ihm die Herausgabe des Geschenkten verlangen (§ 1390 BGB). Hat also der Mann seiner Freundin ein wertvolles Grundstück geschenkt, und so die Ausgleichsforderung seiner Frau nach der Scheidung praktisch ins Leere laufen lassen, so kann die Frau nun das Grundstück von der Freundin herausverlangen. Will die Freundin das Grundstück behalten, so muß sie der Ehefrau den bei der Ausgleichsforderung noch fehlenden Betrag zahlen.

c) Bewertung des Vermogens

Selbst wenn einwandfrei klar ist, daß eine bestimmte Sache oder ein Recht zum Vermögen gehört – wie etwa Grundstücke, Wertpapiere, ein Unternehmen oder Wertgegenstände – kann zweifelhaft sein, wie diese Dinge zu bewerten sind. Das Gesetz regelt diese Frage nur sehr kursorisch (§ 1376 BGB). Grundsätzlich sind alle Vermögenswerte mit ihrem Verkehrswert anzusetzen; sowohl für das Anfangsvermögen zu Beginn der Zugewinngemeinschaft als auch für das Endvermögen bei ihrem Ende. Nur für land- oder forstwirtschaftliche Betriebe gilt etwas anderes: für sie ist der Ertragswert anzusetzen (§ 1376 Abs. IV BGB).

Damit fallen alle echten Wertsteigerungen in den Zugewinn. Ein Grundstück, das während der Zugewinngemeinschaft wertvoller geworden ist, ein Bild, dessen Verkaufswert sich beträchtlich erhöht hat, Aktien, deren Kurs gestiegen ist, vergrößern das Endvermögen (und damit den Zugewinn), auch wenn diese Gegenstände selbst nicht veräußert wurden, die Wertsteigerung vom Eigentümer also nicht realisiert worden ist. Auch hier kommt es nicht darauf an, ob der ausgleichsberechtigte Ehegatte an der Wertsteigerung irgendeinen Anteil hatte.

Allerdings ist es oft sehr schwierig, echte Wertsteigerungen (die einen *echten* Zugewinn darstellen) von rein nominalen Preissteigerungen zu unterscheiden, die allein durch den Kaufkraftschwund des Geldes verursacht sind und deswegen auch nur scheinbar eine Wertsteigerung sind (und folglich einen *unechten* Zugewinn darstellen). Vor allem wenn die Ehe lange gedauert hat, sind Änderungen der Währung neben echten Wertsteigerungen jedenfalls immer *auch* mitenthalten. Wer in den fünfziger Jahren ein Grundstück gekauft hat, kann es heute sehr wahrscheinlich zu einem weit höheren Preis verkaufen, erstens weil so gut wie alle Grundstücke echte Wertsteigerungen erfahren haben, zweitens aber auch, weil die Mark heute weniger wert ist als in den fünfziger Jahren, man also für Dinge mit objektiv gleichem Wert heute mehr bezahlen muß als früher.

Der Bundesgerichtshof hat in einem grundlegenden Urteil (BGHZ 61, 385 = NJW 1974, S. 137) zunächst festgestellt, daß der Kaufkraftschwund des Geldes und die dadurch eingetretene nur nominale Wertsteigerung des Anfangsvermögens kein Zugewinn ist und deshalb auch nicht unter den Ehegatten geteilt werden muß. Der BGH gibt ferner eine genaue Berechnungsanweisung für eine Differenzierung zwischen echter Wertsteigerung und nur nominaler Preiserhöhung. Danach ist das Anfangsvermögen zunächst mit seinem zu Beginn des Güterstandes bestehenden Wert festzustellen. Dann wird dieses Anfangsvermögen mit Hilfe des jährlich im Statistischen Jahrbuch für die Bundesrepublik veröffentlichten Lebenshaltungsindex mit dem Endvermögen rechnerisch vergleichbar gemacht. Die Rechnung geschieht nach folgender Formel: Wert des Anfangsvermögens zu Beginn des Güterstandes mal Lebenshaltungsindex bei Beendigung des Güterstandes geteilt durch Lebenshaltungsindex zu Beginn des Güterstandes.

Die Rechnung des BGH im konkreten Beispiel sah deshalb folgendermaßen aus:

Der Ehemann hatte zu Beginn der Zugewinngemeinschaft im Jahr 1958 ein Anfangsvermögen im Wert von 124787 DM.

Sein Endvermögen im Zeitpunkt der Scheidung im Jahr 1968 betrug 176116,06 DM. Der Lebenshaltungsindex, bemessen nach dem Durchschnitt für das Jahr 1962 mit 100, betrug für 1958: 92,7, für 1968: 116,1.

Die Umrechnung des Anfangsvermögens für den Vergleich mit dem Endvermögen lautete also:

$$\frac{124\,787 \cdot 116{,}1}{92{,}7} = 155984 \text{ DM}$$

Dieser Betrag muß mit dem Endvermögen verglichen werden:

$$176116{,}06 - 155984 = 20132{,}06 \text{ DM}$$

So ergibt sich der Zugewinn. Die Ausgleichsforderung der Ehefrau, die selbst keinen Zugewinn erzielt hatte, betrug die Hälfte dieses Betrages, also 10066,03 DM.

d) Die Ausgleichsforderung

Nachdem für jeden Ehegatten getrennt das Anfangsvermögen und das Endvermögen berechnet worden ist, steht für jeden von ihnen fest, ob ein Zugewinn da ist oder nicht. Negative Ergebnisse zählen nicht mit, Schulden werden nicht ausgeglichen. Ausgleichspflichtig ist der Ehegatte mit dem höheren Zugewinn: er muß die Hälfte seines Überschusses an den Ehegatten abgeben, der den geringeren oder gar keinen Zugewinn übrig behalten hat. Dieser Anspruch ist eine *Geldforderung*. Besteht also beispielsweise der Zugewinn des Ehemannes bei der Scheidung in einem Haus (oft ist es das – bisher – gemeinsam bewohnte Einfamilienhaus), so kann die Frau normalerweise nicht verlangen, Miteigentümerin des Hauses zu werden. Sie hat gegen den Mann nur einen Geldanspruch. Nur in Ausnahmefällen kann das Familiengericht den zum Ausgleich Verpflichteten verpflichten, bestimmte Gegenstände unter Anrechnung auf die Ausgleichsforderung auf den Berechtigten zu übertragen.

Der Geldanspruch auf Zugewinnausgleich entsteht bei der Beendigung des Güterstandes, meist also gleichzeitig mit der Scheidung. Während des Scheidungsverfahrens können die Ehegatten einen Vertrag über den Zugewinnausgleich schließen, der jedoch (seit Inkrafttreten des neuen Rechts) nur wirksam ist, wenn er notariell beurkundet wurde; bis zum 1. 7. 1977 war ein solcher Vertrag nach der Rechtsprechung des BGH ohne besondere Form möglich. Vor Rechtshängigkeit des Scheidungsantrags sind Vereinbarungen und Verfügungen über den Zugewinnausgleichsanspruch zwischen den Ehegatten nur in einem Ehevertrag möglich, der vor einem Notar geschlossen sein muß (§ 1410 BGB). Andere formlose Verträge über den Zugewinnausgleich sind vor der Beendigung des Güterstandes weder zwischen den Ehegatten noch zwischen dem Ausgleichsberechtigten und einem Dritten möglich (§ 1378 Abs. III BGB). Eine Ehefrau, die ihrem Mann in einem Gespräch versichert hatte, sie wolle keinen Zugewinnausgleich von ihm, kann ihren Anspruch später dennoch geltend machen, weil ihr Versprechen nicht notariell beurkundet worden ist. Verspricht sie schon während der Ehe ihrem Freund, was sie an Zugewinn bekommen werde, wolle sie für den Kauf eines gemeinsamen Hauses verwenden, so ist dies Versprechen ebenfalls unwirksam, weil sie vor Beendigung des Güterstandes über ihren Anspruch nicht verfügen kann.

Sobald die Forderung mit der Beendigung des Güterstandes – in unserem Zusammenhang also meist im Zeitpunkt der Scheidung – entstanden ist, kann sie übertragen werden und ist auch vererblich.

Die Ausgleichsforderung kann, wenn die Ehe lange gedauert hat oder wenn der Ausgleichspflichtige innerhalb kurzer Zeit sehr viel verdient hat, sehr hoch sein. Ein Mann, der während der Ehe ein Unternehmen aufgebaut hat, sieht sich dann bei der Scheidung Ansprüchen seiner Frau gegenüber, die er nicht ohne weiteres bezahlen kann. Auf seinen Antrag kann das Familiengericht den Anspruch der Frau stunden, wenn ihn die sofortige Zahlung besonders hart treffen würde und der Frau die Stundung zugemutet werden kann. In dieser Zeit muß die Forderung verzinst werden. Über die Höhe der Verzinsung und über eine etwaige Sicherheitsleistung für die Zeit der Stundung entscheidet das Familiengericht (§ 1382 BGB).

3. Ausschluß des Zugewinnausgleichs

Die Ausgleichsforderung beträgt nach § 1578 Abs. I BGB die Hälfte des Überschusses an Zugewinn. Diese Regelung beruht darauf, daß der Gesetzgeber die Arbeit von Mann und Frau während des ehelichen Zusammenlebens grundsätzlich als gleichwertig ansieht. Es kann allerdings Situationen geben, in denen eine solche hälftige Teilung des Überschusses dem Gerechtigkeitsempfinden grob widerspricht. In einem solchen Fall grober Unbilligkeit braucht nach § 1381 BGB der Zugewinnausgleich nur zum Teil oder gar nicht gezahlt zu werden.

Wie immer bei solchen Generalklauseln besteht die eigentliche Schwierigkeit darin zu entscheiden, wann denn nun genau ein Fall grober Unbilligkeit vorliegt und wann nicht. Das Gesetz selbst nennt in § 1381 Abs. II beispielhaft eine Gruppe von Fällen, in denen grobe Unbilligkeit zu bejahen ist: „Wenn der Ehegatte, der den geringeren Zugewinn erzielt hat, längere Zeit hindurch die wirtschaftlichen Verpflichtungen, die sich aus dem ehelichen Verhältnis ergeben, schuldhaft nicht erfüllt hat", kann der Zugewinnausgleich wegen grober Unbilligkeit verweigert werden. Hat also beispielsweise der Ehemann während der Ehe sein Einkommen selbst verbraucht und hat seine berufstätige Frau allein oder überwiegend Haushalt und Kinder versorgt und finanziert, so kann der Mann bei einer Scheidung nicht außerdem noch die Hälfte ihrer Ersparnisse als Zugewinnausgleich beanspruchen. Ebenso kann eine Frau, die weder durch Haushaltsführung noch durch Berufstätigkeit (§ 1360 BGB) zum Familienunterhalt beigetragen hat, später vom Mann Zugewinnausgleich verlangen. In beiden Fällen muß es sich aber um schwerwiegende Verletzungen der Unterhaltspflicht handeln, die sich über einen längeren Zeitraum erstrecken und die außerdem schuldhaft begangen worden sind. Gelegentliche Nachlässigkeit in der Haushaltsführung ist ebensowenig ausreichend wie gelegentliches Verschwenden (Verspielen, Versaufen) des Familieneinkommens. Auch Einkommenseinbußen durch Arbeitslosigkeit oder Stellenwechsel reichen für einen Verlust des Ausgleichsanspruchs meist nicht.

Erforderlich ist immer ein *schuldhaftes* Verhalten des Ehegatten, der Zugewinn verlangt. Die rein objektive Ungerechtigkeit des Zugewinnausgleichs läßt der BGH nicht ausreichen. Der

Mann, der sich nach vierjähriger Ehe von seiner Frau getrennt hatte, mit finanzieller Hilfe seiner neuen Lebensgefährtin ein Fuhrunternehmen aufbaute und nach 13 Jahren geschieden wurde, mußte Zugewinnausgleich zahlen, obwohl die gemeinsame Lebensleistung und damit die innere Rechtfertigung des Zugewinnausgleichs fehlte (vgl. BGH FamRZ 1980 S. 877; dazu auch Schwab, FamRZ 1984 S. 529 m. w. N.).

Fraglich ist, ob und inwieweit auch die Verletzung anderer als wirtschaftlicher Pflichten als grobe Unbilligkeit gewertet werden kann. Das Gesetz schließt ihre Berücksichtigung nicht schlechthin aus, denn es spricht in § 1381 Abs. II nur davon, daß „insbesondere" die Verletzung wirtschaftlicher Verpflichtungen zu berücksichtigen sei. Der BGH läßt deshalb grundsätzlich auch andere schwere Eheverfehlungen als Rechtfertigung für einen Ausschluß des Zugewinnausgleichs zu, beschränkt dies aber auf seltene krasse Ausnahmefälle. Keinesfalls ist also der Ausschluß des Zugewinnausgleiches eine Sanktion für Eheverfehlungen schlechthin. Nur ausnahmsweise können besonders langandauernde und schwere Eheverstöße einen Ausschluß des Zugewinns rechtfertigen. Die einseitige Abwendung von der Ehe reicht auch dann nicht ohne weiteres aus, wenn sie einen Unterhaltsanspruch nach § 1579 Abs. I Ziff. 4 ausschließt (OLG Düsseldorf, FamRZ 1981 S. 262 sowie oben Abschnitt II 8d). Der Ehebruch allein genügt also nicht, vor allem dann nicht, wenn die Ehe längere Zeit hindurch intakt gewesen ist. Vor einem gänzlichen Ausschluß der Ausgleichsforderung ist in jedem Fall zu prüfen, ob nicht eine Stundung der Ausgleichsforderung oder eine Herabsetzung des Anspruchs dem Einzelfall besser gerecht wird. Das gilt vor allem dann, wenn der Ausgleichspflichtige behauptet, er werde durch den Zugewinnausgleich in seiner wirtschaftlichen Existenz gefährdet (BGH, NJW 1970, S. 1600).

Zusammenfassend kann man also festhalten: Der Zugewinnausgleich beruht auf der Annahme der Gleichwertigkeit der Arbeitsleistung der Ehegatten während der Ehe. Er kann wegen grober Unbilligkeit ausgeschlossen sein, wenn ein Ehegatte die wirtschaftlichen Verpflichtungen aus der Ehe nicht erfüllt. Andere Eheverfehlungen rechtfertigen den Ausschluß des Zugewinnausgleichs nur ausnahmsweise; Stundung und Herabsetzung der Ausgleichsforderung müssen vor dem völligen Ausschluß erwogen werden. Eine Stundung ist möglich, wenn die Zahlung vom Ausgleichsverpflichteten nicht bestritten wird, wenn sie ihn besonders hart treffen würde und die Stundung dem Berechtigten zugemutet werden kann (§ 1382 BGB). Das geplante Unterhaltsänderungsgesetz (BR Drucks. 501/84) sieht die Möglichkeit zur Stundung einer Ausgleichsforderung über den bisherigen Rahmen hinaus auch dann vor, wenn die Zahlung „zur Unzeit" erfolgen würde.

4. Auseinandersetzung außerhalb des Zugewinnausgleichs insbesondere bei Gütertrennung

Schließen die Ehegatten in einem Ehevertrag die Zugewinngemeinschaft aus, oder vereinbaren sie ausdrücklich Gütertrennung, so leben sie im Güterstand der Gütertrennung. Einen Ausgleich des Zugewinns gibt es in diesem Fall nicht. Vom 1. April 1953 bis zum 30. 6. 1958 war die Gütertrennung außerdem gesetzlicher Güterstand, bestand also immer dann, wenn die Eheleute nichts anderes vereinbart hatten. Vor Inkrafttreten des Gleichberechtigungsgesetzes am 1. 7. 1958 konnte außerdem jeder, der damals verheiratet war, einseitig erklären, für seine Ehe solle es bei der Gütertrennung bleiben. Solche Eheleute leben ebenfalls noch heute im Güterstand der Gütertrennung.

Bei der Gütertrennung behält jeder sein eigenes Vermögen und alles, was er während der Ehe erwirbt und erspart. Nach der Scheidung ändert sich daran nichts: jeder behält weiter sein Vermögen, einen Ausgleich an den geschiedenen Ehepartner gibt es nicht. Dieser Güterstand benachteiligt häufig den nicht berufstätigen Ehegatten, der sehr oft die Einkünfte des verdienenden Partners zumindest mit ermöglicht hat. Das gilt ganz besonders dann, wenn der nicht verdienende Teil (meist: die Frau) im Beruf oder Geschäft des erwerbstätigen Ehegatten mitgearbeitet oder seine Ersparnisse dort investiert hat, oder wenn beide gemeinsam einen Betrieb aufgebaut haben.

In manchen dieser Fälle gibt der BGH dem benachteiligten Ehegatten einen eigenen Anteil an dem Vermögen, das formal allein dem anderen gehört. Er wendet die Regeln des Gesellschaftsrechts an, auch wenn kein ausdrücklich abgeschlossener Gesellschaftsvertrag vorhanden ist. Doch ist der BGH mit der Annahme solcher stillschweigend abgeschlossenen Gesellschaftsverträge heute sehr vorsichtig. Ein solcher Vertrag wird nur dann angenommen, wenn die Ehegatten einen *über die Verwirklichung der ehelichen Lebensgemeinschaft hinausgehenden Zweck* gemeinsam verfolgt haben. Die Verwendung gemeinsamer Ersparnisse für einen besseren Lebensstandard (Kauf eines Autos, einer Eigentumswohnung, eines gemeinsam bewohnten Hauses) reicht nicht, weil es sich hierbei allein um die Verwirklichung der ehelichen Lebensgemeinschaft handelt (BGH FamRZ 1960, S. 58; BGH NJW 1974, S. 1554; BGH FamRZ 1982 S. 910; kritisch dazu Frank, FamRZ 1984 S. 541 ff.). Die Mitarbeit, die sich im Rahmen der durch die eheliche Lebensgemeinschaft begründeten gegenseitigen Mitarbeitspflicht im Beruf oder Geschäft des anderen Ehegatten hält, kann ebenfalls nicht als Innengesellschaft qualifiziert werden. Die Ehefrau eines praktischen Arztes, die beim Aufbau der Praxis als Sprechstundenhilfe mitgearbeitet hat, kann später bei der Scheidung deshalb keine gesellschaftsrechtlichen Auseinandersetzungsansprüche geltend machen (NJW 1974, S. 2045).

Ist dagegen durch gemeinsame Arbeit ein Unternehmen aufgebaut worden, wie das in den fünfziger Jahren relativ häufig der Fall war, oder hat ein Ehepaar einen Beruf *gemeinsam* ausgeübt, beispielsweise als Praxisgemeinschaft zweier Ärzte oder Anwälte oder beim Betrieb eines Hotels, so liegt eine Innengesellschaft vor, die auch beim Güterstand der Gütertrennung dem Ehegatten, der auf dem Papier nach außen nicht als Firmeninhaber oder Eigentümer erscheint, einen gesellschaftsrechtlichen Auseinandersetzungsanspruch gibt (BGH FamRZ 1975, S. 35).

Ähnlich ist es, wenn ein Ehegatte durch Geldzahlungen oder durch Beisteuerung anderer Vermögenswerte das Vermögen des anderen Ehegatten vergrößert. Zwei Beispiele: die Ehefrau ermöglicht dem Mann die Einrichtung einer Praxis, indem sie ihm ihre Ersparnisse überläßt; ein Ehegatte steuert erhebliche Beträge zum Kauf des gemeinsam bewohnten Hauses bei, das aber allein auf den Namen des anderen im Grundbuch eingetragen ist. In manchen dieser Fälle ermöglicht die Rechtsprechung nach der Scheidung einen Finanzausgleich nach den Regeln über den Wegfall der Geschäftsgrundlage (BGH NJW 1974, S. 2045). Ein solcher Geldbetrag sei dem anderen normalerweise in der Vorstellung überlassen worden, er solle der Sicherung der gemeinsamen Zukunft dienen. Wenn dann die Ehe wider Erwarten auseinandergehe, könne es der Grundsatz von Treu und Glauben erfordern, daß das Geld zurückgegeben werden müsse (vgl. zum Schenkungswiderruf Schwab, FamRZ 1984 S. 527 m. w. N.).

Bei diesen vermögensrechtlichen Auseinandersetzungen muß aber vor einer schematischen Anwendung der dargestellten von Richtern geschaffenen Grundsätze gewarnt werden. Keinesfalls können *alle* während der Ehe gemachten Zuwendungen nach der Scheidung zurückgefordert werden. Gerade bei kleineren Zuwendungen wird es sich normalerweise nur um die Erfüllung der im Rahmen der ehelichen Lebensgemeinschaft bestehenden Unterhaltspflicht handeln; je nach dem Lebenszuschnitt der Ehegatten können hierzu auch wertvolle Geschenke und die Überlassung von größeren Geldbeträgen gehören. Wenn die Zuwendung die nach den Lebensverhältnissen der Ehegatten normale Höhe übersteigt, kann es sich auch um eine Schenkung handeln, die seit dem Inkrafttreten des neuen Rechts nur nach den allgemein für Schenkungen geltenden Vorschriften widerrufen werden kann (§ 530 BGB). Danach ist ein Widerruf nur möglich, wenn der Beschenkte gegen den Schenker oder einen nahem Angehörigen des Schenkers eine schwere Verfehlung begeht, die als grober Undank zu werten ist. Die Tatsache, daß die Ehe geschieden worden ist, reicht für den Schenkungswiderruf zweifellos nicht. Ob ehewidrige Beziehungen des Beschenkten heute einen Schenkungswiderruf rechtfertigen können, ist fraglich und angesichts der Aufgabe des Schuldprinzips durch den Gesetzgeber wohl nur in sehr krassen Fällen anzunehmen, die auch heute noch als „grober Undank" qualifiziert werden müssen (vgl. dazu BGH FamRZ 1982 S. 778 und – ganz anders – BGH FamRZ 1982 S. 1066 mit kritischer Anmerkung von Bosch).

Der BGH hat die Auseinandersetzungsansprüche aufgrund einer Innengesellschaft unter den Ehegatten und die Rückforderungsansprüche wegen Wegfalls der Geschäftsgrundlage vor allem an Fällen entwickelt, in denen Gütertrennung bestand. Er hat sie aber später auch auf Ehen angewendet, in denen die Zugewinngemeinschaft der maßgebende Güterstand war, sofern auch dort eine krasse Benachteiligung des mitarbeitenden Ehegatten festzustellen war (vgl. dazu Brüning, Ehegatten-Innengesellschaft und Anfangsvermögen beim Ausgleich des Zugewinns, NJW 1974, S. 1802; eine Übersicht über die Rechtsprechung bei Henrich, Schuldrechtliche Ausgleichsansprüche zwischen Ehegatten in der Rechtsprechung des Bundesgerichtshofs, FamRZ 1975, S. 533 und BGH JZ 1976, S. 486; Frank, FamRZ 1984 S. 541 ff.).

5. *Auseinandersetzung bei Gütergemeinschaft*

In einem Ehevertrag können die Ehegatten vereinbaren, daß für sie die Gütergemeinschaft der maßgebende Güterstand sein solle; ohne eine solche ehevertragliche Vereinbarung ist dieser Güterstand nicht möglich. Ohnehin ist er heute nicht mehr besonders häufig, vor allem in ländlichen Gegenden kommt er aber gelegentlich noch vor. Bei der Gütergemeinschaft werden die Vermögen des Mannes und der Frau gemeinschaftliches Vermögen, gehören also beiden, nicht nur einem allein. Das Gesetz nennt dies das Gesamtgut (§ 1416 BGB). Davon gibt es Ausnahmen: Vermögensgegenstände, die nicht übertragbar sind – wie Schmerzensgeldansprüche, Renten, ein auf die Person bezogenes Wohnrecht – bleiben zwangsläufig Vermögen des Ehegatten, dem sie zustehen, das Gesetz nennt sie Sondergut (§ 1417 BGB). Außerdem können bestimmte Vermögensteile von den Ehegatten selbst oder im Fall einer Erbschaft auch vom Erblasser einem Ehegatten allein vorbehalten werden, sie heißen dann Vorbehaltsgut (§ 1418 BGB).

Bei einer Scheidung bleiben Sondergut und Vorbehaltsgut im Vermögen des Ehegatten, dem sie gehören. Hinsichtlich dieser Vermögensteile gibt es weder Ausgleichsansprüche noch sonstige Rechte des anderen Ehegatten. Das beiden Ehegatten gehörende Gesamtgut muß jedoch geteilt werden. Im Prinzip geschieht das so, daß zunächst die gemeinsamen Schulden bezahlt werden und daß der Überschuß, der dann noch bleibt, auf die Ehegatten zu gleichen Teilen verteilt wird (§§ 1475, 1476 BGB). Jeder Ehegatte kann verlangen, daß die Teilung nicht zu gleichen Teilen erfolgen soll, sondern daß jeder den Wert dessen zurückbekommt, was er in die Gütergemeinschaft eingebracht hat (§ 1478 BGB). Maßgebend ist der Wert zum Zeitpunkt der Einbringung. Reicht der Wert des Gesamtgutes hierfür nicht, weil ein Teil während der Ehe verbraucht wurde oder weil der Wert des eingebrachten Vermögens inzwischen gesunken ist (z. B. bei Aktienvermögen nach einem Rückgang der Börsenkurse), so ist der Fehlbetrag von beiden Ehegatten im Verhältnis des Wertes des von ihnen Eingebrachten zu tragen (§ 1478 BGB).

V. Die Verteilung von Wohnung und Hausrat

Im Zusammenhang mit einer Scheidung muß in irgendeiner Form geregelt werden, wer in der bisherigen ehelichen Wohnung bleibt und wie die Gegenstände des ehelichen Haushaltes unter den Ehegatten aufgeteilt werden sollen. Oft ist während des Getrenntlebens schon eine vorläufige Regelung getroffen, die dann häufig auch nach der Scheidung beibehalten wird, doch ist das nicht in allen Fällen so.

Für alle Beteiligten ist es die einfachste Lösung, wenn sich die Ehegatten selbst darüber einigen können, wer die Ehewohnung weiter bewohnen soll und wer welche Haushaltsgegenstände behalten darf. Bei einer Konventionalscheidung auf Antrag beider Ehegatten (§ 1566 Abs. I BGB – dazu oben Abschnitt I Ziff. 5) ist diese Einigung der Ehegatten über Wohnung und Hausrat Voraussetzung für die Zulässigkeit des Scheidungsantrags; die Antragsschrift muß in diesen Fällen eine solche einverständliche Regelung bereits enthalten (§ 630 Abs. I Ziff. 3 ZPO). Bei streitigen Scheidungen ist das Klima zwischen den Ehegatten oft so vergiftet, daß selbst über verhältnismäßig geringfügige Angelegenheiten keine Einigung möglich ist. In solchen Fällen kann der Richter auf Antrag die Rechtsverhältnisse an Wohnung und Hausrat regeln.

1. Allgemeine Grundsätze

Die Vorschriften, nach denen er sich dabei richten soll, sind nicht im BGB enthalten sondern in der 6. Durchführungsverordnung zum Ehegesetz, der sogenannten *Hausratsverordnung*. Auch sie ist durch die Reform des Scheidungsrechts geändert und dem Zerrüttungsprinzip angepaßt worden. Die Hausratsverordnung enthält nur wenige Bestimmungen darüber, wem was nach der Scheidung gehören soll; im wesentlichen überläßt sie die Regelung dieser Fragen dem Ermessen des Richters. Das heißt, daß dem Gericht für die Entscheidung dieser Fragen ein relativ weiter Entscheidungsspielraum zur Verfügung steht, daß der Richter innerhalb eines bestimmten Entscheidungsrahmens frei entscheiden und zwischen mehreren möglichen Lösungen wählen kann. Dabei muß er „alle Umstände des Einzelfalles, insbesondere das Wohl der Kinder und die Erfordernisse des Gemeinschaftslebens" berücksichtigen (§ 2 HausratVO). Die Ursachen der Scheidung, insbesondere die Berücksichtigung von Eheverfehlungen und anderem schuldhaften Verhalten nennt das Gesetz jetzt nicht mehr ausdrücklich. Inwieweit sie bei den „Umständen des Einzelfalls" auch in Zukunft eine Rolle spielen können, ist ebenfalls der Entscheidung des Richters überlassen. Jedenfalls gehen die Interessen der Kinder der Berücksichtigung von Verschuldensgesichtspunkten vor; in besonders krassen Fällen, in denen auch nach dem neuen Recht Unterhaltsanspruch und Versorgungsausgleich und Zugewinnausgleich ausgeschlossen sind (vgl. §§ 1579, 1587c, 1587h, 1381 BGB), wird auch bei der Verteilung von Wohnung und Hausrat ein schuldhaftes Verhalten zu berücksichtigen sein. Keinesfalls darf dies aber zu einer mittelbaren Bestrafung für jegliche Eheverfehlung werden.

2. *Wohnung im Eigentum eines Ehegatten*

Wenn beide Ehegatten Miteigentümer eines von ihnen bewohnten Hauses oder einer Eigentumswohnung sind, steht Recht gegen Recht, denn jeder der beiden ist (Mit-)Eigentümer. Der Richter ist dann in seiner Entscheidung frei und nur an die allgemeinen Richtlinien des § 2 HausratVO gebunden. Wenn aber ein Ehegatte allein Eigentümer der Wohnung oder des Hauses ist, ergibt sich die Frage, wie sich das Eigentum zu den Rechten der anderen Familienmitglieder verhält. Konkret gefragt: Kann ein Mann unter Berufung auf sein Eigentum Frau und Kinder vor die Tür setzen? Kann eine Frau ihren geschiedenen Mann aus seinem eigenen Haus vertreiben?

Die Hausratsverordnung bestimmt hierfür in § 3: „Ist einer der Ehegatten allein oder gemeinsam mit einem Dritten Eigentümer des Hauses, in dem sich die Ehewohnung befindet, so soll der Richter die Wohnung dem anderen Ehegatten nur zuweisen, wenn dies notwendig ist, um eine unbillige Härte zu vermeiden." Das bedeutet: normalerweise soll der Richter das Eigentum an der Ehewohnung respektieren. In Sonderfällen, wenn dadurch eine „unbillige Härte" vermieden wird, kann er sich aber auch über das Eigentumsrecht eines Ehegatten hinwegsetzen und die Wohnung oder das Haus dem Nichteigentümer zuweisen. Das wird insbesondere dann der Fall sein, wenn die gemeinsamen Kinder bei der Mutter leben, der Vater Wohnungs- oder Hauseigentümer ist und ohne große Mühe eine andere Wohnung beschaffen und unterhalten kann. Andererseits kann vor allem dann, wenn Wohnung und Gewerbebetrieb in einem Hause liegen, wie in der Landwirtschaft, bei Handwerksbetrieben und oft auch bei Arzt- oder Anwaltspraxen oder ähnlichen freiberuflichen Unternehmen, die Beziehung zur Wohnung in Verbindung mit der Existenzgrundlage für die ganze Familie so stark sein, daß sie die Eigentumsverbindung noch verstärkt, so daß die geschiedene Frau, auch wenn sie gemeinsame Kinder erzieht, nicht in der Ehewohnung bleiben kann. Sofern eine Unterteilung des gemeinsam bewohnten Hauses in zwei Wohnungen möglich und sinnvoll ist, kann der Richter auch anordnen, daß das Haus umgebaut werden soll und festlegen, wer die Kosten des Umbaus zu tragen hat (§ 6 HausratVO).

Wird die Eigentumswohnung oder das Einfamilienhaus dem Ehegatten zugewiesen, der nicht Eigentümer ist, so erwirbt er dadurch in keinem Fall seinerseits Eigentum daran. Der Richter kann dann ein Mietverhältnis zwischen den Ehegatten begründen und auch den Mietpreis festsetzen; auch die Begründung eines zeitlich befristeten Mietverhältnisses ist möglich (§ 5 Abs. II HausratVO). Weist der Richter die Wohnung oder das Haus dem Nichteigentümer zu, ohne ein Mietverhältnis zu begründen – auch das ist möglich – so besteht ein bloßes Nutzungsverhältnis; dann muß eine Nutzungsentschädigung festgesetzt werden und die Frage der Unkosten für Haus oder Wohnung geregelt werden (vgl. BayObLG, FamRZ 1974, S. 22f.).

3. Mietwohnung

Haben die Ehegatten während der Ehe in einer Mietwohnung gelebt, so kann der Richter ebenfalls anordnen, daß nur ein Ehegatte in Zukunft das Mietverhältnis fortsetzen soll und er kann den Mietvertrag entsprechend umgestalten (§ 5 HausratVO). Auch hier ist eine Teilung möglich (§ 6 HausratVO). Der Vermieter ist am Verfahren beteiligt (§ 7 HausratVO) und kann vom Gericht angehört werden. Die Entscheidung des Gerichts wirkt auch ihm gegenüber.

Besonderheiten ergeben sich, wenn die Ehewohnung eine Dienstwohnung oder eine Werkswohnung war. Hier hat ein Ehegatte die Wohnung nur aufgrund eines Dienst- oder Arbeitsverhältnisses mieten können. Wenn nun der Richter die Wohnung dem Ehegatten zuweisen will, der diese Voraussetzungen nicht erfüllt, so muß er zuvor die Zustimmung des Verfügungsberechtigten, also des Dienstherrn oder der Werksleitung einholen. Anders als bei einem normalen Mietverhältnis kann der Richter also hier nicht gegen den Willen des Vermieters ein Mietverhältnis ändern (§ 4 HausratVO).

4. Hausrat

Für den Fall, daß die Ehegatten sich auch über den gemeinsamen Hausrat nicht einigen können, sieht die Hausratsverordnung auch hierfür die Möglichkeit einer richterlichen Entscheidung vor. Zunächst muß freilich geklärt sein, was überhaupt unter „Hausrat" verstanden werden kann. Gehört das Auto dazu? Die Bücher? Die Schreibmaschine? Das Gesetz selbst definiert den Begriff nicht. Im allgemeinen versteht man jedoch unter Hausrat alles, was für das tägliche Zusammenleben einer Familie in einer Wohnung erforderlich ist. Zum Hausrat gehören also: Möbel, Küchengeräte, Geschirr, Bettwäsche, auch ein Radio und normalerweise Musikinstrumente wie etwa ein Klavier, ebenfalls ein Fernsehgerät. *Nicht* zum Hausrat gehören die persönlichen Dinge eines Ehegatten, etwa seine Kleider, sein Schmuck und alles, was zu seiner Berufsausübung gehört, wie Fachbücher, eventuell gehört auch ein Musikinstrument nicht zum Hausrat, wenn nämlich ein Ehegatte von Beruf Musiker ist.

Ob das Auto und die Schreibmaschine Hausrat sind, hängt von den Lebensverhältnissen der Ehegatten ab. Ein Vertreter benötigt das Auto zur Berufsausübung, es ist in diesem Fall nicht Hausrat, beim Schriftsteller oder Journalisten gilt das gleiche für die Schreibmaschine. Schöngeistige Literatur und Unterhaltungsliteratur sind normalerweise Hausrat, berufliche Fachliteratur nicht.

Wertvolle Bilder oder sonstige Kunstgegenstände können je nach Lebenszuschnitt zum Hausrat oder zum Vermögen gehören. Sofern sie als Vermögen anzusehen sind, gilt die Hausratsverordnung nicht, die Aufteilung richtet sich dann nach den Bestimmungen über die vermögensrechtliche Auseinandersetzung und ist je nach dem Güterstand der Ehegatten verschieden.

Nach der Hausratsverordnung gelten für die Verteilung des Hausrats folgende Vorschriften: Was einem Ehegatten nachweislich allein gehört, soll er normalerweise behalten können. Der Schrank, den die Ehefrau aus ihrer elterlichen Wohnung für die Aussteuer mitbekommen hat, das Bild, das der Mann schon als Junggeselle erworben hat, soll weiter im Eigentum dessen bleiben, dem es bisher gehörte. Gemeinsames Eigentum beider Ehegatten (die gemeinsam angeschaffte Kücheneinrichtung, der gemeinsam erworbene Teppich) wird vom Richter „gerecht und zweckmäßg" verteilt, also einem Ehegatten zugewiesen (§ 8 HausratVO). Alles, was im Laufe der Ehezeit für den gemeinsamen Haushalt angeschafft wurde, gilt im Zweifel als gemeinsames Eigentum und kann deshalb vom Richter einem allein zugewiesen werden (unter Umständen verbunden mit einer Ausgleichszahlung). Wenn allerdings bei einem während der Ehe angeschafften Hausratsgegenstand das Alleineigentum eines Ehegatten feststeht, also *bewiesen* werden kann, daß *kein* gemeinsames Eigentum besteht, so gilt die allgemeine Regel, daß dieser Gegenstand dem Ehegatten verbleiben soll, dem er gehört.

Ausnahmsweise kann der Richter „notwendige Gegenstände", auch wenn sie mit Sicherheit einem Ehegatten allein gehören, dem anderen – also dem Nichteigentümer – zuweisen, „wenn dieser auf ihre Weiterbenutzung angewiesen ist und es dem Eigentümer zugemutet werden kann, sie dem anderen zu überlassen" (§ 9 HausratVO). Der Richter kann also einer Ehefrau, die kleine Kinder versorgt, den Küchenherd und die Waschmaschine zuweisen, auch wenn der Mann beides mit in die Ehe gebracht hat und daher sein Alleineigentum feststeht. Das gilt aber nur in Ausnahmefällen, die durch drei Voraussetzungen gekennzeichnet sind: Es muß sich erstens um *notwendige* Gegenstände handeln, also nicht nur um Dekorationsstücke oder Luxusgegenstände; zweitens muß der Nichteigentümer *auf ihre Weiterbenutzung angewiesen sein;* das ist dann nicht der Fall, wenn er selbst ähnliche Hausratsgegenstände besitzt oder leicht beschaffen kann. Schließlich muß die Überlassung dem Eigentümer *zuzumuten* sein. Wer Hausrat, der sein Eigentum ist, selbst dringend braucht und auch nicht ohne weiteres Ersatz beschaffen kann, darf ihn selbst dann behalten, wenn sein geschiedener Ehegatte auf die Weiterbenutzung angewiesen ist.

Bei der Zuweisung von Hausrat an den Nichteigentümer hat der Richter die Wahl zwischen zwei Möglichkeiten: Er kann entweder ein Mietverhältnis zwischen den Ehegatten begründen; dann bleibt die Eigentumslage unverändert, der Nichteigentümer muß dem Eigentümer aber einen regelmäßigen Mietzins zahlen. Die Begründung einer unentgeltlichen Leihe ist nicht möglich. „Soweit im Einzelfall eine endgültige Auseinandersetzung über den Hausrat notwendig ist", kann der Richter auch das Eigentum kraft Richterspruch von einem Ehegatten auf den anderen übertragen. In diesem Fall ist ein angemessenes Entgelt festzusetzen. Auch hier ist eine unentgeltliche Übertragung nicht zulässig.

5. Verfahren

Zuständig für die Verteilung von Wohnung und Hausrat ist das Familiengericht, in erster Instanz also das Amtsgericht. Das Familiengericht entscheidet aber nur *auf Antrag* eines Ehegatten. Dieser Antrag kann während des Scheidungsverfahrens gestellt werden, ist aber auch nach dessen Abschluß noch möglich. Wird der Antrag bei einem Streit über die Ehewohnung später als ein Jahr nach Rechtskraft des Scheidungsurteils gestellt, so kann der Richter in Rechte Dritter nicht mehr eingreifen, insbesondere kann er die Ehewohnung dann nur noch mit Zustimmung des Vermieters einem Ehegatten allein zuweisen, wenn dieser nicht schon bisher alleiniger Mieter war (§ 12 HausRVO). Der Richter soll versuchen, eine Einigung der zerstrittenen Ehegatten zustande zu bringen. Nur wenn das nicht gelingt oder von vornherein aussichtslos ist, wird er selbst entscheiden (§ 13 HausRVO).

Heftig umstritten ist die Frage, ob eine einstweilige Anordnung des Familiengerichts hinsichtlich der Ehewohnung schon *vor* dem formellen Scheidungsantrag (also während des Getrenntlebens) möglich ist. Für die Hausratsteilung ergibt sich eine solche Möglichkeit aus § 1361a BGB, für die Ehewohnung fehlt eine entsprechende Bestimmung. Einige Gerichte verneinen deshalb die Möglichkeit einer Zuweisung der Ehewohnung durch das Familiengericht schon vor Beginn des Scheidungsverfahrens (vgl. OLG Hamm, FamRZ 1979 S. 805) und verweisen die Parteien auf eine Klage zur Feststellung des Rechts auf Gerenntleben (OLG Bremen, FamRZ 1978 S. 775) oder auf eine einstweilige Anordnung der allgemeinen Zivilgerichte (OLG Hamm, aaO). Die inzwischen wohl überwiegende Meinung hält eine analoge Anwendung des § 1361 a BGB schon vor Beginn des Scheidungsverfahrens für möglich und dies selbst dann, wenn keine konkrete Scheidungsabsicht besteht, weil eine zeitweise Trennung durchaus eheerhaltend wirken und damit eine Chance zur Rettung der Ehe bieten kann (vgl. OLG Hamm, FamRZ 1979 S. 582, OLG Zweibrücken, FamRZ 1981 S. 259 sowie Deisenhofer, FamRZ 1979 S. 102).

Das Unterhaltsänderungsgesetz (BR Drucks. 501/84) sieht mit dem geplanten § 1361 b BGB eine gesetzliche Regelung der Wohnungszuweisung auch für die Zeit des Getrenntlebens vor. Schon in diesem Stadium – *vor* der Scheidung soll der Richter danach in Zukunft das Eigentumsrecht eines Ehegatten bei der Wohnungszuteilung *besonders* berücksichtigen.

VI. Der Name nach der Scheidung

Das Eherechtsreformgesetz hat auch im Bereich des Namensrechts Änderungen gebracht. Ihr wichtigerer Teil bezieht sich auf die Wahl des Ehenamens bei einer Heirat. Seit dem 1. Juli 1976 können nun Ehepaare bei einer Heirat ihren Ehenamen wählen: sie können entweder wie bisher den Namen des Mannes oder auch den Namen der Frau zum Ehenamen bestimmen. Derjenige Ehegatte, dessen Geburtsname nicht Ehename wird, kann dem Ehenamen seinen Geburtsnamen oder den bei der Heirat geführten Namen voranstellen. Nach der Auflösung der Ehe – gleichgültig, ob diese Auflösung durch Tod oder Scheidung erfolgt – behält zunächst jeder Ehegatte den Ehenamen. Die geschiedene Frau behält also weiter den Namen des Mannes, sofern dies der Ehename war; ebenso behält der geschiedene Mann den Namen der Frau, wenn die Eheleute bei der Heirat den Namen der Frau gewählt hatten. Die nach dem alten Recht bestehende Möglichkeit, einem geschiedenen Ehegatten die Namensführung zu untersagen, gibt es nicht mehr; auch nicht für die nach altem Recht geschiedenen Ehen, sofern nicht die Untersagung der Namensführung bereits rechtskräftig erfolgt ist. Wenn jedoch ein Ehegatte bei der Heirat den Namen des anderen nur angenommen hat, um ungestört Straftaten zu begehen, besteht ein Anspruch des anderen Ehegatten auf Ablegung des Ehenamens (OLG Braunschweig, FamRZ 1979 S. 913).

Nach einer Scheidung hat nach § 1355 Abs. IV BGB derjenige, dessen Geburtsname nicht Ehename geworden war, ein Wahlrecht (meist steht dieses Wahlrecht der Frau zu, weil in aller Regel auch heute der Name des Mannes zum Ehenamen gewählt wird): Der geschiedene Ehegatte kann entweder den Ehenamen behalten, oder er kann seinen Geburtsnamen wieder annehmen, außerdem kann er auch den Namen wieder annehmen, den er zur Zeit der Eheschließung geführt hat und der nicht sein Geburtsname ist (z. B. den Namen eines früheren verstorbenen oder geschiedenen Ehegatten); schließlich kann er auch einen Doppelnamen führen, nämlich dem Ehenamen den Geburtsnamen oder den zur Zeit der Eheschließung geführten Namen voranstellen. Wird also Frau

Müller, geborene Meier, verwitwete Schulze von Herrn Müller geschieden, so kann sie sich nennen:

1. weiterhin Frau Müller
2. Frau Meier (Geburtsname)
3. Frau Schulze, sofern dies der bei der Eheschließung mit Herrn Müller geführte Name war
4. Frau Meier-Müller
5. Frau Schulze-Müller, wenn sie bei der Heirat mit Herrn Müller den Namen Schulze führte.

Für eine Namensänderung nach der Scheidung in diesem Rahmen genügt die Erklärung gegenüber dem Standesbeamten, die öffentlich beglaubigt sein muß.

VII. Die Kinder nach der Scheidung

1. Die Entscheidung über das elterliche Sorgerecht

Mindestens ebenso wichtig wie die Entscheidung über das Geld ist im Zusammenhang mit einer Ehescheidung die Entscheidung darüber, bei welchem Ehegatten in Zukunft die gemeinsamen Kinder leben sollen. In der Regel hängen beide Elternteile sehr an ihren Kindern, und der Kampf um die elterliche Sorge ist eher noch erbitterter und schärfer als der Kampf um Unterhalt, Altersversorgung, Wohnung und Hausrat. Außerdem sind beide Dinge nicht ohne Einfluß aufeinander. Wer aus der Ehe stammende minderjährige Kinder betreut, hat allein deshalb meist auch einen Unterhaltsanspruch gegen seinen geschiedenen Ehegatten (§ 1570 BGB; vgl. oben Abschnitt II Ziff. 1), wer Kinder versorgt, hat einige Aussicht, die gemeinsame Ehewohnung zugewiesen zu bekommen, selbst wenn sie dem anderen Ehegatten gehört und er kann notwendige Hausratsgegenstände behalten (dazu oben Abschnitt V). Die Entscheidung über die Kinder hat also mittelbar immer *auch* finanzielle Folgen; das verschärft den Streit der Eltern um die Kinder und schlägt damit letztlich zum Nachteil der Kinder aus (vgl. dazu Lamprecht, Kampf ums Kind, 1982).

Die Entscheidung über die elterliche Sorge gehört (neben dem Versorgungsausgleich) zu den Dingen, die das Familiengericht auch ohne Antrag eines Elternteils von Amts wegen treffen muß (§ 623 Abs. III ZPO). Nur wenn der Streit über die elterliche Sorge das Scheidungsverfahren „so außergewöhnlich verzögern würde, daß der Aufschub ...eine unzumutbare Härte darstellen würde", kann vorweg über die Scheidung entschieden werden und erst später über das Sorgerecht (§ 628 Abs. I Ziff. 3 ZPO).

Für die Entscheidung des Richters über die elterliche Sorge spielt das Verschulden heute keine Rolle mehr. Insbesondere ist die Tatsache, daß ein Ehegatte das Scheitern der Ehe verursacht hat, kein Grund, ihm allein deshalb die Erziehung der Kinder nicht zu übertragen. Wenn allerdings das Verhalten, das zum Scheitern der Ehe geführt hat, zugleich die Fähigkeit, Kinder zu erziehen, in Frage stellt, können Handlungen, die die Ehe zerrüttet haben, auch gegen die Zuweisung der Kinder sprechen. Ein Beispiel: hat ein Ehegatte sich in der Ehe als gewalttätig erwiesen und das Scheitern der Ehe durch körperliche Mißhandlungen seines Partners verursacht, so wird ein solches Verhalten oft dafür sprechen, daß er zur Kindererziehung nicht geeignet ist. Das gleiche dürfte bei Gemütskrankheiten und geistigen Störungen anzunehmen sein. Andererseits sagt allein die Tatsache, daß ein Ehepartner sich vom anderen abgewendet, ihn ,,betrogen" und sich einem anderen Partner (oder einer anderen Partnerin) zugewendet hat, nichts über seine Fähigkeiten und Qualifikationen zur Kindererziehung.

Vor seiner Entscheidung hat der Richter die Eltern anzuhören und zwar in der Regel persönlich. Die Anhörung darf nur aus ,,schwerwiegenden Gründen" unterbleiben und ist, wenn sie nur der Dringlichkeit des Antrags wegen unterbleibt, unverzüglich nachzuholen (§ 50a FGG). Die Sorgerechtsreform hat mit Wirkung vom 1. 1. 1980 ferner die Pflicht des Richters zur Anhörung des betroffenen Kindes selbst gebracht (§ 50b FGG). Diese Anhörungspflicht gilt uneingeschränkt vom 14. Lebensjahr des Kindes an, sofern das Kind nicht geschäftsunfähig (z. B. geistig behindert) ist. Jüngere Kinder sind anzuhören, wenn ihre Neigungen, ihre Bindungen oder ihr Wille für die Entscheidung von Bedeutung sind – normalerweise also, sobald das Kind in der Lage ist, eine eigene Meinung zu formulieren.

Maßgebend für die richterliche Entscheidung über das Sorgerecht sind also drei Kriterien: der Wille der Eltern, die Meinung des Kindes selbst und das Kindeswohl, das in jedem Fall der entscheidende Maßstab für die Entscheidung ist und im Einzelfall den Entschluß der Eltern und/oder des Kindes selbst überlagern und korrigieren kann.

a) Der Elternwille

Solange Eltern sich um das Sorgerecht für die gemeinsamen Kinder streiten, ist ihre Chance, den jeweils eigenen Willen durchzusetzen, gering. Wenn aber die Eltern einen übereinstimmenden Vorschlag machen, so soll das Gericht davon nur abweichen, wenn das Kindeswohl dies erfordert (§ 1671 Abs. III BGB). Auch wenn die Eltern sich einig sind, also gemeinsam eine Lösung vorschlagen, ist das Gericht an ihren Willen also nicht schlechthin gebunden. Ein gemeinsamer Vorschlag beider Eltern begründet aber einen starken Hinweis für den Richter, wie die angemessene Lösung aussehen sollte. Normalerweise wird man also davon ausgehen können, daß der Richter sich an einen gemeinsamen Vorschlag der Eltern auch halten wird.

Allerdings sind die Eltern hinsichtlich des *Inhalts* ihres Vorschlags nicht völlig frei. Nach § 1671 Abs. IV BGB soll die elterliche Sorge einem Elternteil allein übertragen werden. Das heißt, daß eine Aufteilung des Sorgerechts normalerweise nicht erfolgen soll. Sind die Eltern also übereingekommen, die Mutter solle wie bisher die persönliche Pflege und Erziehung der Kinder übernehmen, der Vater solle hingegen alle Entscheidungen über Schule, Ausbildung und Berufswahl treffen und auch bei größeren Kleideranschaffungen ein Mitspracherecht haben, so ist eine solche Vereinbarung unwirksam; der Richter kann und wird sie nicht akzeptieren, sondern darauf bestehen, daß ein Elternteil die volle Verantwortung für das Kind übernehmen müsse.

In Ausnahmefällen ist eine Teilung des Sorgerechts in der Weise möglich, daß ein Elternteil die Personensorge, der andere die Vermögenssorge übernimmt. Auch dies setzt aber voraus, daß eine solche Teilung zum Wohl des Kindes erforderlich ist (§ 1671 Abs. IV BGB), etwa deshalb, weil die Mutter, die zur Versorgung eines Kleinkindes besser in der Lage ist als der Vater, den finanziellen Entscheidungen nicht gewachsen ist. Auch eine zeitliche Aufteilung der elterlichen Sorge – etwa: während der Kinderzeit Verbleiben bei der Mutter, nach dem 14. Lebensjahr Überwechseln zum Vater – lehnen die Gerichte so gut wie immer ab, obwohl das Gesetz sie seinem Wortlaut nach nicht verbietet.

Manchmal versuchen Eltern, das Sorgerecht für gemeinsame Kinder auch nach der Scheidung gemeinsam auszuüben. Bis zum 31. 12. 1979 ließ das Gesetz dies seinem Wortlaut nach zu, doch zögerten die Richter sehr, solche Sorgerechtsvereinbarungen zu akzeptieren. Mit der Sorgerechtsreform schloß das Gesetz diese Möglichkeit strikt aus. Das Bundesverfassungsgericht hat dies wiederum für verfassungswidrig erklärt (FamRZ 1982 S. 1179). In Zukunft ist also auch nach einer Scheidung der Eltern wieder ein gemeinsames Sorgerecht von Vater und Mutter möglich. Das setzt aber voraus, daß beide Eltern „willens und geeignet sind, die Elternverantwortung zum Wohle des Kindes weiterhin zusammen zu tragen". Wenn der Richter den Eindruck hat, daß die

Eltern einer Entscheidung nur ausweichen wollen oder daß ein gemeinsames Sorgerecht dem Wohl des Kindes nicht entspricht, wird er auch in Zukunft das Sorgerecht einem Elternteil allein übertragen (vgl. dazu Schmidt-Räntsch, FamRZ 1983 S. 17; Knöpfel, NJW 1983 S. 905; Lempp, Zent.Bl. f. JugR. 1984 S. 305).

Haben die Eltern sich auf einen Vorschlag geeinigt, den sie dem Familienrichter als gemeinsame Lösung unterbreiten wollen, so sind beide an diesen Vorschlag auch gebunden. Es kann dann also nicht ein Ehegatte im Laufe des Prozesses erklären, er habe sich die Sache anders überlegt und wolle den gemeinsamen Vorschlag jetzt nicht mehr aufrechterhalten. Eine *gemeinsame* Änderung des Vorschlags durch beide Ehegatten ist aber auch während des Prozesses möglich.

b) Der Wille des Kindes

Mit Wirkung vom 1. 1. 1980 hat die Sorgerechtsreform auch geregelt, wieweit die Meinung des Kindes selbst berücksichtigt werden muß. Nunmehr müssen Kinder, die fähig sind ihre Meinung zu äußern, persönlich angehört werden, „wenn die Neigungen, Bindungen oder der Wille des Kindes für die Entscheidung von Bedeutung sind oder wenn es zur Feststellung des Sachverhalts angezeigt erscheint, daß sich das Gericht von dem Kind einen unmittelbaren Eindruck verschafft". Das bedeutet, daß in Zukunft sogut wie immer eine Anhörung des Kindes stattfinden muß (§ 50b FGG).

Vom 14. Geburtstag an kann ein Kind auch von sich aus einen Vorschlag darüber machen, bei welchem Elternteil es leben möchte. Widerspricht dieser Vorschlag des Kindes einem einverständlichen Vorschlag beider Eltern, so braucht der Richter sich an keinen der Vorschläge zu halten. Er kann vom Vorschlag der Eltern auch dann abweichen, wenn dies nicht aus Gründen des Kindeswohls „unbedingt erforderlich ist" (§ 1671 Abs. III BGB). Ein Beispiel: Die Eltern eines 15jährigen Kindes schlagen einverständlich vor, das Sorgerecht dem Vater zu übertragen und das Kind in einem Internat unterzubringen. Macht das Kind selbst keinen Vorschlag, so wird der Richter dem Vorschlag der Eltern folgen, es sei denn er wäre der Meinung, diese Lösung widerspräche dem Kindeswohl. Erklärt aber das Kind selbst, es wolle unter keinen Umständen ins Internat und wolle lieber bei der Mutter leben, so trifft der Richter die Entscheidung, die er für die sinnvollste hält; er braucht weder dem einen noch dem anderen Vorschlag zu folgen.

c) Das Kindeswohl

Wenn die Eltern sich auf einen gemeinsamen Vorschlag nicht einigen konnten, wenn der Richter der Meinung ist, daß ihr Vorschlag dem Kindeswohl widerspricht oder wenn Eltern und Kinder divergierende Vorschläge gemacht haben, so muß das Familiengericht entscheiden. Nach § 1671 Abs. II BGB soll es die Regelung treffen, „die dem Wohle des Kindes am besten entspricht".

Die gesetzliche Formel vom „Wohl des Kindes" ist auf den Einzelfall nicht immer leicht anzuwenden (vgl. dazu Michael Coester, Das Kindeswohl als Rechtsbegriff, 1983); ihr ist deshalb oft der Vorwurf gemacht worden, darunter ließe sich so gut wie jede durch ein Vorurteil oder durch sehr subjektive Meinungen des Richters getragene Entscheidung subsumieren. Das Gesetz legt fest, daß bei der Entscheidung „die Bindungen des Kindes, insbesondere an seine Eltern und Geschwister" berücksichtigt werden sollen. Ferner haben die Gerichte eine Reihe von Grundsätzen entwickelt, die ihnen eine Entscheidung für den Einzelfall erleichtern.

Grundsätzlich soll die *erzieherische Eignung* eines Elternteils maßgebend sein, wobei die Gerichte allerdings dazu tendieren, jüngere Kinder fast immer bei der Mutter zu lassen. Auch die *wirtschaftlichen Umstände,* die Wohn- und Unterbringungsverhältnisse sind zu berücksichtigen. Ferner ist auch auf die *Kontinuität* der Erziehung zu achten; ein Kind soll nicht unnötig aus seiner gewohnten Umgebung herausgerissen und damit neuen Belastungen ausgesetzt werden. Im Ergebnis führt dies oft dazu, daß die Kinder dort bleiben, wo sie während des Getrenntlebens der Eltern waren, einfach weil sie eingewöhnt sind und die Stetigkeit der Erziehung dafür spricht, diesen Zustand auch nicht zu ändern. Der andere Elternteil muß dann, wenn beide Eltern im übrigen gleich gut zur Kindererziehung geeignet sind, allein der Kontinuität wegen zurückstehen (OLG Köln, FamRZ 1976, S. 32). Gerade das wird von Eltern oft als ungerecht empfunden.

Doch muß man berücksichtigen, daß das Gesetz den Richter bei der Entscheidung über das Sorgerecht nicht dazu verpflichtet, einen gerechten Ausgleich zwischen den Eltern herbeizuführen; maßgebend ist vielmehr *allein* die Antwort auf die Frage, wo das *Kind* in Anbetracht der so gut wie unvermeidlichen Nachteile durch die Scheidung am besten aufgehoben ist.

Normalerweise tendieren die Gerichte außerdem dazu, *Geschwister* nicht bei verschiedenen Elternteilen aufwachsen zu lassen. Die Devise „die Mädchen kommen zur Mutter, die Jungen zum Vater" oder „jeder bekommt *ein* Kind" mag zwar den Eltern als ideale Lösung für ihren Konflikt vorschweben, sie hat aber wenig Aussicht, vom Richter sanktioniert zu werden. Wenn allerdings die Geschwister schon bisher getrennt gelebt und sich gesondert entwickelt haben, kann von diesem Grundsatz auch abgewichen werden; ein starres Dogma ist er nicht.

Fraglich ist, wieweit bei der Entscheidung über das Sorgerecht auch das Verhalten eines Elternteils eine Rolle spielen kann, das zum Scheitern der Ehe geführt hat. Soweit solche Eheverfehlungen gleichzeitig eine Verletzung der Elternpflichten darstellen, ist ihre Berücksichtigung selbstverständlich. Ein Vater, der Frau und Kinder körperlich mißhandelt hat, eine Mutter, die sich um ihre Familie nicht gekümmert und ihre Unterhaltspflicht verletzt hat, wird kaum zur Kindererziehung geeignet sein. Andererseits darf die Entscheidung über die elterliche Sorge nicht zur Sanktion für jedes eheliche Fehlverhalten werden. Die Berücksichtigung der Scheidungsschuld bei der Entscheidung über das Sorgerecht begründet also nicht mehr – wie vor der Reform – ein Vorrecht des schuldlosen Elternteils. Es ist andererseits aber auch nicht so, daß das Verhalten der Eltern vor der Scheidung völlig gleichgültig ist. Wenn ein Verhalten, das zum Scheitern der Ehe geführt hat, geeignet ist, *außerdem* gegen die erzieherische Eignung eines Elternteils zu sprechen oder wenn Zweifel an der Zuverlässigkeit dieses Elternteils bestehen, so wird der Richter es bei der Verteilung der elterlichen Gewalt mitberücksichtigen.

Auch die Berufstätigkeit eines Elternteils spricht nicht unbedingt dagegen, ihm das Sorgerecht zu übertragen, wenn für die Zeit berufsbedingter Abwesenheit die Betreuung des Kindes sichergestellt ist (OLG Köln, FamRZ 1972, S. 574); doch neigen die Gerichte dazu, jedenfalls kleinere Kinder einer nicht berufstätigen Mutter eher zuzusprechen als dem berufstätigen Vater.

Der Richter kann auch das Gutachten eines Sachverständigen – etwa eines Jugendpsychologen – einholen, um sich vom Kind selbst und seiner Beziehung zu den Eltern ein besseres Bild machen zu können. Er ist zur Einholung eines solchen Gutachtens aber nicht verpflichtet und an sein Ergebnis auch nicht gebunden.

Hält das Familiengericht beide Eltern für ungeeignet, die Erziehung des Kindes zu übernehmen, so kann es die Personensorge oder die Vermögenssorge einem Pfleger oder beides einem Vormund übertragen. Voraussetzung dafür ist allerdings, „daß eine Gefahr für das Wohl des Kindes" vorliegt und daß diese Gefahr nur durch diese Maßnahme abgewendet werden kann (§ 1671 Abs. V BGB). Ein schuldhaftes Verhalten der Eltern ist (anders als bei der Entziehung des Sorgerechts nach § 1666 BGB) nicht erforderlich. Nach der Rechtsprechung kann ein „sittlich bedenklicher Lebenswandel" der Eltern, etwa das außereheliche Zusammenleben mit einem Verheirateten, die Übertragung der Personensorge auf einen Pfleger gerechtfertigt erscheinen lassen (OLG Hamm, FamRZ 1973, S. 148), doch wird die Tatsache des außerehelichen Zusammenlebens allein heute im allgemeinen nicht mehr als Grund angesehen, die Erziehungseignung eines Elternteils zu verneinen. Nur wenn weitere Umstände dazukommen – wenn beispielsweise das Kind den neuen Partner der Mutter strikt ablehnt, wenn eine Atmosphäre ständigen Streits herrscht oder der Freund oder die Freundin des erziehenden Elternteils das Kind mißhandelt –, wird in der Praxis eine Entziehung des Sorgerechts möglich sein. Wer während oder nach der Scheidung mit ehelichen Kindern und einem neuen Partner unverheiratet zusammenlebt, muß also normalerweise nicht gleich fürchten, die Kinder könnten ihm deshalb genommen werden.

Das Gericht „soll dem Kind für die Geltendmachung von Unterhaltsansprüchen einen Pfleger bestellen, wenn dies zum Wohle des Kindes erforderlich ist" (§ 1371 Abs. V BGB). Die Vorschrift ermöglicht es, durch die Bestellung eines Unterhaltspflegers sicherzustellen, daß für das Kind die ihm zustehenden Ansprüche auch wirklich geltend gemacht werden. Vor allem soll vermieden werden, daß Interessenkonflikte zwischen den Eltern sich letztlich zu Lasten des Kindes auswirken.

Das Familiengericht kann die Anordnung über die elterliche Sorge jederzeit ändern, wenn dies im Interesse des Kindes angezeigt ist (§ 1696 BGB). Wenn sich also neue Tatsachen ergeben oder nachträglich Umstände bekannt werden, die eine Änderung der richterlichen Entscheidung im Interesse des Kindes erforderlich erscheinen lassen, kann die ursprüngliche Entscheidung auch wieder geändert werden. So hat beispielsweise das OLG Stuttgart das Sorgerecht für ein vierjähriges Kind, das zunächst wegen der Berufstätigkeit der Mutter bei den Großeltern väterlicherseits gelebt hatte (die elterliche Sorge hatte der Vater), nach der Wiederverheiratung der Mutter (die nunmehr in „geordneten Verhältnissen" lebte) auf die Mutter übertragen, weil *sie* sich nun *persönlich* um das Kind kümmern konnte (FamRZ 1976, S. 34). Hier war die Wiederverheiratung der Mutter und die damit verbundene Möglichkeit selbst für das Kind zu sorgen, der Anlaß für die Änderung der ursprünglichen Regelung. In solchen Fällen wird es aber immer einer besonderen Begründung dafür bedürfen, warum das Kind aus einer Umgebung herausgerissen und in eine andere verpflanzt werden soll. Dafür wird der Wechsel von der Großmutter zur Mutter nicht in allen Fällen als „günstig für das Kind" vorausgesetzt werden können.

2. Das Recht zum persönlichen Umgang mit dem Kind

Wenn einem Elternteil nach der Scheidung das Sorgerecht für ein gemeinsames Kind nicht mehr zusteht, weil es auf den anderen Elternteil übertragen wurde, behält er dennoch die Befugnis, persönlich mit dem Kind zu verkehren (§ 1634 BGB). Dieses „Restelternrecht", das jedem Elternteil auch dann verbleibt, wenn ihm sonst jeder erzieherische Einfluß auf sein Kind genommen ist, soll allein die Möglichkeit des persönlichen Kontaktes sicherstellen. Seinem Inhalt nach ist es nicht darauf gerichtet, das Kind zu erziehen oder zu beeinflussen; das Erziehungsrecht steht vielmehr allein dem sorgeberechtigten Elternteil zu. Ebensowenig soll das Umgangsrecht der Kontrolle oder Überwachung des sorgeberechtigten Elternteils dienen. Es sichert allein die Möglichkeit des persönlichen Umgangs und wird deshalb häufig auch als „Besuchsrecht" bezeichnet. Wer das Sorgerecht verloren hat, das Kind also nicht täglich sieht, soll trotzdem die Möglichkeit haben, die persönliche Eltern-Kind-Beziehung aufrechtzuerhalten oder aufzubauen.

Über diese grundsätzliche Festlegung des Besuchsrechts besteht auch meist kein Streit. Der Teufel steckt – wie so oft – im Detail: wie oft darf der Vater das Kind zu sich holen, wie lange darf er es bei sich behalten? Muß das Kind auch gegen seinen Willen zum Besuch gezwungen werden? Kann die sorgeberechtigte Mutter verlangen, daß das Kind nicht mit einer neuen Lebensgefährtin des Vaters oder seinen Halbgeschwistern aus einer neuen Ehe zusammenkommt? Was geschieht, wenn das Kind auf die väterlichen Besuche hysterisch oder sonst krankhaft reagiert? Das Besuchsrecht kann, wenn die Eltern voller Haß gegeneinander arbeiten, zu einer Quelle des Unglücks für ein Kind werden.

Grundsätzlich sollten sich Eltern – sofern das irgend möglich ist – auch über die Art und den Umfang des Besuchsrechts einigen, schon um dem Kind ein Tauziehen in dieser Frage zu ersparen. Wenn die elterliche Sorge aufgrund eines gemeinsamen Elternvorschlags geregelt wird, so ist normalerweise auch eine Einigung über das Verkehrsrecht damit verbunden. Wenn allerdings die Entscheidung über die Kinder vom Familiengericht getroffen werden muß, so wird oft auch über das Besuchsrecht gestritten. In diesem Fall muß das Familiengericht auch die Details regeln. Normalerweise wird ein- bis zweimal im Monat ein Besuch von einigen Stunden „verordnet", manchmal auch ein gemeinsames Wochenende des nicht sorgeberechtigten Elternteils mit dem Kind. Dazu kommt als Ergänzung häufig eine gemeinsame Reise während der Ferien.

Der *Ort* des Zusammenseins ist normalerweise die Wohnung des besuchsberechtigten Elternteils, auch wenn dieser inzwischen mit einem anderen Partner zusammenlebt oder eine neue Familie gegründet hat. Die Mutter, bei der das Kind lebt, kann also nicht verlangen, daß der Vater in ihrer Wohnung und mehr oder weniger unter ihrer Aufsicht einige freundliche Worte mit dem Kind wechselt und dann wieder geht, vielmehr kann der Vater das Kind zu sich in seine Wohnung nehmen, wenn er das möchte.

Es liegt auf der Hand, daß dieses Hin und Her zwischen getrennt lebenden und häufig auch verfeindeten Eltern für das Kind schwer zu bewältigen ist. Je nach dem Alter des Kindes werden seine Probleme und Reaktionen unterschiedlich sein. Ein Kleinkind wird anders reagieren als ein Schulkind oder ein Jugendlicher. Daraus ergibt sich die Frage, wieweit der *Wille des Kindes* selbst bei der Frage des Besuchsrechts eine Rolle spielt. Zugespitzt formuliert: Muß ein vierjähriges Mädchen weinend zum besuchsberechtigten Vater gebracht werden, um dort einige Stunden verschüchtert in einer Ecke zu sitzen? Kann ein zehnjähriger Junge gezwungen werden, mit der Mutter zu verreisen?

Nach der Rechtsprechung ist ein dem Besuchsrecht entgegenstehender Wille des Kindes nicht unbedingt ausschlaggebend. Der Richter muß vielmehr die Interessen der Eltern und den Willen des Kindes unter dem Gesichtspunkt des Kindeswohls gegeneinander abwägen (vgl. dazu BGH FamRZ 1980 S. 131 ff.). Es kommt nicht unbedingt darauf an, ob das Kind den Kontakt will oder nicht. Maßgebend soll das objektive Wohl des Kindes sein, nicht sein subjektiver Wille. Dem Kindeswohl dient aber nach der Rechtsprechung im allgemeinen die „Pflege der Familienbande". Der Richter *kann* allerdings auf die Wünsche des Kindes Rücksicht nehmen; normalerweise geschieht das bei älteren Kindern, vor allem, wenn sie ohnehin bald volljährig sind. Der während des Gesetzgebungsverfahrens zur Sorgerechtsreform umstrittene Vorschlag, dem Kind vom 14. Lebensjahr an ein eigenes Recht auf Verweigerung des Umgangs zu geben, ist nicht in den Gesetzestext aufgenommen worden. Das neue Gesetz enthält aber nun eine sogenannte Wohlverhaltensvorschrift: jeder Elternteil soll alles „unterlassen, was das Verhältnis des Kindes zum anderen beeinträchtigt oder die Erziehung erschwert" (§ 1634 Abs. I Satz 2 BGB). Die Vorschrift soll sicherstellen, daß der Konflikt der Eltern nicht auf dem Rücken der Kinder ausgetragen wird. Wenn ein Elternteil sich an diese Verpflichtung nicht hält und damit die Entwicklung des Kindes stört, kann das Familiengericht eingreifen. Eine gewisse Berücksichtigung des Kinderwillens ist aber heute durch das Verfahrensrecht sichergestellt, das es dem Richter zur Pflicht macht, Kinder vom 14. Lebensjahr an immer und jüngere Kinder in der Regel persönlich anzuhören. Wenn eine solche Anhörung Sinn haben soll, setzt sie allerdings voraus, daß der Richter auch fähig ist, mit dem Kind wirklich in Kontakt zu kommen; eine rein formale richterliche Anhörung kann sonst mehr Schaden stiften als helfen (vgl. Arntzen, Elterliche Sorge und persönlicher Umgang mit Kindern, 1980).

Das Familiengericht kann das elterliche Besuchsrecht zeitweise oder dauernd ausschließen, „wenn dies zum Wohle des Kindes erforderlich ist" (§ 1634 Abs. II BGB). Richtlinie der Entscheidung ist auch hier in erster Linie das Kindeswohl, nicht der Ausgleich zwischen den Interessen der Eltern. Wenn das Kind für seine Entwicklung eine Zeit der Kontinuität und Ruhe braucht, die durch das Hin und Her zwischen den Eltern nicht gewährleistet ist, kann das Besuchsrecht für einige Zeit ausgeschlossen werden. Wenn das Kind durch den Umgang mit dem nicht sorgeberechtigten Elternteil ernsthaft gefährdet würde, kann das Umgangsrecht auch ganz ausgeschlossen werden.

Die Gerichte sind bisher mit solchen Eingriffen in dieses „Restelternrecht" außerordentlich zurückhaltend gewesen. Sie beschränken diese Maßnahme in aller Regel auf einige wenige sehr drastische Ausnahmefälle.

Von Kinderpsychiatern, Psychologen und Ärzten wird in letzter Zeit jedoch immer dringender gefordert, das elterliche Besuchsrecht nicht allzu sehr zu Lasten des Kindes auszudehnen. Schließlich sei das Kind bei einer Scheidung ohnehin der schwächste Teil, der Rivalität der Eltern sei es emotional und psychisch nicht gewachsen. Man dürfe das elterliche Besuchsrecht (ebenso wie die elterliche Sorge) nicht als *Recht* der Eltern ansehen, das notfalls auch gegen das Kind durchgesetzt werden müsse, sondern als ein Stück elterlicher *Verantwortung*, die es durchaus erfordern könne, zum Besten des Kindes für einige Zeit (oder auch für immer) auf jeden Kontakt mit dem Kind zu verzichten (vgl. Lempp, NJW 1963, S. 1661; ZentBl. f. JugR 1981 S. 283; Giesen, NJW 1972, S. 225).

Bisher sind die Gerichte solchen Argumenten nur selten gefolgt. Allenfalls bei ernsthafter gesundheitlicher Gefährdung, kaum aber bei psychischen Schäden sind Richter zu einer Einschränkung des elterlichen Verkehrsrechts bereit. Ein geschiedener Elternteil, der das Sorgerecht nicht behalten hat, kann daher praktisch so gut wie immer sein Besuchsrecht gegenüber dem anderen Elternteil durchsetzen, auch wenn dies für die Entwicklung des Kindes nicht immer vorteilhaft ist.

Mit der Sorgerechtsreform ist ferner das *Auskunftsrecht* des nicht sorgeberechtigten Elternteils neu ins Gesetz aufgenommen worden (§ 1634 Abs. III BGB). Ein Elternteil, dem das Personensorgerecht nicht zusteht, kann vom Sorgeberechtigten Auskunft über die persönlichen Verhältnisse des Kindes verlangen. Dieses Recht hat vor allem dann Bedeutung, wenn einem Elternteil das Umgangsrecht nicht zusteht, wenn das Kind den persönlichen Kontakt ablehnt oder der persönliche Umgang sich wegen der räumlichen Trennung nicht einrichten läßt. Voraussetzung für das Auskunftsrecht ist immer, daß die Auskunft mit dem Kindeswohl vereinbar ist. Wenn beispielsweise der persönliche Kontakt zum Vater dem Kind schadet und das Gericht deshalb sein Umgangsrecht ausgeschlossen hat, kann das Auskunftsrecht sich nicht darauf erstrecken, dem Vater den Aufenthaltsort des Kindes mitzuteilen. Das Auskunftsrecht kann aber auch neben dem Umgangsrecht bestehen. Über Streitigkeiten, die das Auskunftsrecht betreffen, entscheidet das Vormundschaftsgericht (§ 1634 Abs. III BGB).

Zuständig für die Regelung des elterlichen Umgangsrechts ist das Familiengericht. Seine Entscheidung ergeht nur auf Antrag eines Ehegatten. Dieser Antrag kann zusammen mit dem Scheidungsantrag, während des Verfahrens bis zum Schluß der letzten mündlichen Verhandlung (also auch noch in der zweiten Instanz) gestellt werden. Das Familiengericht wird dann das Verkehrsrecht zusammen mit dem Scheidungsausspruch regeln. Entsteht erst nach Abschluß des Scheidungsverfahrens Streit über den persönlichen Umgang des nicht Sorgeberechtigten mit dem Kind, so ist auch später noch eine Regelung möglich. Während des Verfahrens und während des Getrenntlebens kann das Gericht auf Antrag eines Elternteils die Frage durch eine einstweilige Anordnung vorläufig regeln. Weigert sich ein Elternteil, der gerichtlichen Entscheidung Folge zu leisten, so kann er durch ein Zwangsgeld bis zu 1000 DM zur Befolgung angehalten werden.

3. Der Unterhalt des Kindes

Unabhängig davon, ob ein geschiedener Ehegatte dem anderen nach der Scheidung Unterhalt zahlen muß oder nicht, ist die Frage, ob die gemeinsamen Kinder von ihren Eltern nach der Scheidung Unterhalt verlangen können, in welcher Form und in welcher Höhe dieser Kindesunterhalt geleistet werden muß.

a) Unterhaltspflicht der Eltern

Grundsätzlich sind Eltern ihren Kindern nach den allgemeinen bürgerlichrechtlichen Vorschriften unterhaltspflichtig. Voraussetzung der allgemeinen Unterhaltspflicht unter Verwandten sind

Bedürftigkeit des Berechtigten (§ 1602 Abs. I BGB) und Leistungsfähigkeit des Verpflichteten (§ 1603 Abs. I BGB). Wer selbst genug zum Leben hat, kann also keinen Unterhalt verlangen, wer gerade eben den eigenen Lebensbedarf decken kann, braucht anderen nicht Unterhalt zu zahlen. In beiden Richtungen sind aber minderjährige unverheiratete Kinder, die ihren Eltern gegenüber unterhaltsberechtigt sind, deutlich privilegiert: ein minderjähriges unverheiratetes Kind kann – auch wenn es Vermögen hat – von seinen Eltern Unterhalt verlangen, wenn die Einkünfte aus dem Vermögen zu seinem Unterhalt nicht ausreichen; das Vermögen selbst braucht es nicht anzugreifen (§ 1602 Abs. II BGB). Ferner können sich Eltern, die selbst nur knapp ihren Lebensbedarf decken können, ihren minderjährigen unverheirateten Kindern gegenüber nicht auf mangelnde Leistungsfähigkeit berufen. Vielmehr sind sie verpflichtet, „alle verfügbaren Mittel zu ihrem und der Kinder Unterhalte gleichmäßig zu verwenden" (§ 1603 Abs. II BGB). Eltern müssen also mit ihren minderjährigen unverheirateten Kindern alles teilen. Minderjährige gehen ihren volljährigen oder verheirateten Geschwistern vor und sind gleichberechtigt mit dem Ehegatten des unterhaltsverpflichteten Elternteils (§ 1609 BGB; vgl. dazu oben Abschnitt II Ziff. 10).

An dieser sehr weitgehenden Unterhaltspflicht von Eltern gegenüber ihren Kindern ändert sich grundsätzlich durch die Scheidung nichts. Die Unterhaltspflicht beider Eltern bleibt bestehen. Nach § 1606 Abs. III BGB haften im Prinzip beide Eltern anteilig; das Kind kann also von Vater und Mutter den ihrer Leistungsfähigkeit entsprechenden Teilbetrag verlangen. Die Mutter genügt ihrer Unterhaltspflicht regelmäßig durch die Pflege und Erziehung des Kindes. In diesem Fall haftet also der Vater für den zum Unterhalt erforderlichen Geldbetrag allein. Ist die Mutter auch berufstätig, so kommt es darauf an, ob sie das Kind neben ihrer Berufstätigkeit weiter voll betreut – dann braucht sie keinen finanziellen Unterhaltsbeitrag zu leisten – oder ob andere, etwa der Vater, Hilfspersonen oder ein Internat oder ein Heim, ihr diese Aufgaben teilweise oder ganz abnehmen. Ist das der Fall, so hat die berufstätige Mutter einen anteiligen Geldbetrag als Unterhalt zu zahlen.

Auch hieran ändert sich nach der Scheidung grundsätzlich nichts. Leben unverheiratete minderjährige Kinder im Haushalt der Mutter, so liegt die Zahlungspflicht normalerweise allein beim Vater. Umgekehrt muß aber dann, wenn die Kinder beim Vater leben und die Mutter berufstätig ist, die Mutter durch Geldzahlungen zum Unterhalt der Kinder beitragen. Pflegt der Vater die Kinder allein und ist er daneben nicht berufstätig, so ist die Mutter allein für die Unterhaltszahlungen verantwortlich. Das Gesetz erwähnt diesen Fall zwar nicht, weil er sehr selten vorkommt, doch ergibt sich diese Konsequenz klar aus dem Gleichheitssatz.

Problematisch kann der Unterhaltsanspruch der Kinder nach der Scheidung dann werden, wenn der zahlungspflichtige Elternteil wieder heiratet, seine Berufstätigkeit aufgibt und sich auf die Tätigkeit im Haushalt zurückzieht. Zunächst haben die Gerichte in solchen Fällen den Einwand, daß ein haushaltsführender wiederverheirateter Ehegatte einkommenslos und daher nicht leistungsfähig sei, in solchen Fällen akzeptiert, in denen die Mutter barunterhaltspflichtig war und durch die Pflege eines Kindes aus der neuen Ehe an einer Erwerbstätigkeit gehindert wurde (KG Berlin und OLG Stuttgart, FamRZ 1978 S. 724, 725). Der BGH hat freilich den umgekehrten Fall, in dem ein Mann sich ganz der Pflege seiner zweitehelichen Tochter widmen wollte und daher die Unterhaltszahlungen gegenüber der ersten Familie eingestellt hatte, anders entschieden. Danach ist ein wiederverheirateter Ehegatte verpflichtet, die Beeinträchtigung der Unterhaltsansprüche von Kindern aus früheren Ehen so gering wie möglich zu halten. Er muß die Haushaltsführung auf das unbedingt notwendige Maß beschränken und wenigstens eine Nebentätigkeit aufnehmen. Der berufstätige zweite Ehegatte muß ihn von der Hausarbeit entsprechend entlasten (BGH NJW 1980 S. 340). Das gleiche gilt heute auch für die Barunterhaltspflicht einer wiederverheirateten Mutter gegenüber ihrem Kind aus einer früheren Ehe, das beim Vater lebt (BGH FamRZ 1982 S. 25).

b) Umfang des Unterhalts

Für einen Elternteil, der nach diesen Grundsätzen zu Unterhaltszahlungen gegenüber seinem Kind verpflichtet ist, lautet die entscheidende Frage, wie hoch dieser Unterhaltsbetrag denn nun sein muß. Nach § 1610 BGB bemißt sich das Maß des zu gewährenden Unterhalts nach der Lebensstellung des Berechtigten. Die

Lebensstellung eines unterhaltsberechtigten Kindes wird von den Eltern geprägt und kann je nach deren Einkommens- und Vermögensverhältnissen unterschiedlich sein. Zum Unterhalt gehört der gesamte Lebensbedarf, auch die Kosten der Erziehung und die Kosten einer Berufsausbildung.

Seit Inkrafttreten des 1. Eherechtsreformgesetzes – also seit dem 1. Juli 1977 – gibt es für eheliche Kinder nach der Scheidung der Eltern eine Mindestgrenze als Richtschnur: Ein Kind, das in den Haushalt eines Elternteils aufgenommen ist, kann vom anderen Elternteil mindestens den für nichteheliche Kinder festgesetzten Regelbedarf verlangen. Dieser Betrag ist in der Regelbedarfsverordnung festgelegt und wird alle zwei Jahre den veränderten wirtschaftlichen Bedingungen angepaßt. Zur Zeit gilt die Regelbedarfsverordnung in der Fassung vom 30. 9. 1984. Dort sind für die Zeit ab 1. Januar 1985 folgende Werte festgesetzt:

Kinder bis zu 6 Jahren:	228 DM
Kinder von 7 bis 12 Jahren:	276 DM
Kinder von 13 bis 18 Jahren:	327 DM

Diese Werte sollen dem Kind den Nachweis seines Bedarfs und die Geltendmachung des Unterhaltsanspruchs erleichtern. Sie sind Richtwerte und schließen nicht aus, daß im Einzelfall mehr gezahlt werden muß, wenn der Unterhaltspflichtige leistungsfähig ist, und sie können bei eingeschränkter Leistungsfähigkeit auch unterschritten werden.

Schon bisher ist über die Höhe des Kindesunterhalts oft erbittert gestritten worden. Nach dem alten Recht waren die Landgerichte für Unterhaltsstreitigkeiten in letzter Instanz zuständig. Sie haben, um sehr stark voneinander abweichende Entscheidungen innerhalb eines Gerichtsbezirks zu verhindern, versucht, durch Richtsätze in Tabellenform einen Anhaltspunkt für die Größenordnung der Ansprüche zu geben; diese Tabellen sind inzwischen von den jetzt zuständigen Oberlandesgerichten übernommen und weiterentwickelt worden. Mehr und mehr sind die Unterhaltsrichtsätze der sogenannten *Düsseldorfer Tabelle*, die ursprünglich für Düsseldorf entwickelt wurde, auch für andere Gerichtsbezirke übernommen worden (z. B. für Hamm, Köln, Frankfurt, Schleswig, Bremen und Hamburg).

Die Düsseldorfer Tabelle setzt die Unterhaltshöhe je nach dem Einkommen des Unterhaltspflichtigen und dem Alter des Kindes fest. Sie ist bezogen auf die „Normalfamilie" von Eltern mit zwei Kindern und wird laufend den veränderten Verhältnissen angepaßt. Die neueste, seit dem 1. Januar 1985 geltende Fassung ist in der Dokumentation unter Nr. 1 abgedruckt.

Der Bedarfskontrollbetrag des Unterhaltspflichtigen (letzte Spalte) soll die gerechte Verteilung des Einkommens sicherstellen. Wird er nach Abzug der Unterhaltsbeträge für die Kinder und den Ehegatten unterschritten, so ist der Unterhaltspflichtige in die nächst niedrigere Gruppe einzustufen. Oft reicht das Einkommen in den untersten Gruppen nicht für alle Unterhaltsberechtigten. Dann soll der Richter nach Abzug des Selbsterhalts (vgl. dazu oben Abschnitt II Ziff. 11) das vorhandene Einkommen im Verhältnis der angesetzten Beträge verteilen (vgl. zu den Unterhaltsrichtlinien der verschiedenen Oberlandesgerichte auch die anderen in der Dokumentation abgedruckten Leitlinien).

c) Die Anrechnung des Kindergeldes

Bei der Berechnung der Höhe des Unterhalts entsteht oft Streit darüber, in welcher Form das Kindergeld zu berücksichtigen ist. Kann der Sorgeberechtigte, bei dem das Kind lebt (meist ist es die Mutter), das Kindergeld zusätzlich zu den Unterhaltszahlungen beanspruchen oder kann der unterhaltspflichtige Vater erklären, in Höhe des an die Mutter ausgezahlten Kindergeldes sei der Unterhaltsbedarf des Kindes ja gedeckt, insoweit brauche er also nicht zu zahlen? Für das *nichteheliche* Kind ist diese Frage im Gesetz geregelt: Das Kindergeld wird auf den Regelbedarf zur Hälfte angerechnet (§ 1615g BGB), bei der Berechnung der dem Kind vom nichtehelichen Vater zu zahlenden Unterhaltsrente ist das Kindergeld also zur Hälfte zugunsten des Vaters zu berücksichtigen. Es liegt nahe, diese Lösung auch für den Unterhaltsanspruch des nichtehelichen Kindes nach der Scheidung anzuwenden, vor allem seit der Gesetzgeber im neuen § 1610 Abs. III BGB die Anwendung der Regelbedarfssätze der nichtehelichen Kinder auch auf die ehelichen Kinder vorsieht.

Gegen diese analoge Anwendung des § 1615g spricht allerdings die amtliche Begründung zum 1. Eherechtsreformgesetz. Dort heißt es, die Einführung des Anspruchs auf Regelunterhalt (als Mindestunterhalt) auch für eheliche Kinder „bedeutet nicht, daß die Bestimmungen über die Unterhaltsansprüche eines nichtehelichen Kindes auf das Verhältnis des ehelichen Kindes zu seinen Eltern anwendbar würden, insbesondere auch nicht § 1615g BGB; wie nach der bisherigen Rechtsprechung soll diese Vorschrift auf den Unterhalt ehelicher Kinder im Einzelfall analog anwendbar sein, soweit es sich um vergleichbare Sachverhalte handelt." (BT Drucks. 7/4361, S. 51).

Die Rechtsprechung war in dieser Frage zunächst sehr uneinheitlich. Inzwischen hat aber der BGH klargestellt, daß das staatliche Kindergeld beiden Eltern je zur Hälfte angerechnet wird (BGHZ 70, 151, FamRZ 1978 S. 177). Wird also das Kindergeld an die sorgeberechtigte Mutter gezahlt, so mindert sich die Zahlungspflicht des Vaters um den Betrag des halben Kindergeldes; wird es an den unterhaltspflichtigen Vater gezahlt, so erhöht sich seine Zahlungspflicht um den gleichen Betrag. Eine analoge Anwendung der Anrechnungspflicht des § 1615g lehnt der BGH jedoch ab, so daß im Einzelfall auch eine andere Lösung möglich bleibt.

Wird gleichzeitig für mehrere Kinder Kindergeld bezogen, so soll der sogenannte *Zählkindvorteil* (die Erhöhung des Kindergeldes bei steigender Kinderzahl) dann keine Rolle spielen, wenn die anderen – das Kindergeld erhöhenden – Kinder nicht gemeinsame Kinder sind, sondern aus anderen Verbindungen nur eines Ehegatten stammen (BGH FamRZ 1981 S. 26 und S. 651). Eine Mutter, die außer dem Kind, das aus der Ehe mit ihrem geschiedenen Mann stammt, noch weitere Kinder erzieht, kann das erhöhte Kindergeld für die weiteren Kinder anrechnungsfrei für diese Kinder verwenden. Auch im umgekehrten Fall, wenn der bar-unterhaltspflichtige Vater für mehrere Kinder Kindergeld erhält, braucht er nur das anteilige Kindergeld zur Hälfte herauszugeben. Ausgeglichen werden je zur Hälfte – also nur die Kindergeldbeträge für gemeinsame Kinder (vgl. dazu auch OLG Düsseldorf, FamRZ 1983 S. 86 hinsichtlich älterer Kinder nur eines Ehegatten).

d) Die gegenseitige Auskunftspflicht

Sowohl das unterhaltsberechtigte Kind als auch ein unterhaltsverpflichteter Elternteil hat das Recht, vom anderen Auskunft über Einkommen und Vermögen zu verlangen, soweit eine solche Auskunft zur Feststellung des Unterhaltsanspruchs erforderlich ist. Ein unterhaltsberechtigtes Kind, das bei seiner Mutter lebt, kann also vom Vater Auskunft darüber verlangen, was er verdient. Darüber muß der Vater – auf Verlangen des Kindes – eine Bescheinigung seines Arbeitgebers vorlegen; über die Höhe des Vermögens muß er ein Verzeichnis anlegen, dessen Vollständigkeit auf Verlangen durch eidesstattliche Versicherung bekräftigt werden muß, soweit es sich nicht nur um Kleinigkeiten handelt. Das gleiche kann der Vater vom Kind oder, sofern das Kind noch minderjährig ist, vom gesetzlichen Vertreter des Kindes verlangen. Diese schon bisher von der Rechtsprechung angenommene gegenseitige Auskunftspflicht steht jetzt im Gesetz (§ 1605 BGB). Sie dient der Feststellung und Sicherung der Rechte beider Beteiligten. Das Kind soll von einem gut verdienenden Vater nicht mit dem Regelunterhalt abgespeist werden können, der Vater soll einem Kind, das sich teilweise oder ganz selbst unterhalten kann, nicht über Gebühr Unterhalt zahlen müssen. Alle zwei Jahre können beide Beteiligten erneut Auskunft verlangen, damit die Unterhaltsrente den jeweiligen Einkommensverhältnissen angepaßt werden kann. Vor Ablauf der Zweijahresfrist kann eine erneute Auskunft nur verlangt werden, wenn glaubhaft gemacht wird, daß die Vermögens- oder Einkommensverhältnisse des anderen sich verändert haben.

e) Verträge über den Unterhalt

Die Unterhaltspflicht zwischen Eltern und Kind kann auch vertraglich geregelt werden. Bei einer einverständlichen Konventionalscheidung nach einjähriger Trennungszeit ist eine solche Einigung vor Einreichung des Scheidungsantrags erforderlich (§ 630 Abs. I Ziff. 3 ZPO). Aber auch bei einer streitigen Scheidung wird häufig im Laufe des Verfahrens eine einverständliche Regelung des Kindesunterhalts zur Diskussion stehen.

Solange das Kind noch minderjährig ist, kann es einen Unterhaltsvertrag nicht selbst schließen. Leben die Eltern getrennt oder läuft bereits ein Scheidungsverfahren, ist aber eine Entscheidung über das Sorgerecht noch nicht getroffen, so steht ihnen das Sorgerecht zunächst noch gemeinsam zu. In dieser Zeit kann derjenige Elternteil, bei dem das Kind tatsächlich lebt, gegenüber dem anderen Elternteil die Unterhaltsansprüche des Kindes geltend machen (§ 1629 Abs. II BGB). Sobald über das Sorgerecht entschieden ist – und sei es nur durch eine einstweilige Regelung für die Dauer des gerichtlichen Verfahrens – ist der sorgeberechtigte Elternteil zur Geltendmachung des Kindesunterhalts berechtigt. Während der Zeit des Getrenntlebens (also vor Beginn des formellen Scheidungsverfahrens) erfolgt die Geltendmachung des Kindesunterhalts im Namen des Kindes selbst. Wenn der Scheidungsantrag gestellt ist, das Scheidungsverfahren also läuft, muß der Elternteil, der durch tatsächliche Obhut oder Sorgerechtserteilung legitimiert ist, die Ansprüche des Kindes in seinem eigenen Namen geltend machen (§ 1629 Abs. III BGB). Sowohl ein Urteil als auch ein über den Kindesunterhalt zwischen den Eltern geschlossener Vergleich wirkt dann auch für und gegen das Kind.

Diese neue Regelung soll eine umfassende endgültige Regelung aller Scheidungsfolgen möglich machen, bei der auch der Unterhalt des Kindes mit eingeschlossen ist. Statt eines gerichtlichen Vergleichs ist aber auch ein privater Unterhaltsvertrag zulässig, der keiner besonderen Form bedarf, aber aus Beweisgründen in der Regel schriftlich abgeschlossen werden sollte.

Was den *Inhalt* eines Unterhaltsvertrages betrifft, so sind die Eltern nicht völlig frei. Sie können vor allem nicht für das Kind auf jeden Unterhalt für die Zukunft verzichten (§ 1614 BGB); auch ein teilweiser Verzicht ist nicht zulässig und macht einen gegen diesen Grundsatz verstoßenden Unterhaltsvertrag nichtig (§ 134 BGB). Die elterliche Vereinbarung muß sich also im Rahmen des dem Kind nach dem Gesetz zustehenden Unterhaltsanspruchs halten. Eine Vereinbarung der Eltern, nach der dem sorgeberechtigten Elternteil ein sehr hoher, dem Kind aber nur ein extrem niedriger oder gar kein Unterhalt zu zahlen wäre, kann nicht wirksam geschlossen werden. Eine einmalige *Abfindung* für künftige Unterhaltsansprüche des Kindes ist zwar wirksam, befreit den zum Unterhalt Verpflichteten jedoch nicht von seiner Unterhaltspflicht, wenn das Kind später trotz der Abfindung erneut bedürftig wird (§ 1614 Abs. II BGB).

Möglich und rechtlich wirksam ist eine Vereinbarung, wonach ein Elternteil den anderen von seiner Unterhaltspflicht freistellt, sich also verpflichtet, dem Kind selbst den vollen Unterhalt zu gewähren. Eine sorgeberechtigte Mutter kann also nicht zu Lasten der Kinder auf deren zukünftige Ansprüche gegen den Vater verzichten, sie kann sich aber verpflichten, für die gemeinsamen Kinder allein aufzukommen. Auch ein Dritter kann sich verpflichten, einen Elternteil von seiner Unterhaltspflicht freizustellen. Ein Vertrag, in dem der neue Ehemann der sorgeberechtigten Mutter sich dem geschiedenen Vater gegenüber verpflichtet, selbst für den Unterhalt aufzukommen, ist daher wirksam (vgl. FamRZ 1974, S. 449). Kann der Elternteil oder der Dritte entgegen seiner Zusage später nicht zahlen, so kann der ursprünglich Verpflichtete erneut in Anspruch genommen werden. Hatte also beispielsweise eine Mutter den Vater von seiner Unterhaltspflicht ganz freigestellt und verliert sie später ihren Arbeitsplatz oder kann aus anderen Gründen nicht mehr zahlen, so kann sie sich in Namen des Kindes erneut an den Vater wenden.

f) Die Anpassung von Unterhaltsrenten

In einer intakten Familie entstehen bei wachsendem Unterhaltsbedarf der Kinder oder einer sich verringernden finanziellen Leistungsfähigkeit der Eltern nur selten Probleme, die den Rat eines Juristen fordern. Leben die Eltern getrennt oder sind sie geschieden, so ergibt sich aber häufig die Frage, wie die Unterhaltszahlungen des Elternteils, bei dem das Kind nicht lebt, an die geänderten wirtschaftlichen oder persönlichen Bedingungen angepaßt werden können. Seit kurzem kennt unser Recht zwei Wege für eine solche Anpassung:

Durch das Gesetz zur vereinfachten Abänderung von Unterhaltsrenten ist mit Wirkung vom 1. Januar 1977 der neue § 1612a ins BGB aufgenommen worden, der eine laufende Anpassung der Höhe von Unterhaltsrenten an die veränderten wirtschaftlichen Verhältnisse möglich macht. Bisher war eine Erhöhung oder Herabsetzung von einmal festgelegten Unterhaltsrenten nur durch eine Abänderungsklage nach § 323 ZPO möglich. Das erforderte jeweils ein neues gerichtliches Verfahren, das recht langwierig und kostspielig sein konnte.

Für eine Abänderung von Unterhaltsrenten, die durch die Änderung der *allgemeinen* wirtschaftlichen Verhältnisse, vor allem also durch die ständige langsame Geldentwertung der letzten Jahre erforderlich geworden ist, sieht nun § 1612a BGB eine schematische Anpassung in einem vereinfachten Verfahren vor. Die Berücksichtigung *persönlicher* und *besonderer* Umstände ist weiterhin nur durch eine Abänderungsklage nach § 323 ZPO möglich, wobei die veränderten Umstände im einzelnen nachgewiesen werden müssen. Hat sich also die Bedürftigkeit des Kindes verändert, etwa weil es ein eigenes Vermögen geerbt hat, aus dessen Einkünften es sich selbst unterhalten kann, oder hat sich die Leistungsfähigkeit des Verpflichteten geändert, etwa weil er arbeitslos geworden ist oder Konkurs gemacht hat, so können diese Umstände nicht im vereinfachten Verfahren berücksichtigt werden.

Die vereinfachte Anpassung von Unterhaltsrenten erfolgt nur unter bestimmten Voraussetzungen. Bei dem anzupassenden Anspruch muß es sich um einen *Unterhaltsanspruch* handeln, der einem *Minderjährigen* zusteht. Andere laufende Rentenzahlungen, die nicht auf Unterhaltsansprüchen beruhen – etwa eine Schadensrente – können ebensowenig nach § 1612a angepaßt werden wie Unterhaltsansprüche volljähriger Kinder. Nach dem 18. Geburtstag eines unterhaltsberechtigten Kindes ist also die schematische Anpassung der Unterhaltszahlungen nicht mehr möglich; hier kann eine Änderung der Höhe des Unterhaltsbetrages nur durch einen Unterhaltsvertrag oder durch eine normale Änderungsklage erreicht werden.

Die vereinfachte Anpassung setzt weiter voraus, daß der Unterhaltsanspruch der Höhe nach bereits festgelegt ist; das kann in einer gerichtlichen Entscheidung, in einem Unterhaltsvertrag oder in einer Verpflichtungsurkunde geschehen sein. Sofern sich aus dem Vertrag, dem Urteil oder der Verpflichtungsurkunde ergibt, daß die Anpassung auf andere Weise geregelt werden soll, kann § 1612a nicht angewendet werden; dann gilt das vereinbarte oder vom Gericht festgelegte Verfahren. Das ist beispielsweise dann der Fall, wenn der Unterhaltsverpflichtete jeweils den für nichteheliche Kinder geltenden Regelunterhalt zu zahlen hat, weil der Regelbedarf und damit der jeweils in dieser Höhe zu zahlende Unterhalt alle zwei Jahre neu durch Rechtsverordnung festgelegt wird. Nach § 1612a BGB ist die schematische Anpassung weiter dann ausgeschlossen, wenn eine Anpassung an sich ändernde wirtschaftliche Verhältnisse ausdrücklich ausgeschlossen wurde. Hier wird allerdings oft fraglich sein, ob eine derartige Ausschlußklausel überhaupt wirksam ist oder ob sie nicht einen unzulässigen partiellen Unterhaltsverzicht enthält, der nach § 1416 Abs. I BGB verboten und daher nichtig ist (vgl. Köhler, NJW 1976, S. 1532).

Die *Höhe* der schematisierten Anpassung von Unterhaltsrenten wird von der Bundesregierung in einer Anpassungsverordnung festgelegt. Die Anpassungsverordnung vom 22. 6. 1977 ist am 1. Juli 1977 in Kraft getreten (BGBl I, S. 977) und sah eine Erhöhung der Unterhaltsrenten um 10% vor; die Anpassungsverordnung vom 28. 9. 1979 (BGBl. I, S. 1603) gilt seit dem 30. 9. 1979 und erlaubte eine Anpassung um 11% vom 1. 1. 1980 an. Die Anpassungsverordnung vom 10. 8. 1981 (BGBl. I S. 835) erlaubt vom 1. 1. 1982 an eine Anpassung um 10%. Die Anpassungsverordnung vom 26. 7. 1984 erlaubt vom 1. 1. 1985 an eine Anpassung von 10% (BGBl. I, S. 1035). Diese Anpassungen berücksichtigen alle wirtschaftlichen Veränderungen, die *nach* dem 1. 7. 1975 eingetreten sind. Ist ein Unterhaltsvertrag lange vor 1975 geschlossen oder ist das Unterhaltsurteil, aufgrund dessen Unterhalt gezahlt wird, lange vorher ergangen, so müssen Veränderungen aus der Zeit *vor* dem 1. Juli 1975 zunächst im Wege der Abänderungsklage geltend gemacht werden. Dieses Urteil kann dann durch das schematische Verfahren des § 1612a weiter angepaßt werden.

Ist ein bestimmter Unterhaltsbetrag neu festgesetzt oder nach § 1612a angepaßt worden, so kann frühestens nach einem Jahr eine erneute oder erstmalige Anpassung verlangt werden. In der Rechtsprechung und Literatur ist die Bedeutung dieser 12-Monatsfrist umstritten. Versteht man sie als *Ausschlußfrist,* so ist die Anpassung aller Titel ausgeschlossen, die zum frühestmöglichen Anpassungstermin noch nicht ein Jahr bestehen. Die heute wohl überwiegende Meinung versteht sie aber als eine reine *Wartefrist,* was zur Folge hat, daß während der Laufzeit einer Anpassungsverordnung auch jüngere Titel angepaßt werden können, sobald sie 1 Jahr alt sind (vgl. dazu Behr, NJW 1979 S. 199 – für die Wartefrist und Timm, NJW 1978 für die Ausschlußfrist). Die Praxis ist uneinheitlich.

Wer für ein minderjähriges Kind die – zur Zeit – zehnprozentige Anpassung der Unterhaltsrente durchsetzen will, muß zunächst den Unterhaltspflichtigen auffordern, den zusätzlichen Betrag zu zahlen. Der Unterhaltsschuldner ist zur Zahlung verpflichtet, wenn alle Voraussetzungen des § 1612a vorliegen. Weigert er sich, den Zusatzbetrag zu zahlen, so ist für die Fälle, in denen bereits ein vollstreckungsfähiger Titel vorliegt (insbesondere ein rechtskräftiges Urteil oder eine Urkunde, in der sich der Schuldner der sofortigen Zwangsvollstreckung unterwirft), ein vereinfachtes prozessuales Verfahren vorgesehen (§§ 641l bis 641t ZPO), das praktisch nur eine reine Formsache ist und bis auf eine geringe Auslagenpauschale auch keine Kosten verursacht. Liegt kein vollstreckungsfähiger Titel vor sondern z. B. nur ein privater Unterhaltsvertrag, so muß der Anspruch zunächst durch eine Abänderungsklage durchgesetzt werden (§ 323 ZPO). Das damit erwirkte Urteil kann dann später im vereinfachten Verfahren abgeändert werden.

Zur Zeit bringt die Anpassung von Unterhaltsrenten in den meisten Fällen eine Abänderung zugunsten des unterhaltsberechtigten Kindes: die schematische Anpassung nach § 1612a BGB läßt bisher nur eine Erhöhung des Kindesunterhalts zu. Grundsätzlich ist das normale wie das vereinfachte Abänderungsverfahren aber in beiden Richtungen anwendbar: es kann nicht nur zu einer Erhöhung sondern auch zu einer Reduzierung von Unterhaltszahlungen führen. Die auf die Person bezogenen speziellen Umstände können schon jetzt zu Lasten des Kindes berücksichtigt werden. Ein unterhaltspflichtiger Vater, dessen Einkommen stark zurückgegangen ist, kann also durch Abänderungsklage eine Herabsetzung des Unterhalts erreichen. Im vereinfachten Verfahren könnte eine solche Herabsetzung ebenfalls möglich werden, wenn die von der Bundesregierung erlassene Anpassungsverordnung statt einer prozentualen Erhöhung einen Abschlag vorsieht, was beispielsweise bei einer allgemeinen Wirtschaftskrise oder einer neuen Währungsreform durchaus möglich und rechtlich wirksam wäre.

g) Unterhaltsvorschuß vom Staat

Alleinstehende Eltern – also auch getrenntlebende oder geschiedene Elternteile, denen das Sorgerecht für ihr Kind zusteht – können seit dem 1. 1. 1980 unter gewissen Voraussetzungen von staatlichen Stellen Unterhaltsleistungen für das Kind bekommen. Wenn nämlich der barunterhaltspflichtige Elternteil nicht oder nicht regelmäßig zahlt oder wenn gegen den nicht Sorgeberechtigten gar kein Unterhaltsanspruch besteht, kann derjenige, bei dem das Kind lebt, vom Staat Unterhalt verlangen. Das Unterhaltsvorschußgesetz (BGBl. 1979 I S. 1184) begrenzt diesen Anspruch in mehrfacher Hinsicht: Ein Anspruch auf Unterhaltsvorschuß besteht nur für Kinder, die noch nicht sechs Jahre alt sind und er wird höchstens drei Jahre lang gezahlt. Die Höhe der Zahlung ist begrenzt durch die Regelunterhaltsverordnung. Sie sieht zur Zeit für Kinder unter 6 Jahren 228 DM vor. Das Kindergeld wird mit 25.– DM angerechnet, so daß der höchstmögliche Betrag für den von „Vater Staat" zu zahlenden Unterhaltsvorschuß derzeit DM 203.– beträgt. Im Einzelfall kann dieser Betrag aber auch niedriger sein, weil Teil-Unterhaltszahlungen des säumigen Elternteils und Waisenbezüge sowie Schadensersatzzahlungen Dritter anzurechnen sind (§ 2 Unterhaltsvorschußgesetz).

Ein Anspruch auf Unterhaltsvorschuß besteht nicht, wenn der Sorgeberechtigte sich weigert, über den zahlungspflichtigen Elternteil Auskunft zu geben oder wenn die Eltern unverheiratet zusammenleben. Eine eheähnliche Lebensgemeinschaft mit einem Dritten beeinträchtigt den Anspruch aber nicht (§ 1 Abs. III Unterhaltsvorschußgesetz).

Haben staatliche Stellen anstelle des an sich Unterhaltspflichtigen gezahlt, so können sie sich die als Unterhaltsvorschuß gezahlten Beträge vom säumigen Elternteil zurückholen (§ 7 Unterhaltsvorschußgesetz).

Wer Unterhaltsvorschuß beantragen oder sich über weitere Einzelheiten informieren will, wendet sich am besten an das Jugendamt.

h) Das Ende des Unterhaltsanspruchs

Für die Frage, wann der Unterhaltsanspruch eines ehelichen Kindes erlischt, ändert sich nach der Scheidung nichts. Nach § 1615 BGB erlischt der Unterhaltsanspruch beim Tod des Berechtigten oder des Verpflichteten. Hatte also ein geschiedener Vater seinem bei der Mutter lebenden Sohn eine Unterhaltsrente zu zahlen, so entfällt die Zahlungspflicht, wenn das Kind stirbt. Der Unterhaltsanspruch des Kindes entfällt aber auch, wenn der Vater stirbt. Anders als der Unterhaltsanspruch der geschiedenen Frau, der nach dem Tod des Mannes auf dessen Erben übergeht (§ 1586b BGB; Abschnitt II Ziff. c), besteht der Unterhaltsanspruch des Kindes nicht weiter; das Kind wird vielmehr – anders als der geschiedene Ehegatte – selbst Erbe.

Der Unterhaltsanspruch erlischt ferner, wenn eine seiner Voraussetzungen – Bedürftigkeit des Berechtigten, Leistungsfähigkeit des Verpflichteten – wegfällt. Ein Kind, das selbst für sich sorgen kann, hat keinen Unterhaltsanspruch gegen seine Eltern, ein Elternteil, der selbst mittellos ist, kann auch keinen Unterhalt zahlen (zur Privilegierung minderjähriger Kinder nach § 1603 Abs. II BGB vgl. oben Abschnitt VII Ziff. 3 a). Die Unterhaltspflicht der Eltern erlischt aber *nicht* ohne weiteres mit der Volljährigkeit des Kindes. Da die elterliche Unterhaltspflicht auch die Kosten einer angemessenen Berufsausbildung des Kindes umfaßt (§ 1610 Abs. II BGB), kann vielmehr der finanzielle Bedarf eines Kindes gerade dann eher größer als kleiner werden, wenn es eine langwierige und kostspielige Berufsausbildung durchläuft. Unter Umständen kann die Unterhaltspflicht auch lebenslang andauern, etwa bei behinderten oder dauernd pflegebedürftigen Kindern.

VIII. Sonstige Scheidungsfolgen

Eine Scheidung hat Auswirkungen auf so gut wie allen Lebensgebieten. Auch die rechtlichen Fragen sind nicht auf Unterhalt, Versorgungsausgleich und die mit den gemeinsamen Kindern zusammenhängenden Probleme beschränkt. Besondere Bedeutung haben in der Praxis vor allem Fragen der Sozialversicherung und des Steuerrechts. Sie sollen deshalb im Zusammenhang mit dem Scheidungsrecht kurz skizziert werden, ohne daß dabei auf alle Details im einzelnen eingegangen werden könnte.

1. Auswirkungen der Scheidung im Sozialversicherungsrecht

Wenn vor der Scheidung beide Ehegatten berufstätig gewesen sind, so haben normalerweise beide einen eigenen Anspruch aus der Sozialversicherung. Die nicht berufstätige Hausfrau und gemeinsame Kinder, die ebenfalls noch kein eigenes Einkommen haben, hängen jedoch in ihrer sozialen Sicherung vom allein verdienenden Mann ab: bei der gesetzlichen Krankenversicherung sind sie als Familienangehörige mitversichert (§ 205 RVO), nach dem Tod des versicherten Ehemannes erhält die Witwe eine Witwenrente (§ 1265 RVO); der Witwer erhält nach dem Tod seiner versicherten Ehefrau eine Witwerrente, wenn die verstorbene Frau den Unterhalt der Familie überwiegend bestritten hat (§ 1266 RVO). Für Geschiedene gibt es aber nach dem neuen Recht weder Ansprüche auf Familienhilfe im Krankheitsfall, noch eine Witwen- oder Witwerversorgung aus der Rentenversicherung. Vernünftigerweise sollten also die Eheleute bereits im Zusammenhang mit der Scheidung sich über diese Fragen informieren.

a) Die Krankenversicherung

Ein privater Versicherungsvertrag mit einer Krankenversicherung läuft – wenn sich aus seinem Inhalt nicht ausnahmsweise etwas anderes ergibt – nach der Scheidung unverändert weiter.

Hier kann nur die Frage entstehen, wer in Zukunft die Versicherungsbeiträge zahlen muß. Auch hier ist die Antwort einfach: Die Versicherungskosten gehören zum Unterhalt (§ 1578 Abs. II BGB). Wenn also eine geschiedene Frau gegen den Mann einen Unterhaltsanspruch hat, so muß der Mann auch die Krankenversicherungsbeiträge bezahlen; hat sie keinen Unterhaltsanspruch, so muß sie die Kosten selbst aufbringen.

In der gesetzlichen Krankenversicherung, in der ein Ehegatte über die Familienhilfe mitversichert war, endet die Mitgliedschaft mit der Scheidung. Hier hat der geschiedene und bisher mitversicherte Ehegatte die Möglichkeit, der gesetzlichen Krankenversicherung seines geschiedenen Partners freiwillig beizutreten (§ 176b Ziff. 1 RVO). Der Beitritt muß binnen eines Monats nach Rechtskraft des Scheidungsurteils bei der Kasse beantragt werden, der der geschiedene sozialversicherte Partner angehört. Diese Frist ist eine Ausschlußfrist; wird sie versäumt, so kann der Beitritt nicht nachgeholt werden. Geschiedene Hausfrauen sollten diese relativ kurze Einmonatsfrist nicht aus Leichtsinn verstreichen lassen, weil sie sonst jeglichen Krankenversicherungsschutz verlieren können (vgl. zu dieser Frage auch Hufer, NJW 1977, S. 1272; Hedrich, NJW 1984 S. 1020). Wird der Antrag rechtzeitig gestellt, so kann die Kasse den Beitritt nicht wie in anderen Fällen von einer bestimmten Altersgrenze abhängig machen, sie kann nicht einmal bereits erkrankte Personen zurückweisen. Das Beitrittsrecht wird zwar für geschiedene Hausfrauen von besonderer Bedeutung sein, es steht aber allen Ehegatten zu, die während der Ehe nicht selbst versichert waren, z. B. auch dann, wenn sie aufgrund ihres Einkommens nicht krankenversicherungspflichtig waren.

Kinder aus der geschiedenen Ehe, die noch nicht selbst versichert sind, sind nach der Scheidung grundsätzlich bei beiden Elternteilen mitversichert.

b) Die Rentenversicherung Geschiedener

Mit der Scheidung geht für die geschiedenen Ehegatten der Anspruch auf Witwen- oder Witwerversorgung verloren. Bis zum 30. Juni 1977 konnte die geschiedene Ehefrau eines Versicherten nach dem Tode des Mannes eine *Geschiedenenwitwenrente* bekommen, wenn der Mann ihr gegenüber unterhaltspflichtig war. Für alle vor dem 1. Juli 1977 geschiedenen Ehen wird diese Geschiedenenwitwenrente auch in Zukunft gezahlt werden (§ 1265 RVO, § 42 AVG). Für die nach neuem Recht – also nach dem 30. Juni 1977 – geschiedenen Ehefrauen gibt es diese spezielle soziale Versorgung nicht mehr. Ihnen steht – wie jedermann – der freiwillige Beitritt zur gesetzlichen Rentenversicherung offen (§ 1233 RVO, § 10 AVG), sofern sie nicht ohnehin eine versicherungspflichtige Beschäftigung ausüben. Diese freiwillige Weiterversicherung wird sehr oft aufbauen können auf Versorgungsrechte, die im Versorgungsausgleich übertragen worden sind, und die durch die Weiterversicherung später ausgebaut werden. Die Kosten für die Weiterversicherung gehören – außer im Fall des Ausbildungsunterhalts – zum Unterhaltsanspruch (§ 1578 Abs. III BGB).

c) Die Erziehungsrente

Das neue Recht bringt für nach dem 1. Juli 1977 Geschiedene eine neue Leistung der Rentenversicherung: die *Erziehungsrente.* Entgegen ihrem Namen und manchen von Politikern in der Presse geweckten Erwartungen ist sie jedoch *keine* Rente, die jedem zusteht, der Kinder erzieht, sondern sie ist an eine ganze Reihe von Voraussetzungen gebunden: wer

- nach dem 30. 6. 1977 geschieden ist
- nicht wieder geheiratet hat
- wessen früherer Ehegatte gestorben ist
- wer mindestens ein minderjähriges waisenrentenberechtigtes Kind erzieht oder ein volljähriges Kind betreut, das körperlich oder geistig behindert ist
- wer vor dem Tod des früheren Ehegatten eine Versicherungszeit von 60 Monaten zurückgelegt hat
- wer keine Erwerbstätigkeit ausübt, die über den gesetzlichen Rahmen hinausgeht
- und von wem eine solche Erwerbstätigkeit wegen der Kindererziehung auch nicht erwartet werden kann,

der kann eine Rente aus der gesetzlichen Rentenversicherung beanspruchen (§ 1265a RVO, 42a AVG). Bei der vorausgesetzten Vorversicherungszeit von 60 Monaten zählen auch die durch den Versorgungsausgleich übertragenen Anwartschaftsrechte mit. Zusammen mit anderen Versicherungszeiten wird so die erforderliche Mindestzeit von vielen geschiedenen Frauen erfüllt werden können. Nach dem Tod des unterhaltspflichtigen Mannes können diese Frauen dann eine Erziehungsrente beantragen, die ihnen den eigenen Unterhalt für die Zeit der Kindererziehung sichert. Das gleiche Recht hat ein Mann nach dem Tod seiner geschiedenen Frau, wenn er die gesetzlichen Voraussetzungen erfüllt. In den Fällen, in denen die notwendige Mindestversicherungszeit von 60 Monaten nicht erreicht ist, kann aber die Erziehungsrente nicht beantragt werden. Eine geschiedene Hausfrau, die niemals berufstätig gewesen ist und auch über den Versorgungsausgleich keine Rentenanwartschaften erworben hat – beispielsweise weil sie in einem Ehevertrag den Versorgungsausgleich ausgeschlossen oder in einer Scheidungsvereinbarung auf ihn verzichtet hat –, steht nach dem Tod des unterhaltspflichtigen geschiedenen Mannes ohne finanzielle Erziehungshilfe da, gleich wieviele Kinder sie versorgt. Für sie bleibt als letzte Möglichkeit die Sozialhilfe.

2. Auswirkungen der Scheidung im Steuerrecht

Ehepaare werden auch im Steuerrecht auf vielfache Weise privilegiert. Die Folge ist, daß eine Scheidung meist dazu führt, daß jedenfalls ein geschiedener Partner – meist ist es der unterhaltspflichtige Mann – nach einer Scheidung mehr Steuern zahlen muß als vorher. Weitere Steuervergünstigungen gelten für Familien, also für Eltern, die mit ihren Kindern zusammenleben. Hier entsteht nach der Scheidung die Frage, welcher Elternteil diese steuerlichen Vorteile in Zukunft wahrnehmen kann. Je nach den wirtschaftlichen Verhältnissen, in denen die Ehegatten leben, können auch gesellschaftsrechtliche Fragen auftauchen, die Steuerprobleme aufwerfen, ferner können bei der vertraglichen Regelung von Versorgungsausgleich und Zugewinnausgleich steuerliche Fragen eine Rolle spielen.

In unserem Zusammenhang kann nicht auf alle diese Fragen eingegangen werden (vgl. hierzu im einzelnen Tiemann, Die steuerlichen Folgen der Ehescheidung. In: Ruland/Tiemann, NJW-Schriftenreihe, Heft 28). Im folgenden sollen vielmehr lediglich die wichtigsten Auswirkungen der Scheidung bei der Lohn- und Einkommensteuer skizziert werden.

Ehepaare haben nach § 26 EStG das Recht, zwischen getrennter Veranlagung und Zusammenveranlagung zu wählen. Wählen sie die Zusammenveranlagung, so wird ihre Steuer nach der Splittingtabelle errechnet. Dabei werden die Ehegatten so gestellt, als hätte jeder von ihnen die Hälfte des gemeinsamen Einkommens erzielt. Immer dann, wenn zwischen den Einkommen der Ehegatten eine hohe Differenz besteht, weil einer viel, der andere wenig oder nichts verdient, vor allem also im Fall der auch heute noch vorherrschenden Hausfrauenehe, bringt der sogenannte Splittingeffekt einem Ehepaar merkliche steuerliche Vorteile. Das liegt vor allem daran, daß der Prozentsatz der zu zahlenden Einkommensteuer mit steigendem Einkommen steigt und ein Ehepaar durch das Splitting einen niedrigeren Prozentsatz zu zahlen hat als ein Junggeselle mit dem gleichen Einkommen. Bei der Lohnsteuer wird der gleiche Effekt dadurch erreicht, daß Verheiratete in die günstigere Steuerklasse III eingestuft werden können.

Nach der Scheidung fallen diese Vorteile weg. Geschiedene werden besteuert wie Junggesellen, also bei der Lohnsteuer in Steuerklasse I eingestuft, bei der Einkommensteuer wird für sie die (ungünstigere) Grundtabelle angewendet. Die Folge ist: wer geschieden ist, muß höhere Steuern zahlen. Das gilt in jedem Fall für die Zeit *nach* der Scheidung, also vom Beginn des auf die Scheidung folgenden Kalenderjahrs an. Die steuerlichen Nachteile bestehen aber nicht nur für Geschiedene, sondern auch für Eheleute, wenn sie dauernd getrennt leben. Den Begriff des Getrenntlebens definiert der Bundesfinanzhof für das Steuerrecht folgendermaßen: „Ehegatten leben dauernd getrennt ..., wenn die zum Wesen der Ehe gehörende Lebens- und Wirtschaftsgemeinschaft nach dem *Gesamtbild der Verhältnisse* nicht mehr besteht" (NJW 1973, S. 2079). Diese Definition entspricht dem Begriff des Getrenntlebens in § 1567 BGB. Folglich muß nach einer Scheidung, die aufgrund bestimmter bereits abgelaufener Trennungsfristen erfolgt ist, die höhere Steuer auch für die Zeit *vor* der Scheidung gezahlt werden. Wer geschieden ist, wird also nicht nur in Zukunft Steuern zahlen müssen wie ein Junggeselle, sondern es wird in vielen Fällen auch eine kräftige Steuernachzahlung für die Zeit des dauernden Getrenntlebens fällig werden.

Auf einen geschiedenen Mann, der außerdem seiner geschiedenen Frau Unterhalt zahlen muß, kommen also doppelte finanzielle Lasten zu. Er trägt die Unterhaltskosten wie ein Ehemann und zahlt Steuern wie ein Junggeselle. Das gleiche gilt selbstverständlich für unterhaltspflichtige Frauen, nur ist dieser Fall verhältnismäßig selten. Wer Unterhalt zahlt, kann diese Ausgaben auch nicht mehr wie früher voll von seinem zu versteuernden Einkommen abziehen. Seit dem 1. Januar 1979 besteht aber die Möglichkeit, Unterhaltszahlungen an den geschiedenen oder getrenntlebenden Ehegatten in Höhe von höchstens 9000 DM im Jahr als Sonderausgaben abzusetzen (sog. begrenztes Realsplitting, § 10 Abs. I Ziff. 1 EinkStG). Das setzt aber voraus, daß der Unterhaltsempfänger unbeschränkt steuerpflichtig ist – die Unterhaltszahlungen also bei ihm versteuert werden können – und daß er dem Steuerabzug zustimmt.

Ist dies nicht der Fall, so bleibt nur die Geltendmachung der Unterhaltspflicht als „außergewöhnliche Belastung" im Rahmen des § 33a Abs. I EStG. Danach kann jährlich ein Betrag von 3600 DM vom Einkommen abgesetzt werden, wenn die unterhaltene Person kein oder nur ein geringes Vermögen hat. Als „gering" akzeptieren die Finanzverwaltungen in der Regel ein Vermögen bis zu einem Verkehrswert von etwa 30000 DM (Tiemann, a. a. O., Rdnr. 803). Ferner werden Einkünfte des Unterhaltsberechtigten auf den steuerlichen Freibetrag des Unterhaltspflichtigen angerechnet, wenn sie den Betrag von 4200 DM jährlich übersteigen. Ist also eine geschiedene unterhaltsberechtigte Frau teilweise berufstätig, so vermindert sich der Steuerfreibetrag ihres geschiedenen unterhaltspflichtigen Mannes, sobald sie mehr verdient als 4200 DM jährlich. Verdient sie im Jahr 7800 DM oder mehr, so kann er überhaupt nichts von seinen Unterhaltszahlungen absetzen.

Diese für den Unterhalt zahlenden geschiedenen Ehegatten ungünstige Lage, die ihn häufig zwingt, den Unterhalt zum Teil aus dem zuvor versteuerten Einkommen zu leisten, kann durch einen Unterhaltsvertrag verbessert werden. Je nach Einkommens- und Vermögensverhältnissen des Unterhaltspflichtigen kann eine Kapitalabfindung oder eine Übertragung von Vermögensgegenständen (z. B. ein Grundstück) für den Unterhaltspflichtigen steuerlich günstiger sein, weil dann das entsprechende Einkommen, das den Unterhalt des geschiedenen Partners sicherstellen soll, nicht mehr beim Unterhaltspflichtigen sondern beim Unterhaltsberechtigten versteuert werden muß. Doch darf in einem solchen Vertrag keine Umgehung des Steuergesetzes liegen (vgl. dazu im einzelnen Tiemann, a. a. O., Rdnr. 812 ff.; Göppinger, Vereinbarungen anläßlich der Ehescheidung, Rdnr. 351 ff.).

Bei der Lohn- und Einkommensteuer werden nicht nur Ehegatten privilegiert, sondern auch Eltern, die für ihre Kinder aufkommen müssen. Durch die Scheidung ändert sich zwar an der grundsätzlichen Unterhaltspflicht von beiden Eltern gegenüber ihren Kindern nichts, doch wird sich häufig die Form des Unterhalts ändern. Ein gemeinsames Kind wird zusammen mit der Scheidung – oft im Wege der einstweiligen Anordnung durch das Gericht auch schon während des Getrenntlebens – einem Elternteil zugesprochen, der andere muß seine Unterhaltspflicht durch Geldzahlungen erfüllen. Die vielfachen im Gesetz vorgesehenen Vergünstigungen für Familien mit Kindern, die sogenannten Kinderadditive (z. B. Vorsorgepauschale, Vorsorgeaufwendungen, Erhöhung der Freigrenzen für Bausparbeiträge, Wohnungsbauprämien und dergleichen) können seit dem 1. 1. 1979 vom unterhaltspflichtigen Elternteil zur Hälfte in Anspruch genommen werden, obwohl Kinder aus geschiedenen Ehen steuerlich grundsätzlich demjenigen Elternteil zuzurechnen sind, dem das Sorgerecht übertragen ist (vgl. § 32 Abs. IV, § 10 Abs. III Ziff. 1b, § 10c Abs. IV EinkStG).

IX. Das neue Scheidungsverfahren

Das neue Scheidungsrecht hat nicht nur die Voraussetzungen und die Folgen der Scheidung neu geregelt, es hat zugleich das Scheidungsverfahren umgestaltet. Zuständig für Ehescheidungen ist nun ein neues Gericht, das Familiengericht (dazu unter 1), das gleichzeitig mit der Scheidung auch über die wichtigsten Scheidungsfolgen entscheiden kann (dazu unter 2). Für ein Ehepaar, das sich scheiden lassen will, ist ferner von Bedeutung, daß in Zukunft normalerweise beide Parteien von einem eigenen Anwalt vertreten sein müssen (dazu unter 3) und daß der Richter das Verfahren für einige Monate aussetzen kann (dazu unter 4). Ferner ist für denjenigen, der mit seinen Anträgen keinen Erfolg hat, wichtig, welche Rechtsmittel er gegen eine Entscheidung des Familiengerichts einlegen kann (dazu unter 5), wie hoch üblicherweise die Kosten eines Scheidungsverfahrens sind und wer sie zu tragen hat (dazu unter 6).

1. Die Zuständigkeit des Familiengerichts

Nach dem alten Recht (also bis zum 30. 6. 1977) war für die Scheidung eine aus drei Richtern gebildete Scheidungskammer des Landgerichts zuständig, die allein über die Scheidung selbst entschied. Die Regelung der Scheidungsfolgen war davon unabhängig und für sie waren andere Richter zuständig: Die Entscheidung über das Sorgerecht für die Kinder traf das Vormundschaftsgericht (beim Amtsgericht), über Unterhalt entschied das Amtsgericht im Zivilprozeß, für die Vermögensauseinandersetzung (vor allem den Zugewinnausgleich) entschied je nach Höhe des Streitwerts das Amtsgericht oder das Landgericht, über die Teilung des Hausrats entschied wiederum das Amtsgericht im Verfahren der freiwilligen Gerichtsbarkeit. Nach dem alten Recht konnte also der Scheidung selbst eine lange Reihe von Prozessen folgen, über die von jeweils anderen Richtern zu entscheiden war.

Das neue Recht hat diese Zuständigkeiten verschiedener Gerichte vereinheitlicht: Für die Scheidung selbst und für die Scheidungsfolgen soll in Zukunft *ein* Gericht zuständig sein: das Familiengericht. Die Familiengerichte erster Instanz werden beim Amtsgericht gebildet und sind mit einem Einzelrichter besetzt. Der Gesetzgeber erhofft sich, daß diese Richter, die sich ausschließlich oder doch ganz überwiegend mit Scheidungen und Familiensachen befassen, eine besondere Sachkunde mitbringen, die es ihnen ermöglicht, die vielfältigen mit einer Scheidung zusammenhängenden Fragen, denen man nicht immer mit strikter Rechtsanwendung gerecht werden kann, zu lösen. Einen besonderen Ausbildungsgang für zukünftige Familienrichter gibt es aber nicht. Auch eine Beteiligung von Laien oder besonders sachverständigen Beisitzern (etwa Psychologen) auf der Richterbank, die während des Gesetzgebungsverfahrens gefordert worden war, ist nicht vorgesehen.

2. *Der Verbund von Scheidung und Scheidungsfolgen*

Die Zuständigkeit *eines* Gerichts für die Scheidung und die Scheidungsfolgen macht die wichtigste prozessuale Neuerung möglich: den sogenannten „Verbund". Er soll ermöglichen, daß Scheidung und Scheidungsfolgen nicht nacheinander in verschiedenen Prozessen verhandelt und entschieden werden, sondern daß *gleichzeitig* mit der Scheidung auch die Scheidungsfolgen geregelt sind. Diesen Verbund erzwingt das Gesetz nur in zwei Fällen: Die Regelung über das elterliche Sorgerecht und die Entscheidung über den öffentlich-rechtlichen Versorgungsausgleich soll das Gericht von Amts wegen treffen. Die anderen nach einer Scheidung entstehenden Fragen (Unterhalt, Hausratsteilung, Zugewinnausgleich) kann jeder Ehegatte bis zum Schluß der mündlichen Verhandlung erster Instanz durch seinen Antrag zur Folgesache machen. Der Richter muß also nicht immer über alle Folgesachen gleichzeitig mit der Scheidung entscheiden. Hat ein Ehepaar keine minderjährigen Kinder und braucht über den Versorgungsausgleich nicht entschieden zu werden (z.B. weil er im Ehevertrag ausgeschlossen wurde oder weil keine Versorgungsanrechte erworben worden sind), so braucht der Richter nur über die Scheidung allein zu entscheiden, sofern keiner der Ehegatten die gleichzeitige Regelung anderer Scheidungsfolgen beantragt.

Die zum Teil zwingend vorgesehene, zum Teil den Parteien

überlassene prozessuale Zusammenfassung der Entscheidungen über die Scheidung und ihre Folgen dient vor allem dem Schutz des sozial schwächeren Ehepartners, in der Regel also der Frau. Sie soll ihre materielle Sicherung durch Unterhaltsanspruch, Versorgungsausgleich und Zugewinnausgleich gleichzeitig mit der Scheidung erreichen können. Insofern ist der „Verbund" die notwendige Konsequenz der Erleichterung der Scheidung durch das neue Recht: In Zukunft ist nach drei – spätestens aber nach fünfjähriger Trennung die Scheidung auch gegen den Willen eines Ehegatten möglich; jeder Ehegatte kann aber erreichen, daß zugleich mit der Scheidung auch seine finanzielle Sicherung geregelt wird.

Freilich hat der Verbund nicht nur Vorteile: die „schnelle leichte Möglichkeit der Scheidung", die es bei klarer Schuldfrage im alten Recht gegeben hat, wird es in Zukunft nur noch bei einverständlichen Konventionalscheidungen geben. In Zukunft werden streitige Scheidungsverfahren komplizierter und langwieriger werden.

Das geplante Unterhaltsänderungsgesetz (BR Drucks. 501/84) sieht vor, daß ein in erster Instanz ergangenes Scheidungsurteil rechtskräftig werden kann, wenn nur ein Teil der Entscheidung angefochten worden ist, nicht aber das Scheidungsurteil selbst (§ 629 Abs. III ZPO-E). Es soll den Parteien überlassen bleiben, ob sie den Prozeß allein über die Scheidungsfolge weiterführen, oder auch das Scheidungsurteil selbst anfechten wollen. Die Frist dafür soll einen Monat betragen. Letztlich läuft dies auf eine – teilweise – Durchlöcherung des Verbundes hinaus.

3. Der Anwaltszwang

Das neue Recht bringt für Scheidungsverfahren eine weitere Neuerung: grundsätzlich sollen beide Parteien durch einen eigenen Anwalt vertreten sein, und zwar sowohl für das Scheidungsverfahren als auch für die Folgesachen der Scheidung (§ 78 ZPO). Die bisher aus Kostengründen geübte Praxis mit nur einem Rechtsanwalt auf der Seite des Klägers, der das Verfahren vorher mit beiden Ehegatten vorbereitet hatte, schien dem Gesetzgeber gefährlich und riskant für den nicht anwaltlich vertretenen Partner.

Möglich ist die Vertretung durch nur einen Rechtsanwalt allerdings noch immer: wenn ein Ehegatte (anwaltlich vertreten) die Scheidung beantragt und der andere nichts tut, insbesondere keine eigenen Anträge vor Gericht stellt. In einem solchen Fall kann das Gericht dem nicht durch einen Anwalt vertretenen Partner zur Wahrnehmung seiner Rechte einen Rechtsanwalt beiordnen, „wenn diese Maßnahme nach der freien Überzeugung des Gerichts zum Schutz des Antragsgegners“ (also des nicht anwaltlich vertretenen Ehegatten) „unabweisbar erscheint“. Vor allem dann, wenn ein Ehegatte aus Leichtsinn, Unerfahrenheit oder gar unter dem Druck des anderen Ehegatten auf eigenen anwaltlichen Rat verzichtet hat, kann also jetzt der Richter eingreifen (§ 625 ZPO). In Zukunft werden also Scheidungsprozesse mit nur einem Anwalt zwar möglich bleiben, aber selten werden.

4. Die Aussetzung des Verfahrens

Wenn der Familienrichter den Eindruck gewinnt, es sei noch möglich, daß die Ehegatten wieder zueinander finden, obwohl die Scheidungsvoraussetzungen vorliegen, daß also der Scheidungsantrag eine Kurzschlußreaktion ist, die bei näherem Überlegen vielleicht doch nicht aufrechterhalten wird, so kann er das Verfahren aussetzen (§ 614 ZPO). Bei einer einverständlichen Scheidung nach einjähriger Trennung ist die Aussetzung des Verfahrens aber nicht gegen den Widerspruch beider Ehegatten möglich, dauert die Trennung schon länger als drei Jahre, so kann das Verfahren höchstens für ein halbes Jahr ausgesetzt werden; ist die bisherige Trennungszeit kürzer als drei Jahre, so darf die Aussetzung des Verfahrens nicht länger als ein Jahr dauern (§ 614 Abs. IV ZPO). Zugleich mit der Entscheidung über die Aussetzung des Verfahrens soll das Gericht den Ehegatten nahelegen, eine Eheberatungsstelle aufzusuchen, erzwingbar ist dieses „Nahelegen“ aber nicht.

Es ist möglich, daß die Befugnis des Richters zur Aussetzung des Verfahrens in Zukunft erweitert werden wird. Die jüngste Entscheidung des Bundesverfassungsgerichts zur Scheidungsrechtsreform hat es offen gelassen, ob zur Milderung der Folgen der Fünf-Jahres-Frist in besonderen Ausnahmefällen, in denen die Scheidung einen Ehegatten „zur Unzeit“ trifft, eine Erweiterung des Rechts zur Verfahrensaussetzung verfassungsrechtlich erforderlich ist (vgl. BVerfG NJW 1980 S. 689). Es wäre also immerhin denkbar, daß eine spätere Entscheidung den Gesetzgeber zum Ausbau dieser Möglichkeit auffordert. Das geplante Unterhaltsänderungsgesetz geht nicht diesen Weg: es will § 1568 Abs. II ganz streichen und damit die Fünf-Jahres-Frist abschaffen.

5. *Rechtsmittel gegen Urteile im Scheidungsprozeß*

Bei der Frage, was man gegen ein Urteil unternehmen kann, in dem über die Scheidung und die Folgesachen entschieden wird, kommt es darauf an, ob das ganze Urteil angefochten werden soll oder nur ein Teil. Wendet sich ein Ehegatte gegen das Scheidungsurteil insgesamt, also auch gegen die Scheidung selbst, so kann er dagegen *Berufung* einlegen, über die der Familiensenat beim Oberlandesgericht entscheidet. Gegen das Berufungsurteil ist eine *Revision* zum Bundesgerichtshof nur zulässig, wenn das OLG die Revision zugelassen hat (§ 546 Abs. I ZPO) oder wenn es die Berufung als unzulässig verworfen hat (§ 547 ZPO), wenn also in der zweiten Instanz gar kein Urteil zur Sache selbst ergangen ist.

Will ein Ehegatte dagegen *nur* die Entscheidung in einer Folgesache angreifen – beispielsweise nur die Entscheidung über das elterliche Sorgerecht, über den Unterhalt oder den Versorgungsausgleich – so kommt es darauf an, um welche Folgesache es sich handelt. Soweit für die Entscheidung über Scheidungsfolgen nach § 621 a ZPO das Gesetz über die Angelegenheiten der freiwilligen Gerichtsbarkeit gilt (das ist der Fall bei Entscheidungen über die elterliche Sorge oder das Besuchsrecht, Entscheidungen über den Versorgungsausgleich, über Ehewohnung und Hausrat), ist dagegen die *Beschwerde* beim OLG das richtige Rechtsmittel (§ 621 e ZPO); Entscheidungen über die elterliche Sorge, das Besuchsrecht und den Versorgungsausgleich, die das OLG in der Beschwerdeinstanz getroffen hat, können danach noch mit der weiteren Beschwerde angefochten werden, wenn das OLG sie zugelassen hat (§ 621 e Abs. II ZPO). Will ein Ehegatte die Entscheidung in einer Folgesache anfechten, die im Wege des streitigen Zivilprozesses entschieden wird – also die Unterhaltspflicht gegenüber Ehegatten und Kindern und die Ansprüche aus dem ehelichen Güterrecht –, so kommt dafür als Rechtsmittel die Berufung beim OLG in Betracht, sofern der Beschwerdegegenstand die Berufungssumme von 500 DM übersteigt (§ 511a ZPO); dagegen ist eine Revision nur zulässig, wenn sie vom OLG zugelassen wurde.

6. Die Kosten

Die Kosten des Scheidungsverfahrens, also die Gebühren für Gericht und Anwälte, richten sich, wie bei jedem Prozeß, nach dem Streitwert. Dieser Streitwert ist bei Geldansprüchen (z. B. den Anspruch auf Zugewinnausgleich) leicht festzustellen: er ist identisch mit der geforderten Summe. Bei einem Streit um ständig wiederkehrende Zahlungen (vor allem also beim Unterhaltsanspruch) ist der *Jahresbetrag* der Streitwert. Für Streitigkeiten, die keinen bestimmten Geldwert haben, vor allem also für die Scheidung selbst, enthält das Gesetz besondere Bestimmungen. Hier hängt der Streitwert vom Einkommen der Ehegatten ab und beträgt soviel wie das in drei Monaten erzielte Nettoeinkommen der Eheleute, mindestens aber 4000 DM, höchstens 2 Millionen DM (§ 12 Abs. II Gerichtskostengesetz). Entscheidungen über die elterliche Sorge und das Besuchsrecht sind mit einem Streitwert von 1500 DM anzusetzen. Beim Versorgungsausgleich gilt der Jahresbetrag der übertragenen oder begründeten Rentenanwartschaften als Streitwert, mindestens jedoch 1000 DM (§ 17a GKG).

Für die Berechnung der Gebühren für Gericht und Anwälte werden die einzelnen Streitwerte der Sachen, über die entschieden worden ist, zusammengezählt und danach die Gebühren berechnet. Das bedeutet: die Kosten einer Scheidung sind um so höher, je mehr die Ehegatten verdienen und je mehr Folgesachen geregelt werden müssen. Man kann deshalb keinen festen Betrag nennen, der als Kosten für die Scheidung im Einzelfall auch nur annähernd richtig sein könnte, auch eine Tabelle, aus der die Kosten für verschiedene Streitwerte leicht abgelesen werden könnten, kann man nicht zusammenstellen. Man kann nur festhalten, daß die einverständliche Scheidung von einem Ehepaar mit einem Durchschnittseinkommen, bei der nur wenige oder gar keine Folgesachen entschieden werden müssen, relativ billig sein kann, daß aber die streitige Scheidung und diejenige von Eheleuten mit sehr hohem Einkommen sehr teuer werden kann.

Als ungefährer Anhaltspunkt für die Kosten einer Durchschnittsscheidung soll folgendes Beispiel dienen:

Streitwert der Scheidung:	9000 DM
Sorgerechtsregelung	1500 DM
Unterhalt	12000 DM
Teilung des Hausrats	6000 DM
Versorgungsausgleich	2500 DM
Zugewinnausgleich	10000 DM
Streitwert insgesamt:	41000 DM

Diese Scheidung eines Durchschnittsverdieners von 3000 DM monatlich kostet an Gerichtskosten etwa 1200 DM, die Kosten für beide Anwälte betragen mehr als 6000 DM; dazu kommen Auslagenpauschalen, Mehrwertsteuer und dergleichen. Zusätzliche Anträge auf einstweilige Anordnungen oder die Regelung des Besuchsrechts erhöhen den Streitwert und damit auch die Kosten. Gelingt es dem Ehepaar, einige Folgesachen einverständlich zu regeln, so sinken auch die Kosten. Im übrigen gibt es Bestrebungen, die Kosten für Scheidungsverfahren dadurch zu senken, daß als Streitwert für die Scheidung selbst nicht mehr das dreifache, sondern das doppelte Monatseinkommen anzusetzen ist.

Außer der Höhe der Kosten wird nach einer Scheidung die Frage auftauchen, wer diese Kosten bezahlen muß. Nach 93a ZPO tragen beide Ehegatten die Kosten je zur Hälfte. Von diesem Grundsatz gibt es aber Ausnahmen: Wird der Scheidungsantrag *abgewiesen*, so trägt der unterlegene Antragsteller die Kosten allein. Im übrigen kann das Gericht, auch wenn der Scheidungsantrag nicht abgewiesen wurde, die Kosten anders (also ungleich) auf die geschiedenen Ehegatten verteilen, wenn durch die gleichmäßige Kostenteilung einer der Ehegatten unverhältnismäßig beeinträchtigt würde. Das wird vor allem dann der Fall sein, wenn eine Hausfrauenehe geschieden worden ist, die Frau also – jedenfalls zunächst – kein eigenes Arbeitseinkommen hat. Diese Möglichkeit des Richters, die Kosten auch anders als zu gleichen Teilen auf die geschiedenen Ehegatten zu verteilen, soll nach der amtlichen Begründung aber nicht dazu führen, daß immer der wirtschaftlich Schwächere von den Kosten befreit wird. Der *Re-*

gelfall soll vielmehr die Kostentragung durch *beide* Ehegatten zu gleichen Teilen sein (BT Drucks. 7/4361, S. 61). Eine davon abweichende Kostenteilung soll nur bei einer „unverhältnismäßigen" Beeinträchtigung eines Ehegatten durch diese Kostenverteilung möglich sein; außerdem können die Kosten dann anders verteilt werden, wenn die Kostenteilung „im Hinblick darauf als unbillig erscheint", daß ein Ehegatte in einer Folgesache unterliegt, die den Unterhalt oder den Zugewinnausgleich zum Gegenstand hat. Unmäßige und unvernünftige Forderungen sollen nicht zu Lasten des anderen gestellt werden können.

Unabhängig von der Frage, wer nach der Scheidung die Prozeßkosten zu tragen hat, ist die gegenseitige *Prozeßkostenvorschußpflicht* der Ehegatten nach § 1360a Abs. IV BGB. Sie ist Teil des Unterhaltsanspruchs und besagt, daß derjenige, der nicht in der Lage ist, die Kosten eines Rechtsstreits in einer persönlichen Angelegenheit selbst zu bezahlen, von seinem Ehegatten verlangen kann, daß dieser ihm die Kosten vorschießt. Das gilt auch für Rechtsstreitigkeiten der Ehegatten untereinander, also auch für das Scheidungsverfahren. Diese Prozeßkostenvorschußpflicht ist *keine endgültige* Regelung dafür, wer letztlich die Prozeßkosten zu tragen hat; sie soll nur vorläufig sicherstellen, daß ein nicht leistungsfähiger Ehegatte (meist wird es die nicht berufstätige Hausfrau sein) auf die Prozeßkostenhilfe angewiesen ist, wenn der andere Ehegatte leistungsfähig ist. Der Prozeßkostenvorschuß ist deshalb zurückzuzahlen, wenn sich die wirtschaftlichen Verhältnisse später bessern. Ein Beispiel: Eine nicht berufstätige Ehefrau erhält nach der Scheidung einen größeren Betrag als Zugewinnausgleich. Der geschiedene Mann kann dann seinen ursprünglich gezahlten Prozeßkostenvorschuß zurückverlangen (vgl. dazu BGH NJW 1971, S. 1262).

Umstritten war lange Zeit die Frage, ob auch *nach* der Scheidung noch ein Anspruch auf Prozeßkostenvorschuß gegen den unterhaltspflichtigen geschiedenen Ehepartner besteht. Kann beispielsweise eine geschiedene Frau von ihrem Ex-Ehemann die Vorfinanzierung einer Klage auf Erhöhung der Unterhaltszahlungen verlangen? Die Mehrzahl der Gerichte neigte zunächst dazu, einen solchen Anspruch gegen den Wortlaut des § 1360a BGB („Ehegatte") zu bejahen. Inzwischen hat der Bundesgerichtshof (NJW 1984 S. 291) die Frage entschieden: Zwischen rechtskräftig geschiedenen Ehegatten besteht *kein* Anspruch auf

Prozeßkostenhilfe. Auch wenn dies – wie der BGH bemerkt – „in Einzelfällen zu unbilligen Folgen führen kann", mögen zwar „derartige Gesichtspunkte den Gesetzgeber veranlassen können, die bestehenden Bestimmungen zu ändern." Dem Richter ist dies aber nicht möglich. Die Prozeßkostenvorschußpflicht besteht also nur, solange die Ehe noch nicht rechtskräftig geschieden ist. Sie besteht fort, solange im Verbundverfahren über einzelne Scheidungsfolgen weiter gestritten wird, wenn und solange das grundlegende Scheidungsurteil noch nicht rechtskräftig geworden ist.

X. Dokumentation

Für die Berechnung der Unterhaltshöhe nach einer Scheidung gibt das Gesetz nur einen vagen Rahmen. Als Orientierungshilfe haben Richter deshalb Richtsätze für die Berechnung des Unterhalts ausgearbeitet und veröffentlicht. Von den meisten Gerichten wird inzwischen die Düsseldorfer Tabelle angewendet (vgl. unter 1). Einige Oberlandesgerichte haben ebenfalls Leitlinien für die Berechnung des Unterhaltes veröffentlicht, die zwar meist auf der Düsseldorfer Tabelle beruhen, in Teilen aber auch von ihr abweichen. Daneben gibt es für viele Gerichtsbezirke kleinere Abweichungen, die im folgenden schon aus Raumgründen nicht aufgenommen werden konnten.

Wegen seiner besonderen Aktualität und weil der Text des BGB – für den Laien nicht erkennbar – zum Teil außer Kraft gesetzt wird, ist unter Ziff. 6 das Gesetz zur Regelung von Härten im Versorgungsausgleich abgedruckt.

1. Düsseldorfer Tabelle (Stand: 1. Januar 1985) (Angewandt von allen Senaten für Familiensachen des OLG Düsseldorf)

A. Kindesunterhalt*

Altersstufe		bis Vollendg. des 6. Lebensjahrs	vom 7. bis Vollendg. des 12. Lebensjahrs	vom 13. bis Vollendg. des 18. Lebensjahrs (vgl. Anm. 8)	ab Vollendg. des 18. Lebensjahrs (vgl. Anm. 7, 8)
Nichteheliche Kinder nach VO 1984		228	276	327	
Eheliche Kinder nach Nettoeinkommen des Unterhaltspflichtigen in DM					*Bedarfskontrollbetrag* in DM gem. Anm. 6
1	bis 1850	228	276	327	910/990
2	1850–2100	240	290	345	955/990
3	2100–2400	260	315	375	1045
4	2400–2800	295	360	425	1185
5	2800–3400	330	400	475	1320
6	3400–4000	365	440	525	1455
7	4000–4800	420	510	605	1685
8	4800–5800	480	580	685	1910
9	5800–7000	545	660	785	2185
	über 7000	nach den Umständen des Falles.			

* Die neue Tabelle nebst Anmerkungen beruht auf Koordinierungsgesprächen, die zwischen Richtern der Familiensenate der Oberlandesgerichte Köln, Hamm und Düsseldorf sowie Mitgliedern der Unterhaltskommission des Deutschen Familiengerichtstages e. V. stattgefunden haben.

Anmerkungen:

1. Monatliche *Unterhaltsbedarfsbeträge* nach BGB, bezogen auf einen gegenüber einem Ehegatten und zwei Kindern Unterhaltspflichtigen.

Bei einer größeren/geringeren Anzahl Unterhaltsberechtigter sind *Ab- oder Zuschläge* in Höhe eines Zwischenbetrages oder durch Einstufung in eine niedrigere/höhere Gruppe angemessen. Die Zu- und Abschläge sind in der Regel durch die nächst niedriger/höhere Gruppe begrenzt.

Die Regelbegrenzung gilt nicht, wenn eine Unterhaltsverpflichtung nur gegenüber einem (1) Kind besteht.

Bei überdurchschnittlicher Unterhaltslast ist Anmerkung 6 zu beachten.

2. Den Bedarfs- und Bedarfskontrollbeträgen der Gruppen 2–9 entsprechen folgende auf- und abgerundete Zuschläge auf den Basisbetrag der 1. Gruppe in %: 5, 15, 30, 45, 60, 85, 110 und 140.

3. *Berufsbedingte Aufwendungen* sind vom Einkommen abzuziehen, wobei ohne Nachweis eine Pauschale von 5% – mindestens 80 DM, höchstens 240 DM monatlich – des Nettoeinkommens geschätzt werden kann.

Über die Pauschale hinausgehende berufsbedingte Aufwendungen sind auf konkreten Nachweis abzuziehen, soweit sie von den privaten Lebenshaltungskosten nach objektiven Merkmalen eindeutig abgrenzbar sind.

4. Berücksichtigungsfähige *Schulden* sind in der Regel vom Einkommen abzuziehen.

5. Der *notwendige Eigenbedarf (Selbstbehalt)* des nicht erwerbstätigen Unterhaltspflichtigen beträgt monatlich 910 DM, der des erwerbstätigen Unterhaltspflichtigen mindestens monatlich 990 DM.

Der *angemessene Eigenbedarf* beträgt gegenüber volljährigen Kindern in der Regel mindestens monatlich 1300 DM.

6. Der *Bedarfskontrollbetrag* des Unterhaltspflichtigen ab Gruppe 3 ist nicht identisch mit dem Eigenbedarf. Er soll nur eine ausgewogene Verteilung des Einkommens zwischen dem Unterhaltspflichtigen und den unterhaltsberechtigten Kindern gewährleisten. Wird er unter Berücksichtigung des Ehegattenunterhalts (vgl. auch B V) unterschritten, ist der Tabellenbetrag der nächst

niedrigeren Gruppe, deren Bedarfskontrollbetrag nicht unterschritten wird, oder ein Zwischenbetrag anzusetzen.

7. Bei *volljährigen Kindern,* die noch im Haushalt der Eltern oder eines Elternteils wohnen, ist in der Regel ein Zuschlag in Höhe der Differenz der 2. und 3. Altersstufe der jeweiligen Gruppe angemessen.

Der angemessene Gesamtunterhaltsbedarf eines *Studierenden,* der nicht bei seinen Eltern oder einem Elternteil wohnt, beträgt in der Regel monatlich 800 DM. Dieser Bedarfssatz kann auch für ein Kind mit eigenem Haushalt angesetzt werden.

8. Die *Ausbildungsvergütung* eines in der Berufsausbildung stehenden Kindes, das im Haushalt der Eltern oder eines Elternteils wohnt, ist vor ihrer Anrechung in der Regel um einen ausbildungsbedingten Mehrbedarf von monatlich 145 DM zu kürzen.

B. Ehegattenunterhalt

I. *Monatliche Unterhaltsrichtsätze des nach neuem Recht berechtigten Ehegatten ohne gemeinsame unterhaltsberechtigte Kinder:*

Aus §§ 1361, 1569, 1578, 1581 BGB:

1. gegen einen *erwerbstätigen Unterhaltspflichtigen:*

a) wenn der Berechtigte kein Einkommen hat:	3/7 des anrechnungsfähigen Nettoeinkommens des Pflichtigen, nach oben begrenzt durch den vollen Unterhalt, gemessen an den zu berücksichtigenden ehelichen Verhältnissen.
b) wenn der Berechtigte ebenfalls Einkommen (z. B. Rente, Arbeitslohn, Zinsen) hat:	3/7 des Unterschiedsbetrages der anrechnungsfähigen Nettoeinkommen beider Ehegatten, wenn das des Pflichtigen höher ist, nach oben begrenzt durch den vollen Unterhalt, gemessen an den zu berücksichtigenden ehelichen Verhältnissen.

c) wenn der Berechtigte erwerbstätig ist, obwohl ihn keine Erwerbsobliegenheit trifft:	gemäß § 1577 Abs. II BGB.
2. gegen einen *nicht erwerbstätigen Unterhaltspflichtigen* (z. B. Rentner):	wie zu 1 a, b oder c, jedoch 50%.

II. Monatliche Unterhaltsrichtsätze des *nach bisherigem Recht* (§§ 58 ff. EheG 1946) berechtigten Ehegatten *ohne gemeinsame unterhaltsberechtigte Kinder:*

1. Aus §§ 58, 59 EheG:	in der Regel wie I.
2. Aus § 60 EheG:	in der Regel ½ des Unterhalts zu I.
3. Aus § 61 EheG:	nach Billigkeit bis zu den Sätzen I.

III. *Monatliche Unterhaltsrichtsätze des berechtigten Ehegatten mit von ihm versorgten gemeinsamen unterhaltsberechtigten minderjährigen Kindern:*
wie zu I. bzw. II.; jedoch wird vorab der Kindesunterhalt (Tabellenbetrag ohne Abzug von Kindergeld) vom Nettoeinkommen des Pflichtigen abgezogen.

IV. *Monatlicher notwendiger Eigenbedarf (Selbstbehalt) gegenüber dem getrennt lebenden und dem geschiedenen Berechtigten:*
1. Wenn der Unterhaltspflichtige *erwerbstätig* ist: 990 DM
2. Wenn der Unterhaltspflichtige *nicht erwerbstätig* ist: 910 DM.

V. *Monatlicher Eigenbedarf (Mindestbedarf) des unterhaltsberechtigten Ehegatten:*
1. *Als Haushaltungsvorstand:*
   a) falls erwerbstätig: 990 DM.
   b) falls nicht erwerbstätig: 910 DM.

2. *Bei gemeinsamem Haushalt mit dem Unterhaltsberechtigten:*
   a) falls erwerbstätig: 745 DM,
   b) falls nicht erwerbstätig: 665 DM.

Anmerkungen zu I–III:

Hinsichtlich *berufsbedingter Aufwendungen* und *berücksichtigungsfähiger Schulden* gelten Anmerkungen A. 3 und 4 – auch für den erwerbstätigen Unterhaltsberechtigten – entsprechend. Jedoch sind diejenigen berufsbedingten Aufwendungen, die sich nicht nach objektiven Merkmalen eindeutig von den privaten Lebenshaltungskosten abgrenzen lassen, pauschal in der Differenzquote von 1/7 enthalten.

C. Mangelfälle

Reicht das Einkommen zur Deckung des notwendigen Bedarfs des Unterhaltspflichtigen und der gleichrangigen Unterhaltsberechtigten nicht aus (sog. Mangelfälle), ist die nach Abzug des notwendigen Eigenbedarfs (Selbstbehalt) des Unterhaltspflichtigen verbleibende Verteilungsmasse auf die Unterhaltsberechtigten im Verhältnis ihrer Mindestbedarfssätze (Kindesunterhalt: Gruppe 1; Ehegattenunterhalt: gemäß B.V.) gleichmäßig zu verteilen. Das Kindergeld ist bis zur Deckung des Mindestbedarfs in die Verteilungsmasse einzubeziehen.

Beispiel (monatlich; aus Vereinfachungsgründen ohne Kindergeld):

Bereinigtes Nettoeinkommen des Unterhaltspflichtigen (V): 2000 DM.
Unterhaltsberechtigte: 1 nicht erwerbstätige Ehefrau (F) und 2 minderjährige Kinder K 1 und K 2 (1. und 2. Altersstufe).

Notwendiger Eigenbedarf des V: 990 DM.
Verteilungsmasse: 2000 – 990 DM = 1010 DM.

Notwendiger Gesamtbedarf der Unterhaltsberechtigten: 910 DM (F) + 228 DM (K 1) + 276 DM (K 2) = 1414 DM.

Unterhaltsansprüche:
F = 910 DM × 1010/1414 = 650 DM;
K 1 = 228 DM × 1010/1414 = 163 DM;
K 2 = 276 DM × 1010/1414 = 197 DM
(Summe: 1010 DM = Verteilungsmasse).

2. Leitlinien der Familiensenate des Oberlandesgerichts Hamm zum Unterhaltsrecht Stand Januar 1985

Vorbemerkung

Die Leitlinien sind von Mitgliedern aller Familiensenate des Oberlandesgerichts Hamm erarbeitet worden, um eine möglichst einheitliche Rechtsprechung im gesamten OLG-Bezirk zu erzielen. Sie stellen keine verbindlichen Regeln dar – das verbietet sich schon mit Rücksicht auf die richterliche Unabhängkigkeit – und sollen dazu beitragen, angemessene Lösungen zu finden, ohne aber den Spielraum einzuengen, der erforderlich ist, um den jeweiligen Besonderheiten des Einzelfalles gerecht zu werden.

Die Zahlenwerte der vorliegenden Fassung, insbesondere die Werte der Unterhaltstabelle und die Eigenbedarfswerte, gelten ab 1. 1. 1985. Sie tragen dem Umstand Rechnung, daß von diesem Zeitpunkt ab auch der Regelbedarf nichtehelicher Kinder neu festgesetzt worden ist (Zweite Verordnung über die Anpassung und Erhöhung von Unterhaltsrenten für Minderjährige vom 26. 7. 1984, BGBl I 1035). Für Unterhaltsansprüche bis zum 31. 12. 1984 sind noch die Werte der bisherigen Leitlinien anzuwenden (zuletzt Stand Januar 1982, FamRZ 1981, 1209, 1211 = NJW 1982, 20 = DAVorm 1981, 781 = JMBlNW 1982, 7).

I. Ermittlung des anrechenbaren Einkommens

1. Auszugehen ist von dem *Nettoeinkommen*, d. h. vom Bruttoeinkommen abzüglich Steuern und Vorsorgeaufwendungen. Hierzu zählen Aufwendungen für die notwendige Krankenversicherung, Rentenversicherung und Arbeitslosenversicherung. Kapitalversicherungen sind in der Regel nicht notwendig.

2. *Urlaubs-* und *Weihnachtsgeld* sowie sonstige Zuwendungen, auch Tantiemen und Gewinnbeteiligungen sind als Einkommen anzusehen. Sie werden auf das Jahr umgelegt und voll mit den Nettobeträgen angerechnet. Höhere einmalige Zuwendungen (etwa Abfindungen und Jubiläumszuwendungen) können auf einen längeren Zeitraum umgelegt werden.

3. *Überstundenvergütungen* werden in der Regel im vollen

Umfang dem Einkommen zugerechnet (vgl. *BGH* v. 25. 6. 1980 – IVb ZR 530/80, FamRZ 1980, 984 = NJW 1980, 2251).

4. Über die Anrechenbarkeit von *Auslösungen* und *Spesen* ist nach Maßgabe des Einzelfalles zu entscheiden. Im Zweifel kann davon ausgegangen werden, daß eine Ersparnis eintritt, die mit einem Drittel der Nettobeträge zu bewerten und insoweit dem anrechenbaren Einkommen zuzurechnen ist.

5. *Vermögenswirksame Leistungen* vermindern das Einkommen nicht. Jedoch sind dem Pflichtigen etwaige Zusatzleistungen des Arbeitgebers für die vermögenswirksame Anlage (mit dem Nettobetrag) sowie die staatliche Sparzulage voll zu belassen.

6. Notwendige *berufsbedingte Aufwendungen* von Gewicht sind voll abzuziehen. Zu den berufsbedingten Aufwendungen zählen in der Regel auch Gewerkschaftsbeiträge.

7. *Ausbildungsbeihilfen (Lehrlingsvergütungen)* sind Einkommen und nach Kürzung um den ausbildungsbedingten Mehrbedarf (Ziff. 18 III) auf den von den Eltern zu leistenden Unterhalt anzurechnen, bei Berücksichtigung der Rechtsprechung des *BGH* (vgl. Entscheidung v. 8. 4. 1981 – IVb ZR 559/80, FamRZ 1981, 541 = NJW 1981, 2462) im Falle der Minderjährigkeit des Kindes in der Regel je zur Hälfte auf den Bar- und den Naturalunterhalt (vgl. § 1606 III S. 2 BGB), bei Volljährigkeit nach Lage des Einzelfalles.

8. *Krankengeld* ist wie Einkommen zu behandeln. Das gleiche gilt für *Unfall-* und *Versorgungsrenten* (vgl. *BGH* v. 21. 1. 1981 – IVb ZR 548/80, FamRZ 1981, 338 = NJW 1981, 1313; v. 20. 1. 1982 – IVb ZR 647/80, FamRZ 1982, 252 = NJW 1982, 1593). Besteht infolge der Krankheit oder des Unfalls ein erhöhter Bedarf, ist ein angemessener Betrag abzusetzen.

9. *Blindengeld* ist grundsätzlich dem Einkommen zuzurechnen, soweit es nicht durch den tatsächlichen Mehrbedarf aufgezehrt wird (zur Schwerstbeschädigten- und Pflegezulage vgl. *BGH* v. 16. 9. 1981 – IVb ZR 674/80, FamRZ 1981, 1165 = NJW 1982, 41; v. 13. 4. 1983 – IVb ZR 373/81, FamRZ 1983, 674 = NJW 1983, 1783).

10. *Wohngeld* ist unter Beachtung des Wohnkostenbedarfs als Einkommen zu berücksichtigen (vgl. *BGH* v. 17. 3. 1982 – IVb ZR 646/80, FamRZ 1982, 587 = NJW 1983, 684).

11. *Arbeitslosengeld* ist wie Einkommen zu behandeln, Arbeitslosenhilfe jedenfalls auf seiten des Pflichtigen.

12. *Sozialhilfe* bleibt unberücksichtigt.

13. *BAföG-Leistungen* sind als Einkommen anzusehen, soweit sie nicht nur als Darlehen gewährt werden.

14. *Kinderzulagen* und *Kinderzuschüsse* zur Rente sind, wenn die Gewährung des staatlichen Kindergeldes entfällt (§ 8 BKGG), in Höhe des fiktiven Kindergeldes wie Kindergeld zu behandeln (Ziff. 15) (vgl. *BGH* v. 8. 10. 1980 – IVb ZR 505/80, FamRZ 1981, 28 = NJW 1981, 173).

Im übrigen sind Zuschüsse und Zulagen zur Rente, die an den Pflichtigen gezahlt werden, in der Regel als Teil seines Einkommens anzusehen. Sie sind dem Kind auszukehren, wenn und soweit sie höher sind als der nach Ziff. 18ff. errechnete Unterhalt. Das gilt auch für den Fall, daß dem Pflichtigen dadurch weniger verbleibt als der notwendige Eigenbedarf (Ziff. 20).

15. Das *staatliche Kindergeld* bleibt bei der Berechnung des anrechenbaren Einkommens unberücksichtigt.

Wird das Kindergeld an den *Pflichtigen* ausgezahlt, ist der den Kindern zu gewährende Barunterhalt (Ziff. 18ff.) um die Hälfte des Kindergeldes (nämlich um den Anteil, der dem anderen Elternteil anzurechnen ist) zu erhöhen (vgl. *BGH* v. 26. 5. 1982 – IVb ZR 715/80, FamRZ 1982, 887, 889 = NJW 1982, 1983, 1984). Bei volljährigen Kindern unterbleibt die Erhöhung, sofern nicht auch der andere Elternteil noch Unterhalt (Barunterhalt oder Naturalunterhalt) leistet. Das Kind hat auf jeden Fall einen Unterhaltsanspruch in Höhe des auf es entfallenden Kindergeldes.

Wird das Kindergeld *nicht an den Pflichtigen* ausgezahlt, sondern an den Elternteil, der das Kind betreut, wird das Kindergeld zur Hälfte (nämlich der Anteil, der dem pflichtigen Elternteil zuzurechnen ist) auf den Unterhaltsanspruch voll angerechnet, sofern nicht auch der Elternteil, bei dem es lebt, noch Unterhalt (Barunterhalt oder Naturalunterhalt) leistet.

Reicht das Einkommen des Pflichtigen zur Gewährung des Tabellenunterhalts nach der untersten Einkommensgruppe nicht aus, ist der Fehlbetrag (d. h. die Differenz zwischen dem ohne Berücksichtigung des Kindergeldes zu gewährenden Unterhalt und dem Tabellenunterhalt) mit dem Anteil des Kindergeldes, der an sich dem Pflichtigen zuzurechnen ist, wie folgt aufzufüllen: Wird dem Pflichtigen das Kindergeld ausgezahlt, tritt eine entsprechende zusätzliche Erhöhung des dem Kinde zu gewährenden Unterhalts ein. Wird das Kindergeld dem anderen Ehegatten ausgezahlt, entfällt insoweit die Anrechnung.

Kindergeld, das für mehrere gemeinschaftliche Kinder gezahlt wird, ist gleichmäßig auf die Kinder aufzuteilen. Ist das Kindergeld für ein gemeinschaftliches Kind deshalb höher, weil ein weiteres (nicht gemeinschaftliches) Kind als Zählkind berücksichtigt wird, ist von dem fiktiven Kindergeldbetrag auszugehen, der ohne Berücksichtigung dieses Zählkindes zu zahlen wäre. Umgekehrt bleibt der Zählkindervorteil unberücksichtigt, der einem Elternteil dadurch entsteht, daß ein gemeinschaftliches Kind als Zählkind für ein weiteres (nicht gemeinschaftliches) Kind berücksichtigt wird (vgl. *BGH* v. 8. 10. 1980 – IVb ZR 533/80, FamRZ 1981, 26 = NJW 1981, 170; vom 29. 4. 1981 – IVb ZR 582/80, FamRZ 1981, 650).

16. *Waisenrente,* die ein Kind nach einem Elternteil erhält (Halbwaisenrente), wird auf den Unterhaltsanspruch gegen den anderen Elternteil voll angerechnet (vgl. *BGH* v. 17. 9. 1980 – IVb ZR 552/80, FamRZ 1980, 1109, 1111 = NJW 1981, 168, 170).

17. *Schulden* können das anrechenbare Einkommen vermindern, das des geschiedenen Ehegatten und Elternteils insbesondere dann, wenn die Verbindlichkeiten noch bei intakter Ehe eingegangen sind oder ihre Begründung als Folge der Trennung unumgänglich war (z. B. Kredit für die notwendige Neueinrichtung). Die Tilgung der Schulden hat in angemessenen Raten zu erfolgen (vgl. *BGH* v. 7. 10. 1981 – IVb ZR 598/80, FamRZ 1982, 23 = NJW 1982, 232; v. 7. 10. 1981 – VIb ZR 611/80, FamRZ 1982, 157 = NJW 1982, 380).

II. Kinderunterhalt

18. Der *Barunterhalt minderjähriger unverheirateter Kinder* bestimmt sich nach der anliegenden Tabelle.

Volljährige Kinder, die noch im *Haushalt eines Elternteils* leben, erhalten, wenn keine besonderen Umstände vorliegen, in der Regel den Tabellenbetrag der dritten Altersstufe zuzüglich der Differenz zur zweiten Altersstufe.

Der *Mehrbedarf für berufsbedingte (ausbildungsbedingte) Aufwendungen* eines in der Berufsausbildung oder im Erwerbsleben stehenden Kindes, das im Haushalt eines Elternteils lebt, bestimmt sich nach den Verhältnissen des Einzelfalles. Er kann, wenn hinreichende Anhaltspunkte für eine Pauschalierung bestehen, mit 145 DM angenommen werden (vgl. dazu *BGH* v. 8. 4. 1981 – IVb ZR 559/80, FamRZ 1981, 541, 543 = NJW 1981, 2462, 2463) (zur Anrechnung der Ausbildungsbeihilfe siehe Ziff. 7).

19. Die *Tabellensätze* sind auf den Fall zugeschnitten, daß der Unterhaltspflichtige einem Ehegatten und zwei Kindern Unterhalt zu gewähren hat. Bei einer größeren Anzahl von Unterhaltsberechtigten können Abschläge, bei einer geringeren Anzahl Zuschläge angemessen sein. Eine Eingruppierung in eine höhere Einkommensgruppe setzt jedoch voraus, daß dem Pflichtigen nach Abzug des Kinder- *und* des Ehegattenunterhalts der für die höhere Einkommensgruppe maßgebende Bedarfskontrollbetrag (Absatz 2 dieser Ziffer) verbleibt (nicht nur der notwendige Eigenbedarf nach Ziff. 20). Besteht eine Unterhaltspflicht lediglich gegenüber einem Kind (also nicht auch gegenüber einem Ehegatten und einem weiteren Kind), kann eine Höhergruppierung um mehr als nur eine Einkommensgruppe in Betracht kommen.

Der Kindesunterhalt muß in einem angemessenen Verhältnis zu dem Betrag stehen, der dem Pflichtigen nach Abzug des Kinder- *und* des Ehegattenunterhalts für den eigenen Bedarf verbleibt. Dieser Betrag soll den in der Tabelle bestimmten Bedarfskontrollbetrag derjenigen Gruppe nicht unterschreiten, die für den jeweiligen Kinderunterhalt maßgebend ist. Erforderlichenfalls ist der Kinderunterhalt nach einer niedrigeren Einkommensgruppe zu bestimmen.

20. Der *Eigenbedarf des Pflichtigen (Selbstbehalt)* einschließlich der Kosten für die Wohnung beträgt ab 1. 1. 1985 gegenüber Minderjährigen im Falle des § 1603 II BGB mindestens 910 DM, bei Erwerbstätigkeit des Pflichtigen mindestens 990 DM (notwendiger Eigenbedarf); gegenüber Volljährigen (§ 1603 I BGB) im Regelfall mindestens 1300 DM (angemessener Eigenbedarf).

21. Reicht das Einkommen des Pflichtigen nach Abzug des Eigenbedarfs (Selbstbehalts) (Ziff. 20) zur Gewährung des Tabellenunterhalts nach der untersten Einkommensgruppe nicht aus, ist der Rest auf die Kinder im Verhältnis des ihnen zustehenden Tabellenunterhalts (der untersten Einkommensgruppe) aufzuteilen. Die volljährigen Kinder gehen jedoch den minderjährigen im Range nach (§ 1609 I BGB).

22. Der *Naturalunterhalt* im Sinne des § 1606 III S. 2 BGB entspricht wertmäßig in der Regel dem vollen Barunterhalt.

23. Der *sorgeberechtigte Elternteil,* der in seinem Haushalt ein minderjähriges unverheiratetes Kind versorgt, braucht neben dem anderen Elternteil in der Regel keinen Barunterhalt zu leisten. Etwas anders kann sich ergeben, wenn sein Einkommen bedeutend höher als das des anderen Elternteils ist.

24. Sind ausnahmsweise beide Elternteile zum Barunterhalt verpflichtet, hat in der Regel jeder von ihnen den allein nach seinem Einkommen zu berechnenden Unterhalt zu zahlen. Ein Abzug kann gerechtfertigt sein, wenn beide Eltern ein hohes Einkommen haben (vgl. *BGH* v. 2. 7. 1980 – IVb ZR 519/80, FamRZ 1980, 994 = NJW 1980, 2306; v. 8. 4. 1981 – IVb ZR 587/80, FamRZ 1981, 543 = NJW 1981, 1559; v. 26. 10. 1983 – IVb ZR 13/82, FamRZ 1984, 39 = NJW 1984, 303).

25. Hat jeder Elternteil (mindestens) eins von mehreren gemeinsamen Kindern zu betreuen, ist vor der Berechnung des Barunterhalts, den in diesem Fall grundsätzlich beide Elternteile zu erbringen haben, von dem anzurechnenden Einkommen eines jeden von ihnen in der Regel ein angemessener Betrag für die Leistung des Naturalunterhalts abzusetzen, um eine Hilfe bei der Versorgung des Kindes etc. zu finanzieren; im Zweifel ein Betrag im Werte des Barunterhalts (vgl. Ziff. 22), den der jeweils (von dem anderen Kind) auf Barunterhalt in Anspruch genommene Elternteil dem von ihm betreuten Kind nach seinem Einkommen zu gewähren hat.

26. Der Bedarf eines Studenten beträgt bei *auswärtiger Unterbringung* in der Regel 800 DM. Dieser Bedarfssatz kann auch für ein Kind mit *eigenem Hausstand* angesetzt werden.

III. Ehegattenunterhalt

27. Besteht Anspruch auf *angemessenen* Unterhalt (§ 58 EheG, §§ 1361, 1569ff. BGB), sind in der Regel 3/7 des anrechenbaren Einkommens zu zahlen; die Hälfte dann, wenn der Pflichtige nicht mehr erwerbstätig ist (Rentner, Pensionär, Arbeitsloser) (vgl. *BGH* v. 7. 7. 1982 – IVb ZR 726/80, FamRZ 1982, 894).

Die *Kosten für die notwendige Krankenversicherung* des berechtigten Ehegatten, die nicht von dritter Seite (insbesondere vom Arbeitgeber) zu tragen sind und auch nicht vom eigenen

Einkommen des Berechtigten bestritten werden, sind zusätzlich zu zahlen. Bei der Berechnung des 3/7- bzw. 1/2-Anteils des Berechtigten sind die Kosten dieser Versicherung von dem anrechenbaren Einkommen des Pflichtigen vorweg abzuziehen (vgl. *BGH* v. 23. 3. 1983 – IVb ZR 371/81, FamRZ 1983, 676 = NJW 1983, 1552).

28. Zur Frage, in welcher Weise die *Kosten einer Versicherung für den Fall des Alters sowie der Berufs- und Erwerbsunfähigkeit* zu berücksichtigen sind (§§ 1361 I S. 2, 1578 III BGB), wird auf die Rechtsprechung des *BGH* verwiesen (v. 25. 2. 1981 – IVb ZR 543/80, FamRZ 1981, 442 = NJW 1981, 1556; v. 24. 6. 1981 – IVb ZR 592/80, FamRZ 1981, 864 = NJW 1981, 2192; v. 1. 6. 1983 – IVb ZR 388/81, FamRZ 1983, 888 = NJW 1983, 2937).

29. Der Anspruch des geschiedenen Ehegatten wird nach oben begrenzt durch den Bedarf nach den ehelichen Lebensverhältnissen.

30. *Hat der Berechtigte eigenes Einkommen*, kann er 3/7 des Unterschiedsbetrages der anrechenbaren Einkommen beider Ehegatten beanspruchen; die Hälfte dann, wenn der Pflichtige nicht erwerbstätig ist.

Für den Fall, *daß einer der Ehegatten erst nach der Trennung oder Scheidung eine Erwerbstätigkeit aufgenommen hat*, besteht unter den Richtern der Hammer Familiensenate angesichts der Rechtsprechung des *BGH* (vgl. insbes. Entscheidung v. 8. 4. 1981 – IVb ZR 566/80, FamRZ 1981, 539, 541 = NJW 1981, 1609, 1611; ferner v. 25. 1. 1984 – IVb ZR 51/82, FamRZ 1984, 356, 357 = NJW 1984, 1537, 1538; v. 25. 1. 1984 – IVb ZR 43/82, FamRZ 1984, 358, 359f. = NJW 1984, 1237, 1238) keine volle Übereinstimmung. Einhelligkeit besteht jedoch darüber, daß der Anspruch auf jeden Fall nach oben begrenzt wird durch den Bedarf nach den ehelichen Lebensverhältnissen (Ziff. 29) und daß kein Anspruch mehr besteht, wenn das eigene Einkommen diesen Bedarf deckt.

31. *Betreut ein Ehegatte ein minderjähriges Kind*, so bestimmt sich seine Verpflichtung zur Erwerbstätigkeit nach den Umständen des Einzelfalles (vgl. hierzu *BGH* v. 5. 11. 1980 – IVb 549/80, FamRZ 1981, 17 = NJW 1981, 448, mit weiteren Hinweisen).

Geht ein Ehegatte, der ein minderjähriges Kind betreut, einer Erwerbstätigkeit nach, so kann ihm für die Leistung des Naturalunterhalts des Kindes ein angemessener Betrag anrechnungsfrei gelassen werden, dessen Höhe sich nach den Umständen des Einzelfalles bestimmt (vgl. auch Ziff. 22 und 25) (vgl. *BGH* v. 19. 5. 1982 – IVb ZR 702/80, FamRZ 1982, 779 = NJW 1982, 2664).

32. Im *Fall des § 1577 II* BGB kommt eine Anrechnung nicht zu erwartender Einkünfte erst in Betracht, wenn diese Einkünfte zusammen mit den sonstigen Einkünften und dem Unterhalt, der ohne die nicht zu erwartenden Einkünfte zu ermitteln ist, den vollen Unterhalt übersteigen. Der Betrag, der über die Grenze des vollen Unterhalts hinausgeht, ist nach Billigkeitsgesichtspunkten auf den Unterhalt anzurechnen, in der Regel zur Hälfte (zu § 1577 II BGB vgl. *BGH* v. 24. 11. 1982 – IVb ZR 310/81, FamRZ 1983, 146 = NJW 1983, 933).

33. Der *Eigenbedarf (Selbstbehalt) des Pflichtigen* gegenüber dem Anspruch des Ehegatten entspricht dem notwendigen Eigenbedarf (Ziff. 20), wenn bei dem berechtigten Ehegatten Kinder leben, die ebenfalls Unterhaltsansprüche gegen den Pflichtigen haben. In anderen Fällen kann ein höherer Eigenbedarf anerkannt werden, der sich nach Billigkeitsgesichtspunkten bestimmt; ab 1. 1. 1985 wird vielfach ein Betrag von 1150 DM in Betracht kommen (billiger Eigenbedarf).

Der *Mindestbedarf des unterhaltsberechtigten* Ehegatten beträgt in der Regel 910 DM, bei Erwerbstätigkeit 990 DM; für den Fall, daß der Ehegatte mit dem Pflichtigen zusammenlebt, in der Regel 665 DM, bei Erwerbstätigkeit 745 DM. Der Mindestbedarf soll in der Regel erst dann unterschritten werden, wenn dem Pflichtigen andernfalls nicht mehr der Eigenbedarf nach Absatz 1 verbleiben würde.

Ein Teil der Richter hat angesichts der Rechtsprechung des *BGH* (Entscheidung v. 25. 1. 1984 – IVb 51/82, FamRZ 1984, 356 = NJW 1984, 1537) Bedenken gegen die Festlegung von Mindestbedarfssätzen für den berechtigten Ehegatten.

34. Der Anspruch auf einen *Unterhaltsbeitrag nach § 60 EheG* ist in der Regel halb so hoch wie der Anspruch auf den angemessenen Unterhalt. Der Eigenbedarf des Pflichtigen entspricht in diesem Fall dem angemessenen Eigenbedarf (Ziff. 20).

35. Der *Anspruch aus § 61 II EheG (Billigkeitsunterhalt)* kann die Höhe des angemessenen Unterhalts erreichen, ist aber in der Regel etwas niedriger.

IV. Konkurrenz von Unterhaltsansprüchen

a) Minderjährige Kinder und getrenntlebender Ehegatte (§ 1609 II S. 1 BGB)

36. Die Kinder erhalten den Tabellenunterhalt wie zu II (Ziff. 18ff.), der Ehegatte die Sätze wie zu III (Ziff. 27ff.). Bei der Berechnung des Ehegattenunterhalts ist jedoch vom anrechenbaren Einkommen des Pflichtigen vorab der volle Tabellenunterhalt der Kinder abzusetzen, und zwar ohne Berücksichtigung der erst später vorzunehmenden Erhöhung oder Anrechnung des Kindergeldes entsprechend Ziff. 15.

Hat der Pflichtige Kosten für die Krankenversicherung des Ehegatten zu zahlen (Ziff. 27 Abs. II), vermindert sich auch für die Berechnung des Kinderunterhalts das anrechenbare Einkommen des Pflichtigen um diese Kosten.

37. Für den Fall, daß das restliche Einkommen auch bei Eingruppierung der Kinder in der untersten Einkommensgruppe unter den notwendigen Mindesteigenbedarf (Ziff. 20) sinkt, ist das nach Abzug des Eigenbedarfs verbleibende Einkommen des Pflichtigen im Verhältnis folgender Einsatzbeträge auf den Ehegatten und die Kinder zu verteilen: Der Einsatzbetrag des Ehegatten entspricht dem Mindestbedarf (Ziff. 33 Abs. II); die Einsatzbeträge der Kinder entsprechen den Tabellensätzen der untersten Einkommensgruppe der jeweils in Betracht kommenden Altersstufe.

b) Minderjährige Kinder und geschiedener Ehegatte

38. Beim Anspruch des Ehegatten nach § 58 EheG empfiehlt sich – jedenfalls im Grundsatz – die gleiche Handhabung wie zu Ziff. 36 und 37, wenngleich sich das Rangverhältnis nicht nach § 1609 II S. 1 BGB, sondern nach § 59 EheG bestimmt und weniger starr ist.

39. Beim Unterhaltsanspruch des geschiedenen Ehegatten nach neuem Recht (§§ 156ff. BGB) wird man Gleichrangigkeit anzunehmen haben, so daß ebenfalls die Leitlinien wie zu Ziff. 36 und 37 angewandt werden können.

c) Mehrere gleichrangige Ehegatten

40. Die Ehegatten (etwa die geschiedene Ehefrau und die zweite Ehefrau) erhalten grundsätzlich den gleichen Anteil. Die Ver-

teilung erfolgt also im Verhältnis 4 : 3 : 3; ist der Pflichtige nicht erwerbstätig, im Verhältnis 1 : 1 : 1 (vgl. oben zu Ziff. 27).

41. Lebt ein Ehegatte mit dem Pflichtigen zusammen, ist mit Rücksicht auf die Ersparnis durch gemeinsame Haushaltsführung in der Regel ein Ausgleich zugunsten des anderen Ehegatten in der Weise vorzunehmen, daß sich ein Verhältnis von 4 : 3,3 : 2,7 ergibt, wenn der Pflichtige nicht erwerbstätig ist, von 3,3 : 3,3 : 2,7.

42. *Hat der geschiedene Ehegatte eigenes Einkommen,* kann folgende Lösung erwogen werden:

Zunächst ist der Unterhalt des zweiten Ehegatten (ohne Einkommen) nach dem anrechenbaren Einkommen des Pflichtigen unter Berücksichtigung beider Ehegatten (Ehefrauen), aber ohne Berücksichtigung des Einkommens des geschiedenen Ehegatten zu berechnen. Sodann ist in einem zweiten Gang der Anspruch des geschiedenen Ehegatten nach den Leitlinien zu III (Ziff. 28 ff.) zu errechnen, wobei jedoch zuvor von dem Einkommen des Pflichtigen der im ersten Gang ermittelte Unterhalt des zweiten Ehegatten vorab als Verbindlichkeit abzuziehen ist.

Wird bei dieser Berechnung der notwendige Eigenbedarf des Pflichtigen unterschritten, ist in einem dritten Gang der nach Abzug des Eigenbedarfs verbleibende Rest des Einkommens auf die beiden Ehegatten im Verhältnis der Werte aufzuteilen, die sich bei der Berechnung im zweiten Gang ergeben haben.

43. *Für den Fall, daß der zweite Ehegatte Einkommen hat,* wird von einem Lösungsvorschlag abgesehen.

d) Mehrere gleichrangige Ehegatten und minderjährige Kinder

44. Die Kinder erhalten den Tabellenunterhalt wie zu II (Ziff. 18 ff.), die Ehegatten die Anteile wie zu Ziff. 40 nach Vorwegabzug des Kinderunterhalts entsprechend Ziff. 36.

45. Für den Fall, daß bei dieser Berechnung das Einkommen des Pflichtigen nicht ausreicht (vgl. oben Ziff. 37), ist das nach Abzug des Eigenbedarfs verbleibende Einkommen im Verhältnis der Einsatzbeträge (Ziff. 37) auf die Ehegatten und Kinder zu verteilen.

e) Mehrere Ehegatten bei Vorrang des geschiedenen Ehegatten (§ 1582 BGB)

46. Hat der geschiedene Ehegatte gemäß § 1582 BGB Vorrang vor dem neuen Ehegatten, kann folgende Lösung erwogen werden:

Der neue Ehegatte kann in der Regel erst dann berücksichtigt werden, wenn dem Verpflichteten der Eigenbedarf (Selbstbehalt) nach Ziff. 33 Abs. I verbleibt und der geschiedene Ehegatte den Mindestbedarf nach Ziff. 33 Abs. II erhält.

Haben neben dem Ehegatten minderjährige unverheiratete Kinder Unterhaltsansprüche, so errechnet sich deren Unterhalt wie im Falle der Gleichrangigkeit beider Ehegatten (Ziff. 44f.). Der bei dieser Berechnung auf die beiden Ehegatten insgesamt entfallende Betrag ist wie folgt zu verteilen:

Der geschiedene Ehegatte erhält den Mindestbedarf (Ziff. 33 Abs. II); sofern er ohne Berücksichtigung des neuen Ehegatten einen geringeren Betrag erhielte, nur diesen geringeren Betrag. Den Rest erhält der neue Ehegatte. Ist der Rest größer als der Betrag, den nach dieser Regelung der geschiedene Ehegatte zu erhalten hat, erfolgt die Verteilung wie im Falle der Gleichrangigkeit.

f) Berücksichtigung titulierter Ansprüche

47. Hat ein Teil der Unterhaltsberechtigten bereits einen rechtskräftigen Titel gegen den Pflichtigen erlangt, ist bei der Ermittlung der übrigen Ansprüche in der Regel der bereits titulierte Unterhalt zu berücksichtigen, auch wenn sich dadurch andere Werte als nach diesen Leitsätzen ergeben. Nur in Ausnahmefällen wird es gerechtfertigt sein, den Unterhaltspflichtigen insoweit auf eine Abänderungsklage nach § 323 ZPO zu verweisen.

V. Einstweilige Verfügung

48. Durch einstweilige Verfügung ist im Zweifel nur der Notunterhalt bis zu sechs Monaten zuzuerkennen. In klaren Fällen kann bis zur Höhe des angemessenen Unterhalts zuerkannt werden.

Unterhaltstabelle zu Ziffer 18 (Kindesunterhalt ab 1. 1. 1985)

Einkommensgruppen Anrechenbares Einkommen des Unterhaltspflichtigen in DM	*Altersstufen* bis Volldg. des 6. Lbj.	vom 7. bis Volldg. des 12. Lbj.	vom 13. bis Volldg. des 18. Lbj.	*Bedarfskontrollbetrag* in DM (Ziffer 19 II)
	Unterhalt in DM			
1 bis 1850	228	276	327	910/990
2 1850–2100	240	290	345	955/990
3 2100–2400	260	315	375	1045
4 2400–2800	295	360	425	1185
5 2800–3400	330	400	475	1320
6 3400–4000	365	440	525	1455
7 4000–4800	420	510	605	1685
8 4800–5800	480	580	685	1910
9 5800–7000	545	660	785	2185
über 7000		nach den Umständen des Falles		

3. Die Düsseldorfer Tabelle nach Frankfurter Praxis (Gültig ab 1. Januar 1985)

A. Kindesunterhalt

Altersstufe	bis Volldg. des 6. Lbj.	v. 7. bis Volldg. des 12. Lbj.	v. 13. bis Volldg. des 18. Lbj
Unterhaltsanspruch ehelicher Kinder nach dem bereinigten Nettoeinkommen des Unterhaltspflichtigen in monatl. DM-Beträgen Einkommensgruppe			
1 bis 1850	228	276	327
2 1851–2100	240	290	345
3 2101–2400	260	315	375
4 2401–2800	295	360	425
5 2801–3400	330	400	475
6 3401–4000	365	440	525
7 4001–4800	420	510	605
8 4801–5800	480	580	685
9 5801–6999	545	660	785
10 über 7000 (3/5 – 2800)	nach den besonderen, konkreten Umständen des Falles		

Anmerkungen:

1. Die monatlichen *Unterhaltsbedarfsbeträge* gemäß §§ 1601 ff. BGB sind bezogen auf einen gegenüber einem Ehegatten und zwei Kindern Unterhaltspflichtigen.

Bei einer größeren/geringeren Anzahl Unterhaltsberechtigter sind Ab- oder Zuschläge in Höhe eines Zwischenbetrages oder durch *Einstufung in eine niedrigere/höhere Gruppe* angemessen.

Die Zu- und Abschläge sind in der Regel durch die nächst niedrigere/höhere Gruppe begrenzt.

2. entfällt.

3. *Berufsbedingte Aufwendungen* sind vom Einkommen des Unterhaltspflichtigen abzuziehen.

4. Berücksichtigungsfähige *Schuldtilgungs-* und Zinsleistungen sind ebenfalls vom Einkommen abzuziehen.

5. Der *notwendige Eigenbedarf* (= kleiner Selbstbehalt) des Unterhaltspflichtigen beträgt gegenüber minderjährigen Kindern monatlich 950 DM, davon entfallen 400 DM auf den Wohnbedarf und 550 DM auf den übrigen Lebensbedarf.

Der *angemessene Eigenbedarf* (= großer Selbstbehalt) beträgt gegenüber volljährigen Kindern mindestens monatlich 1300 DM, davon entfallen 500 DM auf den Wohnbedarf und 800 DM auf den übrigen Lebensbedarf.

6. entfällt.

7. Bei *volljährigen Kindern,* die noch im Haushalt der Eltern oder eines Elternteils wohnen, ist in der Regel ein Zuschlag in Höhe der Differenz der 2. und 3. Altersstufe der jeweiligen Gruppe angemessen (Volljährigenzuschlag).

8. Der angemessene Gesamtunterhaltsbedarf eines *Studierenden,* der nicht bei seinen Eltern oder einem Elternteil wohnt, beträgt in der Regel monatlich 800 DM. Dieser Bedarfssatz kann auch für ein Kind mit *eigenem Haushalt* angesetzt werden.

9. Auf diese Richtsätze sind – nach Maßgabe der *BGH*-Rechtsprechung – das staatliche Kindergeld, Ausbildungsbeihilfen, eigenes Einkommen des Unterhaltsberechtigten ganz oder teilweise anzurechnen.

B. Ehegattenunterhalt

I. Monatliche Unterhaltsrichtsätze des nach neuem Recht berechtigten Ehegatten ohne gemeinsame unterhaltsberechtigte Kinder gemäß §§ 1361, 1569ff. BGB:

1. gegen einen *erwerbstätigen Unterhaltspflichtigen:*

a) wenn der Berechtigte kein Einkommen hat:	3/7 des anrechnungsfähigen Nettoeinkommens des Pflichtigen.
b) wenn der Berechtigte ebenfalls Einkommen	3/7 des Unterschiedsbetrages der anrechnungsfähigen Net-

(z. B. Rente, Arbeitslohn, Zinsen) hat:	toeinkommen beider Ehegatten, wenn das des Pflichtigen höher ist (Differenzmethode). Wird die Arbeit erst nach der Trennung von dem Unterhaltsberechtigten aufgenommen, so ist – nach Maßgabe der BGH-Rechtsprechung – eine modifizierte Berechnung vorzunehmen (Anrechnungs-, Abzugsmethode).
c) wenn der Berechtigte arbeitet, obwohl er nicht arbeitspflichtig ist:	wie zu b), jedoch wird von dem Einkommen des Berechtigten in der Regel vorab ein Abschlag vorgenommen.
2. gegen einen *nicht erwerbstätigen Unterhaltspflichtigen* (z. B. Rentner):	wie oben 1., jedoch in der Regel ½.

3. Der *2. Senat für Familiensachen* des *OLG Frankfurt/M.* mit Sitz in Kassel wendet statt ⅖ entsprechend der Original-*Düsseldorfer Tabelle* eine Quote von 3/7 an.

II. Monatliche Unterhaltsrichtsätze des nach bisherigem Recht berechtigten Ehegatten ohne gemeinsame unterhaltsberechtigte Kinder:

1. Aus § 58 EheG von 1946:	in der Regel wie I.
2. Aus § 60 EheG:	in der Regel ½ des Unterhalts zu I.
3. Aus § 61 EheG:	nach Billigkeit bis zu den Sätzen zu I.

III. Monatliche Unterhaltsrichtsätze des berechtigten Ehegatten mit von ihm versorgten gemeinsamen unterhaltsberechtigten minderjährigen Kindern:

Wie zu I. bzw. II.; jedoch wird vorab der Kindesunterhalt (Tabellenbetrag ohne Abzug von Kindergeld) vom bereinigten Nettoeinkommen des Pflichtigen abgezogen.

IV. Monatlicher Selbstbehalt (Eigenbedarf) des Unterhaltspflichtigen:

a) gegenüber dem getrennt lebenden Berechtigten (= kleiner Selbstbehalt): 950 DM

b) gegenüber dem geschiedenen Berechtigten (= großer Selbstbehalt) in der Regel: 1300 DM.

Der Wohnbedarf beträgt auch hier 400 DM bzw. 500 DM.

V. Monatlicher Mindestbedarf (Eigenbedarf) des berechtigten Ehegatten:

a) notwendiger 950 DM

b) angemessener 1300 DM

Anmerkungen:

1. Hinsichtlich *berufsbedingter Aufwendungen* und *berücksichtigungsfähiger Schulden* gelten die Anmerkungen A 3 und 4 – auch für den erwerbstätigen Unterhaltsberechtigten – entsprechend.

2. Der *Vorsorgeunterhalt* nach §§ 1361 I S. 2, 1578 III BGB ist von dieser Tabelle nicht erfaßt.

Wird neben dem Basis-(Elementar-)Unterhalt, der sich nach dieser Tabelle errechnet, auch der Vorsorgeunterhalt noch gesondert geltend gemacht, so ist die diesbezügliche Berechnung nach den Grundsätzen des *BGH* anhand der *Bremer Tabelle* vorzunehmen (Anm. d. Verf.: NJW 1985 S. 305).

C. Mangelfälle

Reicht das Einkommen zur Deckung des notwendigen Bedarfs des Unterhaltspflichtigen nicht aus (sog. Mangelfälle), so ist die nach Abzug des Eigenbedarfs (Selbstbehalt) des Unterhaltspflichtigen verbleibende Verteilungsmasse auf die Unterhaltsberechtigten entsprechend ihren *Einsatzbeträgen* (Mindestbedarfssätze beim Kinderunterhalt nach Gruppe I, beim Ehegattenunterhalt gemäß B V) gleichmäßig zu verteilen. Das Kindergeld ist bis zur Deckung des Mindestbedarfs in die Verteilungsmasse einzubeziehen.

D. Hinweis

1. Die vorstehende Tabelle wird von dem 1., 3., 4. und 5. Senat für Familiensachen des *OLG Frankfurt/M.* angewandt. *Der 2. Senat* für Familiensachen folgt grundsätzlich der Original-*Düsseldorfer Tabelle;* hinsichtlich des Selbstbehalts (Eigenbedarf) hat er sich mit den anderen Frankfurter Senaten auf die beiden Eckwerte 950 DM/1300 DM verständigt.

2. Im übrigen wird auf die Darstellung der Rechtsprechungsgrundsätze aller Senate für Familiensachen des *OLG Frankfurt/M.* bei *Weychardt* u. a. in DAVorm 1984, 81ff., 241ff., 337ff. Bezug genommen.

4. Unterhaltsrechtliche Hinweise des Oberlandesgerichts Stuttgart Stand: 1. Januar 1985

I. Kindesunterhalt

Nach wie vor legen alle Familiensenate des *OLG Stuttgart* – vorbehaltlich eines besonderen individuellen Bedarfs – die Bedarfssätze der *Düsseldorfer Tabelle* mit etwaigen Ab- oder Zuschlägen wie in Anm. 1 der Düsseldorfer Tabelle zugrunde. Jedoch wird bei einem volljährigen Kind, das im Haushalt eines Elternteils wohnt, im allgemeinen vom Gesamtunterhaltsbedarf für ein Kind mit eigenem Haushalt ausgegangen (nach Anm. 7 der Tabelle in der Regel monatlich 800 DM) und hiervon die Ersparnis bei gemeinsamem Haushalt abgezogen (Anhalt für den verbleibenden Bedarf Abschnitt B V 2b der Tabelle: 665 DM).

Auch für die berufsbedingten Aufwendungen und für den notwendigen und den angemessenen Eigenbedarf des Unterhaltspflichtigen (Selbstbehalt) und für einen ausbildungsbedingten Mehrbedarf des Kindes werden weitgehend die Pauschsätze in Anm. 3, 5 und 8 der Düsseldorfer Tabelle zugrunde gelegt.

II. Ehegattenunterhalt

Abweichend von den Quoten der Düsseldorfer Tabelle steht nach der Rechtsprechung des *OLG Stuttgart* dem unterhaltsberechtigten getrennt lebenden oder geschiedenen Ehegatten aus

§ 1361, §§ 1569ff., 1578 BGB oder § 58 EheG als Bedarf die Hälfte der berücksichtigungsfähigen Einkünfte nach den ehelichen Lebensverhältnissen zu, d. h. bei einer Doppelverdienerehe als ungedeckter Bedarf des weniger verdienenden Ehegatten die Hälfte des verteilungsfähigen Einkommensunterschieds, bei einer Alleinverdienerehe die Hälfte des bereinigten Nettoeinkommens des Verpflichteten.

Zuvor sind vom Nettoeinkommen berufsbedingte Mehraufwendungen abzuziehen, die je nach tatsächlichem Aufwand in der Regel mit mindestens 10% des Nettoeinkommens pauschaliert werden.

Außerdem sind vom Nettoeinkommen der geschuldete Barunterhaltsbedarf der Kinder und solche Verbindlichkeiten abzuziehen, die schon die ehelichen Lebensverhältnisse geprägt haben.

Geltend gemachter Vorsorgeunterhalt nach § 1361 I S. 2 und § 1578 II, III BGB und der letztlich verbleibende Elementarunterhalt ist nach den Grundsätzen des *Bundesgerichtshofs* zur Bemessung des Vorsorgeunterhalts zu berechnen.

5. Unterhaltsrechtliche Grundsätze der Familiensenate des Hanseatischen Oberlandesgerichts in Hamburg Stand: 1. Januar 1985

1. Im Interesse einer einheitlichen Rechtsanwendung übernehmen die Senate die Unterhaltsrichtsätze für eheliche Kinder aus der *Düsseldorfer Tabelle 1985*.

Die Tabellensätze sind darauf zugeschnitten, daß der Unterhaltspflichtige einen Ehegatten und zwei Kinder zu unterhalten hat. Abweichungen von diesem Ausgangsfall sind durch angemessene Zu- oder Abschläge zu berücksichtigen. Diese sind in der Regel durch die nächst höhere/niedrigere Gruppe begrenzt. Die Regelbegrenzung gilt nicht, wenn eine Unterhaltsverpflichtung nur gegenüber *einem* Kind besteht.

Die Bedarfskontrollbeträge werden nicht übernommen. Es wird aber darauf zu achten sein, daß der Kindesunterhalt in einem angemessenen Verhältnis zu dem Betrag steht, der dem Unterhaltspflichtigen für den eigenen Bedarf zu verbleiben hat.

2. Den *angemessenen Eigenbedarf* (Selbstbehalt) gegenüber volljährigen Kindern bewerten die Senate mit monatlich 1300 DM, bei endgültig aus dem Erwerbsleben Ausgeschiedenen mit 1200 DM.

Beim Ehegattenunterhalt können diese Beträge nach Billigkeit bis zur Grenze des notwendigen Eigenbedarfs unterschritten werden.

Den *notwendigen Eigenbedarf* (Selbstbehalt) gegenüber minderjährigen Kindern bemessen die Senate bei erwerbstätigen Unterhaltspflichtigen mit 990 DM, bei Nichterwerbstätigen mit 910 DM.

3. *Berufsbedingte Aufwendungen* (Werbungskosten) werden nicht pauschal, sondern nach den Umständen des Einzelfalls bei der Bereinigung des Einkommens berücksichtigt.

4. Den angemessenen Unterhaltsbedarf eines in der Ausbildung befindlichen volljährigen Kindes bewerten die Senate pauschal mit monatlich 840 DM.

5. Bei der Bemessung des Ehegattenunterhalts nach Quoten bleibt der $^{3}/_{7}$-Anteil für den Unterhaltsberechtigten im Grundsatz unverändert. Ist der Unterhaltspflichtige endgültig aus dem Erwerbsleben ausgeschieden, so erhöht sich die Quote von $^{3}/_{7}$ auf bis zur Hälfte.

6. Reicht das Einkommen zur Deckung des notwendigen Bedarfs des Unterhaltsberechtigten nicht aus (sog. *Mangelfälle*), so ist die nach Abzug des notwendigen Eigenbedarfs (Selbstbehalts) des Unterhaltspflichtigen verbleibende Verteilungsmasse auf die Unterhaltsberechtigten im Verhältnis ihrer Mindestbedarfssätze gleichmäßig zu verteilen. Am Kindergeld nimmt der Unterhaltspflichtige erst teil, wenn er den Mindestbedarf deckt.

7. Durch *einstweilige Verfügung* ist regelmäßig nur der *notwendige Unterhalt* bis zu sechs Monaten zuzusprechen. In klaren Fällen kann bis zur Höhe des angemessenen Unterhalts zuerkannt werden.

6. Gesetz zur Regelung von Härten im Versorgungsausgleich

I. Vorläufige Maßnahmen zur Beseitigung der Beitragszahlungspflicht im Versorgungsausgleich

§ 1

(1) Sind im Versorgungsausgleich andere als die in § 1587b Abs. 1 und 2 des Bürgerlichen Gesetzbuchs genannten Anrechte auszugleichen, so gelten an Stelle des § 1587b Abs. 3 Satz 1 des Bürgerlichen Gesetzbuchs die nachfolgenden Bestimmungen.

(2) Wenn die für ein Anrecht des Verpflichteten maßgebende Regelung dies vorsieht, begründet das Familiengericht für den anderen Ehegatten ein Anrecht außerhalb der gesetzlichen Rentenversicherung (Realteilung). Das Nähere bestimmt sich nach den Regelungen über das auszugleichende und das zu begründende Anrecht.

(3) Findet ein Ausgleich nach Absatz 2 nicht statt und richtet sich das auszugleichende Anrecht gegen einen öffentlich-rechtlichen Versorgungsträger, so gelten die Vorschriften über den Ausgleich von Anrechten aus einem öffentlich-rechtlichen Dienstverhältnis (Quasi-Splitting) sinngemäß.

§ 2

Der schuldrechtliche Versorgungsausgleich (§§ 1587f bis 1587k des Bürgerlichen Gesetzbuchs) findet auch statt, soweit der Ausgleich nicht nach § 1 durchgeführt werden kann. §§ 1587l bis 1587n des Bürgerlichen Gesetzbuchs sind insoweit nicht anzuwenden.

§ 3

Soweit die Vorschriften des Bürgerlichen Gesetzbuchs über den Versorgungsausgleich auf einen Ausgleich nach diesem Gesetz nicht unmittelbar anzuwenden sind, gelten sie sinngemäß.

II. Auswirkungen des Versorgungsausgleichs in besonderen Fällen

§ 4

(1) Ist ein Versorgungsausgleich gemäß § 1587b Abs. 1 oder 2 des Bürgerlichen Gesetzbuchs durchgeführt worden und hat der Berechtigte vor seinem Tod keine Leistungen aus dem im Versorgungsausgleich erworbenen Anrecht erhalten, so wird die Versorgung des Verpflichteten oder seiner Hinterbliebenen nicht auf Grund des Versorgungsausgleichs gekürzt.

(2) Ist der Berechtigte gestorben und wurden oder werden aus dem im Versorgungsausgleich erworbenen Anrecht Leistungen gewährt, die insgesamt zwei Jahresbeträge einer auf das Ende des Leistungsbezuges berechneten Rente (§ 1254 Abs. 1 Halbsatz 1 der Reichsversicherungsordnung, § 31 Abs. 1 Halbsatz 1 des Angestelltenversicherungsgesetzes) aus dem erworbenen Anrecht

nicht übersteigen, so gilt Absatz 1 entsprechend, jedoch sind die gewährten Leistungen auf die sich aus Absatz 1 ergebende Erhöhung anzurechnen.

(3) Wurde der Verpflichtete nach Durchführung des Versorgungsausgleichs nachversichert, so sind insoweit dem Rentenversicherungsträger die sich aus Absatz 1 und 2 ergebenden Erhöhungen vom Dienstherrrn zu erstatten.

§ 5

(1) Solange der Berechtigte aus dem im Versorgungsausgleich erworbenen Anrecht keine Rente erhalten kann und er gegen den Verpflichteten einen Anspruch auf Unterhalt hat oder nur deshalb nicht hat, weil der Verpflichtete zur Unterhaltsleistung wegen der auf dem Versorgungsausgleich beruhenden Kürzung seiner Versorgung außerstande ist, wird die Versorgung des Verpflichteten nicht auf Grund des Versorgungsausgleichs gekürzt.

(2) § 4 Abs. 3 gilt entsprechend.

§ 6

Sind Nachzahlungen zu leisten, so erfolgen sie in den Fällen des § 5 an den Verpflichteten und an den Berechtigten je zur Hälfte.

§ 7

Ist ein Anrecht durch Beitragszahlungen nach § 1587b Abs. 3 des Bürgerlichen Gesetzbuchs begründet worden, sind dem Leistenden vom Rentenversicherungsträger die Beiträge unter Anrechnung der gewährten Leistungen zurückzuzahlen, wenn feststeht, daß aus dem im Versorgungsausgleich erworbenen Anrecht keine höheren als die in § 4 Abs. 2 genannten Leistungen zu gewähren sind.

§ 8

Ein zur Abwendung der Kürzung gezahlter Kapitalbetrag ist unter Anrechnung der gewährten Leistung zurückzuzahlen, wenn feststeht, daß aus dem im Versorgungsausgleich erworbenen Anrecht keine höheren als die in § 4 Abs. 2 genannten Leistungen zu gewähren sind.

§ 9

(1) Über Maßnahmen nach §§ 4 bis 8 entscheidet der Leistungsträger auf Antrag.

(2) Antragsberechtigt sind der Verpflichtete und, soweit sie belastet sind, seine Hinterbliebenen. In den Fällen des § 5 kann auch der Berechtigte den Antrag stellen.

(3) Ansprüche nach §§ 4 bis 8 gehen auf den Erben über, wenn der Erblasser den erforderlichen Antrag gestellt hatte.

(4) Der Antragsberechtigte und der Leistungsträger können von den betroffenen Stellen die für die Durchführung von Maßnahmen nach §§ 4 bis 8 erforderliche Auskunft verlangen.

(5) In den Fällen des § 5 hat der Verpflichtete dem Leistungsträger die Einstellung der Unterhaltsleistungen, die Wiederheirat des Berechtigten sowie dessen Tod mitzuteilen.

§ 10

In den Fällen des § 1 Abs. 3 gelten die §§ 4 bis 9 sinngemäß.

III. Auskunftspflicht im Versorgungsausgleich

§ 11

In Verfahren, die den Versorgungsausgleich betreffen, kann das Gericht über Grund und Höhe der Versorgungsanwartschaften und Versorgungen von den hierfür zuständigen Behörden, Rentenversicherungsträgern, Arbeitgebern, Versicherungsunternehmen und sonstigen Stellen sowie von den Ehegatten Auskünfte einholen. Die in Satz 1 bezeichneten Stellen und die Ehegatten sind verpflichtet, den gerichtlichen Ersuchen Folge zu leisten.

IV. Übergangs- und Schlußbestimmungen

§ 12

Dieses Gesetz gilt nach Maßgabe des § 13 Abs. 1 des Dritten Überleitungsgesetzes auch im Land Berlin.

§ 13

(1) Dieses Gesetz tritt vorbehaltlich des Absatzes 2 am 1. April 1983 in Kraft.

(2) §§ 4 bis 10 treten mit Wirkung vom 1. Juli 1977 in Kraft.

(3) Dieses Gesetz tritt mit Ablauf des 31. Dezember 1986 außer Kraft.

Stichwortverzeichnis

Zahlen = Seiten